教育部人文社会科学重点研究基地山东师范大学齐鲁文化研究院"十三五"规划重大项目

山东省中华优秀传统文化转化创新重大理论研究项目

当代视域下的
中国传统社会管理研究

王 林 魏永生 徐保安 著

人民出版社

责任编辑:宫 共
封面设计:源 源
责任校对:徐林香

图书在版编目(CIP)数据

当代视域下的中国传统社会管理研究/王林,魏永生,徐保安 著. —北京:
 人民出版社,2020.12
(中华优秀传统文化的时代价值研究/安作璋,王志民主编)
ISBN 978-7-01-022764-1

Ⅰ.①当… Ⅱ.①王… ②魏… ③徐… Ⅲ.①社会管理–研究–中国
 Ⅳ.①D63

中国版本图书馆 CIP 数据核字(2020)第 245849 号

当代视域下的中国传统社会管理研究

DANGDAI SHIYU XIA DE ZHONGGUO CHUANTONG SHEHUI GUANLI YANJIU

王 林 魏永生 徐保安 著

人民出版社 出版发行
(100706 北京市东城区隆福寺街 99 号)

中煤(北京)印务有限公司印刷 新华书店经销

2020 年 12 月第 1 版 2020 年 12 月北京第 1 次印刷
开本:710 毫米×1000 毫米 1/16 印张:20.75 字数:332 千字

ISBN 978-7-01-022764-1 定价:63.00 元

邮购地址 100706 北京市东城区隆福寺街 99 号
人民东方图书销售中心 电话 (010)65250042 65289539

总　序

　　本套丛书是教育部人文社会科学重点研究基地山东师范大学齐鲁文化研究院"十三五"规划重大项目的结项成果。2015 年，以安作璋教授、王志民教授为首席专家，入选山东省中华优秀传统文化转化创新重大理论研究项目"中华传统文化思想内涵的时代价值辨析研究"。在实施项目之初，课题组经过反复讨论，决定以十八大报告提出的社会主义经济建设、政治建设、文化建设、社会建设、生态文明建设五位一体总体布局为指导思想，多角度结合中华优秀传统文化的实际，进行课题整体框架设计，于是将该课题分设为五个子课题："中国传统经济体制和经济思想的时代价值辨析研究"；"中国传统政治体制和治国理政思想的时代价值辨析研究"；"中国传统思想文化的时代价值辨析研究"；"中国传统社会管理体制和管理思想的时代价值辨析研究"；"中国传统生态文化及其时代价值辨析研究"。这虽然有利于对课题研究的创新和深入，但也大幅增加了研究的学术难度和完成任务的工作量。

　　在首席专家安作璋教授、王志民教授的组织领导下，为完成本课题采取了以下重点措施：一是聘请在相关子课题领域素有研究的较强的骨干研究力量，形成了以孟祥才教授、陈新岗教授、朱亚非教授、王林教授、刘厚琴教授等学术水平高、研究能力强的学者为子课题负责人，并组织起结构合理、研究能力较强的科研团队。二是高度重视了每个子课题的框架布局和提纲设计。在首席专家领导下，多次举行研讨会，发挥团队学术优势，逐一研究、厘定各卷提纲目录，既强调各卷内容的协调，体现项目的整体统一性，又突出各卷的重点和特色，力求从整体上提升项目质量。三是突出坚持和强调以挖掘、阐发时代价值为主线。通过认真学习、深入研讨党的十八大以来习近平总书记的相关论述和党中央有关文件精神，为准确把握、深入阐释优秀传统文化的当代价值做了不懈努力。四是以研讨方式，尽力抓好对各卷的审稿、修改、统稿工作，力求提升整体撰写水平。特别值得提出的是，首席专家安作璋先生，以 90 多岁高龄，倾力于该项目的研究推进，坚持出席每次会议，给予具体指导。2019 年 2 月 20 日，安作璋先生因病去世后，在王志民教授的带领下，课题组成员充分发扬了团结协作的学术精神，继续完成课题的后续工作。2020 年 8 月底，五个子课题全部定稿。经课题组成员会议商定，书稿总名为《中华优秀传统文化的时代价值研究》，全书分为五卷，第一卷为《当代视域下的中国传统经济制度与思想研究》，第二卷为《当代视域下的中国传统政治文化研究》，第三卷为《当代视域下的中国传统儒道释文化研究》，第四卷为《当代视域下的中国传统社会管理研究》，第五卷为《当代视域下的中国传统生态文化研究》。

中华传统文化积淀着中华民族最深层的精神追求，代表着中华民族独特的精神标识，是我们今天社会主义新文化建设的文化基因。努力传承与弘扬中华优秀传统思想文化，去其糟粕、取其精华，深入探究、挖掘其时代价值，实现对传统经济、政治、思想文化、社会管理、生态文化的创造性转化与创新性发展，是我们当代学人光荣而艰巨的历史责任。参与本项目研究的校内外 13 位专家，正是怀着这样一种强烈的使命感、责任感，团结合作，戮力同心，以严肃认真的态度去对待这项重要科研任务，在历经四年的不懈努力后，终于较圆满地完成了本项目的撰写任务。

回顾该项目的编纂出版过程，我们由衷怀念和感谢安作璋先生为本项目作出的重大贡献；衷心感谢山师大历史文化学院副教授秦铁柱博士为该项目的实施所做的大量编务、会务等默默无闻的琐碎工作；感谢学校和齐鲁文化研究院相关领导对项目编纂与出版的鼎力支持；感谢人民出版社王萍主任及相关编辑的辛勤付出。没有各方面的大力支持，本项目能如此顺利出版发行是不可想象的。

在编纂过程中，我们也深深体会到：本项目创新要求高，论述难度大，真正做成高质量、高水平之作，远非易事。我们虽然尽了自己的最大努力，但由于各卷所涉史实既专又广，其中数卷是多人集体之作，在许多问题的把握和研究上，仍存在可修改和完善之处。望学界同仁与读者多予批评、指导是盼。

王志民

2020 年 10 月 16 日于泉城

目　录

导　论 ……………………………………………………………… 1

　　一、礼法兼施与德法并重 …………………………………… 1

　　二、孝与家庭和睦 …………………………………………… 4

　　三、家训家风与家国治理 …………………………………… 6

　　四、乡贤与乡村治理 ………………………………………… 10

　　五、宗族文化的现代价值 …………………………………… 13

　　六、传统社会救济制度的现代价值 ………………………… 15

第一章　中国传统社会管理制度与思想的演变 ……………… 19

　　一、先秦时期的社会管理制度与思想 ……………………… 19

　　二、秦汉魏晋南北朝时期的社会管理制度与思想 ………… 29

　　三、唐宋元时期的社会管理制度 …………………………… 36

　　四、明清时期的社会管理制度 ……………………………… 42

第二章　中国传统社会管理制度的基本特征 ………………… 48

　　一、儒法兼采 ………………………………………………… 48

　　二、礼法并用 ………………………………………………… 51

　　三、官绅共治 ………………………………………………… 54

　　四、宗族控制 ………………………………………………… 58

　　五、宗教整合 ………………………………………………… 60

第三章　宗族制度与基层社会治理……………………………64

　　一、宗族制度的演变………………………………………64

　　二、宗族与乡村治理………………………………………66

　　三、宗族与族内救济………………………………………74

　　四、宗族与文化传承………………………………………77

　　五、宗族制度的优点与局限………………………………82

　　六、当代宗族的表现及思考………………………………83

第四章　传统孝道与和谐社会建设……………………………87

　　一、孝道的内涵与演变……………………………………87

　　二、孝道的优点与局限……………………………………101

　　三、孝道与家庭和睦………………………………………104

　　四、孝道与尊老敬老………………………………………108

第五章　传统家训与家国治理…………………………………116

　　一、传统家训的内涵及演变………………………………117

　　二、传统家训中的精华与糟粕……………………………123

　　三、家训与品德培养………………………………………131

　　四、家训与遵礼守法………………………………………137

　　五、家训家风与国家治理…………………………………141

第六章　传统社会组织与社会发展……………………………144

　　一、传统社会组织的演变及类型…………………………144

　　二、社会组织与经济发展…………………………………146

　　三、社会组织与慈善活动…………………………………155

　　四、社会组织与文化传承…………………………………165

　　五、传统社会组织的作用与历史启示……………………170

第七章　传统社会救济制度的演变及历史启示·············173
　　一、中国古代社会救济制度的演变··············173
　　二、近代以来社会救济制度的变化··············183
　　三、慈善事业从传统到近代的演变··············194
　　四、传统社会救济制度的优势与局限············210
　　五、坚持举国救灾体制，大力发展慈善事业······217

第八章　传统社会教化与核心价值观的培育·········227
　　一、传统社会教化的内涵及演变··············227
　　二、传统社会教化的作用与局限···············232
　　三、传统社会教化的引领力量·················234
　　四、传统社会教化的途径及其现代启示·········240

第九章　传统社会控制与社会稳定·················253
　　一、居民控制·······························253
　　二、流民控制·······························259
　　三、邪教控制·······························266
　　四、群体性事件控制···························274
　　五、思想文化控制····························280
　　六、传统社会控制的经验教训与历史启示·······284

第十章　传统社会理想与中国梦···················287
　　一、中国历代社会理想的演变·················287
　　二、实现中华民族伟大复兴的中国梦···········295

参考文献·······································311
后　记···321

导　论

本书所讲的社会管理是指中国历代政府（或其他势力）利用各种手段（法律或习惯、强制或教化、有形或无形）对基层社会成员进行教养与控制，以达到社会稳定、民众安居乐业的目的。

社会管理的主体是政府和其他势力（包括家族、绅士、社会组织等），社会管理的对象是基层社会成员（以下层民众为主体），社会管理的内容就是教养与控制。教养的目的是使社会成员能安居乐业，可分为思想教化与贫困救助两方面；控制的目的是使社会成员按照统治者设定的规则来生活，防止出现反政府行为。控制与教养是相辅相成的，控制是目的，教养是手段。社会管理体制就是历代政府对基层社会成员进行控制和教养的政策、法规和制度。

社会管理（或称社会治理）是当今流行的概念，古代只有社会管理之实，并无社会管理之名。为了与行政管理、经济管理、治安管理等相区别，本书将古代社会管理的内容分为六个方面，即户籍管理、宗族管理、社会组织管理、社会教化、社会救济、社会控制。本书的主旨并非全面研究传统社会管理体制和思想的内容，而是重点挖掘传统社会管理中的时代价值。因此，在写作过程中，立足当代，回溯历史，尊重事实，挖掘价值，不求面面俱到，但求有用于今。

一、礼法兼施与德法并重

中国传统社会的管理思想是儒法兼采、礼法兼施。儒家以礼为维持社会秩序的行为规范，法家以法律为维持社会秩序的行为规范，儒家以德教为维持礼的力量，法家以法律制裁为推行法律的力量。先秦时期，儒法竞争激烈，互不相让，秦代是以法家为社会管理的指导思想，但自汉武帝"罢黜百家，独尊儒术"之后，儒法之争逐渐消失，儒法融合成为主流，统治者管理社会的指导思想基本上是"儒法兼采"或"阳儒阴法"。如明代开国皇帝朱元璋即以"礼法兼施"作为统治思想，他认为"礼乐者，治平之膏粱；刑政者，救弊之药石"，唯有"以德化天下"，兼"张刑制具以齐之"，才能"恩威并济"，从而达到国家安定的目的。① 为此，他一方面主张"明礼以导民"，在建国之初，就制定各种礼乐制度，颁行天下，并推行教化，统一全国的思想；另一方面，又十分重视法律的惩戒功能，即所谓"定律以绳顽"，制定了《大明律》和诰令，对那些危害统治的"叛逆"和"顽民"严加惩处。

中国历代统治者之所以用礼法兼施来治理社会，是因为礼和法都是行为规范，同为社会约束，两者的区别在于制裁的性质及方式有所不同。礼是借教化及社会制裁的力量来维持的，一个人有非礼的行为，他所得的反应不外乎舆论的轻视、嘲笑或不齿，可以说是一种消极的制裁。法则借法律制裁来执行，可以说是一种积极或有组织的制裁。但礼亦未尝不可以法律制裁来维持、来推行。同一规范，在利用社会制裁时为礼，附有法律制裁后便成为法律。成为法律之后，既无害于礼所期望的目的，也不妨害礼的存在。同一规范，不妨既存于礼，又存于法，礼法分治，同时并存。② 由于汉代以后以礼入法，礼成为制定法律的原则和精神，礼与法在本质是一样的，故能守礼者自不入刑，古人经常将两者并称为礼法或礼律。

中国古代的礼法兼施对今天的社会治理具有重要的借鉴意义。今天我们所提倡的"道德""文明"与古代的"礼"有诸多相通之处，今天中国的"法"虽然与古代的"法"有本质的区别，但其维持社会秩序的功能则是一样的。在当今中国，法治是治国理政的基本方式，依法治国是我们党领导人民治理国家的基本方略。2013 年 2 月，习近平总书记在中央政治局第四次

① 朱绍侯主编：《中国古代治安制度史》，河南大学出版社 1994 年版，第 574 页。
② 瞿同祖：《中国法律与中国社会》，商务印书馆 2015 年版，第 370 页。

集体学习时强调，"全面推进科学立法、严格执法、公正司法、全民守法，坚持依法治国、依法执政、依法行政共同推进，坚持法治国家、法治政府、法治社会一体建设，不断开创依法治国新局面。"① 在中共十九大报告中，习近平又指出：全面依法治国是中国特色社会主义的本质要求和重要保障。必须把党的领导贯彻落实到依法治国全过程和各方面，坚定不移走中国特色社会主义法治道路，完善以宪法为核心的中国特色社会主义法律体系，建设中国特色社会主义法治体系，建设社会主义法治国家，发展中国特色社会主义法治理论，坚持依法治国、依法执政、依法行政共同推进，坚持法治国家、法治政府、法治社会一体建设，坚持依法治国和以德治国相结合，依法治国和依规治党有机统一，深化司法体制改革，提高全民族法治素养和道德素质。

在坚持全面依法治国的同时，以德治国也被提到前所未有的高度。关于两者之间的关系，习近平总书记有过精辟的论述，他指出："一方面，道德是法律基础，只有那些合乎道德，具有深厚道德基础的法律才能为更多人所自觉遵守。另一方面，法律是道德的社会保障，可以通过强制性规范人们行为、惩罚违法行为来引领道德风尚。要注意把一些基本道德规范转化为法律规范，使法律法规更多体现道德理念和人文关怀，通过法律的强制力来强化道德作用，确保道德底线，推动全社会道德素质提升。"据此，他进一步指出："法律是成文的道德，道德是内心的法律，法律和道德都具有规范社会行为、维护社会秩序的作用。治理国家、治理社会必须一手抓法治，一手抓德治，既重视发挥法律的规范作用，又重视发挥道德的教化作用，实现法律和道德相辅相成、法治和德治相得益彰。"② 从习近平总书记的上述论述中，我们可以领会到当今中国德法并重的治国理念，这正是对传统社会管理经验的继承和发扬，足见传统社会管理经验的时代价值。

---

① 《习近平总书记系列重要讲话读本》，学习出版社 2014 年版，第 81 页。
② 《习近平关于社会主义文化建设论述摘编》，中央文献出版社 2017 年版，第 144—145 页。

二、孝与家庭和睦

在中国传统社会中，家庭占有特别重要的地位，而家庭的维持和延续又以孝为根基。故有学者认为："中国社会是澈始澈底，为孝这一概念所支配的社会。中国社会是以孝为基础而建立起来的。孝侵入于中国社会的每一部门，渗透到中国人的一切生活中。从中国社会的一切活动，从中国人的一切生活，我们都可以看出孝的影响。孝影响了中国社会的一切。中国社会的一切生活习惯，皆充分表现着孝的实践。"①

孝是中国传统道德的核心内容，在中华民族发展和繁荣的过程中发挥着巨大的作用。近代以来，随着国势的衰弱和传统文化的式微，孝这一支配中国数千年的伦理道德也遭到误解和批判，以至于有人把孝视为专制制度的祸根和实现民主自由的最大障碍，必欲毁之而后快。但时过境迁，在国势日益强大、民族文化渐趋复兴的今天，重新检讨孝的历史功过，我们不得不承认，孝不仅是中国传统社会的核心价值观，在今天仍有较强的时代价值，值得继承和弘扬。

第一，孝有利于家庭和睦。孝的基本含义就是敬爱父母。《孝经》曰："孝子之事亲也，居则致其敬，养则致其乐，病者致其忧，丧则致其哀，祭则致其严。五者备矣，然后能事亲。"意思是说，孝子侍奉父母，应该做到：父母居家，儿女就要尽敬爱之心；赡养父母，就要让父母快乐；父母病了，儿女要发自内心的忧虑，为父母调治；父母死了，儿女要尽哀；祭奠父母，儿女要做到庄重严肃。这五样都做到了，才能侍奉父母。可见，孝的最基本要求就是让父母衣食无忧，心情快乐。与孝相关联的就是悌，即年幼者对年长者的尊敬，这实际上是孝的延伸，因为古代有"长兄如父"之说。故孝悌成为中国传统家庭最基本的道德要求，也是家庭和睦的基石。孝的本质是"敬"，这是因为，父母不仅给予子女生命，将子女抚养成人，而且还传授子

---

① 谢幼伟：《孝与中国社会》，载罗义俊编《理性与生命——当代新儒学文萃》（一），上海书店出版社 1994 年版，第 509—510 页。

女做人做事的经验，使子女能够自立于社会。父母作为子女生命和精神的双重供给者，理应得到子女的敬爱，父母的人生和社会经验也足以作为子女的第一任导师。中国传统家庭以父子为轴心，若父慈子孝，就很容易做到兄友弟恭、夫唱妇随、家庭和睦。否则，若父子关系紧张，则兄弟关系、妯娌关系也受影响，最终导致整个家庭硝烟四起，不得安宁。这个道理，不光古代大家庭如此，今天小家庭亦是如此。

第二，孝有利于自身的健康成长。孝不仅是孝敬父母，也包括爱惜自己的身体和名声。《孝经》曰："身体发肤，受之父母，不敢毁伤，孝之始也。立身行道，扬名于世以显父母，孝之终也。"《孟子》云："知而慎行，君子不立于危墙之下。"这其中的意思是说，爱惜自己的身体和名声就是在行孝。这是因为，如果自己的身体受到伤害，引起父母的担忧，就是不孝；不爱惜自己的生命，甚至自杀寻死，就是最大的不孝。反之，爱惜自己的身体和生命，干出一番事业，显亲扬名，使父母得到全社会的尊重，则是最大的孝。当然，为了国家民族的利益，不惜牺牲自己的生命，则是以孝为忠，值得褒扬，这与出于个人私利和激情而引发的伤害和自杀行为完全不同。所以，中国传统的孝道不光是孝敬父母，也包括爱惜自身，不光有利于家庭和睦，也有利于自身的健康成长，这在今天无疑仍具有积极意义。

第三，孝有利于弘扬传统美德。中国传统伦理道德有两个中心概念，一个是仁，一个是孝。中国伦理学者言仁必言孝，仁孝并重，且视孝为仁之本。故《论语》有云："孝弟也者，其为仁之本欤。"这是因为，孝是仁的根源，又是仁的实践。中国儒者认为，在人和人的关系中，子女对父母的关系，就是仁所首先应该实践于其间的关系。这种关系是最先的，也是最根本的。其他一切关系，均必须从这一关系开出。没有这一关系，便不会有其他关系。因而，仁者爱人，必是先爱父母，必须先行孝道。现代学者谢幼伟指出："孝为入德之门，为道德的起点，虽只是起点，可是人类的一切品德，却可由此而产生，且必须由此而产生。不孝，人便不会有其他的品德。孝则其他品德有产生的可能。中国儒者之重视孝，即因孝可引发一切其他的品德。孝实为一切道德的动力。只要你是真孝，纯孝，至孝，你便自然会仁，会爱，会忠，会信，会义，会和，会平。"① 由此可见，中国传统美德均以孝为起点，是孝的延伸和扩大。在现阶段，弘扬传统美德成为培育社会主义核心价值观的重要内容，习近平总书记指出："中华民族历来重视家庭。正所谓'天下之本在家'。尊老爱幼、妻贤夫安，母慈子孝、兄友弟恭，耕读传家、勤俭持家，知书达礼、遵纪守法，家和万事兴等中华民族传统美德，铭记在中国人的心灵中，融入中国人的血脉中，是支撑中华民族生生不息、薪火相传的重要精神力量，是家庭文明建设的宝贵精神财富。"② 而要继承和弘扬传统美德，就必须打牢道德根基，将孝这一道德之根发扬光大，孝的时代价值由此得以凸显。

三、家训家风与家国治理

孝是中国传统家庭维持和传承的根基，由孝凝聚而成的家庭能延续几代甚至几十代，在这一过程中逐渐形成一种精神或文化，这就是家风。简单来说，家风就是一个家庭或家族在长期延续过程中形成的有关教育子女、持家理家的优良传统或精神文化。家风以家规（亦称家训、家法、族规等）为载体，涉及立身、治家、处世、为学等方面，其主要内容包括孝顺父母、尊敬长辈、崇尚正义、诚实守信、尊师重教、重礼谦逊、和睦宗族、团结乡邻、勤奋好学、勤俭节约、自强不息、艰苦创业等方面，其目的是维持家庭或家族的团结、延续和兴旺。

家风依靠家规、家训来传承。据统计，从公元 550 年的北齐开始，到1949 年为止，这 1400 年间，我国关于家训的专著有 120 多部，其中有被誉为"家训之祖"的北齐颜之推的《颜氏家训》，北宋司马光的《温公家范》，清朝朱柏庐的《治家格言》，清代浦江郑氏的《郑氏规范》，以及近代的《曾国藩家书》《梁启超家书》等。至于家谱、族谱、宗谱中所载的家法族规更是数以万计。中国传统家风通过家规、家训而不断传承，家训既是对子孙立

---

① 谢幼伟：《孝与中国社会》，载罗义俊编《理性与生命——当代新儒学文萃》（一），上海书店出版社 1994 年版，第 508—509 页。

② 《习近平关于社会主义文化建设论述摘编》，中央文献出版社 2017 年版，第 147 页。

身处世、持家治业的教诲，也是中国优秀传统文化的重要组成部分，是中国传统美德的具体体现。家风不仅在古代成为家族兴旺、社会和谐的重要精神力量，在今天仍有重要的时代价值。

第一，良好家风是子女成才的温床。子女成才是家族兴旺发达的根基，因此，几乎所有的家规、家训都把培养子女作为最主要的内容。曾国藩曾言："家中要兴旺，全靠出贤子弟。子弟之贤否，并非本于天生，而实由于家教。"① 中国历代家训中有关子女教育的内容，滔滔皆是，在人才培养中发挥着巨大的作用。梁启超是近代著名思想家、政治家、学者，他虽没有制定专门的家规、家训，但通过他与子女们的通信，形成了良好的家教和家风，主要有以下内容：1. 报恩社会、服务国家。他在 1919 年给子女的信中说："总要在社会上常常尽力，才不愧为我之爱儿。人生在世，常要思报社会之恩，因自己地位做得一分是一分，便人人都有事可做了。"1927 年又对子女说："毕业后回来替国家服务，是人人共有的道德责任。"2. 不怕吃苦、磨炼人格。1916 年他在致儿女信中说："处忧患是人生幸事，能使人精神振奋，志气强立。"1927 年又说："生当乱世，要吃得苦，才能站得住（其实何止乱世为然）。一个人在物质上的享用，只要能维持着生命便够了，至于快乐与否，全不是物质上可以支配。能在困苦中求快活，才真是会打算盘哩。"3. 莫问收获，但问耕耘。这本是曾国藩的家教名言，梁启超非常欣赏。他在 1927 年致子女的信中说："我生平最服膺曾文正两句话：莫问收获，但问耕耘。将来成就如何，现在想他则甚？着急他则甚？一面不可骄盈自慢，一面又不可怯弱自馁，尽自己能力去做，做到哪里是哪里，如此则可以无入而不自得，而于社会亦总有多少贡献。"② 梁启超出生于广东一个耕读之家，后来靠个人奋斗，跻身于上流社会，但他要求子女仍保持寒门家风，以求学上进为追求目标。他十分关心子女教育，通过大量的书信，对子女们的品德、人格、读书、学习、择业、婚姻等进行悉心的指导，从而形成了亲切平等、善教好学的梁氏家风。在这种家风的熏陶下，梁氏九个子女个个成

---

① 龙梦荪：《曾文正公学案》，岳麓书社 2010 年版，第 58 页。

② 于奎战编著：《中国历代名人家风家训家规》，浙江人民出版社 2017 年版，第 191—193 页。

才，七个在国外接受高等教育，三个成为院士，均为本行业的佼佼者。时至今日，家风对子女的教育依然十分重要，我们经常听说某家出了几个院士、几个教授、几个大学生，这些成功的背后，都是良好家教、家风滋养的结果。

第二，良好家风是培育社会主义核心价值观的重要途径。中国古代家国同构，家是国的缩小，国是家的放大，因此，家教、家风就不只是一家一族之事，而是与国家紧密联系在一起，家教的主要目标就是培养具有家国情怀的孝子忠臣。正如《大学》所言："所谓治国必先齐其家者，其家不可教而能教人者，无之。故君子不出家而成教于国。孝者，所以事君也；弟者，所以事长也；慈者，所以使众也。……一家仁，一国兴仁；一家让，一国兴让。"古人认为"天下之本在家"，只有搞好家风、家教，才能"齐家"，只有通过"齐家"，才能实现"治国平天下"。家庭是社会的细胞，家风则是社会文明的缩影，每个家庭的家风汇聚起来也就形成了社会风气，对生活在其中的每个人都会产生或多或少的影响。当今中国，正在全面培育以富强、民主、文明、和谐、自由、平等、公正、法治、爱国、敬业、诚信、友善为内容的社会主义核心价值观，而优良的家风正可以成为培育核心价值观的重要途径。2016年12月，习近平总书记在会见第一届全国文明家庭代表时指出："广大家庭都要重言传、重身教，教知识、育品德，身体力行、耳濡目染，帮助孩子扣好人生的第一粒扣子，迈好人生的第一个台阶。要在家庭中培育和践行社会主义核心价值观，引导家庭成员特别是下一代热爱党、热爱祖国、热爱人民、热爱中华民族。要积极传播中华民族传统美德，传递尊老爱幼、男女平等、夫妻和睦、勤俭持家、邻里团结的观念，倡导忠诚、责任、亲情、学习、公益的理念，推动人们在为家庭谋幸福、为他人送温暖、为社会作贡献的过程中提高精神境界、培育文明风尚。"① 他还指出："培育社会主义核心价值观，贵在坚持知行合一，坚持行胜于言，在落细、落小、落实上下功夫。要注意把社会主义核心价值观日常化、具体化、形象化、生活化，使每个人都能感知它、领悟它，内化为精神追求，外化为实际行动，

① 《习近平关于社会主义文化建设论述摘编》，中央文献出版社2017年版，第148页。

做到明大德、守公德、严私德。"① 而家庭正是把核心价值观落细、落小、落实，日常化、生活化的最合适场所。通过良好家风滋润成长起来的公民，将会成为社会主义核心价值观的践行者和引领者。

第三，良好家风是廉政建设的重要环节。如前所述，家风与政风、社会风气密切相关，中国传统家规、家训中有诸多教育子孙勤政爱民、奉公守法、为政清廉的内容。如浙江金华浦江"江南第一家"郑氏家族的《郑氏规范》规定："子孙器识可以出仕者，颇资勉之。既仕，须奉公勤政，毋蹈贪黩，以忝家法。任满交代，不可过于留恋。亦不宜恃贵自尊，以骄宗族。仍用一遵家范，违者以不孝论。子孙倘有出仕者，当早夜切切，以报国为务。抚恤下民，实如慈母之保赤子。有申理者，哀矜恳恻，务得其情，毋行苛虐。又不可一毫妄取于民。若在任衣食不能给者，公堂资而勉之。其或廪禄有余，亦当纳之公堂。不可私于妻孥，竞为华丽之饰，以起不平之心。违者天实临之。子孙出仕，有以赃墨闻者，生则于谱图上削去其名，死则不许入祠堂。"② 中国古代很多贤臣名将，之所以能建功立业为后世敬仰，多与良好的家教有关。

现阶段，养成良好的家风同样是领导干部为官从政的基本要求。从近年来反腐败的实践来看，大多数犯罪官员都存在家风败坏的问题。2016 年，习近平总书记在第十八届中纪委第六次全体会议上讲话指出："从近年来查处的腐败案件看，家风败坏往往是领导干部走向严重违纪违法的重要原因。不少领导干部不仅在前台大搞权钱交易，还纵容家属在幕后收钱敛财，子女等也利用父母影响经商谋利，大发不义之财。有的将自己从政多年积累的'人脉'和'面子'，用在为子女非法牟利上，其危害不可低估。"为此，他进一步要求："每一位领导干部都要把家风摆在重要位置，廉洁修身，廉洁齐家，在管好自己的同时，严格要求配偶、子女和身边工作人员。"③ 中共中央还颁布和实施了《党政领导干部选拔任用工作条例》《中国共产党廉洁自

① 《习近平关于社会主义文化建设论述摘编》，中央文献出版社 2017 年版，第 118 页。
② 费成康主编：《中国的家法族规》，上海社会科学院出版社 2002 年版，第 277 页。
③ 《习近平在第十八届中央纪律检查委员会第六次全体会议上的讲话》，《人民日报》2016 年 5 月 3 日。

律准则》《中国共产党纪律处分条例》等法规，要求领导干部廉洁修身，自觉提高思想道德境界；廉洁齐家，自觉带头树立良好家风。在对领导干部生活的纪律规定中，将生活奢靡，与他人发生不正当性关系，违背公序良俗、社会公德、家庭美德等行为列入纪律追究范围。所有这些都说明，领导干部的家风决非家庭私事，而是影响党风、政风和社会风气的大事。由此可见，家风建设在当今的时代价值。

四、乡贤与乡村治理

在中国传统乡村社会的管理中，士绅发挥着极其重要的作用。士绅是指获取科举功名的预备或退休官员，大体有三类人：第一类，处于官僚系统内部，即现任的休假居乡的官僚；第二类，曾经处于官僚系统内部，但现已离开，即离职、退休居乡的前官僚；第三类，尚未进入官僚系统的士人，即居乡的持有功名、学品和学衔的未入仕的官僚候选人。士绅是与地方政府共同管理当地事务的地方精英，他们是唯一能合法地代表当地社群与官吏共商地方事务、参与政治过程的集团。士绅除提出咨询建议外，还参与下列地方行政：1. 公共工程和公共福利；2. 教育活动；3. 保甲管理；4. 地方民团。总之，士绅是乡村稳定的中坚力量，是乡村公共事务的主要承担者，是传统文化和价值观的传播者和捍卫者。

传统士绅亦称绅士、乡绅、士大夫、乡贤，是维系古代基层社会运转的主导力量。新中国成立以后，随着农村基层政权的建立，传统的士绅阶层彻底消失，农村党组织和村委会成为乡村的行政管理机构。改革开放以来，一种新乡贤开始在农村出现。这类新乡贤的来源极其广泛，大体包括本村老党员、老村干部、党员代表、村民小组长、退休教师、村里老人等热心于乡村事务且具有正义感的人员，还包括本村的道德模范、致富能手，以及通过各种渠道服务于家乡经济社会发展的在外成功人士。尽管现阶段农村出现的新乡贤与传统士绅相比，在制度背景、结构组成、价值观、思维方式、社会功能方面有明显的不同，但两者亦有联系。第一，新乡贤是对传统乡贤（士绅）的批判性继承、创造新转化和创新性发展。新乡贤既汲取传统乡贤传承中的价值精华，又自觉践行和融入社会主义核心价值观；既发扬传统乡贤品格，又凝练现代乡贤品格，是社会主义核心价值观与优秀传统文化在乡村社会相契合、传统与现代相对接的新模式。第二，现代乡贤是传统乡贤的延续与发展。新乡贤是在新的时代背景下产生的乡村治理主体，他们继承了传统乡贤的优秀品格，继承了千百年来乡村社会背景下乡贤治理的有益经验，并将之转化为现代乡村社会的物质与精神财富，从而服务于社会主义新农村建设。正是在此意义上，新乡贤既继承了传统乡贤的名号，也继承了传统乡贤的积极因素。因而，可以认为新乡贤是传统乡贤在新时期的延续。新乡贤是在新制度下成长起来的新事物，它蕴含着更多的时代意义和现代价值。[①]

新乡贤成为农村基层管理的新鲜事物，得到党和政府的支持。2014 年 9 月，中央政治局委员、中宣部部长刘奇葆在培育和践行社会主义核心价值观工作经验交流会上强调，要继承和弘扬有益于当代的乡贤文化，发扬新乡贤的示范、引领作用，用他们的嘉言懿行，垂范乡里，涵育文明乡风，让社会主义核心价值观在乡村深深扎根。同时，以乡情、乡愁为纽带，吸引和凝聚各方面的成功人士，用其学识专长、创业经验，反哺桑梓，建设美丽乡村。2015 年中央 1 号文件指出，创新乡贤文化，弘扬善行义举，以乡情、乡愁为纽带吸引和凝聚各方人士，支持家乡建设，传承乡村文明。

在现阶段，乡贤在乡村治理中的作用表现在以下几个方面：

第一，组建乡贤理事会或参事会，参与农村社会管理。如广东云浮市在推进农村综合改革时，以自然村为单位，培育和发展乡贤理事会，把长期在农村生活或退休后定居农村的老党员、老教师、老模范、老干部、复退军人、经济文化能人等组成理事会，开展农村公益事业建设，参与农村社会治理，弥补基层政府和自治组织公共产品和公共服务供给的不足。乡贤理事会按照"民事民办、民事民治"的原则开展工作，重点关注涉及群众切身利益的民生问题，如调解邻里纠纷、兴办农村公益、纠正群众陋习、提出工作

---

① 张兆成：《论传统乡贤与现代新乡贤的内涵界定与社会功能》，《江苏师范大学学报》（哲学社会科学版）2016 年第 4 期。

建议、履行自治职能等。① 浙江德清县为进一步推动乡贤参事会的发展，于2014 年出台《培育发展乡贤参事会，创新基层社会治理实施方案》，将参事会定位为参与农村经济社会建设、提供决策咨询、民情民意反馈、监督评议的农村基层社会组织。它可以协调农户与乡镇龙头企业、经济合作组织、村两委会之间的关系，协助党委、政府从事农村公益事业，协同参与农村社会建设。德清县武康镇民进村确定每周三为"村务议事日"，邀请乡贤理事、党员组长和村民代表共同召开村民议事会，把安置房分配、工程项目招标、复垦房屋补助、建设资金管理等事项放到台面上商议，通过集中智慧，群策群力，协商解决，推动各项决策民主化、科学化、制度化。②

第二，促进农民增收、致富。乡贤有些本身就是企业家或致富能手，有些熟悉市场，有些与大企业有密切关系，因此，他们在帮助农民创业和致富方面有独特的优势。如广东云浮市乡贤理事会积极协助农业龙头企业推动现代农业经营体制创新，打造"公司＋理事会＋农户"的经营模式，在公司和农户之间发挥协调者的作用，协助解决龙头企业与农民合作中的土地租赁、承包、置换和生产环境整治等问题，推进农村农业发展。

第三，以乡贤文化培育农村社会主义核心价值观。乡贤文化根植于中国传统文化，是优秀传统文化在乡间的具体体现。在现阶段，乡贤文化又是培育社会主义核心价值观的重要思想资源。社会主义核心价值观在个人层面的基本规定是"爱国、敬业、诚信、友善"，这正是乡贤文化的精髓所在。乡贤由爱家乡开始，扩展开来就会爱国家。由乡贤们带头制定的乡约、家规、家训都把"敬业、诚信、友善"作为核心内容。至于核心价值观中社会、国家层面的规定也同样与乡贤文化有相通之处，稍一转化，即可成为涵养核心价值观的重要资源。乡贤作为道德模范和行业标兵，也是核心价值观的践行者和引领者，他们大多生活在村民之间，以自己嘉言懿行为村民做示范。村民在耳濡目染中受到核心价值观的熏陶和涵化，不知不觉就成为践行

---

① 张艺：《乡贤文化与农村基层治理——以广东云浮乡贤理事会为例》，《广东行政学院学报》2015 年第 5 期。

② 中共浙江省委党校、浙江行政学院编著：《文化自信与浙江实践》，浙江人民出版社 2017年版，第 203—205 页。

核心价值观的一分子，并在价值取向、道德观念、人格魅力上逐渐向乡贤靠拢，有些进而成为新乡贤。随着大批乡贤和跟随者的涌现，农村的精神文明建设必定会大有进步，新农村建设也必定大见成效。

五、宗族文化的现代价值

中国古代的村庄，大多是聚族而居，一个宗族或几个宗族累世聚居在一起，就形成一个村庄。这些村庄聚居的同姓小家庭，追根溯源，都是同一个男性祖先的子孙。他们建立祠堂，祭祀共同的祖先，小家庭则围绕着祠堂居住。他们修撰家谱，详细记载各个小家庭的成员以及它们之间的血缘亲属关系。他们共同购买或由富裕的族众捐赠而设置数量不等的族田族产，以其收入赈济贫困族人和全族开支。他们制定家法族规，作为处理族人之间和各个小家庭之间关系的准则。他们推选一至几位族长，负责处理族中的公共事务。宋元以后的中国乡村就是由这样一个个宗族而形成的，族长一般也具有绅士身份，因此，中国古代的乡村管理实际上就是宗族管理。

在中国古代，宗族制度渗透于中国基层社会的政治、经济、文化、生活的方方面面，宗族通过自卫生产、祭祀祖先、光宗耀祖、族规族训、救济贫弱等方式对基层社会民众的生存、凝聚、教化、自治、互助产生着深刻的影响。宗族文化的内涵极其丰富，包括祖先崇拜、宗族感情、宗族观念、祖训族规、寻根问祖、宗族联谊等。宗族文化以儒家文化为内核，形成了长幼有序、尊老爱幼、尊师爱生、爱家爱乡、寻根拜祖、叶落归根、追远报本、互助合作、和谐相处、爱护自然等优良传统。近代以来，在西方文化和革命浪潮的冲击下，宗族逐渐走向衰落。新中国成立前后进行的土改和集体化运动，更动摇了宗族存在的社会根基。改革开放以来，宗族制度和文化又出现了复兴。这固然给农村治理带来一些新问题，但宗族文化对今天弘扬优秀传统文化、培育社会主义核心价值观和中华民族的伟大复兴仍具有积极意义。

第一，宗族文化有利于公民的道德建设。宗族文化以家法族规为载体，而家法族规的一个主要作用，就是以奖勉特别是强制的方式来宣扬中华民族传统的思想品德，这些思想品德大部分是中华民族传统文化中的精华，其中包括勤劳、俭朴、诚实、善良、尊师、重道、乐于助人、忠于职守、廉明公正等等。因此，宗族文化作为优秀传统文化的一部分，正可以成为培育社会主义核心价值观的重要文化资源。更为重要的是，宗族文化的教育与传承始终是在亲情相伴下进行的，在良好家风的熏陶下，族内每个人不自觉地就养成了良好的习惯和品德，这是国家教化和课堂灌输所难以相比的。

第二，宗族组织具有调解民间纠纷的作用。宗族调解以宗族权威为主体，以族规族训和乡规民约为基础，协调宗族内部关系，调解族内纠纷。从古至今，中国农村的各类纠纷不可能全依靠法律来解决，相当一部分是靠宗族内部的家法族规来调解的。用家法族规来调解族内矛盾，成本低，效率高，不上公堂，不伤亲情，也得到乡民的认可和政府的支持，对化解乡村矛盾、构建和谐社会具有重要意义。

第三，宗族文化所孕育的家国情怀有利于增强民族凝聚力，成为中华民族复兴的精神资源。中华民族之所以能够具有强大的生命力，能够历经磨难依然屹立于世界民族之林，主要是因为中华民族有共同的精神家园，而宗族正是培育这种精神家园的土壤。从宗族的历史和现实来看，宗族可以随着时代的发展而不断进行自我更新，而且宗族与国家政权之间拥有广阔的合作空间，与现代化的潮流也并不截然对立。宗族文化对亲情的重视，对传统道德的追求，是培养爱国主义精神的基础。宗族制度与文化已融入中华民族的血肉之中，在适当的时机总会复兴，重新唤起中华民族的血亲观念，这正是中华民族团结凝聚的重要契机。宗族的凝聚力在海外华侨身上表现得最为明显，他们虽然身在异乡，但共同的血脉和文化将他们与故乡紧密联系在一起，他们通过不同的方式，支持家乡建设，特别是兴办文教事业和公益事业。改革开放以来，许多华侨积极回国投资，成为我国引进的主要来源。由于台湾地区民众的祖先多是从大陆迁移过去，因此，宗族文化还是中国大陆与台湾地区联系的重要纽带，宗族活动有助于海峡两岸的交流，在实现中华民族统一的伟大事业中将继续发挥重要的作用。在当代宗族文化复兴的背景下，我们应当使传统宗族文化的精华与现代社会的因子相结合，传承中华民族爱家爱国的民族精神，形成中华民族由内而外、自然而然、表里如一的家国情怀，使家与国获得相互认可与支撑，促进中华民族的伟大复兴。①

六、传统社会救济制度的现代价值

中国地域辽阔，气候复杂，自古以来就是自然灾害频发的国家。在古代由于生产力落后，生产关系不合理，民众的抗灾能力极其薄弱，每灾必荒，以至于灾害与灾荒成了同义语。可以说，一部中国史就是一部中国人民同自然灾害斗争的历史，其间积累了丰富的经验，也留下惨痛的教训。

灾害发生后，若救灾不及时、不充分，会产生严重的后果。其表现为：1. 引发社会动乱。动乱的主要表现有人口的流移、死亡，农民的暴动，外族的入侵等。2. 导致经济衰落。主要表现为：劳动力激减和土地荒废，农产品收获量大大减少，农家经济穷竭。伴随着周期性灾荒的蔓延，日益扩张的农业衰落和农村破产，又直接或间接影响到都市，使都市工商业失去繁荣，引起金融恐慌，这样就造成了国民经济的严重破败。

鉴于自然灾害的严重后果，历代统治者为了维护统治，不得不在力所能及的范围内实施救灾，后代沿袭前朝，又不断发展，从而形成了一套制度完备、行之有效的荒政制度。在中央集权的君主专制时代，历代荒政均以皇帝为救灾总指挥，以上谕为救灾法令，各级官员奉旨救灾，通过蠲免赋税、散放钱粮、调粟、借贷等方式救济灾民。这种救灾体制历代不断实践与完善，至清代集大成。在清代，若遇灾荒，皇帝一声令下，从中央到地方所有的行政机关都变成了救灾机构，皇帝是救灾的总指挥，所有的资源听从皇帝调遣，各级官员各司其职，共同承担起救灾工作，其举国救灾体制的特征非常明显。实践证明，这套救灾体制具有迅捷有序、职责明确、层层监督、奖惩分明、上下相通、彼此支援等优点，最能体现出在中央集权君主专制时代集中力量办大事的优势。

举国救灾体制不仅是中国传统社会的基本救灾制度，在今天的救灾实

---

① 吴祖鲲、王慧姝：《文化视域下宗族社会功能的反思》，《中国人民大学学报》（哲社版）2014 年第 3 期。

践中仍在延续和不断完善。历史的事实和当今的实践都证明，举国救灾体制是适合中国过去和现在的救灾体制，在以后的救灾中仍会发挥巨大的优势，是我们应该坚持的基本制度。举国救灾体制之所以能超越传统在今天还有生命力，是由这种制度本身和中国的国情所决定的。就制度本身而言，举国救灾体制能在极短的时间里，动员一切行政资源和人力、物力、财力，举全国之力应对重大灾害，其强大的动员组织能力和快捷的效率是其他救灾体制所无法相比的，这点在抗击 1998 年全国大洪水和 2008 年汶川大地震中都得到充分的体现。尽管随着市场经济的发展，社会力量在救灾中发挥的作用越来越大，但政府主导救灾的格局不会改变，举国救灾体制仍是我国当前和今后一个相当长时期内最基本的救灾体制。

中国传统社会以儒家的仁爱思想为基石，倡导老吾老以及人之老，幼吾幼以及人之幼。救危扶困，赡养鳏寡孤独不仅是朝廷实施的"仁政"和彰显"皇恩浩荡"的具体措施，也是一般民众激发良知、弘扬爱心的具体体现。千百年来，助人济困的慈善事业一直被视为中华民族的传统美德，从宗教慈善到家族慈善再到社会慈善，慈善一直是稳定社会秩序、推动社会发展的重要力量。在当今市场经济条件下，由于贫富悬殊和其他原因，仍有大量的弱势群体等待救济，而且经济发展中产生的环境、卫生等问题也需要动员社会力量来解决。因此，在当今社会，慈善事业不仅有存在的广阔空间，还有大力发展的必要，是构建中国特色的社会保障制度必不可少的重要一环。

2016 年 3 月 16 日，《中华人民共和国慈善法》正式颁布，这是中国慈善事业发展史上具有里程碑意义的大事。《慈善法》在总则中对慈善事业的范围进行了界定：慈善活动是指自然人、法人和其他组织以捐助财产或者提供服务等方式，自愿开展的下列公益活动：（一）扶贫、济困；（二）扶老、救孤、恤病、助残、优抚；（三）救助自然灾害、事故灾难和公共卫生事件等突发事件造成的损害；（四）促进教育、科学、文化、卫生、体育等事业的发展；（五）防治污染和其他公害，保护和改善生态环境；（六）符合本法规定的其他公益活动。从上述界定中可以看出，现在中国慈善事业的范围比以前大大扩展了，以前的慈善只限于救灾扶贫，而现在的慈善涉及的范围更广，受惠的人群更多，对社会的贡献也更大。

慈善既是中国悠久的传统，也是当今中国构建和谐社会、实现"中国梦"必不可少的重要一环。尽管当今的慈善事业在范围、方式、资金来源和运作上与传统慈善相比有很大的不同，但传统慈善仍能为当今慈善提供历史的借鉴。

第一，慈善事业是与人类社会永远相伴的高尚事业。明清以来，民间慈善事业一直得到政府的支持，特别是在政局动荡、政府救灾不力的时期，慈善事业更成为救济灾难、稳定社会秩序的重要力量，从事慈善事业的慈善家也得到政府表彰和社会尊重。新中国成立后的很长时期，由于受"左"的思想的影响，人们对慈善的认识出现偏见和误解。改革开放以后，特别是20世纪90年代以来，政府和社会对慈善的认识发生了根本性的改变。1995年，中国慈善总会在北京成立，以此为标志，中国的慈善事业正式成为合法的政府支持的事业。近30年的发展证明，慈善事业是一项利国利民的伟大事业，它上为国家分忧，下为百姓解愁，有百利而无一害，是建立社会保障制度的重要组织部分。随着《慈善法》的颁布，具有悠久历史的中国慈善事业必将迎来大发展的美好时光。

第二，政府应为慈善组织的发展创造良好的制度环境。慈善事业需要慈善组织来组织和实施，慈善组织是慈善事业发展的主体。明清以来，历届政府对慈善组织均持支持态度，有些政府还为慈善组织的发展提供资助。新中国成立后，由于认识上的原因，在较长一个时期，政府对慈善组织采取双重管理体制，即慈善组织既需要在民政部门登记成为合法组织，还需要找一个业务部门来管理自己，如此双重管理体制极大地限制了慈善组织的设立和发展，成为慈善事业发展的瓶颈。《中华人民共和国慈善法》将对慈善组织的管理方式改为登记制，慈善组织登记注册即为合法的社会组织，从此不再被迫找个"婆婆"来管理自己，即可为弱势群体提供服务。

第三，慈善组织应通过信息公开来提高公信力。慈善组织主要靠募集社会资金来从事社会服务，因此，公信力就成为慈善组织存在和发展的基石。目前，中国慈善组织公信力普遍不高，成为制约慈善事业发展的最大障碍。其实，中国传统慈善组织在征信方面积累了丰富的经验，可资参考。明清以来，中国慈善组织主要通过编印《征信录》《报告书》及账目登报等几种方式来取得社会信任。20世纪30年代后，随着会计师职业的兴起，上海大部分慈善组织的《报告书》或《征信录》都要附上会计师查核证明书，以证明自己的账目经过国家法定查账员的查核，真实可信。今天的慈善组织理应在继承传统的基础上不断创新，建立统一高效的信息发布平台，推动第三方评估机构的发展，多方并举，共同提高公信力。

第一章　中国传统社会管理制度与思想的演变

中国是享誉世界的文明古国，文化发达，制度完备，历朝历代在治国理政中积累了极为丰富的社会管理经验，形成了完备的社会管理制度。本章主要按朝代先后，从纵的方面对历代社会管理制度与思想进行概述，以社会管理思想、基层社会组织、户籍管理、社会治安为重点，尽可能突出各时期社会管理的特点。

一、先秦时期的社会管理制度与思想

先秦时期是指秦朝建立之前的夏商周三朝。夏朝是中国历史上第一个王朝，目前有关夏朝的制度缺乏明确记载。继夏之后的商朝以甲骨文和青铜文化向后人呈现出高度的文明。继夏商之后的周朝，是中国历史上存在时间最长的王朝。周朝的国都原本在关中，后东迁至河南洛阳一带。以东迁为标志，史学家将周朝分为西周和东周两个时期，东周又分为春秋、战国两个时期。公元前221年秦朝统一中国，先秦时期至此结束。先秦时期特别是西周至战国时期，是中国社会管理体制和思想的萌芽时期，这一时期形成的制度和思想对中国传统社会管理体制产生了深远的影响。

（一）分封制、宗法制、礼乐制度

西周时期最主要的制度是分封制、宗法制和礼乐制度。这些制度既是政治制度，也是适用于贵族阶层的社会管理制度。

1. 分封制。周在灭商的过程中，为了稳固新征服的商朝旧部及其他部落方国，就开始将新占领的土地分封给同姓子弟，建立诸侯国。周公东征后，分封的规模进一步扩大，并且延续较长时间。分封在当时称为"封建"，即"分封土地，建立国家"之意。据记载，仅在周公摄政期间，就分封了71国，其中大部分都是周姓子弟，如武王幼弟康叔封于卫，都朝歌（今河南汲县北）；周公之子伯禽封于鲁，都奄（今曲阜）；成王之弟叔虞封于唐，都翼（今山西翼城东南）。也有部分异性诸侯，如世代与姬姓通婚的姜姓部族首领师尚父（又称姜子牙）被封于齐，都营丘（今山东临淄北）；商贵族微子启封于宋，都商丘（今河南商丘）。此外，边远地区的一些古老方国、部落也在其故地被封。

周天子分封诸侯有一套隆重的仪式。诸侯受封时，必行锡命（策命、册命、敕命）礼，周天子赐以人民、土地、国号、告诫的文辞，与各种象征受封的服饰礼器，其目的是要建立一种周天子与诸侯之间主从关系。主从关系建立后，还要一次又一次地重新加以肯定。每当诸侯朝觐天子，都有锡命，予以训诫，赏以礼物。在封建制度下，贵族是世袭的，贵族的子孙继承他们祖先的封国或职务，也同时继承祖先所有的土地和人民，每当贵族子孙继立的时候，也必须以锡命礼来重新肯定对周天子的臣属关系。不仅周天子对臣下行锡命礼，诸侯对臣下也可以行锡命礼。封建贵族之间的关系，建立在一层一层的主从关系之上。①

诸侯对周天子要承担镇守疆土、保卫王室、缴纳贡物、朝觐述职、发兵从征等义务，在自己国内可以将土地继续向下分封给子弟亲属，后者称为卿大夫。诸侯在封国内，各有本身的权力，非周天子所能干涉。卿大夫对于诸侯，也有类似的情形。也就是说，各级贵族领有自己的土地和人民，拥有自己的权力，自成一个政治社会实体。通过分封，周王室加强了对全国疆域的控制，巩固了周天子天下共主的地位，实现了"普天之下，莫非王土，率土之滨，莫非王臣"的目标。但分封制存在已久，各诸侯国与周天子之间，以及各诸侯国之间的亲戚关系越来越淡，各诸侯国势力发展也强弱不同，于

---

① 梁庚尧：《中国社会史》，东方出版中心2016年版，第18页。

是各诸侯国就纷纷要求脱离周天子的控制，诸侯国之间也经常发生纷争，封建制逐渐走向解体。

2. 宗法制。宗法制是古代贵族凭借血缘关系对族人进行统辖管理的制度，是统治者维护政治秩序和社会管理的一种重要手段。宗法制在商朝后期已经存在，到周朝变得更为典型和系统。

宗法制是从氏族组织蜕变而来的血缘宗族基础上发展而成的，把贵族区分为"大宗"和"小宗"。周王自称天子，既是政治上的共主（王），又是天下同姓的大宗，王位由嫡长子继承，世代保持大宗的地位。嫡长子的兄弟们受封为诸侯，对周王而言处于小宗的地位。诸侯在其封国又为大宗，其君位也由嫡长子继承，嫡长子的兄弟们分封为卿、大夫，又各为小宗。而卿、大夫在其本宗内的各个分支中又处于大宗的地位。① 宗法制与分封制相结合，血缘关系与政治关系相结合，起到了维系政治、社会秩序的作用，对中国政治制度和社会管理产生了深远的影响。

3. 礼乐制度。周礼是周公摄政期间继承殷礼制作而成，史称周公"制礼作乐"。礼起源于原始先民的仪式活动，进入阶级社会后，这些仪式被统治者加工改造，而变得固定化、神圣化，并增加了等级制度的内容，用以调节私有制下的社会关系。乐来自氏族社会的音乐舞蹈，经过统治者改造后，与礼仪配置的关系进一步固定，形成了礼乐制度。

礼的本质是"异"，即差异，用来确定社会中各等级之间的行为规范，以显示贵贱、尊卑、长幼、亲疏之间的差异。贵有贵之礼，贱有贱之礼；尊有尊之礼，卑有卑之礼；长有长之礼，幼有幼之礼；亲有亲之礼，疏有疏之礼。这样，礼就规定了君臣、父子、兄弟、夫妇、朋友之间的上下尊卑关系，不得有所逾越。周礼十分烦琐，主要有五类：吉礼（祭祀）、凶礼（丧葬）、宾礼（交际）、军礼（征战）、嘉礼（吉庆）。每个贵族从出生到死亡，从人事到祭祀，从日常生活到政治活动，都要遵守与其身份相符合的礼。在各种典礼、仪式中，不同社会地位的参与者，都有各自不同的行为规范。通过这些行为规范区别尊卑、贵贱、亲疏等身份，界定每个人在社会秩序中的

① 樊树志：《国史概要》，复旦大学出版社 2003 年版，第 43—44 页。

具体位置，协调全体社会成员之间的关系，构成一个有等级有秩序的社会。

礼与乐相辅相成，密不可分。礼讲差异，乐则讲和同。乐以音乐节奏激起人们相同的情绪，产生共鸣。与礼结合以后，乐的等级性明显加强，不同阶层的人所用乐舞在规模、人数等方面都有严格的规定，不得逾越。礼乐结合，更具有一种潜移默化、影响人们心理情感的作用，能够体现出崇高、肃穆、和谐的氛围，使外在的强制性规定转化为内心自觉的需求，以达到既约束行为又控制内心的目的。周公制作的礼乐制度后来被儒家所继承和发扬，成为中国古代社会管理的基本手段。

（二）社会管理制度

西周时期的分封制、宗法制和礼乐制度主要对上层贵族社会的管理，除此之外，从西周到战国时期，周朝及各诸侯国还形成了一套基层社会的管理制度。

1. 基层行政机构

据《周礼》记载，西周有"国""野"之别，"国"是指国都地区，"野"是指国都之外的地区。"国"中设有 6 乡，"野"中设 6 遂，故周朝的基层行政机构，可分为乡、遂两大类。

"国"中共分 6 乡，由乡师 4 人总管 6 乡行政与治安事务，其主要职责是负责 6 乡的人口统计与户籍管理、有关治安的政令及民众的徭役征发及管理。各乡的具体事务，则由乡大夫（1 乡 12500 户）、州长（1 州 2500 户）、党正（1 党 500 户）、族师（1 族 100 户）、闾胥（1 闾 25 户）、比长（1 比 5 户）等各级官员分工负责。"野"中共分 6 遂，由遂长 2 人、遂师 4 人总管 6 遂的行政与治安。各遂的具体事务，则由遂大夫（1 遂辖 5 县）、县正（1 县辖 5 鄙）、鄙师（1 鄙辖 5 鄼）、鄼长（1 鄼辖 4 里）、里宰（1 里辖 5 邻）、邻长（1 邻辖 5 户）等各级官员分工负责。①

春秋战国时期，各诸侯国的基层管理机构有所变化。以秦国为例，秦国原以乡、里、聚为各级基层组织。商鞅变法时，将百姓以什、伍为单位进

---

① 朱绍侯主编：《中国古代治安制度史》，河南大学出版社 1994 年版，第 67—69 页。

行编制，强化了基层组织的治安职能。据《汉书·百官公卿表序》记载，秦的基层组织有乡、亭、里等，乡置三老、啬夫、游徼。三老掌教化，啬夫掌诉讼、赋税，游徼掌捕盗及治安；里有里正和监门；亭有亭长，掌开闭扫除，又有捕盗之责。有学者认为，亭作为基层治安机构，其性质与现今的公安派出所非常相似，根据治安需要而设置，主要职责是督捕盗贼，维持治安。其职责的行使上，与乡并无统辖和被统辖的关系，而是直接受命于县。[①]

2. 户籍管理

户籍管理是社会管理的重要内容。户籍就是登记居民户口的册籍，其功能主要有三：一是作为国家征收赋税、征发兵役和徭役的依据；二是作为统计人口的资料和档案，层层上报，作为治国理政的重要工具；三是作为管制居民、镇压反抗的有效手段。统治者平时用户籍把人民强制束缚在土地上，不得擅自迁移，若有民众脱籍或逃亡犯罪，则依据户籍提供的资料进行追捕缉拿。故自户籍出现以来，历代政府都极为重视，成为社会管理的核心内容。

在西周封建制下，人民分属于贵族，赋役的负担又是集体性的，因此没有类似后世的户籍。户籍的出现，大概要到春秋中晚期以后，由于扩大征兵与赋税的改革，而有登录每一个家庭的必要。[②]

战国时期，各诸侯国相继建立了适应君主集权需要的户籍管理制度。齐国继承了管仲所建立的"五家为轨，十轨为里"的户籍管理制度，楚国也实行了"五家为伍，十伍为里"的户籍管理。秦国于秦献公十年（前375年）"为户籍相伍"。商鞅变法时，将全国人民按照什伍的单位进行编制，五家为一伍，十家为一什，并实行成年男子强制分户的做法，"民有二男以上不分异者，倍其赋。"[③] 经过商鞅变法后，秦国普遍确立了以一夫一妻为单位、以成年男子别籍分居为原则的户籍制度。

战国时期，各国对户籍的管理，采取的也是自下而上的办法，由里典等基层官员主管一里的户籍，再上报至乡、县、郡等地方机构，最后汇总于中央。由于当时条件所限，战国时期尚未形成严密的户籍登录与统计制度。

---

① 朱绍侯主编：《中国古代治安制度史》，第49—50页。

② 梁庚尧：《中国社会史》，东方出版中心2016年版，第23—24页。

③ 《史记》卷68《商君列传》。

3. 婚姻家庭管理

周代的婚姻制度，包括基本原则、结婚制度、离婚制度三个方面。

周代婚姻制度的基本原则，根据《周礼》《礼记》等记载，可以概括为"一夫一妻有妾制"。从天子到普通国人，都只能有一个正妻或嫡妻，其所生子女，曰"嫡出"。在一妻之外，男子可以纳妾。比如，"天子有后，有夫人，有世妇，有嫔，有妻，有妾"，"公侯有夫人，有世妇，有妻，有妾"。① 百姓大概只有妻、妾两等，妾所生子女曰"庶出"。"嫡出"子女的地位远远高于"庶出"子女。"妾"的来源，一是陪嫁，二是买。

周代的结婚制度主要有以下几点：第一是"同姓不婚"。其原因有三：一是因为"男女同姓，其生不蕃"，不符合优生原则；二是认为同姓者亲属关系较近，结婚近于禽兽同群交配；三是异姓结婚，可以通过婚姻与外姓结盟，补充宗法政治秩序。总之，同姓不婚是为了建立和强化族内"男女有别""尊卑有别""亲疏有别"的伦理秩序。第二是"父母之命，媒妁之言"。也就是说，只有父母才能主婚，子女自己无权决定自己的婚姻，而且男女交往必须通过媒妁中介，"男女无媒不交，无币不相见"。② 没有这两个条件，任何男女交往都被视为"淫奔"。第三是"六礼俱备"。《礼记·昏义》载："婚礼者，将合二姓之好，上以事宗庙，而下以继后世也，故君子重之。是以婚礼纳采、问名、纳吉、纳征、请期，皆主人筵几于庙，而拜迎于外。"后人将此总结为结婚六礼，即纳采、问名、纳吉、纳征、请期、亲迎。六礼之类的典礼是为了区别于"男女无媒而交"的"淫奔"和纳妾，突出娶妻在宗法伦理上的重要意义。③

周代的离婚制度，一般认为遵循"七去三不去"的原则。据《大戴礼记·本命》所载："妇有七去：不顺父母去，无子去，淫去，妒去，有恶疾去，多言去，窃盗去。"所谓"去"，就是男子休妻。"三不去"是对"七去"的限制："妇有三不去：有所取无所归，不去；与更三年丧，不去；前贫贱后

---

① 《礼记·曲礼》。

② 《礼记·坊记》。

③ 范忠信、陈景良主编：《中国法制史》（第二版），北京大学出版社 2010 年版，第 59—60 页。

富贵，不去。"也就是说，妻子为家庭尽了较重要的义务或有较重要的贡献者，即使犯了"七去"之条，也不得休妻。"七去三不去"离婚原则，自周代确立后，对后世影响很大，但这只是礼法上规定，在实际婚姻生活中并不一定真正这样做。

4. 治安管理

治安管理是社会管理的重要内容。夏商时期，就开始运用国家强制手段，对各种扰乱社会治安的行为进行处罚。西周对各种违反社会治安的行为做了更明确的规定，这些规定包括：1. 对侵犯官私财物行为，予以严厉的惩罚；2. 对淫乱行为处以重刑；3. 严禁聚众酗酒，违者要处以死刑；4. 严禁各种扰乱、干扰司法审判的行为，违者处以死刑；5. 不准穿奇装异服，不准玩弄奇技淫巧，不准吟唱低级歌曲，违者处以死刑；6. 利用巫术蛊惑人心、骗取钱财、扰乱社会治安者，处以死刑。① 此外，夏商周都设置有监狱，还设立了专门的监狱管理机构。

春秋时期，各国纷纷制定法律，更重视用刑法来维持社会秩序。如齐国在管仲主持的改革中，非常重视法律的作用，一方面，修订旧法，择其善而用之；另一方面，又根据齐国的实际情况，制定了一些新的法令法规，如"轨里连乡之法"（五家为轨，轨为之长；十轨为里，里有司；四里为连，连为之长；十连为乡，乡有良人)②、"火宪"（失火之法律）之法等等。郑国在子产执政期间，作刑书三篇，铸之于鼎。这是我国已知的最早公布的成文法。晋国在赵鞅执政期间，也铸刑鼎。郑、晋两国先后铸刑于鼎，公布成文法，在中国法制史上具有划时代的意义。

战国时期，各国在法律上都对各种扰乱和危害社会治安的行为做了明确的规定。这些行为包括：盗窃行为、杀人行为、斗殴行为、淫乱行为、讨论国家法令、赌博等。秦国商鞅还实行什伍连坐之法，"令民为什伍，而相牧司连坐，不告奸者腰斩，告奸者与斩敌首同赏，匿奸者与降敌同罚。"③ 战国时期，各国治安处罚的方式主要有以下几种：罚金和赎刑、迁刑（流放）、

---

① 朱绍侯主编：《中国古代治安制度史》，第 14—16 页。

② 《国语·齐语》。

③ 《史记》卷 68《商君列传》。

徒刑（罚作苦役）、肉刑（主要有黥刑、劓刑、斩趾、宫刑四种）、死刑。

（三）社会管理思想

先秦时期是中国社会管理思想萌芽和形成时期。伴随着西周封建制的解体和礼崩乐坏，各家都在寻求社会管理的新方案，其中对后世影响较大的有以"礼治"重建社会秩序的儒家思想、以"法自然"来恢复社会秩序的道家思想、以"法治"来改造社会秩序的法家思想、以"兼相爱"来构建理想社会的墨家。

1. 儒家。以孔子、孟子、荀子为代表的儒家，其社会管理思想的核心是礼治与德治。具体表现在：第一，守礼与正名。孔子竭力提倡"礼治"，主张"齐之以礼"，用礼规范人的行为。孔子所说的"礼"，不仅是一种政治原则，一种仪式，也是一套社会制度、社会规范。荀子也认为，所谓礼，就是"贵贱有等，长幼有差，贫富贵贱皆有称者也。"礼的作用在于"分"与"别"，通过等级与差别，来维持社会秩序。孔子认为，要实行礼治，就必须首先"正名"，"名不正则言不顺，言不顺者事不成，事不成则礼乐不兴，礼乐不兴则刑罚不中，刑罚不中则民无所措手足。"[①]通过"正名"使每个人明白自己的身份与地位，各守其分，按照礼的规定尽自己的义务。第二，为政以德。孔子认为"道之以政，齐之以刑，民免而无耻；道之以德，齐之以礼，有耻则格。"[②]在孔子看来，通过道德教化，使民众有羞耻感，就能自觉守礼守法，不犯上作乱，社会就会稳定。孟子提倡"仁政"，则是希望统治者从"不忍人之心"出发，推恩于四海，做到"老吾老以及人之老，幼吾幼以及人之幼。"这样治理社会就易如反掌。第三，以刑辅德。儒家重视道德教化，但并不否定刑罚的强制作用。孔子主张为政要"宽猛相济"，而以宽为主，刑罚只是辅助手段。孟子认为"徒善不足以为政，徒法不足以自行。"[③]荀子则主张"隆礼重法"，只有把道德教化与刑罚相结合，先教后刑，才能发挥教化的功能，预防犯罪，维持社会稳定。

---

① 《论语·子路》。
② 《论语·为政》。
③ 《孟子·离娄上》。

2. 道家。以老庄为代表的道家，其社会管理思想的核心是"无为而治"。具体表现在：第一，反对社会伦理规范。老子认为，社会伦理规范的出现都是社会混乱以后的产物，即所谓"大道废，有仁义；智慧出，有大伪；六亲不和，有慈孝；国家昏乱，有忠臣。"① 对于儒家极力倡导的"礼"，老子则认为"夫礼者，忠信之薄而乱之首。"② 因此，越提倡道德，社会越混乱。第二，主张"无为"。老子认为，统治者有为，就会横征暴敛、穷兵黩武、严刑峻法，这是造成社会动乱主要原因。反之，统治者无为，则"我无为而民自化，我好静而民自正，我无事而民自富，我无欲而民自朴。"③ 对被统治者而言，无为就是"见素抱朴，少私寡欲，绝学无忧。"④ 也就是要人们尽可能减少对欲望、名利、知识的追求，回归愚昧纯朴的自然状态。这样才能从根本上消除社会动乱的根源，达到"为无为，则无不治"的目的。⑤

3. 法家。以韩非子为代表的法家，其社会治理思想的核心是依法治国、严刑峻法。具体表现在：第一，依法治国最能顺应人的本性。法家认为人都具有"好利而恶害""就利而避害"本能，因此道德教化无济于事，只有用法令赏罚才能顺人情而治天下。第二，法令必须明确而统一。法令要以成文的形式公布于众，让百姓知晓。要以法为教，使人人知法、懂法、守法。应统一刑罚标准，不分亲疏贵贱，一律依法实行赏罚。还要用法令统一人民的思想，严禁一切不符合法令的言论。第三，法治的核心内容就是"信赏必罚"。"信赏必罚"包括两个方面内容：一是赏罚兑现，"赏莫如厚而信，使民利之；罚莫如重而必，使民畏之。"⑥ 二是赏罚公平，不分亲疏贵贱。第四，主张严刑重罚，以刑止刑。韩非子认为："夫严刑重罚者，民之所恶也，而国之所以治也；哀矜百姓，轻刑罚者，民之所善，而国之所危也。"⑦ 在法家看来，要制止犯罪，维持社会治安，最好的办法就是严刑峻法，使百姓连轻

①　《老子》第十八章。
②　《老子》第三十八章。
③　《老子》第五十七章。
④　《老子》第十九章。
⑤　《老子》第三章。
⑥　《韩非子·五蠹》。
⑦　《韩非子·奸劫弑臣》。

罪都不敢犯，更不用说犯重罪了。

4.墨家。以墨子为代表的墨家，其社会治理思想的核心是"兼相爱，交相利"。具体表现为：第一，墨子认为社会上的一切祸乱，都源于人类彼此不相爱。"天下之人皆不相爱，强必执弱，富必侮贫，贵必傲贱，诈必欺愚。凡天下祸篡怨恨，其所以起者，以不相爱生也，是以仁者非之。"① 为了消除祸乱的根源，墨子主张"兼爱"，其内容主要是：（1）爱无差别，爱别人与爱自己一样，"视人之国若视其国，视人之家若视其家，视人之身若视其身。"②（2）把爱与利联系起来。"夫爱人者，人必从而爱之；利人者，人必从而利之；恶人者，人必从而恶之；害人者，人必从而害之。"③ 这样"兼相爱"与"交相利"就密不可分，爱别人也能为自己带来好处，如果人人能做到"兼相爱"，则天下就太平无事。第二，墨子认为社会控制的方式有两种：一是政治上的赏罚，二是宗教上借助"天"和"鬼"的威力。前者是指社会管理者制定行为规范，对严格遵守者进行褒扬奖励，对不遵守规范者进行惩罚，后者是指借助"天意"和"鬼神"来惩罚那些不遵守规则的人，故墨子要求人们必须"上尊天，中事鬼神，下爱人。"④ 第三，墨子的理想社会是一个"兼爱""尚同"的社会。在这样的社会里，"爱无差等"，人与人不分亲疏，互相关爱，人人劳动，有财相分，没有战乱和纷争，社会由"贤者"来进行管理。

墨子的社会管理思想极其丰富、深刻，亦有矛盾和空想之处。台湾著名学者韦政通对此有客观而精辟的评论："在先秦各家中，墨子是唯一以社会问题作为主要问题的思想家。用现代人的眼光看，墨子的社会思想，并没有多少积极的建树。但他对当时社会种种病象的剖视，以及对上层社会恣侈游、尚淫乐、奢靡浪费生活的抨击，因而力图匡正社会积弊，以谋求全民的福利，这种人道主义的精神，是永远值得赞扬的。"⑤

---

① 《墨子·兼爱中》。

② 《墨子·兼爱中》。

③ 《墨子·兼爱中》。

④ 《墨子·天志上》。

⑤ 韦政通：《先秦七大哲学家》，江苏教育出版社 2006 年版，第 117 页。

二、秦汉魏晋南北朝时期的社会管理制度与思想

公元前 221 年，秦国统一中国，建立了中央集权的君主专制制度。秦朝在社会治理上，专任刑罚，以控制与镇压为手段，有效但也有限，仅二世而亡。汉朝汲取了秦朝的教训，在社会管理上，既依靠法令刑罚，又重视道德教化，从而维持了一个长久的稳定局面。秦汉时期是中国传统社会管理体制的定型期，对后世产生了深远的影响。

（一）秦朝的社会管理制度

1. 基层社会管理

秦朝在中央实行君主专制制度，在地方上实行郡县制，郡县以下又设有乡、里基层政权以及亭这样的治安机构，共同构成了秦朝的社会管理体系。

秦朝的县下分为若干乡，乡的主要官吏是三老、啬夫和游徼，三者的大体分工是：三老掌教化，啬夫职听讼、收赋税，游徼禁盗贼。游徼是由县派往各乡的治安官员，巡行于一乡境内以禁盗贼。

秦朝乡以下，以五家为一伍，设伍老，是最小的基层组织。二伍为一什，设什典，再由若干什组成里，里的负责人为里正。里正和什、伍官员的主要职责是维持治安。秦朝从商鞅变法起已实行什伍连坐法，即五家互相监督，发现有奸人，应及时向官府告发，否则，一家犯罪，同伍同什的其他各家也要受到连带处罚。

除里伍负责人维持治安外，在居民集中的地区，还设里监门，一里的屋舍用墙垣围起来，出入之门由监门守卫，实行封闭管理。陌生人一旦出入，就会被发现，这样既能监视里中居民，又可防止外人进入作案。

秦朝在地方上普遍设亭，设在城市中的为街亭，设在乡村中的为乡亭。亭并不是乡的下属，而是直属于县。亭吏与乡官的职掌有不同的侧重，亭相当于后代分设地方的警亭或派出所。亭往往设在县以下的交通要道上，它的主要作用有三：一是作为招待所迎送来往官员；二是作为官方文书传送的中

间驿站；三是禁盗贼，维持地方治安，这是它的最主要职能。亭的负责人是亭长，直接由县来任命和管理。亭长的职责与乡游徼有相通之处，但游徼无固定治所，是巡行而流动追捕罪犯，而亭长则以亭为固定治所，以监视缉捕罪犯。①

2. 户籍管理

秦朝在战国时期已建立户籍制度。秦献公十年（前375），"为户籍相伍"。商鞅对这个制度进一步完善，规定"民有二男以上不分异者，倍其赋"，"令民为什伍，而相牧司连坐。"②即拆散原来氏族制遗留的家长制大家庭，而代之以一夫一妻为主的个体家庭，同时把户籍与什伍连坐制结合起来，加强户籍的治安功能。

秦朝的户籍管理主要包括以下内容：（1）每人均登记在户籍上。凡境内居民，不论男女，一生下来就要把名字登记到官府簿籍上，取得名籍。户籍上要标明籍贯，如果居民迁居，必须报官办理户籍转移手续，称为"更籍"。人死后，要在户籍上削除名字。（2）秦的户籍以户为基本的登记单位，并有连带的刑事责任。如果家庭成员有犯罪行为，家长不先告，就要依法治罪。男女婚姻关系反映在户籍上，就是两人在同一户的簿册上登记，并事先要到官府履行登记手续，婚姻才算成立。秦始皇十六年（前231），秦朝开始在户籍上载明男子的年龄，作为征兵和徭役的依据。（3）秦朝的编户仍有等级之分。秦的社会等级，至少可以分为有军功爵者、一般的平民及刑徒。有爵位者，可以役使刑徒。刑徒则是犯罪受罚者，他们或担任国家的劳役，或者为有爵者所役使。一般的平民是秦朝社会的主要成员。秦朝虽然有社会等级之分，但三者是可以互相升降的，平民立功可以获得爵位，有爵位者犯罪可以变成刑徒，刑徒可以因赏赎或期满而恢复平民的身份。（4）秦朝对户籍管理极为重视，《秦律》中有关于户口的《傅律》。户籍由居民所在的乡、里官吏掌握，如果有隐匿实际年龄或登记不实，作伪欺诈的居民和知情不报的官吏都要被处罚。秦朝还实行每年一次的定期户口检查制度，称为"头会"。

①　朱绍侯主编：《中国古代治安制度史》，第108页。
②　《史记》卷68《商君列传》。

即每年八月，以乡为单位召集全体居民，一方面征集户赋，一方面由主管官吏核查生死人数，验明每个人的年龄、身体状况及面貌特征。如果官员核查不认真或居民不参加，都要被治罪。①

（二）汉朝的社会管理思想

汉朝的社会管理思想大体经历了由"无为而治"到"刑德并举"再到"德主刑辅"的转变过程。

汉朝是在秦朝灭亡的基础上建立起来的，秦朝二世而亡的教训使汉朝统治者认识到光靠严刑峻法不足以维持长久的统治，必须采取新统治策略。汉初，谋士陆贾站在统治者的立场上，认为社会治理的最高原则就是无为，执政态度应保持谨慎和敬畏。所谓"无为"就是在基本制度和法制已经确立的条件下，统治者省刑安民，与民休息，让民众恢复生产，积累财富，从而达到社会安定的目的。这实际上是道法理论的结合，用道家之长以补法家之短。在这种"无为而治"思想的指导下，汉初六十年的统治者"守道任法"，从而出现了后代称颂的"文景之治"。

汉代另一位思想家贾谊，融合儒道法三家的理论，形成了"刑德并举"的社会管理思想。贾谊认为治理社会既需要礼教的仁爱恩厚精神，也需要法家的权威法制手段。他主张加强礼义教化，但并不是不要刑罚，而是礼法并用，"夫礼者禁于将然之前，而法者禁于已然之后。"② 礼的作用在于以教化的方式预防犯罪，而法的作用在于以惩罚的方式禁止再犯。

汉武帝时期，董仲舒建议"罢黜百家，独尊儒术"，并吸收法、道、阴阳等家思想，对儒家思想进行改造，将君臣、父子、夫妇之间的伦理关系绝对化，"仁义制度之数，尽取之于天"。③ 在社会管理方面，他将贾谊的刑德并举理论发展为"德主刑辅"，以教化为主，以刑罚为辅，为以后历代统治者所继承。

---

① 朱绍侯主编：《中国古代治安制度史》，第113—115页。
② 《汉书》卷48《贾谊传》。
③ 《春秋繁露·基义》。

（三）汉朝的社会管理制度

1. 基层社会管理

汉承秦制，县以下分为若干乡，乡之下是里和什伍，同时在地方上普遍设亭。

乡的官吏主要是三老、啬夫和游徼。三老掌教化，啬夫职听讼、收赋税，游徼禁盗贼。乡之下为里。每五家居民为一伍，是最基层的社会组织，两伍为一什，若干什组成一里。里、什、伍的负责人分别是里正、什长和伍长。在居民集中的地区，一里的屋舍用墙垣围起来，出入之门由里监门守卫，实行封闭管理。

汉朝继续实行秦朝的什伍连坐制，居民互相监督，一家犯罪而不及时告发，同伍同什者要负连带责任。平时里伍官吏要熟知本辖区居民情况，一旦发现犯罪，要及时向上级提供线索，纠举犯罪。汉朝在基层普遍设置亭，其中乡亭往往设于交通要道上，其主要功能是维持地方治安，同时也具有官营旅舍的功能，也可以作为官方文书信件的中转站。亭长与游徼职责相同，但游徼是巡行流动的，亭长是在固定的地点警戒，若有治安事件，游徼与亭长共同缉捕会审。亭长平时有权检查过往行人，拘捕可疑分子，对过往行人，要检查是否持有通行证件。

2. 户籍管理

汉朝对户籍管理极为重视，丞相萧何在制订《九章律》时，特辟一章为《户律》，把户籍管理载入国家法典。

汉朝为加强户籍管理，设置了一套自上而下的行政系统，专门负责户籍管理。最初中央在丞相府设有计相，管理全国户口及财政收支，后在尚书台中又专设民曹尚书主管天下户口。地方上郡设户曹史，县设户曹掾史，分级管理户口。汉朝还实行上计制度，先由乡把本乡户数、人口数统计后报县，县再汇总呈送郡国，郡国最后上报中央，户口是考察官员政绩的最重要指标。

为了保证户籍管理的真实准确，汉承秦制，也实行每年一次的定期户口大检查，称为"案比"。每年八月，一乡的各户男女都要参加，接受县吏逐人检验，人人都要亲自到场。在"案比"的基础上，九月各县汇总造册，编制户籍。

汉朝的户籍内容非常详尽，据《居延汉简》上名籍材料来看，户籍登记包括以下内容：本人的籍贯或住址，本人的爵位，本人的职务、姓名、年龄、身高肤色、才干特长等。除单身外，成家者还需要登记家属，包括配偶的姓名、年龄及与户主的关系，子女的姓名、年龄及与户主的关系，其他亲属的姓名、年龄、性别及与户主的关系、资产状况等。汉朝户籍还根据居民身份不同而归入不同种类的户籍，一般非官、非工商、非巫医者属于编户籍，又称齐民、良家，占人口的绝大多数，其他还有官籍（宦籍）、宗室籍、后妃外戚籍、市籍（商人）等。这样做的目的，一是体现礼法社会的等级差异，使贵族官僚享受特权；二是为了从治安上加强控制和管理，便于分而治之。①

（四）魏晋南北朝时期的社会管理制度

魏晋南北朝时期，由于政权更迭、政局动荡、人口流动和民族融合，原有的社会管理制度难以维持，故这一时期的社会管理出现了一些新现象，其中士族阶层的兴衰、坞堡的普遍设立、侨民的户籍管理最具特色。

1. 社会阶层

魏晋南北朝时期的社会阶层极其复杂，大体说来，可以分为四个阶层：上者为士人，其次为编户百姓，再次为依附人，最下者为奴婢。士人阶层中并有士族高门和寒门庶族的贵贱区分，彼此间划分极为严格，不容混淆。寒门之下是一般的编户百姓，包括从事农工商各业的自由民，他们是国家赋税力役的主要负担者。此外，还有一些在离乱时代流寓或逃亡的人民，被政府安抚而定居，缴纳的赋税较轻，也属于这个阶层，如南朝的浮浪人，北朝的各类杂营户。依附人包括部曲、衣食客、佃客、荫户、门生故旧、童仆等依附于士族豪强的人民。他们为豪门当兵作战和服役生产，没有个人自由，但投靠豪族之后，即可受到保护。此外，政府也拥有许多私附人民，包括兵户（或称军户）、营户、官府工匠和吏等，非经政府放免，不得上升

---

① 朱绍侯主编：《中国古代治安制度史》，第 185—187 页。

为自由的编户。依附人之下为没有任何自由的奴婢阶层，包括生口、长徒、隶户等。①

在整个魏晋南北朝时期，士族阶层是最特殊的阶层。这个阶层是从东汉以来经数百年演变而形成的。他们在政治上享有绝对优越的地位，控制政权的运行。他们有雄厚的经济基础，普遍拥有广大的庄园和别业，动辄数百顷。士族私有的部曲、宾客、佃户、奴婢数量惊人，这些人在必要时都可改编为军队。所以士族不但经济力量雄厚，军事上也极具势力，并以此实力维护其政治、法律和婚姻的特权。因此，南渡以后，士族势力笼罩整个江南，形成牢不可破的门阀社会。但南朝时期，士族暮气日深，崇尚清谈，不接实务，以致权力下坠；生活奢靡，体格文弱；爱好文学艺术，鄙视军务，以致战功每为寒门所夺。萧梁末期，侯景作乱，摧残士族，掳掠杀戮，无所不至，士族高门的架构从此宣告崩坏。待隋朝兴兵伐陈，南方的士族阶层与南朝政权同归于尽。

2. 社会组织

魏晋南北朝时期，由于战乱和民众大量流亡，社会结构发生了深刻变化。而当时最引人注目的就是残留在北方的世家大族们纷纷建立坞堡以自卫，使坞堡成为这一时期独特的社会组织。

坞堡是一种地方武装集团。据学者研究，它的形成与汉代的亭里制度的破坏有很大的关系。汉代的亭里制，在亭与里之间有所谓"聚"的存在。聚是一个邑落，也是汉代教育行政的基层单位。这些聚中居住的分子多以一族为基础，他们有密切的血缘关系，由于平时要防盗、战时要保家，于是有了武装组织。汉武帝时曾在长城外建立一系列防卫体系，其中有一种住有防卫部队的小组织，称作"坞"，东汉时曾普遍由政府设置，以抵御羌人的掠夺。将"坞"与"聚"结合起来，就成为坞堡的雏形。东汉黄巾之乱后，地方基层制度遭到破坏，乡里豪强就在宗族乡党的拥护下，集合其宗族、家兵、部曲、门客、奴婢，又吸收部分流民，在黄河流域建立了无数的坞堡。

---

① 傅乐成主编，邹纪万著：《中国通史·魏晋南北朝史》，九州出版社2010年版，第134—135页。

这种坞堡的建立，至永嘉之乱时发展到高峰，成为一种特殊的社会组织。坞堡容纳的人口，大者四五千家，小者亦千余家。

魏晋南北朝时期，各地出现的坞堡数量非常多。如梁陈汝颍之间有百余家，齐鲁之间有 40 余家，冀州有百余家，黎阳有 30 余家，襄阳也有 30 余家，河内有十余家，关中最多，有 3000 余家。[①] 这种坞堡有三种功能：一是军事性的防御组织，二是经济性的生产组织，三是临时性的行政组织。投靠在这些坞堡内的民众，既受坞堡的保护，也须接受坞主的指挥，参加军事防御，从事农业生产。坞主一般是得到乡党拥戴的豪族族长，与其人民有密切的血缘关系。坞主在其势力范围内具有最高的行政权力，除指挥军事防御和管理生产之外，其他诸如教育或法律规范的制定，都由他来主持。

大体说来，坞堡是一个自给自足的社会组织，堡内的民众受到军事训练后，就成为精锐的士兵，对五胡政权构成严重的威胁，特别是战争期间，坞堡往往成为双方战败的关键。因此，胡族统治者常将民间坞堡视为妨害其军事发展的最大障碍，不得不想法去击破它们，或者是与其妥协，或是默认其存在，而仅要求其坞主归顺，或是授予将军都尉的名号，或任命为郡守县宰，总之都是希望能争取到坞堡的合作，利用它们的经济和军事力量，来支援自己战争的成功。而坞堡与胡族政权的合作，又为坞堡的存在和发展赢得了机会，由此可见坞堡这种独特的社会组织在这一时期政治、经济、军事和社会管理方面所发挥的特殊作用。

3. 户籍管理

魏晋南北朝时期，由于人口大量迁徙和流亡，原有的户籍制度遭到破坏，直接影响着赋税收入和兵源，因此，各朝统治者都把整顿户籍、重建新的户籍制度作为稳固统治的最迫切的任务。

与汉代比较起来，三国户籍最大的不同是军人及家属专立户籍，在政府指定的地区集中居住，不归郡县管辖，而由军营加以管理。军民分治之后，一般民众编入户籍，而军人及家属编入士籍。一旦被编入士籍，不但本人终生为兵，而且世代相继，子孙仍为士兵。曹魏实行屯田制，分军屯和民

---

① 傅乐成主编，邹纪万著：《中国通史·魏晋南北朝史》，九州出版社 2010 年版，第 157 页。

屯两种，军屯以士兵及其家属为生产者，入士籍，由军队管理。民屯一屯50人，设屯司马。民屯的生产者为屯田客，也有专门的户籍进行管理。

西晋统一之后，通过实行占田制，使大量流民占田垦荒，重新向国家呈报户籍。一时间，人口激增。当时，凡是承担国家租税赋役的人都要按规定编入黄籍，这是全国统一的正式户籍。

东晋时期，北方人口大量南移。最初政府为安置流民在南方设置与北方同名的侨置郡县，对侨民没有编入正式的黄籍中，而是登记在临时户籍上，称为"白籍"。但这两种不同的户籍造成的混乱不利于社会管理，大批流民甚至不入户籍，而被豪强大族吸纳为劳动力，减少了国家的赋税收入。于是东晋政府推行土断政策，即整顿户籍和侨置郡县，制止流亡人口逃脱户籍，或庇护在豪强大族之下，让侨民按实际居住地编入当地居民的户籍中，以土为断。从成帝咸和三年（328）到安帝义熙八年（412），东晋政府先后进行四次大规模的土断。[①] 通过实行土断政策，取消优待侨民的办法，将侨民与土著混一，从此南北地域观念逐渐混淆，南北的界限也渐趋泯灭了。

三、唐宋元时期的社会管理制度

唐宋时期，中国传统社会管理制度发生了重大变化。其表现有二：一是唐中期以后，乡官制开始向职役制转化，宋朝则完成了这一转变。此后，乡官不再是一种官职，而成了一种任凭州县官驱使的差役，权小位低，不受重视，乡村领袖避之唯恐不及。二是随着保甲制的推行，统治者对乡村的控制越来越严密，乡里社会的自治性特色大为减弱。

（一）唐朝的社会管理制度
1. 基层社会管理
唐朝建立后，重新组织乡村。据《旧唐书》所载："百户为里，五里为

---

① 朱绍侯主编：《中国古代治安制度史》，第260—261页。

乡，四家为邻，五家为保。在邑者为坊，在野者为村。村坊邻里，递相督察。"① 唐朝的邻保制，就是以四家为邻，五家为保，百家为里，五百家为乡的一种组织。邻保制除了具有互相监视及维持治安的作用外，还有负责征税的连带任务。如果一保之内有人逃亡，则由保内诸人代为缴税。

邻保之上设有里，每百户为一里，置里正。里为乡村百户组织，在两京及州县城内称坊，城郊称村，所以里、坊、村皆为同一性质的组织。坊、村设有坊正与村正。里正、坊正及村正之职，由县官自勋官六品以下之丁男中，选取身家清白而强干者充之。里正的任务是"按比户口，课植农桑，检察非违，催驱赋役。"② 按比户口就是负责向地方政府申报各户正确的丁口资料，课植农桑就是监察各户田地播种收获情况，检察非违就是负责地方上的治安，催驱赋役就是负责租庸调的征收，所以里正实际上负责地方上一切事务。为了酬答他们的辛劳，政府免除了里正的一切劳役与赋税。里之上为乡，五里为 1 乡，即 500 户为 1 乡，唐太宗时，乡设乡长 1 人、乡佐 2 人，不久又废止。事实上，乡制到了唐代，已经名存实亡。③

唐代在长安宫城、皇城外围城区，设立坊、市。坊又称为里，是长方形的居民区，街道东西南北笔直交错，把各坊隔开，鳞次栉比，非常整齐。每一坊都修造围墙，设置大门，大门由门吏按照规定时间和信号开启或关闭。这种封闭式的结构和严格的管理，目的在于加强治安防范。坊内居民按规定进行编组，由保长、坊正和里正负责治安工作，一旦失职将追究责任。长安的东市、西市是政府划定的贸易区，也修造了围墙和大门。市门由专职门吏负责管理，按照规定的时间和信号启闭。唐律还对故意在市场制造混乱危害治安的行为作出处罚。④

2. 户籍管理

唐代前期为了推行均田制、租庸调制和府兵制，非常重视户籍管理，于是制定了一套包括团貌、手实、计账、户籍四个程序的户籍制度。

① 《旧唐书》卷四十八《食货志上》。

② 杜佑：《通典》卷三《食货三》。

③ 杜正胜主编：《中国式家庭与社会》，黄山书社 2012 年版，第 134 页。

④ 朱绍侯主编：《中国古代治安制度史》，第 376—377 页。

　　唐政府规定，男女一生下来称为"黄"，到 4 岁时称为"小"，16 岁时称为"中"，21 岁时称为"丁"，60 岁时称为"老"。痴哑、侏儒、腰脊折、一肢废等称为"废疾"；癫狂、两肢废、双目盲等称为"笃疾"。基层每年进行一次团貌，将每个人的相貌、体型、年龄、健康等状况核对后写成文书。这种记录文书称为"手实"。同时，基层根据手实，了解每户的人口、年龄、土地情况，编成计账。每过三年，县政府责成基层上交手实、计账，并派人于正月上旬到州治所在地，按照统一格式编为户籍，三月底完成。每一乡为一分册，夹缝注明某州某县某年籍，州县各加盖公章，一式三份，分别送尚书省户部、州、县存档。①

（二）宋朝的社会管理制度

1. 保甲制与乡约制

　　北宋初年，地方基层政府是乡和里。与唐代不同的是，宋代的乡、里不是以人口的多少划分，而是以地区来划分的。在乡、里组织中，设有里正、户长、耆长、壮丁、乡书手等职务，负责地方上的各种事务。同时，为了劳役征调方便，政府把乡村人口分成九等五则。凡被征调的户，必须各出一人担任服务乡、里的职务。任满回籍，再由另一家征补，称为差役法。上述里正、户长、耆长、壮丁及乡书手，都是由这些九等五则户中征调担任的。里正负责收税，户长协助里正收税，若里正及户长未能将税额收足，则须负责补足。

　　宋神宗熙宁四年（1071），王安石在开封附近首先实施保甲法：以 10 家为 1 保，选一较富有的主户为保长；50 家为 1 大保，选一人为大保长；10 大保为 1 都保，选富户 2 人为都保正及都副保正。每户有 2 丁以上出 1 丁，担任保丁。这种保甲法在熙宁六年开始在全国推广，同时制度也稍有变法：以 5 户为 1 保，5 小保为 1 大保，10 大保为 1 都保。也就是说，由原来的10、50、500 户的组织，变成 5、25、250 户的保甲组织。

　　保甲法最初是为了镇压地方反叛而设，其职责却渐渐扩大，取代了乡

---

① 朱绍侯主编：《中国古代治安制度史》，第 389—390 页。

村服务人员如里正、户长等人的职务。保甲制度的出现是中国基层社会管理制度的重大变化。有学者指出，保甲制度与乡里制度的精神相背离。首先，保甲制度使乡里百姓角色难以确定，从而影响农业生产。保甲制的精神是"兵民合一"，"忙时务农，闲时习武"。农民一身兼二任，负担是很重的。其次，保甲制重保、甲二级，表明国家对乡里社会最基层的直接渗透。正是通过人人相结、家家相连的方式，把乡里组织牢牢控制在统治者手中。如有犯罪者，即通过保甲连坐的方式对乡里百姓进行惩治。再次，保甲制削弱了乡里社会的自治色彩，使乡里组织完全沦为统治者的工具。[1]

宋代乡约制度始于北宋神宗熙宁九年（1076）陕西蓝田吕大临、吕大防兄弟所创之吕氏乡约。吕氏乡约是在地方上推举年高德劭者一人为约正，另外推举两位有学行者为约副，每月另选一人为直月。月终，如有善行者，则加以奖励；有过者，则加以劝改。吕氏乡约的约规是：（1）德业相劝。希望约中之人，居家时能事父兄、教子弟、待妻妾，在外时能事长上、接朋友、教后生、御童仆。（2）过失相规。如有犯过，则请约正以义理教诲之，不听教诲者，则听其自动退出。（3）礼俗相交。订定应对进退之礼，以供乡约之人遵守。（4）患难相恤。凡有水灾、盗贼、疾病、死丧、孤弱、诬枉、贫乏之家，可以告诉约正，约正则邀集约中之人，互相救济。这种慈善事业，并不限于约中之人，邻里之间，如有患难之事，虽非约中之人，亦给予救济。吕氏乡约是一种地方自发组织，目的是为了提倡伦理道德、推广地方教育、促进社会交流及民间经济合作。宋朝对这种以教化为目的的地域性自治组织并不反对，但也并未大力鼓励和推广，直到清代乡约组织才普遍推广于乡村组织中。[2]

2. 户籍管理

唐末五代时期，户籍制度混乱不堪，宋朝建立后，开始重新建立户籍制度。

宋初，沿袭唐制，每三年进行一次全国性的户口统计，后一度实行六

---

① 赵秀玲：《中国乡里制度》，社会科学文献出版社 2002 年版，第 28—30 页。

② 杜正胜主编：《中国式家庭与社会》，黄山书社 2012 年版，第 137 页。

年统计一次，因间隔时间太长，又恢复旧制。宋代与户口有关簿籍主要有五等丁产簿、丁帐、甲册、形势版籍、升降帐、鼠尾都簿、租税帐等。五等丁产籍是最重要的户籍，其登记内容包括每户的籍贯、户主姓名、丁男口数、土地财产、按财产确定的户等，是官方征调赋役的依据。丁帐是征发丁男服役的专门户籍，由于每年都有大批少年达到成丁年龄，同时又有大批老年超过 60 岁免役，故必须每年统计修正一次。甲册即保甲簿，最初的目的是维持地方治安和抽拣义勇乡兵，后来演变为州县据此征收赋税的主要版籍。形势版籍是指登记官吏等有权势人家的专门户籍。升降帐是指州郡掌握的主户账籍。鼠尾都簿是指乡村第三等以上人户差役簿。差役一般都由第三等以上人户承担，故置此簿。租税帐是指城乡全部男口状况之簿。上述各种户籍都是围绕征收赋役而建立的，而且所统计人口全是男丁，妇女被排斥在户籍之外。①

宋代户口分为不同的等级和类别。按经济状况，分为主户（有房、地产者）和客户（无房、地产者）；按政治地位，分为官户和民户；按居住地点，分为乡村户和坊郭户；按职业不同，更分为形形色色的户类。宋代各级政府对户籍管理都十分重视，分别以一年一次和三年一次的频率进行重新修订各类户籍。《宋刑统》还专门设置《脱漏增减户口条》，对脱漏户口者加以惩罚。

（三）元代的社会管理制度

元朝是中国历史上第一个由少数民族——蒙古族建立的统一的大帝国。从 1271 年忽必烈建立元朝到 1368 年覆亡，元朝统治不足百年。有学者总结元朝统治迅速灭亡的原因有五点：1.皇位继承制度不健全，常发生皇位继承争夺，使政局不稳，权臣乘机而起，专权跋扈，更加深了政治上的危机。2.元代的君主帝王们，都没有接受过汉人传统帝王的教育，对于治理汉民的政治思想完全不懂，总以征服者的姿态来君临汉地。3.蒙古族统治者不重视汉化的问题。4.过度的种族歧视。5.崇信喇嘛。这五点原因，同时也就是蒙

---

① 朱绍侯主编：《中国古代治安制度史》，第 486—488 页。

古族统治的基本方式。[1] 元朝的统治以防范汉人反抗为重点，其社会管理方式与其他朝代有明显的不同。

1. 社会管理原则

元朝统治者在征服全国后，根据民族的不同和归顺的先后，将全国民众分为四个等级，依次为蒙古族、色目（包括西域、中亚等地区的外族）、汉人（淮河以北原金人统治下各族及接受蒙古族人统治较早的云南、四川居民）、南人（原南宋境内的各民族）。他们的地位和待遇极不平等，最受优待的是居于统治地位的蒙古族，其次是色目人，地位最低是汉人和南人。其统治方法是：首先是政治上的歧视，突出的表现在官员的任用上。从中央到地方各级官署的长官，均由蒙古族人担任，汉人、南人只能充当副职。在入仕途径上，也是优待蒙古族人、色目人而排斥汉人、南人。其次，在法律上不平等。元律公然偏袒蒙古族人、色目人。蒙古族人犯法，不由司法机关审理，而由大宗正府裁决。对蒙古族人与汉人之间的争斗，元律特别袒护蒙古族人。再次，对汉人、南人严加防范。除销毁汉人、南人的武器外，元末甚至禁止江南百姓使用铁制农具，百姓不得不用木制农具代替。为防止汉人、南人聚众滋事，连迎神赛社、演唱戏文等活动都严加禁止。[2] 这种严重的民族歧视，并没有给蒙古族统治者带来安全，反而更加激起汉人、南人的反抗，加速了元朝的灭亡。

2. 基层社会组织

元朝农村的基层组织是社。凡 50 家立为 1 社，不论何人，并行入社，令社众推举年高、通晓农事者为社长。社内各户互相检察，防止违法。社长的主要职责是"劝课农桑，戒饬游惰，防察奸非，不管余事。"[3] 其管理方法是："若有不务本业，游手好闲，不遵父母兄长教令，凶徒恶党之人，先以社长叮咛教训。如是不改，籍记姓名，候提点官到日，对社长审问是实，于门首大字粉壁书写不务正业、游惰凶恶等名称。如本人知耻改过，从社长保

---

① 傅乐成主编，王明荪著：《中国通史·宋辽金元史》，九州出版社 2010 年版，第 159—160 页。

② 朱绍侯主编：《中国古代治安制度史》，第 531—535 页。

③ 《元典章》卷 23《户部九·社长不管余事》。

明申官，毁于粉壁；如是不改，但遇本社合著夫役，替民应当，候能自新，方许除籍。"① 由此可见，社在整个元代起着控制社会基层的作用，它既是治理农村的机构，也是征调赋役的工具，又是防范和压制人民反抗的手段。

四、明清时期的社会管理制度

明清时期是中国传统社会管理制度的成熟期。其特征主要有以下几点：第一，对基层社会的控制愈加严密。明代的里甲制和清代的保甲制，在控制乡里社会方面均达到了前所未有的严密程度。第二，重视道德教化。清代将乡约官方化、制度化即是明证。第三，宗族成为管理基层社会的重要组织。宗族制度经宋元以来的发展，至明清时期已成为重要的社会管理组织，发挥着稳定社会的重要作用。第四，社会救济制度不断完善，在灾荒救济和日常救济方面均有法可依，有章可循，成效明显。第五，从效果来看，明清两代的社会管理虽有效，但也有限。明清两代均维持了较长的稳定局面，这与它们实施的社会管理制度有密切关系，但在统治后期，又均出现大规模的农民起义，这又说明以控制为目的的传统社会管理制度日趋僵化，存在严重问题，难以适应时代的变化，到了非改不可的地步。

（一）明朝的社会管理制度

1. 里甲制与保甲制

明朝的基层管理制度主要是遍及全国的里甲制及在部分地区实行的保甲制。

明朝洪武十四年（1381），设立里甲制。据《明太祖实录》记载："其法以一百一十户为里，一里中推丁粮多者十人为之长，余百户为十甲。甲凡十人，岁役里长一人，甲首十人，管摄一里之事。城中曰坊，近城曰厢，乡都曰里。凡十年一期，先后则各以定粮多寡为次。每里编为一册，册之首总为一图。其里中鳏寡孤独不任役者，则带管于百一户之外，而列于图后，名曰

---

① 《元典章》卷 23《户部九·立社》。

畸零。成为四本，一以进户部，其三则布政司、府、县各留一焉。"①由此记载可见，每里有110户，由其中选出丁粮多的10户为里长，每人在10年中皆有充当一次里长的机会。剩下的100户则组成10甲，每甲10户，每户在10年内轮充一次甲首。除了10户的里长户之外，其他百户皆有充当甲首的机会。如果村落中有鳏寡孤独不当力役者，则放于110户之外，而列入畸零户。明朝设立里甲的最初目的，是为了帮助地方上的官吏编定黄册（户口记录册），经过若干时日后，里长及甲首的职责不断增加，如赋役及劳役税的征收、地方治安的维持及主持地方上的乡饮酒礼等等，均由里长及甲首负责。

　　里甲制设立之后，明太祖为了教化的目的，于洪武二十七年（1394）又在里甲之内设立了老人制。规定在里甲之内，凡年龄在50岁以上，有德行、有见识，而为大众所敬服者，每里推选3名、5名或10名为老人，负责解决地方上的纠纷，督导人民勤务农桑，劝告人民遵守"孝顺父母，尊敬长上，和睦乡里，教训子孙，各安生理，毋作非为"等六谕之教训。明初的老人除教化功能外，还有一定的司法权，可以处理地方上的小争端，在基层社会管理中发挥着重要的作用。

　　除里甲制和老人制外，明代还有乡约制和保甲制。明代的乡约制与宋代基本相同。明代因有里甲制，故未在全国推行保甲制，但有些地方官，为了治安需要，在部分地区实行过保甲制。明武宗正德十二年至十五年（1517—1520）之间，王守仁在平定朱辰濠之乱时，曾经设立10家牌法。规定10家注册成1牌，每天轮流由1人持牌，调查10家之内有无可疑之人，随时向地方官报告。不过，这种保甲制度仅仅是地区性的组织，并未遍及全国。王守仁还制定《南赣乡约》，主要内容有15条，可归纳为以下几个方面：第一，组织机构。设约长、约副、约正、约史、知约、约赞等职，各有分工，均选德高望重的人担任。每月十五日召开一次全约会议，主要任务是纠恶扬善。第二，强调互相帮助，调解民间纠纷。同约成员凡有困难之事，皆须由约长及同约成员共同帮助解决。第三，维护社区治安。同约之中若有人与盗贼串通，传递情报，贩卖赃物，约长应和同约成员在劝诫不听的情况

———————

① 《明太祖实录》卷135。

下，据实向官府报告。第四，进行社会监督。对于外来人口，要予以监督，使他们与当地人一样纳粮当差；对于本地大户、外地客商，要监督其不得放高利贷及强占强买土地；对于无力偿租的贫民，要劝令租主宽舍。第五，移风易俗。总之，乡约组织是一种按政府要求、民间自办的社区基层组织形式，目的在于整饬社区生活秩序，加强以自我约制为主的社区管理。①

2. 户籍管理

明朝的户籍管理主要是依靠黄册制度和鱼鳞图册。黄册制度是一种户口的记录册，与里甲制相辅而行。明代户口的整理是每十年一编审，每逢黄册编审时，地方州县官把官方的格式分给各户，各户将本户人丁田产依式填写，填写完竣再交给甲首；甲首将本甲 10 户所填写的表格比照查看之后，再交给州县官。在编造黄册时，原来里甲的数目，以及后来增加及减少的数目也都必须详细载明。成年的男丁因为必须服劳役，也要详细地列入黄册之中。所以，黄册制度提供了每一户人口的重要信息，作为劳役分派的依据。为弥补黄册对田土记载不详的缺失，明洪武二十年（1387）又设立鱼鳞图册，把田土的大小、好坏及田主的姓名一一详列，作为征收税粮的依据。

洪武二十一（1388）和二十六年（1393），明政府又先后编造了军役黄册和僧道周知文册，以加强对军户和僧道人员的控制。对于商贾铺户，明政府亦按其所从事的行业编造户籍。明代法律对不附籍者有严厉的处罚，《大明律》规定：凡一户全不附籍，有赋役者家长杖一百，无赋役者杖八十，附籍当差。地方官吏和里甲因失职而导致脱户漏口，同样要受到法律的惩罚。明代脱离原籍的流民众多，明政府对流民的处置，以正统年间为界，前期实行的基本原则是发还原籍，复承原定职役，后期变为就地附籍或入籍为主。

（二）清朝的社会管理制度

1. 保甲制与乡约制

清代对乡村的管理沿袭明代，分别设立保甲制和里甲制。保甲制以 10 户为 1 牌，设一牌头（有时亦称牌长）；10 牌设 1 甲，设甲长或甲头；10 甲

---

① 王处辉主编：《中国社会思想史》（第三版），中国人民大学出版社 2015 年版，第 354 页。

设 1 保，设保长或保正。牌头、甲长、保长应由本地公举诚实、识字、殷实、老成之人报官充任，其主要职责是维持当地的治安，编审户口。保长、甲长、牌头应经常查明本辖区有无盗贼、土匪、邪教、赌博、窝逃、奸拐等犯法之人，以及面生可疑来历不明之人。一旦发现，应率乡民缉拿或驱赶，同时呈报州县。如果不报，要受失察处分。保长、甲长、牌头还应查明各户家长姓名、生业、丁口数，呈报于官，由官发给各户门牌，悬挂门口，再由保甲随时查清户口变化情况，一一登录户册报官。

清代的里甲制承袭明代而来，其组织也和明代一样，仍旧是以 110 户为 1 里，选 10 户为里长户，剩下 100 户分为 10 甲，每甲 10 户，设一甲首或甲长。清代的里甲制的功能与明代一样，最初也是为了编审黄册而设立，但康熙五十二年下令新增人丁永不加赋，里甲编审便不再认真执行。又因保甲有门牌、户册制度，借此计算人丁更为方便。里甲编审的目的在于按丁课赋，摊丁入亩后已无必要，故里甲制的功能逐渐消失，但有些地方仍保留里甲之名，而实际功能与保甲一样。

清代的乡约制也是承袭前代，但已由民间性变成官方化与制度化。清朝历代皇帝都非常重视乡约，并要求全国上下都切实奉行。早在顺治十六年（1659），就下令在全国推行乡约，规定约正、约副为乡约宣讲，每月朔望召集百姓听讲，并对乡里百姓的善恶进行记录。康熙对乡约也十分关心，康熙九年（1670）颁布《圣谕十六条》，作为乡约之准则。其内容包括：敦孝弟以重人伦、笃宗族以昭雍穆、和乡党以息争讼、重农桑以足衣食、尚节俭以惜财用、隆学校以端士习、黜异端以崇正学、讲律法以儆愚顽、明礼让以厚风俗、务本业以厚民志、训子弟以禁非为、息诬告以全良善、诫窝逃以免株连、完钱粮以省催科、联保甲以弭盗贼、解雠忿以重身命。① 雍正更重视乡约，雍正二年（1724），颁布长达万字的《圣谕广训》。雍正七年（1729），要求对全国各地执行乡约的情况进行全面而彻底的检查，不得有遗漏。雍正九年（1731），又下令扩大乡约人员的编制。至此，由宋代自发形成的乡约，才普遍推广于乡村组织之中。

---

① 杨开道：《中国乡约制度》，商务印书馆 2015 年版，第 187—188 页。

2. 户籍管理

清朝入关后，即采用保甲法编审户籍。顺治时期的户籍管理与推行保甲、里甲制相伴随。其基本方法是：州县城乡每 10 户设 1 牌长，10 牌设 1 甲长，10 甲设 1 保长。每户发给一个印牌，书写姓名、丁口，出入须注明住所。寺庙道观一律颁给印牌，以稽查僧人、道士的出入往来，客店亦立一簿册，书写登记过往旅客的姓名、人数。为加强社会控制，康熙四十年（1701）发布诏令，重申编制保甲的方法和宗旨，还规定保甲成员有互相稽查和救应的义务，并要求保长于月底出具无事甘结，报官备查。乾隆二十二年（1757），为进一步强化保甲的治安功能，又下令对全国各地户口、保甲进行全面整顿。

清代对城乡定居的居民编入保甲进行管理，定居人户均设门牌与保甲册。门牌书写的项目主要有户主姓名、户内主要成员、同居亲友姓名、年岁、职业、功名、伙计、雇工、婢仆人数等。保甲册以户为单位，按甲汇编，书写本甲各户人员与经济状况。保甲长将牌册造成后，将门牌分给各户，悬挂各家门首，以备随时查核。保甲册一式两份，一份呈交官府，以备官员查核，汇总上报；一份留在甲长手中，随时记录本甲各户人口变化情况。清政府将厂灶矿丁、棚民寮户、流寓客商、渔民商船、无业游民、僧侣道士、乞丐等归入流动人口，认为这些均是不安定的社会群体，并根据不同情况，采取相应的户籍管理办法。

3. 宗族管理

明清时期，宗族已成为重要的民间社会组织。清代宗族制度有以下明显特点：首先，在孝治宗族政策及教化体系下，宗族制度的政治性进一步加强，《圣谕十六条》及《圣谕广训》对宗族的影响很大。有些宗族以其制定家法族规，甚至将这些政治性极强的谕旨法令，收入族谱，或在宗祠宣讲，要求族人遵守。其次，宗族制度进一步完善，从祠堂祭祖制度，到族长、族田、族谱、族学制度，均较前代完善。再次，宗族普遍化（民众化）、自治化也更为发展，宗族组织成为成熟的基层社会组织。①

---

①　周积明、宋德金主编：《中国社会史论》上卷，湖北教育出版社 2000 年版，第 329 页。

　　清代宗族的普遍化和组织化，引起了统治者的重视。清政府希望宗族用传统的儒家伦理来"齐家"，成为政府的基层组织，维持地方治安。因此，政府允许民间宗族建立宗族祠堂，批准族规，支持族长依据家法对宗族进行管理，甚至予以族长处死族人的法律权利。清代雍正时还设立族正，作为保甲制的一部分，到乾隆时期又试图用族正制止宗族械斗。在政府倡导和一些正统士大夫的努力下，许多宗族宣传圣谕，要求族人忠君守法，交纳赋税，甘当顺民，成为政权的社会基础，在基层社会管理中发挥着重要的作用。

第二章　中国传统社会管理制度的基本特征

中国古代的社会管理思想与制度在演变中，逐渐形成了以下基本特征：在思想上，儒法兼采，或曰阳儒阴法；在措施上，礼法并用，或曰以礼入法；在管理主体上，官绅共治；在组织上，利用宗族来控制乡村；在信仰上，利用宗教来整合和凝聚人心。所有这些特征，相互配合，彼此渗透，共同搭建起中国古代社会管理的基本框架。

一、儒法兼采

儒家与法家是先秦时期出现的具有重要影响的两种思想体系，其治理国家与管理社会的方法和依据有明显的差异。儒家以礼为维持社会秩序的行为规范，法家以法律为维持社会秩序的行为规范；儒家以德教为维持礼的力量，法家以法律制裁为推行法律的力量。从表面上看，儒家与法家的社会管理思想完全是立于极端相反的立场，儒法之对抗，礼治、德治与法治的势不两立，非常明显，两者似乎无调和的可能，但在事实上并非如此。众所周知，先秦时期，儒法竞争激烈，互不相让，秦代是以法家为社会管理的指导思想，但自汉武帝"罢黜百家，独尊儒术"之后，儒法之争逐渐消失，儒法融合成为主流，统治者管理社会的指导思想基本上是"儒法兼采"或"阳儒阴法"。

（一）儒法兼采的理论

从儒家与法家的社会管理思想来看，法家固然绝对排斥礼治、德治，但儒家却不曾绝对排斥法律，只是不主张以法治代替礼治、德治而已。儒家的创始人孔子就不是绝对排斥刑法之人，只是以礼教为主，以刑为辅。他曾说过："名不正则言不顺，言不顺则事不成，事不成则礼乐不兴，礼乐不兴则刑罚不中，刑罚不中则民无所措手足。"① 在这段话中，孔子将礼乐刑罚相提并论，而且指出两者之间有连带关系，他所反对的只是刑罚不中，若刑罚适当并无可议之处。孔子以后的儒家，对法律的看法，渐趋折中。孟子就说过："徒善不足以为政，徒法不能以自行。"② 表示德、法不可独用，两者必须并用。

荀子的思想中已蕴含着法家的成分，尤其是韩非、李斯两位法家代表人物均出自门下，足见儒家与法家的关系。荀子主张性恶论，认为人之性恶，君子应以礼义化民为善，但不是所有的人都肯服善从教，从教者固然可以以教化化之，不从教者便须以刑罚威之，"以善至者待之以礼，以不善至者待之以刑"③，才能禁暴惩恶，维持社会秩序。荀子的这种礼刑分治的思想无异于融儒法两家的主张于一炉，但他毕竟还是儒家，仍是以礼治为主，以教化为先，与法家那种贱仁义、专恃法治者不同。

(二)儒法兼采的实践

汉初，统治者鉴于秦朝"专任刑罚"而迅速败亡的教训，采用黄老之术，无为而治，休养生息，由此带来了"文景之治"。但随着社会的发展，统治者的无为而治也产生诸多问题，贾谊据此有针对性地提出了"刑德并举"的社会管理思想，主张"礼者禁于将然之前，而法者禁于已然之后"④，礼法并用，刑德并举，必要时以法和刑为主。董仲舒是儒家发展的关键人物，他提出的"罢黜百家，独尊儒术"的建议被汉武帝采纳，此后，儒学的以礼治国、以德治国思想就成为中国社会管理中的指导思想。但董仲舒并不反对刑罚，他以德刑与阴阳四时相比附，主张德、刑不可偏废，犹天不可独

---

① 《论语·子路》。
② 《孟子·离娄上》。
③ 《荀子·王制篇》。
④ 《汉书》卷48《贾谊传》。

阳无阴，不可有春夏而无秋冬。董仲舒不但在理论上主张德刑不可偏废，并且在事实上是以《春秋》决狱，以儒家的经义应用于法律的第一人，由此开启了中国法律儒家化的端绪。他以儒为体，以法为用，是真正沟通德治、法治，融合儒法两家社会管理思想于一体的实行家。

汉武帝是中国历史上第一个以儒法兼采来治理国家、管理社会的政治家。他之所以实行"罢黜百家，独尊儒术"，是因为儒家丰富的知识及王道的政治力量，颇能配合其好大喜功的心胸怀抱；儒家所奉行的政治制度，也远较其他诸家来得完备，可以作为他革新改制的参考。但他本人并非以儒治国，这是因为儒家拘泥迂阔的作风，与他好大喜功的性格大相径庭，儒者保守平和的宗旨，又妨碍了他雄心壮志的发展，所以当时的儒者都被尊而不用。在政治上，他所重用的仍是言功利任刑罚的法家。法家对武帝所负的主要责任有二：一是严密防止叛乱，消除反动势力；二是尽量开发利源，供给国用。武帝初年，即尚酷法，他命张汤、赵禹，共定律令，成律令359章，务求深刻严厉，其中死罪条款有409条，1882种行为可以判处死刑，整理出死罪判例13472个。[①] 风气一开，官吏都竟以严酷相尚，因此产生了不少酷吏，他们曾有一次杀戮数百人，甚至一次毁灭千余家的记录，刑罚的冤滥，自然无法避免。此外武帝之世，重臣佞幸被诛杀的，更不计其数，其酷烈程度，不弱于暴秦。但从整体上来看，汉武帝治国精神是恩威并立，"阳儒阴法"，与秦始皇的"专恃刑罚"的暴政并不相同。

自汉武帝后，历代统治者基本上都以"儒法兼采""礼法并用"作为治国理政的指导思想。如明代开国皇帝朱元璋即以"礼法兼施"作为统治思想，他认为"礼乐者，治平之膏粱；刑政者，救弊之药石"，唯有"以德化天下"，兼"张刑制具以齐之"，才能"恩威并济"，从而达到国家安定的目的。[②] 为此，他一方面主张"明礼以导民"，在建国之初，就制定各种礼乐制度，颁行天下，并推行教化，统一全国的思想；另一方面，又十分重视法律的惩戒功能，即所谓"定律以绳顽"，制定了《大明律》和诰令，对那些

---

① 范忠信、陈景良主编：《中国法制史》（第二版），北京大学出版社2010年版，第150页。
② 朱绍侯主编：《中国古代治安制度史》，第574页。

危害统治的"叛逆"和"顽民"，严加惩处。

从历代社会管理的实践来看，儒家的礼治、德治与法家的法治，各有其长，亦各有其短，单用一种，或失之与柔，或失之于暴，均无法达到治国安民的目的。只有将两者结合起来，儒法兼采，导之以礼，威之以刑，先教后诛，恩威并用，才能维持正常的社会秩序，达到长治久安的目的。

二、礼法并用

如果说"儒法兼采"是中国传统社会管理的指导思想，那么"礼法并用"则是这一指导思想的具体运用。

（一）礼与法的异同

儒家认为社会上的贵贱上下之分和家族中的亲疏、尊卑和长幼之别，都是维持社会秩序所必需的，儒家心目中的社会秩序，即是上述两种社会差异的总和，而维持这种社会差异的工具就是礼。礼的内容有多寡繁简以及仪式上的种种差异，根据礼的不同内容便足以显示行为人的特殊名位，因而加重贵贱、尊卑、长幼之别，而礼的功用即在于借其不同以显示贵贱、尊卑、长幼、亲疏的分别。因此，严格说来，礼本身并不是目的，只是用以达到"有别"的手段，正如荀子所言："礼者养也，君子既得其养，又好其别。曷谓别？曰贵贱有等，长幼有差，贫富轻重皆有称者也。"[1]

礼既足以节制人欲，杜绝争乱，又足以使贵贱、尊卑、长幼、亲疏有别，完成伦常的理想，自足以建立儒家理想的社会秩序，而臻于治平。故荀子曰："人无礼则不生，事无礼则不成，国家无礼则不宁。"[2]"隆礼贵义者其国治，简礼贱义者其国乱。"[3] 国之治乱，全系于礼之兴废。正因为礼具有上述社会功能，足以维持儒家所期望的社会秩序，而达到儒家心目中的理想社会，所以儒家极端重视礼，欲以礼为治世的工具。

---

[1]　《荀子·礼论篇》。

[2]　《荀子·修身篇》。

[3]　《荀子·议兵篇》。

　　法家并不否认也不反对贵贱、尊卑、长幼、亲疏的分别及存在，但法家认为这些与治国无关，甚至会妨碍治国。法家所注意的是法律、政治秩序的维持，认为国之所以能治，全在赏罚，赏用来劝善，罚用来止奸。有功必赏，有过必罚。何者应赏，何者应罚，完全是一种客观的绝对的标准，不因人而异，必须有同一的法律，才能使人人守法，而维持公平。

　　总之，儒家着重于贵贱、尊卑、长幼、亲疏之"异"，故不能不以富于差异性的礼作为维持社会秩序的工具，而反对归于一的法。相反，法家欲以同一的法律，约束全国人民，着重于"同"，故主张法治，反对因贵贱、尊卑、长幼、亲疏而不同的礼。两家的出发点不同，结论自异。礼治与法治只是儒法两家为了达到其不同的理想社会秩序所用的不同工具。①

　　儒家主张以礼治国，并由此强调德治、人治，而法家主张以法治国，并由此强调功赏过罚同一标准。从表面上，礼与法，礼治与法治势同水火，无法融合，而实际上两者却有共同之处，具有融合的内在逻辑。礼与法都是行为规范，同为社会约束，其分别不在形式上，也不在强制力之大小，而在于制裁的性质和方式。礼是借教化及社会制裁的力量来维持的，一个人有非礼的行为，他所得到的反应不外乎舆论的轻视、嘲笑、谴责或不齿，可以说是一种消极的制裁。法律则借法律制裁来执行，可以说是一种积极的或有组织的制裁。但礼亦未尝不可以法律制裁来维持和推行，同一规范，在利用社会制裁时为礼，附有法律制裁后便成为法律。成为法律以后，既无害于礼所期望的目的，也不妨害礼的存在。同一规范，不妨既存于礼，又存于法，礼法分治，同时并行。儒家所争的主体，与其说是德治，毋宁说是礼治，采用何种行为规范自是主要问题，以何种力量来推行这种规范则是次要的。② 这也正是儒家虽主张德治，却不曾绝对的排斥法律的根本原因。汉以后的儒者，利用参与立法的机会，以礼入法，将礼的原则和精神，附以法律的制裁，编入法典中，儒家的目的也就以变通的方式达到，从此，礼法的区别渐渐模糊，礼与法均成为统治者治国安邦的工具。

---

① 瞿同祖：《中国法律与中国社会》，商务印书馆 2015 年版，第 326—327 页。
② 瞿同祖：《中国法律与中国社会》，商务印书馆 2015 年版，第 370 页。

（二）礼法并用的实践

中国古代社会管理中礼法并用的事例很多，此处仅举乡村管理中的保甲制与乡约制以见一斑。保甲制的源头可追溯到战国时期秦国商鞅变法中实行的什伍连坐法，即五家或十家互相监视，若发现"奸人"应及时向官府告发，告发者有赏，否则一家犯罪，同伍或同什的其他各家也要一同治罪。这明显是法家控制民众的强制手段。保甲制大范围的实行是在北宋王安石变法期间。北宋熙宁四年（1071），王安石在开封附近首先实施保甲法，以 10 户为 1 小保，选一较富有之主户为小保长；5 小保为 1 大保，选 1 人为大保长；10 大保为 1 都保，选富户 2 人为都保正及都保副正。每户有 2 丁以上者出 1 丁，为保丁。这种保甲法于熙宁六年（1073）开始在全国实施，同时制度也稍有变化：以 5 户为 1 保，5 小保为 1 大保，10 大保为 1 都保。保甲制最初是为了镇压地方叛乱而设，它通过人人相结、家家相连的方式，把乡里组织牢牢地控制在统治者的手中，如有犯罪者，即通过保甲连坐的方式对乡里百姓进行惩治，完全是采用"法"的方式来控制民众。而几乎与此同时，北宋还出现了一种以教化为目的的乡约制，与保甲制相辅相成。北宋神宗熙宁九年（1076），陕西蓝田吕大临、吕大防兄弟创办了乡约组织。吕氏乡约的组织方式是：在地方上推举 1 名年高德劭者为约正，另外推举两位有学行者为约副，每月另选 1 人为直约。月终，如有善行，则加以奖励；有过者，则加以劝改。这是一种自发的乡村教化组织，并不强迫加入，凡自愿入约者，都可以登记加入。加入后，必须受乡约的约束。吕氏乡约的约规是：德业相劝、过失相规、礼俗相交、患难相恤。[1] 由此可见，吕氏乡约实际上是一种以教化为目的的民众自治团体，其目的是培养遵德守礼的乡民，与官方强制推行的保甲制有明显的不同。宋以后，保甲制在明清两代继续推行，并不断强化。而乡约制在明代得到明太祖的肯定及王阳明等人的赞赏，明太祖还颁布了著名的《圣训六谕》："孝顺父母，尊敬长上，和睦乡里，教训子弟，各安生理，无作非为。"[2] 到了清代，顺治皇帝颁布明太祖之六谕，又命令各地

---

[1]　杨开道：《中国乡约制度》，商务印书馆 2015 年版，第 73 页。

[2]　杨开道：《中国乡约制度》，商务印书馆 2015 年版，第 105 页。

成立乡约组织，选生员中 60 岁以上有众望者为约正。康熙九年（1670），又发布《圣谕十六条》，作为乡约之准则。雍正二年（1724），又颁布长达 1 万字的《圣谕广训》，并在雍正七年，下令扩大乡约人员的编制。据统计，从顺治九年（1652）至光绪十七年（1891），在这 239 年间，清代历朝皇帝颁布的有关乡约的上谕有 32 道之多，可见皇帝对乡约的热心提倡。与此同时，因皇帝的提倡和礼部的管辖，清代乡约制度慢慢离开了人们自由活动的道路，而向宣讲圣谕的方向跑。也就是说，乡民组织的乡约，已经变成了民众教育的宣讲，人民自动的规劝，变成了政府钦定的规劝了。[①] 至此，乡约制与保甲制一同成为清朝控制乡村社会的工具，只不过前者是用以礼化民，通过教化来达到对乡民的软控制，后者是以法制民，通过互相监督来达到对乡民的硬控制，手段不同，其目的则一。由此可见，统治者用保甲制与乡约制相互配合来控制乡民，正是礼法并用在乡村管理中的具体体现。

三、官绅共治

官绅共治是指中国传统乡村社会由朝廷任命的州县官与当地绅士共同管理，前者是官，但从外地而来，不了解当地情况，所带属员又极少，具体事务不得不求助于当地绅士，而后者虽不是官（或曾经做过官），但享有朝廷认可的种种特权，在基层社会管理中发挥着极其重要的作用。

（一）绅的来源及作用

绅士是科举制衍生出来的特殊阶层，其身份有着严格的限定。张仲礼指出，绅士的地位是通过取得功名、学品、学衔和官职而获得的，凡属上述身份者即自然成为绅士集团成员。[②] 瞿同祖认为清代绅士由两个群体组成：（1）官员：包括现职、退休、罢黜官员，其中包括捐买官衔和官阶的；（2）有功名（或学衔）者：包括进士、举人、贡生、监生、生员。这两个集团构

---

① 杨开道：《中国乡约制度》，商务印书馆 2015 年版，第 202 页。
② 张仲礼：《中国绅士》，李荣昌译，上海社会科学院出版社 1991 年版，第 1 页。

成绅士阶层，通称为"绅士"或"绅衿"。"绅"和"士"是有区别的，"绅"仅指政府官员，而"士"仅指有功名或学衔而尚未入仕者。换句话说，在官吏与非官吏之间有差异。这种差异，相应的也可以称作"官绅"与"学绅"两者之间的差异。①

绅士在基层社会管理中的作用主要表现在以下几个方面：第一，为州县官提供意见和建议，充当官民之间的中介人。由于州县官不是本地人，对于本地的情况知之甚少或完全不知，因而他们在任期间必须向当时绅士征询意见。在百姓和官吏之间，绅士常常担任调停人的角色，这使他们得到本地居民的尊重。地方官也发现，通过绅士向百姓下达命令比通过正常的政府渠道要容易贯彻得多。同时，由于绅士是唯一能够接触州县官的本地人群体，他们可以将百姓的反应通报给州县官。通过这一渠道，州县官可以了解人们对他的施政和他的僚属的意见。无论个人行动还是集体行动，绅士作为一个代表共同利益的压力集团，他们是唯一可以通过公认的渠道向州县官或更高级的官吏表达抗议或施加压力的集团。如果州县官无视绅士的建议或申诉，绅士们将直接找他们的上司，对该官员施加更大的压力。② 第二，参与公共工程和公共福利。绅士们要捐集资金用于修筑河岸、堤坝、城墙、道路和桥梁，还要捐资助设普济堂、育婴堂、孤儿院、寡妇院等慈善机构。在发生饥荒或洪水灾害时，绅士不仅要捐献赈济资金，而且还有直接操办救济事务。第三，主持本地教育活动。绅士要捐献资金修缮本地孔庙、贡院和学堂。他们还捐资修建本地书院，出任书院的山长（院长）。在清代，绅士还协助州县官（州县官是不可能亲自前往出席）在乡村举办每半月一次的乡约讲习活动。第四，参加保甲管理。虽然绅士不愿被纳入保甲体制内，也不愿意担任保甲长，但在实际上，绅士参与保甲的情况是很普遍的。有些州县官曾尝试委托绅士帮助保甲长编制保甲簿，核查户口，还有些绅士被委任为保甲头领，负责监督甲长和牌头，并且定期参见州县官，交换保甲循环簿。第五，组织地方民团（团练）。在清代，由于政府的武备过于软弱，难以维持安定，

① 瞿同祖：《清代地方政府》，范忠信、晏锋译，法律出版社 2003 年版，第 288—291 页。
② 瞿同祖：《清代地方政府》，范忠信、晏锋译，法律出版社 2003 年版，第 305—307 页。

因而政府会容忍甚至依赖绅士组建和指挥地方乡勇民团。尤其在 19 世纪 50 年代，清政府意识到绿营兵不能对付太平军时，开始派遣朝廷大员回原籍，以绅士身份组织团练。如吕贤基、李文安（李鸿章之父）和李鸿章被派回家乡安徽组织团练，防御太平军。礼部侍郎曾国藩丁忧在籍，朝廷命他在原籍湖南组织团练，他最终统帅湘军成功地镇压了太平天国。

对于绅士在乡村社会中的作用，萧公权在《中国乡村》一书中指出：一个村庄有限的组织和活动，绝大部分取决于绅士——退职官员和拥有头衔的士子——提供的领导。经过科举训练、拥有特殊社会地位的人，经常积极地推动乡村的计划，包括灌溉和防洪工程，道路、桥梁、船渡的修建，解决地方争端，创办地方防卫组织等等。毫不夸张地说，绅士是乡村组织的基石。没有绅士，村庄也可以继续存在，但是没有绅士的村庄，很难有任何高度的有组织的村庄生活，或任何像样的有组织的活动。只要绅士有意维持其所在村庄的秩序与繁荣，他们的领导和活动就会广泛地为他们的乡邻整体带来福祉。①

（二）官绅共治的路径

官绅共治是中国传统社会管理中的重要特征。至于其形成的原因和实际效果，著名社会学家费孝通曾用"政治双轨"加以解释。他指出中国古代的专制统治有自上而下和自下而上两条轨道。自上而下的轨道是指从中央所派遣的官员到知县为止，不再下去了。自上而下的单轨只筑到县衙门就停了，并不到每家大门前或大门之内的。除此之外，在民间，还有一条自下而上的轨道，那就是乡村被称为"公家"的组织。这类自治组织是某一地方社区里人民因为公共的需要（指水利、自卫、调解、互助、娱乐、宗教等）而自动组成的团体。这些地方公务在中国传统社会里并非是政府的事务，而是由人民自理的。此外，乡村自治组织还有一个重要任务就是应付衙门。

中国传统政治，表面上并不承认有自下而上的政治轨道。君要臣死，

---

① 萧公权：《中国乡村——论 19 世纪的帝国控制》，张皓、张升译，（台）联经出版事业股份有限公司 2016 年版，第 372 页。

臣不得不死。违抗命令就是罪名。但是自上而下的命令谁也不能保证一定是人民乐于或有力接受的，所以事实上一定要敷下双轨。衙门里差人到地方上来把命令传给乡约。乡约是个苦差，大多是由人民轮流担任的，他并没有权势，只是充当自上而下的那道轨道的终点。他接到衙门里的公事，就得去请示自治组织里的管事，管事如果认为不能接受的话就退回去。命令是违抗了，这乡约就被差人送入衙门，打屁股，甚至押了起来。这样，专制皇权的面子是顾全了。另一方面，自下而上的政治活动也开始了。地方的管事用他绅士的地位去和地方官以私人的关系开始接头了。如果接头的结果达不成协议，地方的管事由自己或委托亲戚朋友，再往上行动，到地方官上司那里去交涉。协议达成了，命令自动修改，乡约也就回乡。在这种机构中，管事决不能在公务上和差人接头，因为如果自治团体成了行政机构的一级，自下而上的轨道就被淤塞了。管事必须有社会地位，可以出入衙门，直接和有权修改命令的官员协商。这里所说的管事就是中国的绅士。

费孝通最后总结道：1.中国传统政治结构是有着中央集权和地方自治的两层。中央所做的事是极有限的，地方上的公益不受中央的干预，由自治团体管理。2.表面上，我们只看见自上而下的政治轨道执行政府命令，但是事实上，一到政令和人民接触时，在差人和乡约的特殊机构中，转入了自下而上的政治轨道，这轨道并不在政府之内，但是其效力却很大的，就是中国政治中极重要的人物——绅士。绅士可以从一切社会关系，亲戚、同乡、同年等等，把压力透到上层，一直可以到皇帝本人。3.自治团体是由当地人民具体需要中发生的，而且享受着地方人民所授予的权力，不受中央干涉。于是人民对于"天高皇帝远"的中央权力极少接触，履行了有限的义务后，可以鼓腹而歌，帝力于我何有哉！① 费孝通对传统社会的乡村自治有点过于乐观，但他在自上而下的政治轨道之外，又发现了"由下而上的政治轨道"，揭示中国传统社会官绅共治的奥秘，有助于我们更清晰地认识中国传统社会的管理特征。

---

① 费孝通：《乡土重建》，岳麓书社 2012 年版，第 39—41 页。

四、宗族控制

宗族，亦称家族，是由父系血缘关系的各个家庭，在祖先崇拜及宗法观念的规范下组成的社会群体。宗族的构成有四个要素：第一，必须是一个男性祖先的子孙，从男系计算的血缘关系清楚；第二，以家庭为单位；第三，聚族而居或相对稳定的居住区；第四，有组织原则、组织机构和领导人进行管理。

（一）宗族的作用

中国古代的村庄，大多是聚族而居，一个宗族或几个宗族累世聚居在一起，就形成一个村庄。这些村庄聚居的同姓小家庭，追根溯源，都是同一个男性祖先的子孙。他们建立祠堂，祭祀共同的祖先，小家庭则围绕着祠堂居住。他们修撰家谱，详细记载各个小家庭的成员以及它们之间的血缘亲属关系。他们共同购买或由富裕的族众捐赠而设置数量不等的族田族产，以其收入赈济贫困族人和全族开支。他们制定家法族规，作为处理族人之间和各个小家庭之间关系的准则。他们推选一至几位族长，负责处理族中的公共事务。宋元以后的中国乡村就是由这样一个个宗族而形成的，族长一般也具有绅士身份，因此，中国古代的乡村管理实际上就是宗族管理。

每一个宗族都由族长依据家法族规对族人进行管理。这些管理包含以下几方面：

第一，要求族人按时交纳赋税。明清时期几乎所有的家法族规都有"完国课""劝征输"的内容，把及时完纳赋税作为最重要的条款要求族人严格遵守，而且对敢于抗交租课钱粮、逃避差役科徭的族众按家法族规进行制裁；还有些族长、族绅同里甲组织结合，直接出面向族众催索钱粮。

第二，对族人进行控制。明清以来，乡村基层政权与族权是两套同时并存又互为补充的权力系统，在一个村落，这两套权力系统往往是合二为一，族长、房长有时就是里正、甲首。族众之间发生纠纷，首先由族长、房长进行调解，不能直接报官。族人的一般争斗，族长的裁决就是终审裁决，族众必须服从，不得违抗。族长有监督族众言行的职责，用家法族规来禁止族众不许过问政治、评论官长。若发现族众有不法行为，族长有义务向官府告发。

第三，对需要帮助的族人给予赈济。宗族赈济的对象主要是以下几类人：一是贫困不能生存者；二是族中鳏寡孤独之人；三是族中无力嫁娶及无力营葬之人；四是遭遇灾荒及其他不测事件濒临破产之人。赈济的办法一般是计口授给。有些宗族还设有义仓，在丰年向族众摊派义谷，储备起来，到荒年就开仓赈济。有些义仓是借贷性质，族人借出后需按一定利息偿还。族内救济是宗族的重要职能，对维护宗族的团结、稳定社会秩序具有重要的意义。

第四，教化族人。宗族具有强大的教化功能，家法族规、乡约、先贤语录，以及朝廷颁布的圣谕均是教化的教材。宗族通过祠堂读谱、宣读乡约，以及一系列劝善惩恶的规定，将传统道德伦理灌输到每个族人心中，使族众对现存制度和伦理道德产生认同感，甘心当顺民。

（二）宗族管理的特点

与政权相比，以血缘关系而形成的宗族在社会管理方面还有一些独特之处：第一，族权可以深入到穷乡僻壤的边远角落。一般说来，政权的统治力量主要在京师附近及交通要道，而族权却可以深入到各个角落，只要有宗族存在的地方，就能发挥着维护秩序的功能。第二，家族防卫体系能弥补基层政权的漏洞。官方推行的保甲制漏洞甚多，实际效能很有限，而宗族正可以弥补其缺陷。族内若有人犯事，只需由族长动用家法惩罚，即可以防微杜渐，及早消除不安定因素。第三，宗族能够以情动人、以德化人。一族之人，原本有一个共同的祖先，均有亲疏不同的血缘关系，族长、房长惩罚族众犹如父亲责罚儿子、长辈教训晚辈，受罚而无怨。正如清代理学家陈宏谋所言，房长、族长"临以祖宗，教其子孙，其势甚近，其情较切。以视法堂之威刑，官衙之劝诫，更有大事化小，小事化无之实效。"[①] 这种渗透着血缘

---

① 陈宏谋：《寄杨朴园景素书》，《皇朝经世文编》，五十八卷。

的教化方式有时比冰冷的严刑峻法更有效。

宋元以后，一个个宗族组成一个个村庄，一个宗族就是一个小社会，人从生到死均在族内度过，身边都是与自己有血缘关系的亲属。对个人和家庭而言，只要按时缴税，遵守国法，一切问题均可以在宗族内解决，几乎不需要与官方发生关系。对国家而言，族权和政权在本质上具有同构性和同一性，国家就是宗族的放大，宗族就是国家的缩小，君主制落实到家族中就是家长制。宗族是维持社会稳定的重要力量，只要宗族控制有效，国家就自然稳定。因此，政权对族权一般持支持态度，族权也借政权的支持而愈发强大，两者构成一个权力网络，共同承担起管理乡村社会的职能。

五、宗教整合

在中国传统社会的管理中，宗教发挥着凝聚人心、整合社会的重要职能，是统治者进行社会管理和民间社会自治的重要工具。中国传统社会中宗教，主要是指道教和佛教，以及长期在思想信仰中占统治地位具有宗教特质的儒学，还有众多土生土长的民间宗教。在中国广袤的土地上，几乎每个角落都有寺院、祠堂、神坛和拜神的地方。寺院、神坛散落各处，举目皆是，表明宗教在中国社会强大的、无所不在的影响力，它们是一个社会现实的象征。

（一）宗教无处不在

家庭是中国传统社会的基本单位，宗教对家庭的影响随处可见，家庭也就成了宗教活动的中心。中国家庭生活中最重要的宗教内容是祭祖，这是一种有助于家庭整合和延续的仪式。最简单祭祖的方式包括：每天早晚焚香，在象征亡灵的牌位或画像前虔诚地鞠躬。在为死亡周年纪念日、重要节日、农历每年初一和十五或结婚、生子等特殊日子举行的家庭聚会中，祭祀仪式更加复杂、精细，包括磕头和行礼。宗族进行祖先崇拜的场所是祠堂，祠堂通常位于单姓村的中心，它一般是整个宗族中最大、最引人注目的建筑。整个祖先祭祀过程由司仪精心组织安排，由他宣布每一项仪式活动。供奉的物品通常由宗族族长来奉献。供品摆上后，其他家族成员按各自的辈分行磕头礼。在祠堂祭祀中，这种秩序性的仪式活动，其作用是显示家族成员的地位。祭祀仪式还有助于保持群体对宗族传统和历史的记忆，维护道德信仰，群体的凝聚力借此油然而生。通过这些全部家族成员参与的仪式，家族不断地得以强化自豪、忠诚和团结的情感。祖先崇拜能发挥重要的团结和稳固家族组织的功能，中国家庭的稳定在很大程度上归功于这种信仰。正因为如此，祖先崇拜不仅被中国历代统治者完全接受，而且成为老百姓必须遵循的社会定制。官方支持祖先崇拜的动机在于：祭祀祖先有助于强化血缘家族体系，而血缘家族体系是维持正统的政治社会秩序的重要方式。① 由此可见，祖先崇拜这种宗教信仰对社会管理的重要意义。

在中国传统社会中，农民占了绝大多数。由于缺乏现代技术，农民面对的是充满各种不确定因素的自然环境，于是他们要祈求上天赐予风调雨顺、五谷丰登。在 1911 年前的帝制时期，从帝都、省会到府县，每一个政治行政中心都设有一系列标准化的祭坛以祭祀诸位农业神。如在北京设有天坛，在省会和府县设有神农坛（祭祀农业始祖的神坛）、社稷坛（祈拜土地收成的祭坛）和雨坛（祭拜风、云、雷、电、雨神和旱神的祭坛）。每年的春季，以及秋季的某些时候，全国上下，从帝王到各省及府县的地方官，都会代表农民仪式性的耕种土地，在祭坛向农神献祭，以祈求从超自然力量那里得到帮助，带来一年的风调雨顺。官方主导的农神崇拜仪式具有强化国家力量的经济宗教功能。这些仪式使农民认为，除了神庙的力量，朝廷在代表人民祈求超自然力量来帮助对付自然灾害的威胁。通过履行经济功能，官方祭拜农神的庄严仪式成了一种象征，令人意识到国家是一个整体存在。若非这些仪式，朝廷对于以家庭为中心的农民而言，将只是遥远而无形的存在。②

除农业外，经济领域的其他行业也都有自己的保护神。如建筑行业中的鲁班、医药业中的华佗、航海业中的天后等，最能说明守护神的宗教意

---

① 杨庆堃：《中国社会中的宗教》，范丽珠译，四川人民出版社 2016 年版，第 42 页。

② 杨庆堃：《中国社会中的宗教》，范丽珠译，第 55 页。

义。行业神崇拜除了能够激发人们对具有危险性、不确定性的工作和职业充满信心与乐观精神外，还起到了整合有组织的职业团体的作用。对于建立在共同物质利益基础上的行业团体而言，这种整合功能强调成员间的同心协力。

在地域性社区活动中，宗教也扮演着重要的角色。在庙会、危机时举行的宗教仪式及节日期间的集体庆典中，宗教的基本功能就是提供一个可以超越经济利益、阶级地位和社会背景的集体象征，便于将民众凝聚于社区之中。庙会是地方最大的定期性的社区集会，宗教活动在其中发挥了重要的作用。每个庙会都会吸引成千上万的进香者。庙会举办地点往往位于某地区中心的村庄或城镇，为城乡间的贸易提供便利机会，间接地促进经济的发展。除了虔诚的崇拜和商业交易外，庙会的娱乐活动也给民众提供了暂时摆脱日常劳作和道德约束的机会。在庙会这样的盛大集会中，宗教信仰、经济事务和娱乐活动交织在一起，提供了一个亲朋好友相聚并扩大社会交往圈子的场所，打破了日复一日简单重复的单调生活，在凝聚人心、整合社会方面发挥着重要的作用。

在中国传统社会中，宗教除了具有道德和经济功能外，还与政治有密切的关系，是统治者维护统治、管理社会的重要工具。在中国，国家从来都不是一个纯粹世俗和功利的结构，朝廷始终受到一定价值体系支撑，这种价值体系与宗教的教义、神话和其他超自然信仰错综复杂地交织在一起。因此，政府的结构及其功能都根本无法完全独立于宗教体系之外。在中国历史上的大多数时期，宗教一直支持政府，这种支持往往通过赋予统治群体以超自然意义的合法性和强化那些有助于维持伦理秩序的传统价值来实现。①

众所周知，中国政治生活中的许多宗教，都源于"天"这一基本概念和附属于天的众神体系。它的核心概念是"天命"，这种合法性的象征不仅被历朝政权所承认，也在普通民众中获得广泛接受。在清朝统治时期，历任皇帝的登基典礼，都举行了声势浩大的祭天、祭地仪式，成为君权神授的象征。在平常或多事之秋，皇帝一再举行祭天仪式或发布敕令，宣称自己受命

---

① 杨庆堃：《中国社会中的宗教》，范丽珠译，第84页。

于天。这类宣言和祭祀活动，具有明确提醒老百姓的作用，即统治权的授予并不是普通人的事情，而是在老天和统治者之间的安排。在帝制时代，人们对上天具有凌驾神明和人类的至高无上权力的普遍接受，为皇权在政治上整合国家提供了一种重要的宗教基础。中国地域广阔，地理环境差异极大，各地方民族背景更是错综复杂，于是形成了政治和宗教的多样性，从而有可能威胁到帝国的大一统格局。然而，当"天"被视为凌驾众神之上、主宰一切不同信仰或教义的超自然权力时，当"天"被用作证明皇权具有神圣性时，统治者便通过诸多地方宗教传统隶属于中央的控制，来促进帝国的团结。①

（二）宗教的功能

在中国传统的社会中，宗教是社会生活与组织发展的基础。宗教的作用在于将大量个人整合进组织性团体，以便进行集体行动。祖先崇拜、农业神崇拜、行业神崇拜、庙会、祭天等仪式活动，均具有凝聚人心、整合社会的功能。皇帝通过祭天，向百姓表明自己受命于天，作为"天子"代表上天来统治人间，以求得政权的合法性。普通百姓通过祖先崇拜来强化血缘家族的组织性，从而使家庭成为社会稳定的基石。各行业对本行业神的崇拜，能强化本行业内部的凝聚力，共同维持本行业的利益。庙会在祭神的同时，也是一次物质交流会和民众的狂欢节，在强化社区认同、促进经济发展、联络亲情友情、放松身心等方面都有不可替代的功能。总之，中国传统社会的管理，不光有儒家的道德伦理，法家的严刑峻法，还有超自然的宗教信仰，而正是后者，将农业时代缺乏组织的民众纳入一个共同的信仰系统之中，将一个个分散的血缘家庭整合成一个井然有序的社会。

---

① 杨庆堃：《中国社会中的宗教》，范丽珠译，第 110 页。

第三章　宗族制度与基层社会治理

宗族在世界各地的文明演变历程中都出现过，但唯独在中国，宗族演化成一套严密的制度，渗透于中国社会的方方面面，成为中国文化的重要特色。

传统中国为农业社会，以村落为最基层社会单位。在社会运转中，宗族与乡村紧密结合，乡村是宗族存在的土壤，宗族则是乡村的塑造剂，这种关系型塑了中国乡村的基本面貌，并影响至今。

一、宗族制度的演变

一般认为，中国传统宗族制度产生于殷周时期，共经历了五个阶段的变化：先秦典型宗族制时代、秦唐间世族、士族宗族时代、宋元间大官僚宗族时代、明清绅衿平民宗族时代、近现代宗族变异时代。[1]

先秦时期以周朝的宗法制度为代表，周朝实行大小宗法制度，并与分封制相配合，实现了宗统与君统的一致。这一时期的宗族组织主要存在于各级贵族中。春秋战国时期，王权衰落，诸侯崛起，大小宗法制度和分封制基本不能实行，宗族成分逐渐增多，并开始下移，呈现宗族与政治分离的状态。

秦汉时期，宗族组织从衰微走向恢复和发展，主要有贵族宗族、仕宦宗族和平民宗族三种类型。其中，以食封贵族为主的贵族宗族是这一时期宗

---

[1]　冯尔康：《中国宗族史》，上海人民出版社 2008 年版，第 20—24 页。

族的主要形态。随着社会发展和家庭结构的变化，宗法进一步下移，宗族活动从内容到形式都有所改变。西汉中期以后，宗族组织与宗法活动加强。尤其是东汉时期，豪族和士林宗族崛起，促进世家大族的形成，也推动了宗族制度的转型。

魏晋南北朝时期，九品中正制确立，宗族背景和地位成为决定人们政治和社会地位的主要因素。这一时期的宗族主要分为皇族宗族、士族宗族、平民宗族三种类型。其中，士族宗族依托九品中正制和官修宗族谱牒，在这一时期的政治、经济生活中占据特殊地位，尤其是得到皇权的认可。

隋唐时期，士族宗族在政治和社会中依然有很强的影响力。但随着科举制的施行，唐代实行打击旧士族、培植新士族的策略，经济制度的变更，再加上农民战争的打击，传统士族宗族逐渐走向衰落，士庶之间的界限也逐渐缩小，宗族开始了平民化的趋势。

宋元时期，随着士族的衰落和科举制的推行，大批平民出身的官僚进入统治阶层，并开始重新思考建设宗族组织问题。以范氏义庄为代表的宗族义庄的设立，欧阳修编写《欧阳氏族谱》、苏洵编修《苏氏族谱》首创私家纂谱体例，司马光纂辑《家范》，注重宗族教育，都进一步促进了宗族组织的完善。同时，程颐、朱熹打破传统只能祭祀父辈的规定，自行祭祀高祖以下祖先。这一时期还出现了墓祠祭祀，突破了家庙祭祀的规定。这些都促进了宗族组织的民间化进程。

明清时期，宗族组织普遍出现，尤其在长江流域及其以南地区，更是盛行。这时平民族人较多地参与宗族活动，族尊也主要是绅衿和平民，表明其民间化进程达到顶峰。宗族祠堂大量建立，成为宗族祭祀、族人集会、族尊施政的场所。民间祭祀进一步突破传统规定，民人可以祭祀五世祖，设家庙。宗族公有经济比宋元时期有了较大发展，祀田（或称祠田、蒸尝田）、书田、义田、助役田、义庄田纷纷出现，使得宗族开展活动有了物质保障，并维持宗族的长期存在。功能上，宗族参与地方事务，组织祈神赛会，办学塾接纳宗族子弟，兼收邻里子弟入学，与什伍组织配合，维护社会治安。编纂家谱也成为普遍现象，修谱成了宗族活动的重要内容和联络宗族的一种手段。

步入近代，受外来文化和社会剧烈变动的影响，大部分宗族仍然保留明清时期的传统，但也有部分宗族出现了新的变化，主要表现有：族长权力被削弱乃至取消，男性系统血缘原则弱化，等级性因素逐渐消失，人身依附关系逐渐减轻，宗族公有经济由单一田产来源逐渐走向多元化等等。在港台地区以及海外的华人社会，出现了宗亲会组织，以理事会、监事会管理制度运作，吸收成员以同姓为原则，甚至异姓联宗，吸收女性成员，族谱也承认赘婿、螟蛉义子的成员权，其组织更像是打着宗亲旗号的现代社团。

综观宗族制度的历史演变，其在传统社会的总体趋势是：首先，宗族制度由贵族阶层向平民阶层扩散。五代以前，宗族主要在贵族士族中存在，宋以后，宗族开始平民化过程，至明清则更为彻底。其次，宗族在平民化过程中，逐渐形成特定的规范体系（以祠堂、族谱、丧服等为核心），与基层社会日常生活密切关联，互相依存。第三，近代以来，面对时势变迁，宗族的组织结构和观念支撑均有了较大变化，开始了由传统向现代的转化，这一过程至今仍在持续。

上述趋势表明，至明清时期，随着平民化进程完成，宗族才在乡村社会中发挥重要作用。本节即以明清以来的宗族为主，论述其在乡村社会治理、文化传承等方面的作用及影响。

二、宗族与乡村治理

传统社会的宗族，主要以乡村为聚居地，由此形成了宗族与村庄的对应关系：单姓村庄、双姓村庄和多姓村庄。鉴于宗族和乡村的密切联系，在探讨宗族与乡村治理的关系时，主要涉及以下三个方面的内容：首先是宗族本身的管理，因为宗族的稳定与村庄的稳定基本是一体的；其次，宗族在乡村公共生活中的作用；再次，宗族与政府的关系，这是理解宗族与乡村治理问题的关键。

（一）宗族管理

在宗族管理方面，主要表现在：宗族依据宗法原则，强化世系和族内等级；依据儒家伦理道德观念，宣扬教化；严格族规，对族人进行奖惩；平息族内纠纷诉讼；实施族内救济等等。

宗族的治理结构，主要是依据宗法等级原则，建立宗族管理体系。宗法有广义狭义之分，狭义宗法指大宗小宗之法，"典型地存在于周代贵族中的一种特殊的世系原则"。广义宗法则指"宗子之法"，是"周代以后广泛存在于社会各阶层宗族中的一种普遍的世系原则"。① 简单地说，宗法制度在周代最为典型，与分封制和世卿世禄制度结合在一起，有世袭的爵位和土地，且宗族作为国家治理的实体存在，故大宗小宗之法容易执行。但后世贵族下移，庶族崛起，爵位世袭制度逐渐消失，宗族趋向平民化，宗法制度也开始发生转变，其规则变得相对简单，更适合一般宗族的管理。宗族内部的宗子、族长、房份、尊卑等级等等，都与此相关。诚如张载所说，宗法的作用体现在"管摄天下人心，收宗族，厚风俗，使人不忘本，须是明谱系世族与立宗子法。宗法不立，则人不知统系来处。"②

族长一般就是宗子。族长在世系上居于受尊敬位置，同时肩负管理宗族各项具体事务的责任，在道德和能力方面作出表率，因而被全族人所尊奉，被称之为"族尊""尊长""家长""宗长"。族长的职责或权力主要体现在以下方面：首先，主持祭祀。宗族的祭祀活动是同宗同族成员敬宗收族的主要仪式，是宗族权力的表现形式。族长通过主持祭祀，成为宗族成员认可的精神权威。其次，主持族人的日常生活，如婚丧嫁娶、分家、立嗣、财产继承、调解纠纷等。族长事实上成为整个宗族社会事务的主持者。再次，主持制定宗族法规，并对族人触犯族规和法规者予以制裁。凡族中的财产纠纷、偷盗、匿奸、赌博事件均由族长制裁。还有，族长代表宗族对外交涉。作为一族的代表，在本族与外族的争执或涉及本族利益的活动时，都由族长出面交涉或参与。甚至在国家、政府与族人的利益、权利、义务方面，族长也是整个宗族社会群体的代言人。③

在宗族内部，还有一个配合族长对宗族实施管理的族内等级系统，也

---

① 钱杭：《中国宗族史研究入门》，复旦大学出版社2009年版，第91—92页。

② 张载：《经学理窟·宗法》，载《张载集》，中华书局1978年版，第258页。

③ 王先明：《近代绅士——一个封建阶层的历史命运》，天津人民出版社1997年版，第88页。

就是族长的"工作班子",一般包括族正、族副、宗相、宗翼、家相、房长、纲首、分长、户首、户长、总理、管年、管祭等人。① 这有利于促进宗族发展和加强宗族控制。

值得注意的是,宗族的领导主要是要靠士绅。士绅在宗族中有重要的地位和影响,并由此形成了族内等级。族长一般由族内辈分较高且有功名的士绅担任,祭祀、入祠、入谱等活动也由士绅主持,他们也拥有入祠、入谱的优先权并掌管宗族事务。当然,士绅对宗族的捐赠也多。

为维护族内秩序和伦理道德,宗族依据儒学的基本原则制定族规,劝诫族人遵守伦理纲常,禁止懒惰、奢侈浪费、赌博、争吵、使用暴力以及其他犯罪行为。这些规条一般会在宗祠聚会时宣讲,或者写下来贴在祠堂里。为体现族规的严肃性,清代的一些族谱还抄录政府上谕或是律条,如《圣谕广训》的训示和《大清律令》的相关条款,有些宗族还会将族规送交官府批准。

宗族内部并不是祥和一片,利益纠纷也是常有的事情。宗族负责平息族人之间的争论与口角,并希望首先将其在族内解决。对于越过宗族直接告官者,则予以惩罚。如清代《毗陵长沟朱氏祠规》规定:"族中言语小忿,及田产钱债等事,俱赴祠呈禀,处明和解。事有难处,方许控官究理。若不先呈族长,径自越告者,罚银五两,入祠公用。"② 乾隆年间永兴张氏族谱也规定:"族间大小是非,或买卖田地,或连界基产,以及水利互争,小忿口角,饮酒放泼,往往以一朝之忿,遂至上告,甚至倾家者有之。嗣后必要经投户众,公议处罚。如议不平,方准另告。"③ 为维护族内平和以及宗族声誉,宗族在反复强调"睦宗族"的同时,严禁挑讼、词讼。清代寿州龙氏宗谱有"戒争讼"的规定:"凡我族人,有好为兴讼、出入公廷者,乃健讼之徒。若与本族构讼,凭户长分别责惩。其与外人争讼,除万不得已外,依恃

---

① 钱杭:《中国宗族史研究入门》,复旦大学出版社 2009 年版,第 117 页。

② 《长沟朱氏宗谱》卷 2,光绪三十三年本,载费成康主编《中国的家法族规》(修订版),上海社会科学院出版社 2016 年版,第 245 页。

③ 《永兴张氏族谱》卷 2,《合族禁条》,1929 年本,载费成康主编《中国的家法族规》(修订版),上海社会科学院出版社 2016 年版,第 248 页。

刀笔代人作词者，户长指名，送官究治。"[1]

（二）宗族与乡村公共生活

宗族在乡村公共生活中的作用，主要体现在以下方面：

其一，和睦乡邻。宗族作为乡村的主导性力量，与邻里的关系对于村庄的稳定以及宗族的声誉都有着重要影响。正因如此，有些宗族以"和睦乡邻"为规范，要求家人、族人以宽容、平等的态度对待乡邻，乡邻有困难时要尽量帮扶，不准恃强凌弱，为祸乡里。清代合江李氏族谱就有"和乡邻"的规定："岁时款洽，谊笃比邻；患难扶持，世称仁里。我先世以忠厚传家，凡属子孙，务必谦虚乐易，与人无争。不得恃血气以凌人，逞奸诈以滋事，徒害邻里，终累身家。若有不肖子弟，恃强恃诈，或倚仗族人之势，欺侮乡党者，长辈亟宜戒责。尤宜念睦姻任恤之风，实为古道，待人务从乎厚，处世毋涉乎骄。至于修桥、补路、拯溺、救饥、恤寡、矜孤、劝善、教不能诸事，凡有益于桑梓者，量力行之。生长聚族之邦，其亦共有所赖也夫。"[2]

其二，参与管理社仓、主持兴修水利、修筑桥梁、创办社学、书院等地方公共事务。如清代乾隆年间，为避免胥吏借社仓、义仓营私舞弊，陈宏谋在江西令宗族建社仓，选社长，休宁县令靳宗著也规定用宗族的力量管理社仓，收到良好效果。[3] 宗族也经常承担修建灌溉沟渠、蓄水池、桥梁等公共事务，有些水利工程甚至是由多个宗族共同兴修，共同受益。宗族创办的社学、书院虽然主要是面对族人，但有时也招收其他村民，有助于基层教育。

其三，主持抵御暴徒、土匪侵扰等乡村自卫任务。如明万历年间，广东佛山大族李待问利用家族势力组织乡兵，设立忠义营，维护乡里社会的安全与秩序。晚清，社会动荡，匪患严重，地方宗族建立自卫组织，保护乡

---

① 《寿州龙氏宗谱》卷1，《家规》，光绪十六年本，载费成康主编《中国的家法族规》（修订版），上海社会科学院出版社 2016 年版，第 280 页。

② 《合江李氏族谱》卷8，《族规》，光绪二十一年本，载费成康主编《中国的家法族规》（修订版），上海社会科学院出版社 2016 年版，第 285 页。

③ 赵秀玲：《中国乡里制度》，社会科学文献出版社 1998 年版，第 183—184 页。

土。太平天国起义爆发后，在地方士绅兴办的团练中，经常能看到宗族势力的存在。

其四，主持迎神赛会等地方娱乐活动。宗族作为乡村社会的重要力量，主持、参与基层的各种宗教娱乐活动，如庙宇祭祀、庙会、节日庆祝等等。明清时期，福建地区宗族在开展族内的迎神赛会活动外，还联合其宗族共同举办地区性的迎神赛会活动，以加深友谊和联系，同时也活跃了地方文化。"如兴化的天妃神、安溪的清水祖师、漳州的三坪祖师、厦门的保生大帝等，信仰的区域相当广阔，大大超出了家族和乡族的界限。每逢这些神祇的纪念节日，许多家族便能协调地配合起来。"①

但是，因为宗族利益，也会引起诸如械斗、干预诉讼、武装抗税等扰乱社会秩序的问题。其中比较瞩目的是械斗问题。明清时期，特别是清代，在宗族组织盛行的福建、广东、广西、江西等省区，不断发生宗族间的武装械斗，其中尤以福建的漳州、泉州和广东的惠州、潮州最为频繁。南方宗族械斗的严重形成了当时的社会问题。雍正十二年（1734）上谕中说："闽省漳泉地方，民俗强悍，好勇斗狠。而族大丁繁之家，往往恃其人力众盛，欺压单寒。偶因雀角小故，动辄纠党械斗，酿成大案。及至官司捕治，又复逃匿抗拒，目无国宪。两郡之劣习相同，而所属之平和、南胜一带，尤为著名。此中外所共知者。"②

（三）宗族与政府的关系

在传统社会，宗族与政府的关系是比较微妙的。从宗族的角度看，一方面，宗族作为政权治下的乡村组织，必须依托政府的力量，才能更好地管理宗族，扩大宗族势力；另一方面，"宗族作为血缘与地缘结合的基层社会组织，家族和地方的利益是第一位的，要求族人绝对服从祠堂族长及族法；也有违反国家规定的情形，有时还抗欠赋税，把持乡里，对政府阳奉阴违，

---

① 陈支平：《近五百年来福建的家族社会与文化》，中国人民大学出版社 2011 年版，第168 页。

② 《钦定学政全书》卷 26，乾隆三十九年（1774）武英殿刻本，第 6 页。

甚至走向政府的对立面。"① 但总体来看，宗族更多的还是选择与官方合作。

1. 宗族借助官方的力量

申请地方政府批准族规。宗族为了更好地行使权力，管理族人，往往请求政府予以支持。宗族法规维护社会秩序，受到政府欢迎，政府因此批准祠规，承认祠堂族长依据家法审判族人的合法性。这在明朝中后期以后尤其盛行，但清代对于宗族处死族人的权力则有摇摆，最终还是收归官府。

税收方面，不少宗族要求族人按时缴纳赋税，避免给宗族带来麻烦。清代湘阴狄氏家谱规定："钱粮为天庾正供，自应踊跃输将，年清年款。如有拖欠把持，除饬令完纳外，带祠重惩，以免效尤。"② 寿州龙氏家规也有"戒抗粮"的规定："幸际国家泰，急公分所当。上需下，在钱粮，古今通义谁为抗。依限早完纳，何故不输将。门前差过我无妨，先公后己当停当。凡我族人，有玩视国法、不急公完纳国税者，虽有官差，而户长亦勤加劝诫。倘惯行违抗，致差役追呼不已者，以家法责二十，并代追完。"③ 有时候，宗族还成为官府税收的代理人。

在政府推行基层治理的保甲、里甲、乡约、族正等制度中，宗族都在一定程度上给予了配合，并在一定程度上促进了宗族自身的变化。这里以明代的乡约制度和清代的族正制为例。

乡约始于宋代，盛于明清，是一种基层教化组织，也是乡村社会控制的形式。乡约与宗族的结合在明代特别显著，最终导致宗族的乡约化，并影响其后宗族的组织形式。所谓宗族乡约化，"是指在宗族内部直接推行乡约或依据乡约的理念制定宗族规范、设立宗族管理人员约束族人。"④ 明代乡约初建于洪武时的《教民榜文》，改造于正德时期的王阳明，重建并普及于嘉靖万历时期。这一时期，浙江、江苏、江西、安徽聚族而居的一些府、县

① 冯尔康：《中国宗族史》，上海人民出版社 2008 年版，第 288—289 页。

② 《湘阴狄氏家谱》卷 5，《家规》，载费成康主编《中国的家法族规》（修订版），上海社会科学院出版社 2016 年版，第 256 页。

③ 《寿州龙氏宗谱》卷 1，《家规》，载费成康主编《中国的家法族规》（修订版），上海社会科学院出版社 2016 年版，第 279—280 页。

④ 冯尔康：《中国宗族史》，上海人民出版社 2008 年版，第 235 页。

地方官在推行乡约的过程中，尝试将乡约与宗族结合起来，在宗族设立约长，宣讲圣谕，把宗族纳入到乡约系统。官府在宗族推行乡约，也得到宗族的认同，一些宗族甚至主动在族中实行乡约。如南昌府在宗族内设立宗长推行乡约，徽州则由宗族推举族人为乡约长，经官府批准，主持族内劝善惩恶之事。宗族在制定规约的同时，也加强了组织建设，在族内设置乡约系统管理族人，如宗正副的设置就是仿行乡约制度的约正副。明后期乡约化的宗族，活动的特点是宣讲圣谕六言，加强对族人的教化。一般来说，"明后期由祖先界定出来具有父系继嗣关系群体的宗族，被功能化为社会团体，功能化是通过组织化实现的，组织化的标志是以推行乡约为契机制定规约、设立宗族首领、进行宣讲教化活动，并以建祠修谱增强宗族的凝聚力。因此，宗族组织化、制度化的实质就是宗族的乡约化，宗族组织的政治功能强化。"①

清统治者也重视乡约的作用，顺治九年（1652）颁行六谕卧碑，上刻"孝顺父母，恭敬长上，和睦乡里，教训子孙，各安生理，毋作非为"，要求各地举行乡约"于每月朔望聚集公所宣讲"。②康熙十八年（1679），由大臣奏进《乡约全书》刊刻分发，使"乡约"组织纳入官方教化训俗的职能。雍正二年（1724）颁御制圣谕广训，命直省督抚学臣转行该地方文武教职衙门，晓谕军民人等通行讲读。清统治者还认识到宗族的重要性，康熙的《圣谕六条》和雍正的《圣谕广训》都对宗族提出了要求。雍正四年（1726）力行族正制，规定："如有堡子、村庄聚族满百人以上保甲不能遍查者，拣选族中人品刚方、素为阖族敬惮之人，立为族正。如有匪类，报官究治，徇情隐匿者与保甲一体治罪。"③以期用族正制配合保甲，实现地方社会秩序的稳定。乾隆初年，清政府在福建、广东、江西等省大规模推行族正制，除承担保甲的责任外，试图通过族正制惩治宗族的械斗、健讼，治理宗族带来的社会问题。族正治理宗族的好坏要接受地方官监督。清政府要求宗族选举产生的族正，是其所在宗族中有影响的人物，可以作为宗族的

---

① 冯尔康：《中国宗族史》，上海人民出版社 2008 年版，第 238 页。

② 《皇朝文献通考》卷 21，四库全书本，第 22 页。

③ 《皇朝文献通考》卷 23，四库全书本，第 13 页。

代表，向政府承诺自治的义务。同时，族正又握有政府给予的权力管理族人。族正既不同于族长，又不同于政府官员，身份具有双重性，成为政府与宗族的媒介，也可以说是一种"职役"。但族正制的实行并未带来预想的结果，因为族正从根本上讲，是代表宗族利益的。政府予以族正的权力，使其管理族人更加合法化，得以操纵宗族，控制地方，这必然会影响到政权的统治。

2. 官方对宗族的防范

对于宗族的一些做法，尤其是宗族在地方影响力的扩大，政府是有顾忌的。如清政府就禁止宗族"冒认"祖先以提高宗族威望或扩大影响力的行为，禁止宗族肆意修建宗祠和购置祭田，对于"合族建祠""联宗立庙"的行为尤为禁止。乾隆二十九年（1764）上谕："民间惇宗睦族，岁时立祠修祀，果其地在本处乡城，人皆同宗嫡属，非惟例所不禁，抑且俗有可封。若牵引一府一省，辽远不可知之人，妄联姓氏，创立公祠，其始不过藉以醵赀渔利，其后驯至聚匪藏奸，流弊无所底止，恐不独江西一省为然。地方大吏自应体察制防，以惩敝习。"①

在一些官员和学者中，对待宗族的态度也是不同的。清雍正年间江西巡抚陈宏谋赞同利用宗族组织管理地方。"临以祖宗，教其子孙，其势甚近，其情较切。以视法堂之威刑、官衙之劝戒，更有大事化小、小事化无之实效"②，"以族房之长，奉有官法，以纠察族内之子弟，名分即有一定，休戚原自相关，比之异姓之乡约保甲，自然便于觉察，易于约束。"③道光年间的姚莹主张利用宗族组织对付盗贼，同治年间的冯桂芬则提出以宗族作为乡村控制工具的基础。"宗法行，而保甲、社仓、团练一切之事可行。……以保甲为经，宗法为纬，一经一纬，参稽互考，常则社仓，易于醵资，变则团练，易于合力"，"宗法为先者，聚之于家也；保甲为后者，聚之于国也。"④但有的学者则认为宗族是不利于朝廷统治的："聚族而居，家之幸，而国之

---

① 《高宗实录》（九），《清实录》第17册，中华书局1986年影印版，第918页。
② （清）陈宏谋：《寄杨朴园景素书》，《魏源全集》第16册，岳麓书社2004年版，第265页。
③ （清）陈宏谋：《选举正族约檄》，《魏源全集》第16册，岳麓书社2004年版，第261页。
④ （清）冯桂芬：《复宗法议》，《显志堂稿》卷11，光绪二年（1876）校邠庐刊，第25页。

不幸。小则抗粮殴官，大则谋反叛逆，皆恃人众心齐也。"[1]

综上，宗族在传统乡村治理方面发挥了重要作用。当然，也不能夸大其作用。毕竟宗族与村庄并不是完全一致的，宗族也不能解决乡村存在的所有问题。反过来，宗族的命运也会随着社会变动及所在村庄的变迁而变化。

三、宗族与族内救济

宗族的维持需要一定的经济支持，在传统社会，其收入来源主要靠田产收入，因此，不少宗族设置了集体财产——族田。族田的来源主要有四项：一是族人捐置，捐田最多的是官僚、地主和商人；二是遗产入公，有的是祖上遗产，有的是户绝产；三是分家的提留；四是族产收入的续置，如许多宗族将族田的收入或族田收入的生息银两用于买田。[2] 其用途主要是祭祀祖先、维持祠堂的各种费用、修纂族谱、完纳赋役、储粮备荒以及赡养和教育族人等。如明万历时苏州吴氏设义田600亩，"内以二百亩为奉公田，以资公役；以五十亩为报本田，以供粢盛，以会族食；以五十亩为敦睦田，以恤匮乏，以尊高年；以五十亩为嘉礼田，以时婚姻，以重人伦之本；以五十亩为凶礼田，以谨丧葬，以厚人道之终；以百亩为劝学田，以教以掖，以成后昆之美；以百亩为备荒田，以储以散，以裕歉岁之需"[3]。据此，族田又可以分为祭田、义田、义学田等类型。当然，在实际使用过程中，各类之间没有严格的界限。清代广东新宁，"土俗民重建祠，多置祭田，岁收其入，祭祀之外，其用有三。朔日进子弟于祠，以课文试，童子者，助以卷金，列胶庠者，助以膏火及科岁用度，捷秋榜赴礼闱者，助以路费。年登六十者，祭则颁以肉，岁给以米。有贫困残疾者，论其家口给穀，无力婚嫁丧葬者，亦量给焉，遇大荒，则又计丁发粟。"[4] 从上述的分类也可以看出，族内救济是

---

① （清）汪士铎：《乙丙日记》卷3，见陈绍闻主编《中国近代经济文选》，上海人民出版社1984年版，第236页。

② 冯尔康：《中国宗族史》，上海人民出版社2008年版，第250—251页。

③ 《吴氏支谱》卷12，《创立继志义田记》，光绪八年（1882）刻本，第3页。

④ 《嘉应州志》卷8，《礼俗》，光绪二十四年（1898）刊本，第7—8页。

宗族的重要功能，这主要表现在族内贫困救济和教育救济两个方面。

（一）贫困救济

宗族贫困救济主要包括帮助贫困族人缴税、养老、度荒等方面，其支出主要来自义田，其代表就是义庄。义庄创立始于北宋仁宗时期的范仲淹。皇祐二年（1050），范仲淹以官俸所得，在苏州长洲、吴县买良田十多顷，将每年所得租米赡养宗族，置屋以收贮和发放租米，号称义庄。令族中子弟为掌管人，手定《规矩》十三条，要求共同遵守。其内容包括向族人发放义米、冬衣的范围和数额、族人嫁娶丧葬的资助规定、领取义米的方法，以及家居官员领米、资助乡里外姻亲以及义米、冬衣的积蓄和发放次序等内容。后来，范仲淹的儿子以及六世孙对义庄规矩又做了补充规定，使得范氏义庄条规完善，为后世设置义田提供了典型。此后，宋、元、明、清各代均有义庄出现。清代仅江苏苏松常三府就出现过200多个义庄。[①] 族田主要分布在南方地区，尤以苏、皖、浙、闽、粤、赣为最。

族田的养赡功能与族人生活关系最为密切。族田收入的发放原则：一是养赡老弱病残及贫族。江苏金匮安氏宗族在万历时所定义田《赡族条件》规定，该族的赡养对象是"族人年力已衰家无恒产不能经营生理者""族有孀居无子或子幼贫不能养者""族人年幼父母俱亡无兄长抚育者""族有孤贫不能自婚者""族人有丧贫不能殓葬者""族人有卧病危迫贫不能自医药者""族中子弟有读书向进而家贫者"等7种，涉及老、寡、孤、婚、丧、病、学等情况，同时又根据族人的经济情况分等赡给。二是依据族人亲疏关系，首先考虑五服，其次是优先本支。族田的最大受益者是设置族田的直系子孙。[②]

宗族的赡族、救济功能有助于贫穷族人的生活，起到收族的作用，也弥补了政府社会保障事业的不足。

---

① 冯尔康：《论清朝苏南义庄的性质与族权的关系》，《中华文史论丛》1980年第3期。

② 冯尔康：《中国宗族史》，上海人民出版社2008年版，第251—252页。

（二）教育救济

族田有助学的作用，一些宗族还专门设立助学的书田，这类土地一般称作义塾田、（义）学田、膏火庄田、书灯田等。设立书田的宗族也往往设立义学，向本族及乡里子弟提供免费教育。族学是伴随着义庄出现的，又称"义学"。如范氏义学是义庄的一部分。至元代，范氏有义学、书院（文正书院）两级学校，构成了完整的宗族学校体系。宋元以后，以范氏义庄为榜样的宗族大多也都设有义学、义塾。有的族学还兼收乡里子弟。"宋元时期的族学是宗族管理的重要内容。族学的设置以招收贫困无力族人子弟读书为宗旨之一，重在基础教育，强调伦理道德礼仪的教育，对多数族人并不一味强求走科举之路，而是在读书后学习一技之长，都说明教与养一起发挥着收族的作用。族学教育对缓和社会矛盾进而稳定社会秩序，有一定的作用。"[1] 族学还是使宗族强盛的手段。宗族培养族人科举成名以光宗耀祖和扩大势力，如范仲淹之后，范氏在宋代科举及第、科举任官、恩荫等具有官僚制度关系者，合计130人。其后，范氏家族重视科举功名，代代相传，这使得范氏宗族和义庄历千年而不衰，成为宗族的典范。

当然，族田的伦理色彩很浓厚，体现了宗族养教结合的特点。范氏义庄《续定规矩》12条，就把惩恶扬善与支米联系起来，加强了对族人道德规范的要求："诸房闻有不肖子弟因犯私罪听赎者，罚本名月米一年。再犯者，除籍，永不支米。（奸盗、赌博、斗殴、陪涉及欺骗善良之类，若户门不测者，非。）除籍之后，长恶不悛，为宗族乡党善良之害者，诸房具申文正位，当斟酌情理，控告官府，乞与移乡，以为子弟玷辱门户者之戒。"[2] 江西分宁冷正叔所办义田，"其法与文正少异，再嫁者削之，守志者倍给之，壮能自食其力者量给之，离族者削之，无恒心者削之，又皆有意。然后次及亲党邻里，又次及故人远客，无不随事多方，各用其情。"[3]

总之，为了更好地收族，宗族在维系族人的正常生活和教育方面用力

---

① 冯尔康：《中国宗族史》，上海人民出版社2008年版，第194页。

② 《清宪公续定规矩》，载李勇先、王蓉贵校点《范仲淹全集》下册，四川大学出版社2002年版，第1167页。

③ 刘岳申：《有元隐君子冷正叔桐乡阡碣》，《申斋集》卷9，四库全书本，第5—6页。

颇多。赈济和赡养族人，维持贫穷族人生计，可以缓和贫富矛盾，维持宗族的稳定和声誉。而族人通过科举入仕，提高社会地位，可以给予宗族更好的支持和领导，使宗族更具有生命力。

四、宗族与文化传承

宗族不仅是一种亲缘组织，也是一种文化。祠堂、族谱、祖坟是宗族的物质文化体现，仪式、族规、习俗则是宗族的制度文化，而其根本则是儒家道德伦理的基层实践。

（一）族规家训

族规家训，是指宗族内部由祖先遗留或族人共同制定的用以约束族人观念和行为的规训。族规的名称很多，如"家约""族约""宗规""族规""宗式""宗型""同宗公约""家规条约""家规禁约""通族议立家范""计开条规""宗训家规""规则要览"等等。[①] 一般来讲，族规往往刊刻在族谱中。

族规家训的形成和完善伴随着宗族制度的发展。大致来说，训、诫（戒）源远流长，在宋代以前已相当发展，主要的形式为家训，如著名的《颜氏家训》。宋元时期家族制定规训者增多，除个别义门宗族制定族规外，一般的形式是家法。族规的大量出现则在明代。明代族规的兴起是宋儒修齐治平和重建宗族制度主张的继续实践。明代士大夫将朱熹《家礼》冠婚丧祭四礼付诸实践，通过宗族移风易俗，特别是强调祠祭聚族实行教化，设立族规强化宗子、族长的作用也受到宋儒小宗法主张的影响，族规的兴起一定程度上还是宋儒乡约普及化的产物。[②]

族规家训的内容庞杂，大致上可以分为以下几类：1. 规约类，强制要求族人共同遵守的行为规范；2. 禁戒类，规定族人不许做的事情；3. 训语类，教诲族人做人的伦理道德。[③] 这三类内容划分并不十分严格，往往混在一起。

---

① 钱杭：《中国宗族史研究入门》，复旦大学出版社 2009 年版，第 131 页。

② 冯尔康：《中国宗族史》，上海人民出版社 2008 年版，第 240 页。

③ 冯尔康：《中国宗族史》，上海人民出版社 2008 年版，第 235 页。

家法族规的内容会随着时代的变化而增减。如清初的族规会有禁止参加秘密会社的规定，晚清则有禁食鸦片的条文。

族规家训对族人日常的人际关系、衣食住行、闲暇娱乐、嫁娶丧葬、职业选择等方面都有要求，而其目的则是以儒家传统的伦理道德为行为准则，教导族人做一名正人君子，要求族人树立安分守己、乐天知命、与世无争的生活态度。

族规在实行过程中，惩戒是非常重要的内容，也就是所谓宗族"私法"。明清时代的宗族"私法"相当严厉，一旦违反家规宗约，轻者罚跪、罚钱、笞责、不准入祠、终生不齿，重者开除族籍、赶出族门，直至被宗族"法庭"处以死刑：或勒令自杀，或以各种方法打杀、溺杀、砍杀。民国以后，随着国民法制观念的提高，这种"私刑"式的制裁和惩罚逐渐减少了，但仍然有一些残余的强制性功能。宗族惩罚虽然在"礼治"层面上与国家法律有一致性，但毕竟在法理上已经"越权"，因而在传统社会，这种行为在大多数情况下是不被官方承认的。

（二）族谱

"宗族谱牒是以记录宗族世系源流为主、收集登载其他宗族文件为辅的一种文献。"[①] 谱牒文献有多种名称，宗谱、族谱、家谱、世谱等，其中以"族谱"最为常见。在一部比较完整的宗族谱牒中，除了记载这个宗族的世系源流外，还包括了有助于说明该族发展历史的各种文献资料，堪称一部宗族的历史档案。

商代卜辞中对先王的罗列可算是汉人谱牒的最初形态。正式谱牒自周代开始，但只局限于帝王、诸侯和卿大夫等贵族阶层。至秦汉，汉人宗族谱牒制度和形式基本完善。如朝廷设"宗正"一职，负责管理皇室亲属，并整理王室谱系，出现了私家谱录，谱牒编纂形式也奠定了后世汉人编谱的基础。魏晋南北朝以及隋唐时代，宗族谱牒盛行，由于门阀士族是社会的中心，其家世格外受到重视，当时"官有薄状，家有谱系，官之选举，必由于

---

① 钱杭：《中国宗族史研究入门》，复旦大学出版社 2009 年版，第 121 页。

薄状，家之婚姻，必由于谱系"①。国家设有图谱局，置令史负责其事，谱牒起着"使贵有常尊，贱有等威"的作用，成为门阀士族等级制的工具，在此情形下，社会上"人尚谱系之学，家藏谱系之书"。但是，由于自唐以来国家对士族的压抑，特别是科举制、土地私有化及租佃制的渐次实行，士族不断走向衰落，经过唐末农民战争和五代的战乱，门阀士族一蹶不振。旧式的谱牒制度失去了应有的价值。北宋以降，私家修谱成为流行，欧阳修、苏洵首开其先。元代比宋代族谱的内容丰富，后世族谱体例在这时基本成型。明清时期族谱的修纂更加频繁，渐渐形成了数十年一修的传统。频繁的修谱活动使得族谱体例更加完善。由于明清政府奉理学为官方正统思想，推行伦理政治，实行以孝治天下，士大夫编纂的族谱也明显带有政治化的倾向。

一般来讲，一部完善的族谱，主要包括以下内容：序文、凡例、世系、世表、别传、墓志、家法、族规等。其中，"世系、世表是族谱的主体部分，其篇幅约占一般族谱的二分之一或三分之二左右。在理论上，世系、世表代表着一个宗族在历史和现实中的延续，是论证宗族和其他社会组织相比具有一定合理性的基本根据；在实际生活中，世系、世表中的具体位置，又是每个宗族成员认准宗族资格、履行宗族义务、享受宗族权利、接受宗族控制的具有'私法'性质的最高准则。能够进入本族的世系、世表，成了一般宗族成员参与宗族活动的基本动力。"②

族谱的功能大体包括如下内容：首先，展示家族的悠久历史和功德，希望子孙继承祖先家传遗德，以光宗耀祖。其次，强化祖先崇拜及团聚族人，达到收族的目的。第三，严格内外，保证宗族血缘纯洁。第四，教化族人。

需要注意的是，明清时期，族谱政治化倾向比较明显。这主要表现：其一，族谱收入劝民谕旨，如明初朱元璋颁布的"圣谕六言"（孝顺父母，尊敬长上，和睦乡里，教训子弟，各安生理，毋作非为）、康熙九年（1670）颁布的"上谕十六条"（敦孝弟以重人伦，笃宗族以昭雍睦，和乡党以息争讼，重农桑以足衣食，尚节俭以惜财用，隆学校以端士习，黜异端以崇正

---

① 郑樵：《氏族略》序，《通志》卷 25，中华书局 1987 年影印版，第 439 页。

② 钱杭：《中国宗族史研究入门》，复旦大学出版社 2009 年版，第 129 页。

学，讲法律以儆愚顽，明礼让以厚风俗，务本业以定民志，训子弟以禁非为，息诬告以全善良，诫窝逃以免株连，完钱粮以省催科，联保甲以弭盗贼，解仇忿以重身命）以及雍正二年（1724）颁布的《圣谕广训》。其二，士人把族谱作为改造社会的工具。方孝孺就认为，"士有无位而可以化天下者，睦族是也。天下至大也，睦吾族何由而化之？人皆欲睦其族，而患不得其道，吾为之先，孰忍弃而不效乎？有族者皆睦，则天下谁与为不善。"① 这明显是儒家修身齐家治国平天下的路向。其三，族谱叙例加强教化。族谱重视对族人的劝诫，通过褒贬以教化族人，其中突出体现在对妇女贞洁的要求和对族人充当贱业等行为的削名两方面。其四，伦理法制化。提倡伦理说教，并采取一定的奖惩措施。族规家训入族谱，是明清族谱体例变化的重要特征。"族规家训赋予祠堂族长以宗族司法权力，他们依据家法对族人管理，更加直接地干预族人的日常生活，甚至将皇帝劝民谕旨列入宗规家训，为国家培养顺民。还有不少宗族对族人进行普法教育。"② 此外，编谱和散谱也是宗族的重大文化活动。

（三）宗祠

宗庙（祠堂）是进行宗族祖先祭祀活动的地方。"祖先祭祀活动是宗族存在的基本方式和重要标志，也是它的人文价值所在。"③ 是故，宗庙（祠堂）历来被视为宗族神圣之地。当然，从历史演进的角度看，宗庙出现的时间要早于祠堂。而且宗庙与宗法制度紧密结合，这在先秦时期体现尤为明显。而祠堂则是严格等级的宗法制度逐步衰微后产生的。明末清初广东学者屈大均说："今天下宗子之制不可复，大率有族而无宗。宗废故宜重族，族乱故宜重祠。有祠而子姓以为归，一家以为根本，仁孝之道，由之而生。"④ 可见，宗庙和祠堂虽然发展历史和适用范围不一，但其本质相同，即祭祀祖

---

① 方孝孺：《宋氏世谱序》，《逊志斋集》卷 13，四库全书本，第 1 页。

② 冯尔康：《中国宗族史》，上海人民出版社 2008 年版，第 265 页。

③ 钱杭：《中国宗族史研究入门》，复旦大学出版社 2009 年版，第 160 页。

④ 屈大均：《宫语·祖祠》，《广东新语》卷 17，《续修四库全书》第 734 册，上海古籍出版社 2002 年版，第 695—696 页。

先，收聚本族。

宗庙早在商周时期即已出现。实行贵族政治的周代对宗庙数量和祭祀有严格的等级规定。《礼记·祭法》规定，天子七庙，诸侯五庙，大夫三庙，上士二庙，中士一庙，庶人无庙。这也与当时只有贵族有宗族组织的情况相适应。战国以后，随着政治等级制度的深化，"宗庙"专属于祭祀历代帝王，而其他各阶层宗族祭祀本族祖先的场所，则用"祠堂"。但这时期的祠堂大多建在墓地边上，而不是宗族聚居地的中心。唐宋年间，上层官僚、士大夫宗族所立的"祠堂"大多改名为"家庙"。其后，贵族特权衰落，地主和庶民实力增强，获得了自建祠堂的权利，祠堂的分布变得更加广泛。明末清初，祠堂成为帝王以外其他各阶层宗族祭祀场所的通称，并且形成了较为规范的祠堂系统。而家庙作为官僚阶层的祭祖场所，依然存在。与宗祠对外，祭祖规则严格不同，家庙不对外开放，所祭对象组合也比较随意。

祠堂是集多重功能于一体的地方，兼具象征意义和实践功能（活动和仪式）。它是按一定规则供设祖先神主（牌位）的场所；是举行各类祖先祭祀活动的场所；是宗族尊长向族众宣讲礼法戒律和道德规范的场所；是宗族成员讨论族中事务的场所；也是处理宗族内部纠纷的场所。[①]

在精神层面，设立祠堂的目的，是为了激发家族成员的"报本反始之心"和"尊祖敬宗之意"。所谓"报本反始"，就是通过对祖先世系的追溯来探求自身肉体、精神和文化的"根"，体现宗族的历史感和归属感。所谓"尊祖敬宗"，就是不仅在肃穆的仪式中"祭神如神在"，而且在日常生活中，将祖先的遗训和恩德当作无声的至高命令，时刻感觉到祖先神灵的呼唤，诚心诚意地尊崇着祖先正体的延续者（宗子），体现的是宗族的道德感和责任感。这些构成了宗族的精神支柱。[②]

祠堂用物质实体的建筑形式，配以特殊的楹联匾额等符号，结合在祠堂进行的各种具有仪式感的宗族活动，构建了宗族的标志和象征，从而达到了宗族整合的目的。在这个意义上，可以说祠堂的存在，"培养了宗族成员

---

① 钱杭：《中国宗族史研究入门》，复旦大学出版社 2009 年版，第 167 页。
② 钱杭：《中国宗族史研究入门》，复旦大学出版社 2009 年版，第 169 页。

的荣誉感和认同感，显示了宗族的价值源泉"①。

除族规家训、族谱、祠堂外，婚丧嫁娶的仪式也是宗族文化的重要组成部分。

五、宗族制度的优点与局限

如前所述，宗族制度在中国延续两千多年，尤其是两宋以后，宗族制度由上层逐渐弥漫至民间，对中国传统社会影响至深。

（一）宗族制度的优点

首先，宗族维护了基层社会的稳定。宗族通过宗法和族规的约束、族谱的编订、族田、族学的设置与族内救济等手段，维护了宗族自身的稳定与延续，也有助于基层社会的稳定。同时，宗族遵守政府的法律法规，并在执行方面予以配合，使得政府的基层治理得以顺利实现。尤其是明清时期，政府推行里甲、保甲、乡约、族正制度时，宗族都在一定程度上予以配合，在调查登记人口、维护治安、缴纳赋税、基层教化等方面作用突出。还有，宗族积极参与管理社仓、主持兴修水利、修筑桥梁、创办社学、书院等地方公共事务，主持抵御暴徒、土匪侵扰等乡村自卫任务，在乡村公共生活中发挥重要作用。

其次，宗族在文化传承方面作用突出。宗族作为宗法伦理的产物，与强调宗法的儒家文化紧密结合，成为儒家文化基层实践和传承的重要载体。这在宗族的世系等级以及族规家训、族谱等方面都有明显的体现。当然，这也是汉族文化的重要特征。同时，宗族还是民间基层文化的主导者。庙宇祭

---

① 钱杭：《中国宗族史研究入门》，复旦大学出版社 2009 年版，第 169 页。林耀华也认为："宗族一个最大的特征，就是全族人所供奉的祠堂。祠堂的建立，原是为祭祀，崇拜宗祖，感恩报本，然时过境迁，祠堂的功能，不复仅限于宗教方面，其他功能也渐渐附着产生。祠堂化作族人交际的场合，变为族老政治的舞台；公众意见由此产生，乡规族训由此养成，族人无不以祠内的教义信条奉为圭臬。简言之，祠堂是宗族中宗教的、社会的、政治的和经济的中心，也就是整族整乡的'集合表象'（Collective Representation）。"见林耀华《义序的宗族研究》，生活·读书·新知三联书店 2000 年版，第 28 页。

祀、庙会、民俗节日庆祝等民间宗教娱乐活动，宗族往往是倡导者和主要参与者。

（二）宗族制度的局限

当然，宗族也存在一些值得反思的现象。首先，宗族强化了等级制度和血缘伦理，造成族内不平等，对个体发展有一定的束缚。其次，宗族利益至上，容易引发宗族之间利益冲突，如械斗，也经常会出现干预诉讼、武装抗税等行为，这在某种程度上影响了基层社会治理和社会秩序的稳定。

六、当代宗族的表现及思考

（一）新中国成立后的宗族政策及宗族表现

据学者研究，新中国成立后，"大陆的宗族经历了三个阶段：第一个时期是 50 年代初期农村实行土地改革之时，宗族受到严重冲击；第二个时期，即 50 年代至 80 年代初宗族基本上销声匿迹；迨至 80 年代初农村实行农户生产责任制之后，宗族活动逐渐增多，在历史上宗族文化传统浓厚的长江以南一些地方尤其显著。"[1]

中华人民共和国成立后，宗族被视为封建糟粕，成为打击和扫除的对象。随着土地改革运动的开展以及新的乡村治理制度的建立，农村合作化运动、人民公社运动等的开展，宗族存在的物质基础（如祠堂、族田）消失，文化活动（如修谱、祭祖等）也被禁止，宗族在乡村的活动已基本消失，影响得到抑制。这一过程一直持续到"文革"结束。但即使如此，宗族在农村的活动仍有零星的存在。在江西、福建、河南、湖南、湖北等地，部分农村仍有建祠堂、续家谱的活动。而在农民的日常生活中，宗族观念和文化的影响依然普遍。这表明，尽管经历各种政治运动以及政策的冲击，但宗族赖以存在的农村社会结构没有发生大的变化，村民的宗族意识也一直未能消除。而这也是 20 世纪 80 年代后宗族能够得以"复兴"的重要原因。

---

[1]　冯尔康：《中国宗族社会》，浙江人民出版社 1994 年版，第 318 页。

　　20 世纪 80 年代后，宗族复兴成为瞩目现象，宗族在越来越多的农村地区重建其组织并开展相应的宗族活动。修族谱和建祠堂成为宗族复兴的重要标志，这在宗族传统浓厚的江南地区尤为明显。有的学者根据全国 2002 年的抽样调查研究，认为"宗族重建比例最高的在华南，次为西南和华北，东北、中原只有比例极低的宗族重建，西北甚至为零。"① 总体看，当前宗族的活动主要包括修谱、上谱、修祠、修祖坟、祭祖、演族戏、舞狮灯、聚餐、调解宗族内外纠纷、发动械斗等。

　　宗族的重建并不是完全复制传统。随着社会变迁，重建的宗族及其活动也有了明显的变化。从宗族自身方面看，以土地为公共财产的族田消失，转向族内捐款、集资的方式募集资金，支持宗族活动。宗祠不再是宗族的私有财产，转化为村庄公共场所，但是，宗祠作为宗族的象征物和特定节日的聚集地，依然存在。族谱（家谱）的编著修订成为热门，修谱和散谱也成为宗族重要活动，修谱观念发生变化，男系血缘观念淡化，女子、女婿、义子等均可入谱。宗族内的宗法等级观念逐渐消失，宗族管理趋于平等，但个别地区族内不平等现象依然存在，私法权则完全消失。同姓联宗的宗族形式逐渐增多。宗族规模也发生变动，农村人口外出定居，与家乡联系变少，家庭成为现代社会的核心，计划生育政策下，人口出生率下降，都影响着宗族规模的扩大。

　　在宗族与村庄治理的关系方面，尽管宗族已经不再有税收等权力，但宗族势力依然在村庄发挥着作用，甚至左右村级自治，这在单姓村尤为明显；宗族之间、宗族内部的利益纠纷依然存在，影响着基层村庄治理的稳定；宗族是历史沿袭下来的农村社团，宗族活动也是现今农村地区为数不多的隆重的社区文化活动；宗族互助和救济则有助于基层农村社会的稳定。

　　从宗族的总体走势来看，从封闭走向开放（观念，管理方式等），从局限于一村一镇走向更为广阔的同宗联络，但这种转化同时也是宗族日趋淡化的表征。

---

① 肖唐镖：《宗族政治——村治权力网络的分析》，商务印书馆 2010 年版，第 69—70 页。

（二）关于当代宗族价值的思考

改革开放以来，国家一些政策的出台和调整，对宗族的存在产生了较大的影响，如计划生育政策、撤乡并村政策等。而市场经济的发展，则对宗族的生存产生了强烈冲击。"它正通过汲取和调离乡村地区的人口、财富、土地等资源而挖掘宗族生存的物理基础，并通过文化和价值观嬗变而改变宗族生存的社会和心理基础。"[①] 但这种转变是一个长期过程。

今天农村地区之所以宗族势力仍然普遍存在，并发挥着影响力，主要还在于其存在的根基没有发生重大变化：其一，从本质上讲，宗族是血缘关系的联结，在现阶段，人类社会仍是以家庭为基础，家庭以血缘为纽带，这是家族、宗族存在的最本质的基础。其二、聚族而居的生产生活方式。尽管在当今农村社会，农村的生产生活有了很大改善，农村人口的流动已经较往日增强，很多人外出打工乃至定居外地，但是，对于大多数村民来讲，聚族而居的基本生产生活方式没有太大改变。由于户籍制度的限制，大部分农村人口不可能轻易离开村庄，外出打工的农村人也依然与村庄发生着密切关系，其中大多数最终仍会回到村庄，这样，传统的宗族规范依然影响着他们。这是农村宗族存在的社会基础。其三、宗族是汉人的历史传承和情感归宿。以血缘关系为纽带的宗族，在中国存在了两千多年，与中国社会紧密关联，融合，成为中国历史文化的重要层面，在随社会变动改造自身的同时也塑造了社会，这是与汉人生活息息相关的组织制度，早已成为汉人文化传承和情感归宿的载体。儒家伦理与宗族的关系是最明显的代表。这是农村宗族存在的历史文化基础。

尽管宗族存在着一些问题，如小团体利益、械斗等，但现代宗族的转变也表明其对社会的适应性，其中传承的价值尤值得关注。首先，互助与救助。在农村的婚丧嫁娶中，以宗族（家族）为主的庆吊帮扶仍是最主要的形式；有些宗族继承了历史上宗族救济的传统，依然开展助学救贫活动，有助于农村社会的稳定。其次，历史文化的传承。宗族作为传统伦理和文化的支撑，也是其存在的依据。以血缘为核心的传统儒家伦理观念，其主要依托就

---

① 肖唐镖：《宗族政治——村治权力网络的分析》，商务印书馆 2010 年版，第 272 页。

是家庭和家族，并逐渐扩展到社会。从这个意义上讲，宗族是传统文化的载体，二者相互依存。其三，有利于中华文化认同和民族认同。国内宗族正在摆脱狭隘的血缘关系，向同姓宗亲乃至联宗的趋势发展，并且与海外华人宗亲社团有广泛联系，这对于增进文化认同和民族认同大有帮助。

综上，宗族是以血缘和地缘为纽带的共同体，也是中华文化传承的重要载体。鉴于宗族当前的转变和表现，借鉴海外华人宗族社团的经验，遵循建设现代法治社会的轨道，将宗族活动限定在法律框架内，促进其在基层社会治理方面发挥积极作用，应该是比较合适的选择。

第四章　传统孝道与和谐社会建设

孝道文化是中国传统文化的核心元素之一，在中华民族的传承发展中起着不可替代的作用。当然，传统孝道观念有利有弊，需要按照时代要求取其精华去其糟粕。传统孝道经扬弃形成的当代孝道伦理，定能为中国特色社会主义和谐社会建设作出贡献。

一、孝道的内涵与演变

（一）孝道的内涵

什么是"孝"呢?《尔雅》界定为"善父母为孝"①；西汉贾谊认为"子爱利亲谓之孝，反孝为孽"②。《说文解字》中释"孝"为："善事父母者，从老省、从子，子承老也。"③ 总之，这些定义都认为"孝"是子女对父母的敬爱、侍奉。但"孝"字最初出现时并非仅指对父母的孝顺，或家中晚辈对长辈应遵守的行为规范，而是古代中国祖宗崇拜观念的反映。比如，一般认为，"孝"概念的正式提出是在西周时代，当时的"孝"有两种基本含义：一是通过宗庙祭祀祖先以尊敬祖宗；一是延续香火传宗接代。亦即说，西周时期的"孝"并不仅仅指对父母之孝，而是对家族之孝，是对祖宗的祭祀与

① （清）郝懿行撰：《尔雅义疏》，中华书局编辑部编《清人注疏十三经附经义述闻》第五册，中华书局1998年版，第92页。
② （汉）贾谊：《新书·道术》。
③ （东汉）许慎著，李兆宏、刘东方解译：《说文解字全鉴》（珍藏版），中国纺织出版社2017年版，第91页。

敬奉，维护的是家族传承的问题。直到孔子面对春秋时期"礼崩乐坏"的形势，方将家族之孝具体化为了家庭之孝，将孝道引申到了家庭内部，使其从宗族伦理演变成家庭伦理。自此，孝为"善事父母"成为传统中国普遍接受的观念。因此，追踪"孝"概念的源头与演变，其含义有三：尊祖敬宗、传宗接代与善事父母，而"善事父母"是孝的最基本含义。

具体而言，"孝"的内涵包括以下几个方面：

第一，奉养。"能以事亲谓之孝。"① 孝道的最基本含义就是对父母的赡养与侍奉。鸦有反哺之义，羊有跪乳之恩，其实也是讲子女对父母的孝首先要体现在保证父母的衣食供给等物质层面的满足上。这在生产力相对落后的古代有着无比寻常的重要意义。在父母失去劳动能力之后，其物质保障需要子女给以提供，在社会保障水平有限的情况下实属天经地义。"民之本教曰孝，其行孝曰养。"如何对父母进行赡养呢？《吕氏春秋》详细列出了养体、养目、养耳、养口、养志五个层面：

> 养有五道：修宫室，安床第，节饮食，养体之道也；树五色，施五采，列文章，养目之道也；正六律，和五声，杂八音，养耳之道也；熟五谷，烹六畜，和煎调，养口之道也；和颜色，说言语，敬进退，养志之道也。此五者，代进而厚用之，可谓善养矣。②

可见，赡养父母不仅包括最基本层次的衣食满足，还要包括心情上的愉悦，才称得上"善养"。当然，奉养父母主要在于子女的诚心，而不是物质上的华贵。"善养者，不必当豢也；善供服者，不必锦绣也。以己之所有尽事其亲，孝之至也。"就是说，所谓"善养"，不必每顿都吃好的，都穿贵的，只要尽己之能"尽事其亲"，就是最好的孝顺了。传统中国注重礼乐制度，但是，在赡养父母问题上，"礼"与"养"，形式与内容哪一个更重要呢？古人告诉我们："礼无虚加，故必有其实然后为之文。与其礼有余而养不足，宁

① 《荀子·王制》。

② （战国）吕不韦编纂：《吕氏春秋·孝行览第二·孝行》。（汉）高诱注，（清）毕沅校，徐小蛮标点：《吕氏春秋》，上海古籍出版社 2014 年版，第 272、271 页。

养有余而礼不足。"礼制并不是虚伪的，必须有实际的内容。如果只注重虚礼而供养不足，还不如供养有余而不重视礼呢。所谓"洗爵以盛水，升降而进粝，礼虽备，然非其贵者也。"① 精美的酒器洗刷得再好，里面装的却是水；父母亲坐在高高的位置上供养的却是粗茶淡饭，礼制虽有，不能算是"善养"。可见，赡养父母不在于奢侈华贵，也不在于外在的虚伪形式，而在于实实在在的内容。

　　第二，敬爱。孔子曾讲道："今之孝者，是谓能养。至于犬马，皆能有养；不敬，何以别乎？"② 可见，赡养父母不仅仅是一种外在的供养，而在于内心对父母的热爱与尊敬。心中不敬，则与犬马无异。孔子此语强调了赡养父母不能仅仅停留于物质供养的层次上，还需要有"孝敬"之心，即所谓"居则致其敬"。敬的实质是爱，因此所谓敬亲其实就是爱亲。曾子谓："大孝尊亲，其次不辱，其下能养。"又称："养，可能也；敬，为难。敬，可能也；安，为难。安，可能也；久，为难。久，可能也；卒，为难。父母既殁，慎行其身，不遗父母恶名，可谓能终也。"③ 可见，在曾子这里，对父母尊敬才是"大孝"，是"孝有三"里的首位，且长久地敬重父母使父母安心才是最难以做到的孝行。

　　孝的前提是敬，敬的基础是爱。因此，"敬"与"爱"就是孝的本质特征。"子曰：孝子之事亲也，居则致其敬，养则致其乐，病则致其忧，丧则致其哀，祭则致其严，五者备矣，然后能事亲。"④ 元代董鼎在注疏《孝经》时说："人有一身，心为之主。士有百行，孝为之大。为人子者诚以爱为心，而不忘事亲之孝，平居无事，常有以致其敬，则敬存而心有，一敬既立，遇养则乐，遇病则忧，遇丧则哀，遇祭则严，五者有一不备，不可谓能，然皆以敬为本。"⑤ 明代吕维祺也认为："爱敬者，孝之实际也。爱而不敬，则爱不至；敬而不爱，则敬不真，二者缺一焉，不可也。……夫孝道无方，爱敬

---

① （汉）桓宽：《盐铁论·孝养第二十五》。

② 《论语·为政第二》。

③ 《大戴礼记·曾子大孝第五十二》。

④ 《孝经·纪孝行章第十》。

⑤ 《忠经·孝经：白话精解》，北京燕山出版社1991年版，第150页。

而已矣。"①

第三，不违逆。孝道上"不违"表现为两个方面：一个是对孝礼制度的不违背，一个是对父母之命的不违背。前文虽已提过，孝道不在于外在的虚伪形式，主要看实质性内容。如果在可以满足父母衣食温饱的情况下，却不待之以礼，仍属于不孝。"生，事之以礼；死，葬之以礼，祭之以礼。"这是指不可违背孝之礼制。

同时，"父在，观其志，父没，观其行，三年无改于父之道，可谓孝矣。"② 就是说，父亲在世时，儿女志向要与父亲一致，父亲去世以后，三年内若改变了父亲生前的志向规矩，就是不孝了。当然，在传统社会变化缓慢的情况下，"三年无改于父之道"是有道理的，也是可行的。在瞬息万变的现代社会里，三年不变是不可能的。所以，"三年无改于父之道"的意思要做与时俱进的分析。此处的"道"应该主要理解为处事原则与做人道理，不能狭义地理解为具体路径。若父母所行之道不是君子之道而是小人之道，则非改不可。朱熹针对这一点有过明确说明，"此心是本，但能存得此心，父之道或终身不可改，或一日不可行，皆随其事之重轻而处之，不失其宜矣"③。父之道改还是不改，要实事求是，依据具体情况，而不能过于执拗于形式。

然而，这里的问题是，如果父母在世时，其做法违背了人间道义或法律规章，子女又该如何呢？这要求子女"善谏诤"。

第四，善谏诤。传统孝道虽然强调不可违逆父母之命，但同时也强调并非一味遵从父母就是孝顺。传统孝道观念里也强调子女对父母的规劝、谏诤问题，并不是一味顺从而是有所选择。如《荀子》认为孝子在三种情况下可以不服从父母之命："从命则亲危、不从命则亲安，孝子不从命乃衷；从命则亲危、不从命则亲荣，孝子不从命乃义；从命则禽兽、不从命则修饰，孝子不从命乃敬。故可以从而不从，是不子也；未可以从而从，是不衷

---

① （明）吕维祺撰：《孝经翼》，中华书局 1985 年版，第 2 页。

② 《论语·学而第一》。

③ （宋）朱熹撰，朱杰人、严佐之、刘永翔主编：《朱子全书》（第 22 册），上海古籍出版社 2002 年版，第 1950 页。

也。"① 此即所谓"三不从"，要点还是维护父母亲的安危、荣誉以及仁义大道。《孝经》记载孔子教导曾子说，并不是一味遵从父亲命令就是孝顺了。"昔者天子有争臣七人，虽无道，不失其天下；诸侯有争臣五人，虽无道，不失其国；大夫有争臣三人，虽无道，不失其家；士有争友，则身不离于令名；父有争子，则身不陷于不义。故当不义，则子不可以不争于父，臣不可以不争于君；故当不义，则争之。从父之令，又焉得为孝乎！"② 意思是，古时天子身边有七个直言相谏的诤臣，纵使天子是个无道昏君，他也不会失去其天下；诸侯有直言谏争的诤臣五人，即便自己是个无道主公，也不会失去他的诸侯国地盘；卿大夫也有三位直言劝谏的臣属，即使自己无道，也不会失去自己的家园。普通的读书人有直言劝诤的朋友，自己的美好名声就不会丧失；为父亲的有敢于直言力争的儿子，就能使父亲避免陷身于不义之中。在遇到父亲行不义之事时，做儿子的不可以不极力拦阻；如系君王所为，做臣子的不可以不直言谏争。对于不义之事，一定要谏争劝阻。如果只是一味遵从父亲的命令，不论他是对是错，也不能称之为孝顺。

第五，父慈子孝与父为子纲。传统孝道文化虽然特别强调子女对父母的顺从义务，但对父母也有要求，并非仅仅指单方面行为。所谓父慈子孝、母慈子孝，即是有关这一方面的规定。"何谓人义？父慈，子孝，兄良，弟悌，夫义，妇听，长惠，幼顺，君仁，臣忠。"③ 可见，孔子时代，在父子、兄弟、夫妇、长幼、君臣这几组关系中，双方义务都有明确的规定。父慈与子孝对应，对双方都有要求。但到了西汉《春秋繁露》时代，董仲舒却提出了"三纲五常"概念，以"父为子纲"将父子关系绝对化，强调子女对父亲的绝对服从。我们今天理解父子关系，要将二者结合起来。其实，在中国大多的发展时间里，父亲的绝对权威确实存在，"父慈"并不是"子孝"的前提，但在孝道文化的具体宣传与运转过程中，仍会强调"父（母）慈"的一面。这是保持家庭和谐关系的重要环节，是人们评判家庭幸福程度的重要指标。当代社会强调平等，纲常观念久已被抛弃，慈与孝的对应应成为我们继

---

① 《荀子·子道篇第二十九》。
② 《孝经·谏诤章第十五》。
③ 《礼记·礼运》。

承孝道文化时所十分注重的。

第六，"身体发肤，受之父母，不敢毁伤，孝之始也。"《孝经》"开宗明义"篇提出孝道的起点是："身体发肤，受之父母，不敢毁伤，孝之始也。"身体为父母所遗，应当倍加爱护，所谓"保生全体"、不敢毁伤也是孝敬父母的重要表现，也是孝道基本要求之一。孝子居丧期间，"三日而食，教民无以死伤生。毁不灭性，此圣人之政也。"① 就是说，父母之丧，三天之后就要吃东西，不要因失去亲人而损伤生者的身体，不能过度哀伤而灭绝天性，这才是圣贤的为政之道。曾子曰："身者，父母之遗体也。行父母之遗体，敢不敬乎？"保住身体，不仅仅是因为"父精母血，不可弃之"，同时也是尊宗祭祖、实现家族传承的重要保障，"能全肢体，以守宗庙，可谓孝矣。"②

第七，"不孝有三，无后为大。"孝道既包括对父母的奉养，也包括尊祖敬宗与传宗接代。在十分重视香火延续、家族传承的中国传统文化里，断绝后嗣是最不可承受之罪过。大舜娶妻未告诉父母，当然属于不孝，但"不孝有三，无后为大"，大舜"不告而娶"目的是为了传衍后世，以一个更高的孝行掩盖了较低端的不孝行为，故"君子以为犹告也"。③ 汉代经学家赵岐对"不孝有三"的解释是，从礼制上来讲，不孝的行为有三种：阿意曲从陷亲不义、家贫亲老不为禄仕与不娶无子绝先祖祀，而以第三种为最大不孝。从种族延续的角度来讲不无道理，但在具体实践过程中，却出现了重男轻女的现象。

第八，显父母与事君忠。不毁伤身体发肤是孝道之"始"，那么孝道的终点是什么呢？"立身行道，扬名于世，以显父母，孝之终也。"④ 旧时中国孩童开蒙读物《三字经》谆谆教导读书人"幼而学，壮而行。上致君，下泽民。扬名声，显父母。光于前，裕于后。"立德立功立业是中国传统所谓"三不朽"，目的则是光宗耀祖、显扬双亲。让父母名声得到显扬，这是孝道的终点与归宿，也是大孝所在。

---

① 《孝经·丧亲章第十八》。

② 《孝经·孝行览第二·孝行》。

③ 《孟子·离娄上》。

④ 《孝经·开宗明义》。

若要让父母名声显扬，就要外出做事，孝道思想遂向外界延伸，成为调节各种社会关系的起点。"居处不庄，非孝也；事君不忠，非孝也；莅官不敬，非孝也；朋友不笃，非孝也；战陈无勇，非孝也。五行不遂，灾及乎亲，敢不敬乎？"① 在曾子的孝道思想里，孝成为处理社会关系的总原则。儒家文化里，孝悌是一切行为的根本。孔子弟子有子认为"其为人也孝弟，而好犯上者，鲜矣；不好犯上而好作乱者，未之有也。君子务本，本立而道生。孝弟也者，其为仁之本与！"孝道为"仁"之根本。孔子更总结道："弟子入则孝，出则弟，谨而信，泛爱众，而亲仁，行有余力，则以学文。""入则孝、出则悌"为中国人指明了与人交往、外出做事的基本原则。也在此意义上，"孝"与"忠"结合起来，成为中国人处事之道的指导性意见。当然，这里的"忠"不仅仅是忠于君上，也包括对事、对人的忠心与诚信。

（二）孝道的演变

前文已述及，最早出现孝道思想的西周时期，"孝"并不仅仅指对父母之孝，而是对家族之孝，是对祖宗的祭祀与敬奉，维护的是家族传承的问题。孔子则把这种家族之孝具体化为了家庭之孝，将孝道引申到了家庭内部，使其从宗族伦理演变成家庭伦理。春秋战国时期，奴隶制走向灭亡，逐渐为封建制所取代。周代的宗法奴隶制度瓦解，"礼崩乐坏"。此时期各派思想家都提出了疗救纷乱社会的方法。孔子认为，家庭稳定是社会秩序稳定的前提条件。如何做到家庭稳定呢？孔子认为要树立起父母家长的权威，这就需要提倡"孝"。孔子思想以仁为体，以仁为核心。仁是人们行为的最高准则，也是社会运行的普遍原则，因此也是孝道的哲学前提与人性根源。"仁者，人也，亲亲为大。"② 亲亲之孝为实现仁的最好抓手。孔子强调"孝"要建立在"敬"的基础上，认为孝敬父母要真心实意，如单纯在物质上满足父母，尚不足以为孝，更重要的是要"敬"，使父母得到人格的尊重和精神的慰藉。当子游问孝时，子曰："今之孝者，是谓能养。至于犬马，皆能有养；

---

① 《礼记·祭义》。

② 《礼记·中庸》。

不敬，何以别乎？"意思是如果不是心怀敬意，只是物质上赡养父母，与犬马无异。另外，孔子还把孝与礼结合在一起。孔子认为要在实际生活中表达出对父母的这种"敬"，就要行为符合礼，即所谓"生，事之以礼；死，葬之以礼，祭之以礼。"① 无论父母生前或死后，都应按照礼的规定来行孝。在孔子眼里，孝与悌也是无法分开的，"弟子入则孝，出则弟"；"其为人也孝悌，而好犯上者，鲜矣。不好犯上而好作乱者，未之有也"；"孝悌也者，其为仁之本与。"② 悌的本意是尊敬兄长，而敬兄长的实质，则是要求人们将家庭血亲中的等级推广到社会关系中去，主要表现的是处理社会关系的准则，故有所谓"入则孝，出则悌"的说法。

在孔子弟子中，曾子以孝扬名天下，也对孝道理论提出了重要见解。故有人认为曾子在孔门弟子中开辟了以孝为核心思想的孝治派，是有道理的。曾子认为："民之本教曰孝……夫仁者，仁此者也；义者，义此者也；忠者，忠此者也；信者，信此者也；礼者，礼此者也；行者，行此者也；强者，强此者也。"孝是道德的总和，儒家的仁义忠信礼强等因素都以孝为核心，仁爱之人、义气之人、忠诚之人、诚信之人、礼仪之人、强大之人等等，只有践行孝道，通过孝道，才能真正体现出仁爱、义气、忠诚、诚信、礼仪与强大。所以，在曾子这里，孝完全统摄了一切行为准则，是一切善良行为的思想根源与内在依据。"夫孝，置之而塞于天地，衡之而衡于四海……推而放诸东海而准，推而放诸西海而准，推而放诸南海而准，推而放诸北海而准。"总之，孝放之四海而皆准。曾子正是通过对孝道的全面泛化和推广，使孝成为抽象的、具有普遍意义的准则，而不再仅仅是一种实际生活中的行为规范。当然，曾子并非不重视孝的实践，而是十分强调实践孝道与个人道德修养的一致性。曾子提出过"吾日三省吾身"，认为不断的实践参悟才是提高修养的方法。当然，在曾子的孝道理论中，其将孝与忠君联系在一起的做法是不足取的。"事君不忠，非孝也，莅官不敬，非孝也！"③ 忠君成了孝的一部分，对父母的孝被演化为对君主的忠，道德原则成为政治原则，这是

———————————

① 《论语·为政第二》。
② 《论语·学而第一》。
③ 《大戴礼记·曾子大孝》。

我们所应该抵制的封建糟粕。

儒家思想体系里，曾子传子思，子思弟子孟子则在理论上对孝的解释更进了一步。孟子认为，人性皆善，人人皆可为尧舜，都能达到孔子所谓"仁"的境界。既然人性本善，孝作为善德之一当然也属于天赋，与生俱来。孟子发展了曾子孝为善德核心的思想，将尊亲之孝视为最高道德表现，所谓"事孰为大，事亲为大"①，又谓"孝子之至，莫大乎尊亲"②，事亲、尊亲成了最高道德。孟子还将亲亲与孝悌提升为五伦核心。所谓五伦是指"父子有亲，君臣有义，夫妇有别，长幼有序，朋友有信"。③五伦中，孝悌为核心，"人人亲其亲，长其长，而天下平"④，孝悌为德性之本。儒家所推崇的尧舜之道即"孝悌而已矣"。⑤孟子思想里显然继承了孔子将家族之孝转化为家庭之孝的理念，但是，对于西周时期即产生的尊祖敬宗孝道思想，孟子仍有阐发，即所谓"不孝有三，无后为大"。孟子是在讲大舜不告而娶亲是否为不孝时表达此意思的："不孝有三，无后为大，舜不告而娶，为无后也，君子以为犹告也。"娶妻是应当告知父母的，但是舜帝娶妻却没有告知，孟子认为，这是可以理解的行为，因为他娶妻的目的是传后，而传后是最大的孝。所以尽管没有告知父母，但是在君子眼中，也是犹如告诉了一样。汉代著名经学家赵岐，曾对孟子"不孝有三"做过解释："于礼有不孝者三事，谓：阿意曲从，陷亲不义，一也；家贫亲老，不为禄仕，二也；不娶无子，绝先祖祀，三也。三者之中，无后为大。"⑥对父母的过错不加劝谏、阿谀逢迎，陷亲于不义，为一不孝；家里贫穷、父母年老，做子女的不去工作获得收入为二不孝；而不娶妻生子，断绝家族香火则为三不孝。所谓"无后为大"就是指"绝先祖祀"是最大的不孝，这与西周时即确立的慎终追远、祖先崇拜意识是一致的。汉族人所追求的血脉相传、宗祠香火不灭的信仰寄

① 《孟子·离娄上》。
② 《孟子·万章上》。
③ 《孟子·滕文公上》。
④ 《孟子·离娄上》。
⑤ 《孟子·告子下》。
⑥ 郭伟宏：《赵岐〈孟子章句〉研究》，广陵书社2014年版，第128页。

托是不可违逆的，否则就是最大的不孝。

在儒家思想体系里，孝占据了重要的位置，而从曾子开始，至孟子集大成，将孝与忠联系在一起的思路，使以孝治天下成为传统中国社会治理的重要指导思想。孟子曾向梁惠王反复宣扬孝治，"申之以孝悌之义"①，使儒家孝道进一步蒙上了浓厚的政治色彩。从根本上来讲，孝道忠君思想有时代局限性，封建专制统治时期，将忠孝并提作为统治手段，自然有愚民的因素，但若剥离对帝王的忠这一层意思，以孝道治天下还是有可取之处的。

全面阐述孝道治理天下思想的儒家经典文献是《孝经》。《孝经》第一章为"开宗明义"章，由孔子首先明确提出孝是先王安顺天下、民用和睦、上下无怨的至德要道，是"德之本，教之所由生也。"然后提出了践行孝道的路径与步骤："身体发肤，受之父母，不敢毁伤，孝之始也。立身行道，扬名于后世，以显父母，孝之终也。夫孝，始于事亲，中于事君，终于立身。"② 自重自爱，不毁伤来自父母的身体发肤是孝的开始；建功立业，让父母感到光荣，是孝的最高目标。具体来说，就是事亲、事君、立身三大步骤。

关于孝的地位，《孝经》中亦有阐发，所谓"夫孝，天之经也，地之义也，民之行也。"③孝道犹如天上日月星辰的运行，地上万物的自然生长，天经地义，是人类最为根本首要的品行。

关于孝如何可以治理天下，《孝经》做了详细阐释。在《天子章第二》中，《孝经》借孔子之口说：

> 子曰："爱亲者，不敢恶于人；敬亲者，不敢慢于人。爱敬尽于事亲，而德教加于百姓，刑于四海。盖天子之孝也。《甫刑》云：'一人有庆，兆民赖之。'"④

这段话的意思是说，能够亲爱自己父母的人，就不会厌恶别人的父母；能够

---

① 《孟子·梁惠王上》。
② 《孝经·开宗明义章第一》。
③ 《孝经·三才章第七》。
④ 《孝经·天子章第二》。

尊敬自己父母的人，也不会怠慢别人的父母。以亲爱恭敬的心情尽心尽力地侍奉双亲，而将德行教化施之于黎民百姓，使天下百姓遵从效法，这就是天子的孝道。并引用《尚书·甫刑》里的话说："天子一人有善行；万方民众都仰赖他。"天子如果能够敬爱、孝顺自己的父母，自然也会仁慈地对待天下百姓，故而，以孝治天下就是可行的了。这是从孝道对帝王的约束，让帝王遵行孝道以做天下表率的角度讲孝道可以治理天下。

孝道是最高德行，也是自然法则，既然如此，贤明君主倡行孝道，就不仅可以律己，也自然可以以孝德感化、教育民众：

> 夫孝，天之经也，地之义也，民之行也。天地之经，而民是则之。则天之明，因地之利，以顺天下。是以其教不肃而成，其政不严而治。先王见教之可以化民也，是故先之以博爱，而民莫遗其亲，陈之于德义，而民兴行。先之以敬让，而民不争；导之以礼乐，而民和睦；示之以好恶，而民知禁。①

孝道犹如天道运行，万物的自然生长，天经地义，是人类的根本首要品行。天地有其自然法则，人类从其法则中领悟到实行孝道是为自身的法则而遵循它。效法天地法则，遵循上天那永恒不变的规律，利用大地自然四季中的优势，顺乎自然规律对天下民众施以政教。教化不须严肃施为就可成功，其政治不须严厉推行就能得以治理。从前的贤明君主看到通过教育可以感化民众，所以他首先表现为博爱，人民因此没敢遗弃父母双亲的；向人民陈述道德、礼义，人民就起来去遵行，他又率先以恭敬和谦让垂范于人民，于是人民就不争斗；用礼仪和音乐引导他们，人民就和睦相处；告诉人民对值得喜好的美的东西和令人厌恶的丑的东西的区别，人民就知道禁令而不犯法了。

在《孝治章第八》中，《孝经》明确地提出了以孝治天下的具体思路问题：

---

① 《孝经·三才章第七》。

子曰："昔者明王之以孝治天下也，不敢遗小国之臣，而况于公、侯、伯、子、男乎？故得万国之欢心，以事其先王。治国者，不敢侮于鳏寡，而况于士民乎？故得百姓之欢心，以事其先君。治家者，不敢失于臣妾，而况于妻子乎？故得人之欢心，以事其亲。夫然，故生则亲安之，祭则鬼享之，是以天下和平，灾害不生，祸乱不作。故明王之以孝治天下也如此。《诗》云：'有觉德行，四国顺之。'"

古代贤王以孝道治理天下，即便是对极卑微的小国的臣属也不遗弃，更不用说公、侯、伯、子、男五等诸侯了。所以会得到各诸侯国臣民的欢心，使他们奉祀先王。治理一个封国的诸侯，即便是对失去妻子的男人和丧夫守寡的女人也不敢欺侮，更何况对他属下的臣民百姓了，所以会得到老百姓的欢心，使他们帮助诸侯祭祀祖先。治理自己卿邑的卿大夫，即便对于臣仆婢妾也不失礼，更何况对其妻子、儿女了，所以会得到众人的欢心，使他们乐意侍奉其父母。只有这样，才会让父母双亲在世时安乐、祥和地生活，死后成为鬼神享受到后代的祭祀。因此也就能够使天下祥和太平，自然灾害不发生，人为的祸乱不会出现。所以圣明的君王以孝道治理天下，天下自然大治。

《孝经》将孝道、事亲与"事君"结合起来讨论，当然有时代局限性。其把孝分为"五等之孝"：天子之孝、诸侯之孝、卿大夫之孝、士之孝、庶人之孝等，也透露了封建时代不平等思想的因子。但是，反过来说，《孝经》督促天子、诸侯、大夫、士等以孝道教育感化天下，使社会得以治理，百姓生活能运转有序，也是有其积极意义的。

先秦并非只有儒家重视孝道，诸子百家中多有对此阐发者。如墨家强调"孝，利亲也"，要求把孝建立在"兼爱"基础之上。道家老子谈到"绝仁弃义，民复孝慈"时，是将孝慈做正面意义来使用的。法家韩非对"忠孝"的见解虽然与儒家迥然不同，但也强调"父之所以欲有贤子者，家贫则富之，父苦则乐之"。所谓"贤子"要为家庭致富努力、要为父亲分忧，可见，先秦思想家一般均对孝道持肯定意见。

秦统一六国后"焚书坑儒"，在统治思想上推行法家学说，企图以法的精神重建社会秩序，结果却二世而亡。西汉统治者总结秦亡教训，选择"以孝治天下"，这样，孝开始成为封建家长制专制统治的思想基础。这时的孝已越出了家庭伦理的范围，已不仅是对父母的敬爱与孝顺，而成为传统中国社会在经济、政治、文化生活中统领性的道德意识，汉代孝道走向理论化与体系化，并具有了高度的意识形态特点。

两晋南北朝时期，中国思想文化界出现了长期的儒释道三教争锋与相互融合问题，在此背景下，孝道思想被强化。魏晋时期官员选拔与是否行孝有着密切关系，官员因不孝罢官者并不新鲜。《晋书》作为正史最大开创意义就是新增加了孝友、忠义列传，影响了此后1000余年的历史纂修。隋唐时期，孝道是否有所弱化，学界一直存有争议。在这样一个气势恢宏、豪放大度的时代里，很可能大家不愿意为繁文缛节所约束和限制，因此出现了与前后历史都不太一样的孝道文化。当然，这并不代表唐朝就不讲孝道。唐玄宗李隆基曾亲自注释《孝经》，成为清代阮元编辑《十三经注疏》时收入的唯一一本皇帝注本。李隆基还于天宝三年诏令"天下民间家藏《孝经》一本"。① 唐朝时还编订《唐律》，以法律的形式保证孝道的推行。这是唐代孝道文化的重要特点之一。

宋元明清时期，基本上以理学的孝道理论作为代表，在"理论上趋于本体化、形而上学化，实践上则走向了极端化、愚昧化"。② 宋明理学家对孝道思想进行了哲学层面上的论证。理学家将"天理"构建为最高概念，从宇宙论高度论证了孝的不可动摇性。"三纲五常"成了"礼"的具体表现，孝道自然为天理所系，具有无可移易的客观特性。对父母的敬爱与生俱来，是天性，是"天理"自然体现："看来人生便自然如此，不待作为。如说父子欲其亲，君臣欲其义，是他自会如此，不待欲也。父子自会亲，君臣自会义，既自会恁地，便活泼泼地，便是仁。"③ 父子之亲是一种天然情感，"盖有父子，则便自然有亲"，④ 不需要外来强加。"如向父母则有那孝出来，向

---

① （后晋）刘昫等编：《旧唐书》（一），卷9《玄宗记》。

② 朱岚：《中国传统孝道思想发展史》，国家行政学院出版社2011年版，第268页。

③ （宋）黎靖德编：《朱子语类》卷6《性理三》。

④ （宋）黎靖德编：《朱子语类》卷13《学七》。

君则有那忠出来，这便是性。如知道事亲要孝，事君要忠，这便是心。"① 由此可见，孝道实为自然大道，不辩自明。"仁"是儒家思想的核心观念，若要"行仁"，则要以孝悌为本："论行仁，则孝弟为仁之本。如亲亲，仁民，爱物，皆是行仁底事，但须先从孝弟做起，舍此便不是本。"②

正是由于宋明理学将孝道天理化、绝对化，此时期的孝道走向了愚孝。首先，此时孝道违背父慈子孝的观念，只强调子女的义务忽视子女权利，子女完全成了父母家长的奴隶："天下无不是底父母，父有不慈而子不可以不孝。"③ 更有甚者，竟公然强调"父要子亡，子不得不亡"的道理："父母以非理杀子，子不当怨。盖我本无身，因父母而后有，杀之，不过与未生一样。"④ 以今天观点看，简直不可理喻。宋元明清，割肉疗亲之类的孝子事例越来越多，层出不穷，正史与各级地方志中数不胜数。整个孝道文化已经乌烟瘴气，违背了根本人性，走向了极端的愚昧化。

近代以来，孝道观念逐渐遭到削弱。这是由于农业社会逐渐向工业社会过渡的过程中，城市化、工业化的推进逐渐打破了聚族而居的农业家庭生活模式，这带来了一系列的后续影响。第一，社会流动性增强，家庭生活模式发生变化，家庭规模变小，多是年轻人与年幼子女一起，老人往往与子女远离，传统孝道规范无法落实。第二，农业社会以经验传承为主，社会整体创新性不足，年轻人的优势无法发挥。近代以来，知识的大规模拓展，创新型工作的出现，使得更容易接受新思想新事物的年轻人地位凸显出来，老年人反倒大多会被视为不愿变革的"保守分子"，基于长辈权威基础上的传统孝道理念遭到了强烈冲击。第三，近代中国屡遭打击，基于农业文化而来的传统思想体系也遭到致命怀疑。为了实现民族独立国家富强，中国开启了向西方学习取经的发展模式，一次次反思传统文化之弱点，不断自我怀疑、自我批判，传统思想文化几乎成为中国积弱不振的最主要原因不断遭到唾弃和

① （宋）黎靖德编：《朱子语类》卷16《大学三》。

② （宋）黎靖德编：《朱子语类》卷20《论语二》。

③ （宋）应俊：《琴堂谕俗编》卷上《孝父母》，《中华大典·法律典·民法分典》（第二册），西南师范大学出版社2014年版，第864页。

④ （明）魏叔子：《日录》，（清）陈宏谋辑《五种遗规》，线装书局2015年版，第255页。

打压。就在此时汹涌而来的西学思潮中自由、独立等观念与传统孝道理念水火不容，凿枘不合，传统孝道即不断被摒弃。正是因为这么多原因的存在，现代家庭伦理方面出现了很多问题，在社会主义和谐社会建设过程中，孝道究竟应该承担怎样的作用与责任？这是值得思考的一个问题。本章认为，传统孝道观念并没有过时，而是要经过认真分析得失优劣，对其充分扬弃之后，使之成为家庭和睦的基石与全社会敬老尊老意识的源泉。

二、孝道的优点与局限

综上所述，孝道是中国传统文化的核心内容之一，是中华文化最重要的传统美德。这与中国早熟的农业文明体系下安土重迁、聚族而居的生活方式相一致，在千百年中，有力地保证了家庭稳定与社会和谐，确保了种群延续与文化传承。这都是传统孝道文化的优点与长处，对此，前文已有所阐述，不再重复。

（一）孝道的优点

孝道除了有利于家庭和谐与社会敬老养老风气的形成以外，还有利于民族凝聚力的加强与传统文化的承续。人们常称自己的祖国为"父母之邦"，这就通过孝道将个人与国家联系在了一起。孟子曾用一句话形容孔子离开鲁国时的情况，即所谓"迟迟吾行也，去父母国之道也"[1]。儒家学派常用父母兄弟等家族伦理之道来论述人与国家、社会的关系。如所谓"四海之内皆兄弟也"[2]。宋代大儒张载将四海一家理念发展为"同胞"概念："民，吾同胞；物，吾与也。"[3] 孝道理念从修身齐家开始讲起，胸怀整个天下，全国全民，同胞物与，情同手足，天下一家。

祖宗崇拜是孝道观念在宗教信仰领域的反映，各家族对于本家祖先的

---

[1] 《孟子·尽心下》。

[2] 《论语·颜渊第十二》。

[3] （宋）张载：《西铭》，载张文治编《国学治要·集部、子部》，北京理工大学出版社 2014年版，第 1035 页。

追溯与敬拜是社会和谐的重要基础，对民族共同始祖的崇敬则是中华民族凝聚力的重要源泉。祭祀共同祖先的礼俗，形成了中华民族同为"炎黄子孙"的观念，并历经千年而不衰。讲孝道的民族一定是有凝聚力的，这点丝毫不用怀疑。中国历来十分重视国家的一统与文化的整合，而这种统一意识与叶落归根、孝道齐家的理念是分不开的。这种对祖国、对父母之邦的依恋是中华民族连接在一起的文化纽带，也是全世界炎黄子孙的精神家园。如很多海外华人回国后一般会选择祭祖、探亲，一些名人政要还要祭拜民族始祖黄帝，这都是孝道观念在民族情感方面的自然延伸。倡导孝道理念的复归，可使海峡两岸、海内外同胞找到共同精神维系处，能为国家的最终完全统一提供文化前提。这种对于父祖的崇拜也形成了家学、家道、家风的传承，尊重善待祖先传下来的各种知识文化信仰，是孝的重要体现。所谓家学渊源造就了一批"门里出身"的人才，也影响了社会群体的知识水平。

（二）孝道的局限

当然，在承认传统孝道观念必须有所继承的同时，也要认识到孝道需要与时俱进，要增加现代性因素。传统孝道文化需要吸收当前新思想新理论，一并转化成现代孝道理念与孝道文化。

今天谈孝道文化，一定要以人格平等为基础。传统孝道文化虽然有很多内容值得借鉴，但最应该摒弃的是其建立在人格不平等基础上的种种弊端。尤其是宋明理学兴起后，孝观念的绝对化使得长辈对于后辈有了绝对的控驭权。儒家孝道思想中等级观念渗透着人与人之间的不平等。这种不平等的关系表现为下对上、卑对尊的单向性服从，这一点需要我们今天践行孝道时批判继承之。父母子女之间，长辈后辈之间，只有维持平衡，关系方得持久稳固，不能只是一方的一味付出，却得不到任何回报。所以，父母平等对待子女，尊重不同年龄时期子女的发展特点与规律，因时因地实施教育与引领。子女也不能以一切理所应当自居，以家庭中心、小皇帝小公主自居，将老人付出视为当然，而不思回报。

虽然传统孝道理念中也提出过要对父亲不义行为进行劝谏的说法，但是，在具体实践过程中，总是片面强调晚辈要顺从父母长辈的意志。所谓孝顺，孝以顺为先。故，"孝者，畜也。顺于道，不逆于伦，是之谓畜。"①
这里的畜即顺之意。最典型的是《论语·学而》所言，"父在，观其志；父
没，观其行。三年无改于父之道，可谓孝矣。"按父母的意志办事，凡事以
父母的标准为标准。这在经验第一的农业社会中，农业文化强调的是传承而
不是创新，约束晚辈对于新奇事物的好奇心，很可能是保证农作收获的最好
手段。但随着时代推移，在强调因时制宜创新发展的现代化社会里，上辈经
验不一定符合现实需要，是否一定要以父母意志为准绳就成了问题。即使在
封建的农业时代，认为长辈无论在什么情况下都是对的，也显然是片面的。
所谓平等，就是父母要尊重子女对未知世界的探索、寻求创新机会的权利；
子女对父母的想法与意见在予以足够尊重的同时，要保持自己的独立人格与
思想。

　　更有甚者，宋元明清时期十分流行的割肉事亲等等也违背了基本自然
规律与正常人性，既无效也无益，应该早日被清除进历史垃圾堆。自元朝
孝子郭居敬编辑《二十四孝》之后，24位孝子的故事影响了中国万千百姓。
24孝故事中，除个别尚可理解之外，绝大多数不可理喻，愚蠢至极。如郭
巨埋儿、卖身葬父、卧冰求鲤、恣蚊饱血、尝粪忧心等等故事，今天看来不
仅愚昧，而且危害极大。更进一步分析，这种行为与"身体发肤受之父母不
敢毁伤"的孝道无法相容，根本矛盾。处在今日立场上，实在无法理解种种
行为背后的理论依据与思想动机。

　　另外，所谓"不孝有三，无后为大"，稳固与延续家族香火是最大的孝
道这一说法也需要辩证分析。《孝经·圣治章》有言："父母生之，续莫大
焉。"②锦衣玉食奉养父母，若终无后人再续家门，让父母死不瞑目，也会愧
对父母，成为不肖子孙。这在尊重个人生育权的今天看来的确已不合时宜。
当然，生儿育女仍然是大部分人的自觉选择，少数丁克家族也值得尊重。更
严重的问题则是社会中仍有深厚基础的重男轻女现象，必须予以革除。

　　传统孝道基本含义是"善事父母"，包括"事生"和"事死"两个层

---

① 《礼记·祭统》。

② 《孝经·圣治章第九》。

面。《中庸》有言："事死如事生，事亡如事存，孝之至也。"意思是对已亡之人也要像对待活着的人一样侍奉，方显孝道。本来，通过一定方式寄托后人哀思是应该的，也是人之常情。但若太过于注重人死以后的祭奠形式，则本末倒置。如孟子所言："养生不足以当大事，惟送死可以当大事。"① 将身死之后的追念看得比生前奉养还重，就造成了两大不利后果：一是厚葬风俗的巨大浪费；一是生前不孝死后讲排场的虚伪孝顺。这都是应该摒弃的。《孔子家语》讲："树欲静风不息，子欲养亲不在。今始知椎牛祭墓，不如鸡啄之奉于生前也。"生前孝顺之价值远远超过去世之后的形式化祭奠。

传统孝道观念还强调子女不仅要立身，还要建功立业，以显扬父母。如《孝经·开宗明义章》就强调"扬名于后世，以显父母，孝之终也"。传统社会中所谓显扬名声就是做官，这与当前年轻人的职业选择理念也是不相容的，平淡平安生活也是一种孝顺。

三、孝道与家庭和睦

（一）孝道的继承

孝道理论对于社会的意义，首先在于其对家庭关系的调节。就家庭而言，孝道可以促进家庭和睦。家庭是社会的细胞，家庭稳定则社会稳定，家庭不稳定则社会不稳定。因此，儒家非常重视家庭的作用，强调用孝道规范家庭。传统中国对孝道十分重视，不仅道德上提倡，还采用严刑峻法进行维护。《孝经》就借孔子之口指出："五刑之属三千，而罪莫大于不孝。要君者无上，非圣人者无法，非孝者无亲。此大乱之道也。"② 意思是说五刑所属的犯罪条例有三千多项，其中没有比不孝的罪过更大的了。用武力胁迫君主的人，是眼中没有君主；诽谤圣人的人，是眼中没有法纪；对行孝的人有非议、不恭敬，是眼中没有父母双亲。这三种人的行径是天下大乱的根源。不孝是重罪之一，是大逆不道，可以凌迟处死。这就形成了传统中国社会里面

---

① 《孟子·滕文公上》。
② 《孝经·五刑章第十一》。

不得不孝的局面。这种强制行孝的方式确实保证了子女对父母的基本赡养义务，即使心存不孝之心，在强大的外在压力之下，也会承担基本养老义务。但如此一来，最大的问题就是会造成父母对子女的专制，子女没有自由，不可以随便决定自己的生活，最典型的就是婚姻不能自主。在当前社会里，倡行人人平等理念，父母子女在"孝"观念下的关系处理应该有一个新的界定。

我们认为，传统孝道的基本理念必须继承。这是在当前因为批判传统而失去敬畏的独生子女一代，很多已经不懂孝道的情况下，确保家庭稳定和睦的关键问题。近年来，因子女不孝产生的家庭纠纷屡见不鲜，时见报端。可见，当前孝道文化的缺失或者说断层，某些年轻一代孝道观念淡漠的现象相当严重。这当然与传统孝道观念具有封建保守意识，具有愚民、不平等等特点有关系。近代以来，随着西方近代化观念的不断涌入，封建主义遭到批判与打击的同时，一些优秀的传统精华也被一起丢弃。矫枉过正的结果表现之一就是孝道文化的断层。又因为近代以来家族观念淡化，所谓新道德不断涌入，在批判愚忠愚孝的大环境下，传统孝道的市场已经越来越小。加之计划生育政策实行以来，独生子女大量出现，中国对于晚辈的过度呵护、娇宠溺爱也使得部分独生子女骄横跋扈、不懂感恩。在大人团团包围的氛围里长大的孩子很容易滋生"小皇帝""小公主"意识，唯我独尊，颐指气使，不懂尊重父母的行为即屡见不鲜。对此进行纠偏，就需要弘扬传统孝道理论中的合理成分。在此背景下，重新提倡孝道文化，宣传孝道精神，极有必要。

（二）孝道的实践

第一，加强教育，强调孝的重要意义与地位。《孝经》有云，"天地之性，人为贵。人之行，莫大于孝。"[①]结合《孝经》其他章节内容，可以了解孝在传统道德中的地位。孝是子女晚辈对长辈尤其是对父母的天然情感，是人类作为万物灵长的基础。奉养父母是子女的最基本义务，是基于人的回报观念而产生的基本道德规范。人由父母所生，又因父母的精心照顾而长大

---

① 《孝经·圣治章第九》。

成人，这种客观事实使人类产生了要在父母年老以后竭尽全力赡养的报恩意识。

中国传统孝道文化内容十分丰富。若单从敬养上分析，主要包含礼敬、奉养、侍疾、立业、谏诤、善终等六大指标。就礼敬而言，中国传统孝道文化十分重视对父母的"敬"和"爱"，否则就无所谓孝。孔子曾讲到，如果对父母的孝仅停留于养老的层次，则与犬马之"养"无异，"不敬，何以别乎？"① 可见，孝顺父母不能仅仅是物质供养，更重要的是要有对父母的真诚之爱，而这种真诚之爱的具体表现就是生活中礼敬有加。在今天社会生活已经相当丰富的情况下，对老人而言，精神上的呵护远胜于物质上的供养。所谓奉养，是指儒家提倡在物质生活上要首先保障父母的需要，尤其是比较好的生活资料，要首先满足老年人的供给。对于老年父母在物质生活上优先强调在传统社会里比较重要，这与当时普遍比较低下的生活水平有关系。今天来看，这种要求主要是象征意义比较强一些，大多家庭基本已经能够做到保证老人的衣食无忧，但是否能做到老年人优先，则不一定了。还有，中国传统孝道之所以把"侍疾"作为重要内容，这与老年人相对而言比较容易得病有关系。当前社会竞争力度加大，生活节奏变快，年轻人大多在外打拼，在这一点上其实比不得古人。至于"立业"，就是说，做子女的一定要成就一番事业。成就事业的目的之一是为了让父母高兴、光荣和自豪。中国传统社会成员大多从孩提时即开始诵读的《三字经》明确讲到，"扬名声，显父母，光与前，裕于后"，可见，光宗耀祖观念是从小就要培养的。成就事业，让父母得以名声显扬，成了孝顺父母的重要表现之一。反之，做子女的若碌碌无为不思进取，毫无成就，就是不孝之表现。从这一层次上来讲，当前的"啃老"现象当然就属于不孝。当父母出现失误、行为不符合儒家观念之时，子女进行"谏诤"也是孝道之表现。《孝经》指出："父有争子，则身不陷于不义。故当不义，则子不可以不争于父，臣不可以不争于君。故当不义则争之。从父之令，又焉得为孝乎？"② 当父母作出不符合"义"的行为时，子女

① 《论语·为政第二》。
② 《孝经·谏诤章第十五》。

谏诤父母，使其改正不义，避免父母陷于不义也是孝道表现之一。

日常生活中，父母作为家庭教育的主导者，应让子女了解并懂得孝道的重要意义与作用。这种教育可以通过两种方式进行：一种方式是理论讲解，共同阅读《孝经》等经典孝文化文献，让子女先从理论上对此有所把握与理解。第二种，也是最重要的一种方式，是父母的言传身教，只有父母做好了孝道，尊敬老人，当好榜样，才有可能让子女在耳濡目染中切实感受到孝文化的意义与价值。

第二，吸收传统孝道实践中可为今天所用的有益成分。传统社会曾经高调宣称的24孝故事大多含有封建愚昧意识，并不足取。但有些做法还是可以借鉴的。如《孝经》所言"孝莫大于严父"，意思就是要尊重父亲。传统经典规定的行孝路径集中体现于《孝经·纪孝行章第十》："孝子之事亲也，居则致其敬，养则致其乐，病则致其忧，丧则致其哀，祭则致其严。五者备矣，然后能事亲。事亲者，居上不骄，为下不乱，在丑不争。居上而骄则亡，为下而乱则刑，在丑而争则兵。三者不除，虽日用三牲之养，犹为不孝也。"① 意思是说，孝子对父母亲的侍奉，在日常家居的时候，要竭尽对父母的恭敬，在饮食生活的奉养时，要保持和悦愉快的心情去服侍；父母生了病，要带着忧虑的心情去照料；父母去世了，要竭尽悲哀之情料理后事；对先人的祭杞，要严肃对待，礼法不乱。这五方面都做到了，方可称为对父母尽到了子女的责任。侍奉父母双亲，要身居高位而不骄傲蛮横，身居下层而不为非作乱，在民众中间和顺相处、不与人争斗。身居高位而骄傲自大者势必要招致灭亡，在下层而为非作乱者免不了遭受刑法，在民众中争斗则会引起相互残杀。这骄、乱、争三项恶事不戒除，即便对父母天天用牛羊猪三牲的肉食尽心奉养，也还是不孝之人。这给我们今天的启示就是，要在父母在世时多尽孝，同时不可以让父母为自己担惊受怕，事事合乎礼节。这对我们今天仍有很大的借鉴意义。老人追求的往往是平安稳定，所以不惹是生非就是最大的孝顺；老人在世时，多做让老人高兴的事情，就是最大的孝。精神上的孝顺比物质上的满足更加重要一些。今天生活水平已经大大提高，老人

---

① 《孝经·纪孝行章第十》。

自然需要精神生活的满足，后辈若还仅仅停留于对父母物质赡养的层面是远远不够的。

第三，对不孝子孙严刑峻法虽不可取，但用法律调节伦理关系的思路是可以借鉴的。《周礼》专门规定了大司徒的职责："大司徒以乡八刑纠万民：一曰不孝之刑，二曰不睦之刑，三曰不姻之刑，四曰不弟之刑，五曰不任之刑，六曰不恤之刑，七曰造言之刑，八曰乱民之刑。"① 将不孝之刑列于八刑之首，可见对不孝之刑的重视。《孝经》也说："五刑之属三千，而罪莫大于不孝。"② 可见古时刑法对于孝道的提倡与守护。近年来，空巢老人的大量出现成了社会普遍关注的重大问题之一，因此 2013 年 7 月 1 日《中华人民共和国老年人权益保障法》经修改后正式实施。该法规定，家庭成员应当关心老年人的精神需求，不得忽视、冷落老年人。与老年人分开居住的家庭成员，应当经常看望或者问候老年人。用人单位应当按照国家有关规定保障赡养人探亲休假的权利。这也就意味着定期看望父母成为法定义务，不看望父母成了违法的事情。但是，问题在于，如何界定"常回家"？何种频率属于"常回家看看"？因此，这一类的法律规定还需要进一步在落实层面上多用功夫，细化条文。

四、孝道与尊老敬老

（一）未富先老

近几年来，所谓"坏人变老"事件时见报端，引起广大国民的热议。老人强迫公交车上年轻人让座，对不从者大肆辱骂甚至使用暴力；广场舞扰民苦劝无效，甚至对干涉者报以老拳；碰瓷骗钱；更让人无法接受的则是讹诈扶起自己的见义勇为者等等。

针对一系列事件，有人提出了所谓老人变坏还是坏人变老的问题。但不管这种提法是否是对老人群体的整体不尊重和以偏概全式的污蔑，总无法

---

① 《周礼·地官·司徒》。

② 《孝经·五刑章第十一》。

掩盖一个铁的事实，即在整个社会尚未完全准备好之前，中国已经进入了老龄化社会，所谓未富先老，以至于我们无法满足老人群体的一些正当需求。比如广场舞揭示的是老人锻炼场所不够的问题；摔倒后让见义勇为者买单也折射了家庭收入不足以支撑额外的医疗付出，以及社会的医疗救助体系并不完善等问题；公交车座位问题也从一个角度反映了公共交通资源不足分配的尴尬现实。

这一切都告诉我们，在当前未富先老的情况下，提倡社会敬老尊老，让一代独生子女领悟到敬老的意义与价值，从而解决社会矛盾，减少社会冲突，促进社会治理，是一个急需解决的问题。

（二）老龄化社会的挑战

2016 年年初，人社部新闻发言人李忠指出，中国已经逐渐进入老龄化社会，截至 2014 年，60 岁以上老年人口达到 2.1 亿，占总人口的比例 15.5%，2.1 亿的人里有将近 4000 万人是失能、半失能的老人。据有关部门预测，到 2035 年老年人口将达到 4 亿人，失能、半失能的老人数量会进一步增多。

老年人口比例的增长当然就意味着其他年龄段人口比例的下降，最严重的是会造成适龄劳动力数量的不足。劳动力供给不足会深刻影响到社会生产的增长速度与质量，从而造成相当多的社会问题。老年人口的增长还意味着社会养老成本的增加。诚然，养老金的来源归根结底是劳动者在工作时间内创造出来的。但是，由于养老金并不是在工作年龄内获得的实际回报，而是有一个时间差，这就需要下一代工作人员的"转移支付"。这种分配渠道的间接性与迂回性，在一定程度上，其直接的表现就是年轻一代为老人费用买单。同时，随着老龄化社会的出现，专门针对老人的各种消费商品和相关设施需要社会提供。加之，老年人闲暇时间的增多使得他们有大量的时间可以用来支配，随着社会整体经济水平的提高，老年人的消费能力也会大大提升。故而，老人的衣食住行、医疗保健、文化娱乐等等，都有不同于年轻人的特点，也更需要社会的关爱和耐心，这些都需要社会养老敬老风气的形成。

由于我们社会主义初级阶段的国情限制，中国不可能完全由国家社会养老，家庭仍会是养老的重要模式，但提倡社会的尊老敬老意识则是因应老龄化社会到来的重要手段。这就需要从传统的孝道文化中汲取经验教训。

（三）孝道与尊老风气的形成

如前所述，"孝"的最初含义本就不是调节子女与父母之间关系的行为规范，而是尊祖敬宗的表现形式。因此，"孝"是对家族的义务，而不仅仅是对父母的义务。在千百年的发展过程中，孝的含义不断拓展，除对家庭、对父母的义务外，孝还指对社会所有老年人的关爱之情。正所谓："老吾老以及人之老，幼吾幼以及人之幼。"要全面理解孝道对于社会稳定、社会管理的作用，全面推进孝道与养老敬老社会风气的形成与发展，需要从如下几个角度进行把握与理解。

首先，孝道的起点是家庭，如果家中对父母都不孝敬，也不可能形成全社会的养老敬老风气。

对此，《孝经》明确指出：

天地之性，人为贵。人之行，莫大于孝。孝莫大于严父。严父莫大于配天，则周公其人也。昔者周公郊祀后稷以配天，宗祀文王于明堂，以配上帝。是以四海之内，各以其职来祭。夫圣人之德，又何以加于孝乎？故亲生之膝下，以养父母日严。圣人因严以教敬，因亲以教爱。圣人之教不肃而成，其政不严而治，其所因者本也。父子之道，天性也，君臣之义也。父母生之，续莫大焉。君亲临之，厚莫重焉。故不爱其亲而爱他人者，谓之悖德；不敬其亲而敬他人者，谓之悖礼。以顺则逆，民无则焉。不在于善，而皆在于凶德，虽得之，君子不贵也。君子则不然，言思可道，行思可乐，德义可尊，作事可法，容止可观，进退可度，以临其民。是以其民畏而爱之，则而象之。故能成其德教，而行其政令。[①]

---

① 《孝经·圣治章第九》。

　　这段话充分强调了孝道是人类最尊贵、最重大的行为。而在孝道之中，最重要的就是对父亲的敬重。敬重父亲，就要在祭天的时候将祖先配祀天帝。《孝经》认为，周公是历史上能够这么做的唯一一人。周公在郊外祭天的时候，把其始祖后稷配祀天帝；在明堂祭祀，又把父亲文王配祀天帝。周公这样做，全国各地诸侯能够恪尽职守，按礼进行祭祀。可见圣人的德行，以孝道为最高端。子女对父母亲的敬爱，在年幼与父母相依时就产生了，逐渐长大成人后，则一天比一天懂得了对父母亲尊严的爱敬。圣人就是依据这种子女对父母尊敬的天性，教导人们对父母孝敬；又因为子女对父母天生的亲情，教导他们爱的道理。圣人的教化之所以不必严厉地推行就可以成功，圣人对国家的管理不必施以严厉粗暴的方式就可以治理好，是因为他们因循的是孝道这一天生自然的根本天性。父亲与儿子的亲恩之情，乃是出于人类天生的本性，也体现了君主与臣属之间的义理关系。父母生下儿女以传宗接代，没有比此更为重要的了。父亲对于子女又犹如尊严的君王，其施恩于子女，是世上最厚重的恩爱。所以那种不敬爱自己的父母却去爱敬别人的行为，叫作违背道德；不尊敬自己的父母而尊敬别人的行为，叫作违背礼法。君子绝不会逆天理而行，其言谈，必须考虑到要让人们所称道奉行；其作为，必须想到可以给人们带来欢乐，其立德行义，能使人民为之尊敬；其行为举止，可使人民予以效法；其容貌行止，皆合规矩，使人们无可挑剔；其一进一退，不越礼违法，成为人民的楷模。

　　只有在家中孝顺，才能成为时人楷模。虽然《孝经》此段主要是在说周公等官员们应该怎样，但其实具有普遍推广意义。传统孝道观念认为，要实现国家平安得治，必须倡导孝道。以孝道治天下，才可以取得社会治理之成功。

　　其次，孝是一切道德的起点，是培养与提高全民族的道德素质的着力点。

　　众所周知，道德的本质是爱，出于爱的情感对他人、对社会作出的奉献大小是衡量一个人道德水平的重要指标。对一个人而言，从孩提开始，其所理解的爱自然就是对生之、养之的父母的爱。前文提及，孝的本意是一种包含"爱""敬"情感的行为，通过孝道的提倡和体察，一个人幼年时可以体会到爱的意义，并在逐渐成长起来后，将对父母的爱升华为对人类、对社会的爱。《孝经》强调："不爱其亲而爱他人者，谓之悖德；不敬其亲而敬他人者，谓之悖礼。"这说明，孝是爱他人的前提与基础，也是培养一个人道德素质的重要切入点。

当前社会流动性大，人们开始逐渐注重社会公德意识，而有意无意忽略了家庭私德的培养。所谓私德可以不问，公德不能不管。殊不知，私德水平之高下是公德能否形成的前提与基础。只有平时多注重私德之培养，如真正的践行孝道，才有可能在走向社会时体现出较高的道德水平。所谓修身是前提，修身齐家后才能治国平天下，在逻辑上是有道理的。曾子说："慎终、追远、民德归厚矣。"① 如果社会成员都以爱父母之心爱他人、爱国家，多做"爱的奉献"，就一定能促进社会整体道德水平的提高。

以孝为起点培养公民的现代道德素质，可以为社会主义和谐社会建设提供道德根基，也是践行社会主义核心价值观的重要基础与前提。

再次，传统孝道观念强调建功立业，为父母扬名，让父母祖先获得荣耀，所谓光耀门楣。这种孝道方式的提倡造就了许多栋梁之材。

"扬名声，显父母，光于前，裕于后。"这是传统时代开蒙读物《三字经》中的内容。也就是说，传统社会培养子女从小就要立下建功立业显扬父母的宏大志愿。《孝经·开宗明义章》也强调"夫孝，始于事亲，中于事君，终于立身"。"立身"就是所谓"立德、立言、立功"三不朽，《孝经》将"立身"作为孝道之最高境界，说明传统意义的孝道绝不仅仅是家庭内部关系的调节，而是着眼于社会事业，从而造成人人奋勇争先，为国家做贡献，这就将孝道与国家社会治理联系了起来。其实，修身齐家治国平天下，本就是儒家始终不移的追求。修身目的在于治平，也就是说，倡导以孝道为核心的道德修身目的就是为了社会治理、国家稳定。可见，传统孝道观念对于社会治理而言有不容小觑之功绩。

除理论的倡导之外，父母的言传身教、谆谆教诲也是子女建功立业的重要促进因素，岳母刺字就是最好的例证。同时，家族对于祖宗功德的推崇

---

① 《论语·学而第一》。

也能促进人们对建功立业的追求。慎终追远、推崇祖德是中华民族的优良传统之一，古代祭祖不仅看血统，也注重功德。范文澜先生曾经指出，凡家族历史上曾经为人民百姓创立新法，抵御过大灾大难，勤于民事以至于劳苦身死者，及用武力驱杀暴君的人都有受到后世祭拜崇敬的资格。① 在各家族族谱上，也会详细记载功劳卓著之先祖的生平事迹，虽多有夸大嫌疑，但也表明了广大百姓对于功德事业的推崇与向往，从而成为家族后世成员奋斗的榜样与目标。在这种民间自发的教育过程中，忠奸是非观念逐渐深入人心，"青山有幸埋忠骨，白铁无辜铸佞臣"。注重祖宗功德也为后来人提出诸多要求与约束，为国立功就是对家庭最大的贡献，也可以被认为是最大的孝道。因此人们在忠孝不能两全的情况下，多选择原谅对国家社会尽忠而不在父母身前尽孝的英雄。也因此，在中华民族面临危难时，总有民族脊梁带领人民渡过难关。

最后，传统孝道观念强调的"亲亲""敬长""推己及人"等观念，使得孝道成为调整社会人际关系、维护社会稳定的重要条件，也为社会性的敬老养老观念的形成提供了思想观念前提。

传统认为，孝道是一切人际关系的前提与基础。孔子说："入则孝，出则弟。"② 孟子也强调："内则父子，外则君臣，人之大伦也。"③ 总之，沟通内外，是传统孝道一直坚持的准则。因为敬重父母，所以也要敬重同由父母所生的兄弟姐妹，因而孝悌观念往往并提。夫妻关系的存在也是因为要延续宗族血脉。家族、宗族关系以及族外亲戚关系都基于亲缘或血缘而发生。古代师生关系也是基于孝道观念的延展，师是一个人的精神生命之源头，因此"一日为师，终身为父"，传统社会强调对待师父要像对待父亲一样。朋友关系一是由精神或文化的关系而产生，曾子曰："君子以文会友，以友辅仁。"④ 我们交友的目的就是借助朋友之力来充实精神生命或文化生命，因此，友道实为师道的扩大，中国的师友关系一样是导源于孝道的。还有一种朋友关系

① 范文澜：《中国通史简编》第一编，人民出版社 1949 年版，第 193 页。
② 《论语·学而第一》。
③ 《孟子·公孙丑下》。
④ 《论语·颜渊第十二》。

则是亲缘关系的延伸，所谓异姓兄弟，所谓四海之内皆兄弟，等等，都是突出亲缘、血缘关系的扩大特征。所以，孝是中国文化向人际与社会历史横向延伸的根据与出发点。

儒家文化强调的推己及人，更是将孝道推向了社会关系的处理上。《孟子·梁惠王上》"老吾老以及人之老，幼吾幼以及人之幼"的教诲，就是提倡将对父母之敬爱、对兄长之尊重的精神推及于人。这样，就会和睦九族，以亲乡里，扩而大之，由尊祖宗而爱祖国，以师为父而尊师，以长老为父兄而敬老尊长等等，从而处理好一切人际关系。

《孝经》讲道："教民亲爱，莫善于孝。教民礼顺，莫善于悌。移风易俗，莫善于乐。安上治民，莫善于礼。礼者，敬而已矣。故敬其父，则子悦；敬其兄，则弟悦；敬其君，则臣悦；敬一人，而千万人悦。所敬者寡，而悦者众，此之谓要道也。"① 就是说，教育人民互相亲近友爱，倡导孝道是最好的方法。教育人民礼貌和顺，服从自己兄长做到"悌道"就是最好的了。转移风气、改变旧的习惯制度，没有比用音乐教化更好的了。要使君主安心，人民驯服，没有比用礼教办事更好的了。所谓的礼，也就是敬爱而已。所以尊敬他人的父亲，其儿子就会喜悦；尊敬他人的兄长，其弟弟就愉快；尊敬他人的君主，其臣下就高兴。敬爱一个人，却能使千万人高兴愉快。所尊敬的对象虽然只是少数，为之喜悦的人却有千千万万，这就是礼敬作为要道的意义之所在。《孝经》的这段话最终导引向了忠君的封建意识形态，这当然是不足取的，但提倡孝道、尊敬对方的长辈，可以做到人民之间亲爱和顺，从而可以实现社会治理的目的则是有积极意义的。同样，《孝经·广至德章第十三》还提到，君子教人孝道，并不是挨家挨户去推行，也不用天天当面去教导。只要"教以孝，所以敬天下之为人父者也。教以悌，所以敬天下之为人兄者也。"② 君子教人行孝道，是让天下为父亲的人都能得到尊敬。教人以为弟之道，是让天下为兄长的人都能受到尊敬。

如果全社会范围内的人都做到了"亲亲""敬长"，那么整个社会的稳

---

① 《孝经·广要道章第十二》。
② 《孝经·广至德章第十三》。

定效果便可想而知了。儒家思想产生于乱世，孝道的思想可以规范社会的行为，建立礼仪的一些制度，调节人际关系，从而凝聚社会，达到天下一统，由乱达治。客观地讲，孝道思想为封建社会维持其社会稳定提供了意识形态，为中国的一统起到了积极的作用。如有子曰："其为人也孝弟，而好犯上者，鲜矣；不好犯上而好作乱者，未之有也。君子务本，本立而道生，孝弟也者，其为仁之本与。"① 孝顺之人多具有爱心和责任感，有暴戾之气，多有和顺之德，显然有利于社会的稳定与安宁。

　　当前，我国的社会结构正处于转型过程中，社会老龄化现象对孝道研究提出了新课题。我国推行计划生育政策几十年，出现大量独生子女。独生子女家庭一对夫妇要照顾两对父母，传统孝道规定的有些行为，今天有孝心的子女也难以照办。与此同时，当前社会保障制度尚不完善，无论父母或者子女，家庭仍然起着安全港湾的作用。所以，今天对孝道的理解与诠释正面临前所未有的新形势，几千年来以家庭为基础培育起来的、深入到千家万户的传统观念，需要从理论到实践进行再认识。我们应该深入挖掘传统的孝道资源，结合当今的现实进行创造性转化和创新性发展，继承孝道中"亲亲""敬长"思想内核，而不拘泥于刻板的形式，将孝道进一步弘扬和光大。

---

① 《论语·学而第一》。

第五章　传统家训与家国治理

在一些影视剧与民间戏曲中，当出现家庭子女做了错事将要受到惩罚的桥段时，常会听到家长一声断喝："请家法！"一般是拿出一根竹杖或者是荆条，更或者是鸡毛掸子等，噼里啪啦打下来。这里的家法就是古时家训的一种。

在人类历史发展的长河里，教育一般被分为家庭教育、学校教育与社会教育三种形式。家庭教育是社会成员作为个体接受的最早的教育形式，在培养个体成才、维护社会稳定发展方面发挥着重要的不可替代的作用。而中国传统社会的家庭教育正是通过家训的引导和规劝，在家风的滋养下完成的。家训是家庭教育的文本，是家庭成员成长的教科书，也是维护家庭利益，进而维护家国治理秩序的准法律，在家国治理中发挥着极其重要的作用。近代以来，随着社会流动的增加与家族观念的逐渐淡化，传统家训发挥作用的形式路径与价值意义也发生了巨大的变化。但是，正如马克思所说，人们创造自己的历史并不能"随心所欲"，"而是在直接碰到的、既定的、从过去承继下来的条件下创造"。① 在当今社会，家庭仍是社会的最基本单位，仍是每个人生活和教育的起点，若家庭教育能引导家庭成员向善上进，清除各种犯罪萌芽，社会自然就和谐稳定。因此，重新发掘家训文化，借鉴传统家风的养成路径，加强当代的家庭教育，对当前的党风、民风、社会风气的良性发展及家国治理都具有重要的意义。

---

① 马克思：《路易·波拿巴的雾月十八日》，《马克思恩格斯选集》第 1 卷，人民出版社 1995 年版，第 585 页。

一、传统家训的内涵及演变

（一）传统家训的内涵

什么是家训呢？综合来看，学界对家训的定义，一般包括以下几个方面。

首先，家训是一种重要的社会文化现象，与宗法社会相联系，是随着家庭的产生而出现的一种文化现象。[①]

其次，家训是家庭或家族内部的一种教育形式，与学校教育、社会教育相比具有自己的特点。主要表现为教育对象比较熟悉教育环境；教育者与被教育者之间关系亲密、特殊；教育者可以根据教育对象的特点进行因材施教；但同时，教育者又往往不具备教育技能，因此不同家庭教育的效果差别极大。

再次，家训并不是指对所有家庭成员的训诫，而是专指上对下，长辈对晚辈，族长对家族成员进行的教育。[②]

最后，家训有很多不同的名字，如家诫（又写作戒，如三国魏王艇的《家诫》、王肃的《家诫》、秘康的《家诫》、晋李秉的《家诫》等）、家范（如唐代狄仁杰的《家范》、卢撰的《卢公家范》、宋代司马光的《家范》等）、家规（如清人孙奇逢的《孝友堂家规》）、家书（汉代刘向的《诫子散书》、马援的《诫兄子严、敦书》、诸葛亮的《诫子书》和《诫外甥书》）、家仪（司马光的《谏水家仪》）、家语（如周学熙的《周学熙家语》）等，还有如家法、家约、家则、内训、庭训、庭诰等，也是家训的别称。这些不同的别名说明家训形式多样，且内容不一而足、丰富多彩。若剥离附着在家训上面的封建因素，用平等的观念来重新界定家训，那么我们今天要建立的家训就应该是对所有家庭成员的一种训诫，一种规范和约束机制，而不能仅仅是长辈对晚辈的单向训诫。但是，若把家训理解成家庭教育，将其作为教育的

---

① 徐秀丽：《中国古代家训通论》，《学术月刊》1995 年第 7 期。

② 党明德、何成：《中国家族教育》，山东教育出版社 2005 年版，第 70 页；徐少锦、陈延斌：《中国家训史》，陕西人民出版社 2003 年版，第 1 页。

一种形式的话，家训则仍然主要着眼于长辈对晚辈子女的教育。家族对成员的管理、培养，主要依靠家训以形成具有较大影响力与约束力的家风来进行。

　　综上，本章所谓家训是指家庭或家族中，为对家庭（族）成员（主要指后世子孙）进行约束而形成的各种口头或书面的行为规范的总称。家训根据训育对象不同，可分为帝王家训、仕宦家训、百姓家训等，根据内容性质可分为家规、家仪与家教三大类别。家规是指普通的家庭或家族规则，以条款的形式告诫子孙后人必须遵守的条目，往往不作理论教导，注重强制性与约束性。如元代郑涛所撰《郑氏规范》以及清代孙奇逢拟定的《孝友堂家规》等。家仪是对家庭日常起居以及婚丧嫁娶等礼仪的规范，如南朝宋徐爰的《家仪》，北宋司马光的《居家杂仪》等。相对于家规与家仪，家教类家训则比较重视理论的阐释和思想的引导，一般篇幅较长，或是完整著作，结合祖先及作者的经历经验感悟等等，对子孙后代循循善诱，劝诫引导。如南北朝颜之推的《颜氏家训》、南宋袁采的《袁氏世范》、明代袁了凡的《了凡四训》、曾国藩的《曾文正公家训》等。

　　作为万物灵长，人类实现自身延续功能除了生理性繁殖以外，还包括知识的传递与经验的传承，这就需要教育。家训、家庭教育是人类教育活动的重要形式。有了家庭就有了对家庭成员的教育问题，这就是家训。家训、家范、家法等等的产生与中国特殊的血缘宗法社会有关。中国传统社会由原始群居到部落、国家发展的过程中，与西方不同的是，中国走的是一条血缘宗法之路，大家族在发展过程中一直保留了下来。中国发达的农耕经济为社会稳定提供了条件，也为社会成员聚族而居提供了便利。大家族、大家庭观念在中国社会中根深蒂固，而大家族的生活方式又促生了与之相适应的管理方式，即家训、家法、族规的诞生与落实。"天下之本在国，国之本在家，家之本在身。"①家庭是社会的细胞，是社会最基层组织单位，传统中国家国同构，"一家仁，一国兴仁；一家让，一国兴让。"②

---

① 《孟子·离娄上》。
② 《大学》第十章，五国轩译注：《大学·中庸》，中华书局 2016 年版，第 31 页。

（二）传统家训的演变

一般认为，家训产生于先秦时期，发展于两汉三国时期，魏晋隋唐时期走向成熟，宋元明清时期繁荣发展，近代以后开始转型。

有了家就有了家训。先秦时期是家庭和家的观念产生的重要时期，此时期的家训还主要是一些口头文字的累积，流传下来很少，大多属于非自觉文献，多是以对话形式由后人辑录而成，如《尚书·无逸》即周公对成王的告诫，即采用语录体进行道理阐发。两汉时期是家训文化大发展时期，此时期宗族性家庭逐渐退出历史舞台，社会上大量出现的是一些大家族和小家庭。汉武帝独尊儒术后，儒家思想成为家训的主要内容，家教、家学、家风、家诫以及门风、门法等概念开始出现，说明当时家族已经意识到了家风、族风对于家庭发展的重要意义。两汉时期比较有名气的家训文献有刘邦的《首敕太子》，郑玄的《戒子益恩书》、孔臧的《给子琳书》等等。

魏晋南北朝时期，连年战乱导致官学失修，家庭教育也就是家训成为教育的主要形式。此时士族势力囊括了乡里民间的经济、军事、政治与文化，对民间文化的发展影响至深。家族成员入仕为官，首先要获得宗族乡里的赞誉，正如有学者指出的那样，"汉末大乱，学校制度废弛，学术重心移于家族"，[①] 家庭教育成为主要的教育手段。正是在这样的背景下，家训开始系统化和理论化。帝王将相与世家大族都纷纷撰写家训，代表性作品有曹操的《诸儿令》、刘备的《遗诏敕后主》、诸葛亮的《诫子书》、王昶的《诫子侄文》等，而产生于此时期的《颜氏家训》则成了集大成者。明代有人评论《颜氏家训》认为："迨夫王路陵夷，礼教残缺，悖德覆行者，接踵于世；于是为之亲者恐恐然虑教敕之亡素，其后人或纳于邪也，始丁宁饬诫，而家训所由作矣。"[②] 正是战乱使得道德水平日益低下，家内长辈为教化族内子弟所做家训才蔚然成风。

① 朱大渭：《魏晋南北朝文化的基本特征》，《朱大渭学术经典文集》，山西人民出版社2013年版，第51页。

② （明）张一桂：《重刻颜氏家训序》，王利器集解《颜氏家训集解》，上海古籍出版社1980年版，第548页。一般认为《颜氏家训》成书于北齐，但也有学者坚持隋代成书，参见朱明勋《中国家训史论稿》，巴蜀书社2008年版，第85—92页。

　　大家族聚族而居一直是中国社会发展的一个重要现象，到了唐朝甚至立法维护大家庭的地位："诸祖父母、父母在，而子孙别籍异财者，徒三年。"直接在法律上禁止了在老人还在世的情况下分家。老人去世后，也不能随便分家，至少要到丧服已除之后，"诸居父母丧，兄弟别籍异财者，徒一年。"① 总之，唐代提倡"同籍共居，以敦风教"。② 这种世代相传、聚族而居的大家族生活模式，尤其需要严格的家庭规范，否则就会出现子弟依赖家族而不思进取的状况，所谓子弟愈多父兄愈困，家训的重要性就更加凸显了。唐代还出现了"诗训"，如王梵志、杜甫、韩愈、白居易等都有训诫子女的诗句传世。

　　因此，魏晋隋唐时期家训文化进入成熟发展期，《中国家训史》将其总结为七个方面：第一，仕宦家训形成了体系，代表作就是颜之推的《颜氏家训》。第二，帝王家训有了完整的划时代的著作，即唐太宗李世民的《帝范》。第三，西晋潘岳所作《家风诗》意味着家风概念得以丰富，《柳氏家规》等成文家法、家规开始出现。第四，加强了对女子的训诫，如《女典》《女史箴》《女孝经》《女论语》等。第五，家学世传有了新的进展，经学儒术与工艺技术都有高明的家学传承。第六，儒家思想成为少数民族代表人物家训的重要内容，如北魏文成帝教育魏孝文帝的《劝诫歌》等等。第七，家训的形式、方法有了新的进展。③

　　经过唐末五代十国社会大动乱的持续冲击，长期传承下来的门阀士族制度基本被扫荡出了历史舞台。宋元时期的社会制度有了重大变革，由于一般官吏不再世袭，士大夫开始"意识到自己各个家庭的政治地位和经济地位的不稳定性"，④ 于是，聚族而居的大家庭式的家族聚居形式开始出现。维系这种大家庭的则是宋元逐渐兴起的新儒家，即理学思想的渗透与影响。这种大家庭的生活方式与宋元理学的兴起极大地影响到了家训的发展。陈桥兵

---

① 《唐律·户婚律》，法学教材编辑部、《婚姻法教程》编写组编《高等学校教学参考书·婚姻立法资料选编》，法律出版社1983年版，第92页。

② 《旧唐书·食货志》。

③ 徐少锦、陈延斌：《中国家训史》，陕西人民出版社2003年版，第236—244页。

④ 李楠编：《中国古代家训》，中国商业出版社2015年版，第76页。

变后，赵匡胤担心其他将领有样学样，遂大力推行重文轻武政策，诵读经书，参加科举考试，出仕为官成为社会成员最为期待的理想职业，自然也成为家训的重要目标。这种社会风气的形成，上层社会的提倡是最重要的推动力。宋真宗赵恒的《劝学诗》就曾名满天下："富家不用买良田，书中自有千钟粟。安居不用架高堂，书中自有黄金屋。出门无车毋须恨，书中有马多如簇。娶妻无媒毋须恨，书中有女颜如玉。男儿欲遂平生志，六经勤向窗前读。"① 从此，富贵自向书中求，读书人地位提高，作用于家训文化中，就是宋代家训对于读书求仕的重视。如范仲淹的范氏家族就强调要使"诸房子弟知读书之美，有以激劝"②。与之相应，一些能够成为仕宦的人也往往是在求学谋官的家训文化熏陶下成长起来的，故更加重视家训对子女成才的价值和意义，所以宋代仕宦家训层出不穷，蔚为大观，司马光、范仲淹、包拯、苏轼等均留下了影响深远的家训文献。

由于聚族而居的封建大家庭生活方式的出现并巩固，通过大家族力量进行家训教化成为宋元时期家训实施的重要手段。首先就是家规族法的完善。大家庭的生活方式需要家规族法的调节，"善为家者，必立为成法，使之有所持循以自保"③，将家规家训视为家族自保的重要力量。"京洛士大夫之家，聚族既众，必立规式，为私门永远之法。"④ 其次，家族中族长、族产、祠堂、族谱等文化元素，以及定期举行的家族仪式性活动也大大提高了家训的力度与效率。如南宋陆九渊家族，每天早晨，聚族而居的各家家长都要带领家中子弟到祠堂行礼，以对家族成员进行孝悌教育。宋元时期著名的家训著作有苏洵的《苏氏族谱》、陆游的《放翁家训》、司马光的《家范》、刘清之的《戒子通录》、朱熹的《朱子训子贴》《家礼》等，元代则有郑太和的《郑氏规范》、陆象山的《居家制用》等。

明清时期，封建专制主义发展到极致，统治阶级对于思想管制的强化，

---

① 任永和编：《古代劝学佳句集锦》，齐鲁书社 2014 年版，第 35 页。
② 《义庄规矩·续定规矩》，载徐少锦、陈延斌等编《中国历代家训大全》（下），中国广播电视出版社 1993 年版，第 929 页。
③ （宋）熊禾：《勿轩集》卷三，《江氏族谱序》。
④ （南宋）赵鼎：《忠正德文集》卷 10，《家训笔录》。

很快便影响到了家训的发展。封建专制思想的强化最明显的表现就是程朱理学对于科举、教育的全面渗透。科举以朱熹的《四书章句集注》为出题范围与答题标准，且考试采取八股文体，思想一统于程朱理学。朱元璋大力提倡儒家伦理道德，强调孝悌虽是天性，但也与教化有关系，故应"以厚人伦、敦行义为正风俗之首务"。① 皇上重视，社会成员对于家训则更为注重，因此明清时期家训文献井喷式出现。

明清时期另一重大社会特点就是商品经济的空前发达。商贾之道虽然仍处于四民之末，但已经被接受为正当谋生职业。因此，明清时期的家训改变了宋代一味追求功名利禄的做法，强调能读书做官当然最好，但若天资所限，不善读书，只要从事正当合法职业，自食其力即可。明清之际，随着对心学末流的不满，经世致用之学开始兴起，强调学习技艺。但很快遭到了清初文字狱的打击，压抑一段时间后，经世之学至嘉道时期再次成为学者追求，也成为家训文化的重要特征。这种强调经世致用，经史之外学习立身技艺的思潮为近代以来学习西方科技文化提供了思想背景。明清时期重要的家训代表作有郑绮的《家范》、王士觉的《家则》、王敬臣的《妇训》、方孝孺的《家人箴》、庞尚鹏的《庞氏家训》、朱用纯的《朱柏庐先生治家格言》、孙奇逢的《孝友堂家规》、汪辉祖的《双节堂庸训》、曾国藩的《曾文正公家训》等，不胜枚举。

近代以来，随着社会流动性的逐渐加快，家庭、家族观念在近代生活方式的冲击之下走向衰落，与之相应，家训文化也开始衰落。但家庭的子女教育功能并未完全丧失，子女后世成才的问题仍然是社会成员重要的追求之一。所以，家训、家风问题更换方式继续存在，只不过家训内容由传统社会的求官发财观念开始被多元化教育思想所取代，传统的家族训育、家长制作风等等家训方式开始被成员平等协商所取代，传统家训在新时代里重新焕发了生机与活力。

---

① 《明史·孝义传一》。

二、传统家训中的精华与糟粕

家训作为一种重要的教育形式，在子女成才、社会进步过程中发挥着重要的作用。诚然，中国传统家训文化形成于封建时代，必然沾染了时代的印记，但总体来看，仍有很多值得我们今天认真学习、传承的精华内容。

（一）传统教训中的精华

第一，家训是修身立德的教科书。

"自天子以至庶人，壹是以修身为本。"[①] 道德教育是中国传统文化最为关注的教育内容之一。如孔子注重仁孝忠悌的宣教，孟子强调"谨庠序之教，申之以孝悌之义"的德育先行理念。以儒家思想作为指导思想的家训文化自然十分注重道德引领，让家庭成员重德求善是家训的重要教育目标，几乎所有的家训都将"修身"置于突出位置重点强调。如明代高攀龙对家族成员的要求是："吾人立身天地间，只思量做得一个人，是第一义，余事都没紧要。"[②] 只有先做好一个人，其余才有意义。强调做人，自然是对于道德教育的极端重视。在传统思想文化体系里，"修身"是"齐家治国平天下"的根本，只要社会成员都能遵守道德，社会就自然和谐。在这一点上，家训对家庭成员的道德训诫与培养，是整个社会风气转化提高的基础。

传统中国强调"积善之家必有余庆"，因而注重提倡积德行善。很多家训文献，对子女的教训往往重德轻智，强调做人比做官、做学问更加重要。如三国曹魏司空王祥曾有《遗令》训育子孙，强调"五德立身"："言行可覆，信之至也；推美引过，德之至也；扬名显亲，孝之至也；兄弟怡怡，宗族欣欣，悌之至也；临财莫过乎让。此五者，立身之本。"[③] 将信、德、孝、悌、让作为安身立命之五德。对于节操的重视及论说最细致者为颜之推《颜

---

① 《大学第一章》。

② （明）高攀龙：《高子遗书·家训》。

③ （魏）王祥：《遗令》。王学范、陈劳生主编：《古代家训精选》，武汉出版社1998年版，第74页。

氏家训》。颜认为，"德艺周厚，则名必善焉。"若"不修身而求令名于世"，无法得到世人的真正尊重。一旦被人看透表里不一，一伪则丧百诚，将会失信于天下。①清代沈青崖《训子诗》更能体现一个长辈对子女道德修身的要求："文章本余力，品行贵先端。"②诗很长，但就是在这种看似啰唆唠叨的诗句里，读者能感觉到沈青崖对子女道德修养的极端重视。

在修身问题上，传统家训有很多值得传承的精华。比如，家训对于"慎独"修养法则的重点强调，对于待人接物方面的具体要求，对持家则勤俭、为官须清廉的谆谆告诫，都体现了严格而明确的道德要求，这些具体内容详见后节分析。

第二，家训在立志、劝学以及家学传承方面的规定可资借鉴。

传统家训对子女成才非常重视，而成才的关键在于立志。因此，倡导家族成员树立远大志向是很多家训的重要内容。诸葛亮曾告诫外甥"志当存高远"，成为家训中励志的代表文献：

> 夫志当存高远，慕先贤，绝情欲，弃疑滞，使庶几之志，揭然有所存，恻然有所感；忍屈伸，去细碎，广咨问，除嫌吝，虽有淹留，何损于美趣，何患于不济。若志不强毅，意不慷慨，徒碌碌滞于俗，默默束于情，永窜伏于凡庸，不免于下流矣。③

竹林七贤的嵇康向家人强调"人无志，非人也。"④北宋张耒也告诫后辈"业无高卑志当坚，男儿有求安得闲。"⑤明代杨继盛用家常式的语言告诫儿子"立志"的重要意义："若初时不先立下一个定志，则中无定向，便无所

---

① （隋）颜之推：《颜氏家训·名实》。
② （清）沈青崖：《训子诗》，载（清）张应昌编《清诗铎》（下册），中华书局1960年版，第779页。
③ （三国蜀）诸葛亮：《诫外生（甥）书》，载赵军主编《渠江吟诵》，西南交通大学出版社2016年版，第87页。
④ （三国魏）嵇康：《家诫》，载荣格格、吉吉编著《中国古今家风家训一百则》，武汉大学出版社2014年版，第15页。
⑤ （宋）张耒：《示秬秸》，载赵国才主编《中华教子名篇》，中国妇女出版社1992年版，第143页。

不为，便为天下之小人，众人皆贱恶你。你发愤立志要做个君子，则不拘做官不做官，人人都敬重你，故我要你第一先立起志气来。"① 将立志看成第一等事情。王夫之更明确指出"立志之始"在于"脱习气"。②

立志之外，就是劝学。"万般皆下品，唯有读书高。"在各种家训文本里，劝子读书向学都是重点强调的成才之道。孟母"子不学，断机杼"的故事是众多家训中流传最为广泛的劝学故事。一代文宗韩愈告诫子孙："人之能为人，由腹有诗书。诗书勤乃有，不勤腹空虚。"读书学习有何好处？韩愈认为，人之初贤愚是差不多的，但由于学与不学的缘故，"所入遂异间"。两家孩子小时候都差不多，长大之后却"一龙一猪"，"问之何因尔？学与不学欤。"③ 将不读书者称为猪当然是不对的，但也可以从中看出古人对子女读书成才的重视。读书并不仅仅是为了做官求功名，如苏轼就认为读书是为了"华实相副"："须多读书史，务令文字华实相副，期于实用乃佳。"④ 求学读书也是修身的重要步骤，欧阳修强调"人之性因物则迁，不学则舍君子而为小人，可不念哉！"⑤ 南宋王应麟《三字经》更是大谈学习读书的重要性："子不学非所宜，幼不学老何为？玉不琢不成器，人不学不知义。"读书方法也是家训中经常强调的内容。如章学诚强调读书要将"攻习"与"静思"结合起来："学贵专门，识须坚定，皆是卓然自立，不可稍有游移。"学习一段时间之后，"攻习之余，必静思以求其天倪。"⑥ 曾国藩亦曾示子读书之法："看读写作四者，每日不可缺一。"⑦

① （明）杨继盛：《谕应尾应箕两儿》，（清）陈弘谋撰，苏丽娟点校《五种遗规》，凤凰出版社2016年版，第238页。
② （清）王夫之：《示子侄》，载朱迪光主编、阳建雄校注《姜斋文集校注》，湘潭大学出版社2013年版，第134页。
③ （唐）韩愈：《符读书城南》，载（清）陈宏谋辑《五种遗规》，线装书局2015年版，第62页。
④ （宋）苏轼：《东坡全集》，张鸣、李东亮主编《文白菜根谭大系》（上册），北京燕山出版社1998年版，第393页。
⑤ （宋）欧阳修：《书示子侄》，陈明编《家训》，新星出版社2016年版，第118页。
⑥ （清）章学诚：《家书四》，《文史通义》，古籍出版社1956年版，第335页。
⑦ （清）曾国藩：《字谕纪泽儿》，《曾国藩家书》，吉林出版集团有限责任公司2010年版，第231页。

　　传统中国具有渊源久远的家学传统。中国很多民间绝学都是父传子继，传内不传外、传男不传女的传承模式，这当然阻碍了绝学的进一步推广传播与技术提升，但也有其意义。传内不传外的意义在于可以保证技术传承的精准度与因材施教，是当时信息传播不便情况下的技术传承方式，同时也是一种技术产权的保护方式。这种绝学继承方式也是部分家训的基本内容。

　　汉武帝独尊儒术之后，儒家经典就是最权威的知识源泉，因此，劝子弟了解掌握经典书籍，就成了两汉以后家训的重点关照所在。汉代自伏生开始，很多人通过修习《尚书》成为一代名儒，欧阳生、桓荣等家族都是数世传承，"世宗其道，父子兄弟代作帝师，受其业者皆至卿相，显乎当世"。①司马迁家族以史学传家，杨震家族也以家学德业相传，这都是汉代家学传承的代表性家族。两汉时期，以法律传家的家族很多，代表性的有黄霸、尹赏、张汤、杜周、郭弘、陈宠等家族。如郭弘治《小杜律》，断案精准，其子郭躬继承父业，官至廷尉之职，其后子孙世传法律。②魏晋南北朝及隋唐时期，随着家庭教育的崛起及大家族的出现，家学世传有了新的突破与发展。如南梁范缜、范胥父子的"三礼学"，南朝王彪之史学传家四代以上，书法家王羲之、王献之父子等等，都是家传儒学的代表人物。

　　两汉之后注重经学传家，但从先秦发展而来的百工之学并未废弃，仍然在家学渊源中得以民间传承。如汉代楼护世传医学，魏晋时期徐熙家族七代名医，祖冲之祖氏一族天文历算传家名震天下。北宋诸葛高家族世代传承的制笔技术、元代孙拱家族的兵甲制作之术，都是家学传承，盛名不衰等等。但这些人在历史上记载并不多，主要是因为两汉以后，读经做官成为家训主流，社会普遍兴起的重仕宦轻技艺的风气使得名门家训中多不以技艺为能。虽有后来的颜之推要求子弟学习农工商技术，《庞氏家训》设专门章节介绍农副业生产的经验，但已不占家训家教主流。

　　时至今日，评价历史上的家学传承问题，其实并不能以保守封闭一语以蔽之。在当时环境里，这是保护知识产权的无奈之举，对于技术的保密和

---

① 《后汉书·桓荣丁鸿列传》。
② 《后汉书·郭陈列传》。

精细化发展具有重要作用。家族内部传承，可以耳提面命，长期耳濡目染，对于技术继承的完整性以及进一步的改进与提高，都是一个促动。现在大多技术均从学校习得，但不可否认的是，家庭教育对于父辈某一技术的传承仍有重要意义和价值。

第三，家训注重养生的内容有一定的实用价值。

中华传统文化注重养生之道，一些家族在传承过程中，为了家族成员的健康，也常会吸收一些养生理论充实家训内容。养生首贵知足。王昶告诫子侄要知足常乐："富贵名声，人情所系，而君子或得而不处，何也？恶不由其道耳。患人知进而不知退，知欲而不知足，故有困辱之累，悔吝之咎。"① 一个人要知道什么该要什么该舍，若只知道一味获取不肯退让，不知进退就会遭受困穷牵累。白居易讲得更加明白："勿言宅舍小，不过寝一室。何用鞍马多，不能骑两匹。如我优幸身，人中十有七。如我知足心，人中百无一。"②

在具体的养生方法上，颜之推要求子女没必要精通药道，但须"微解药性，小小合合，居家得以救急，亦为胜事。"③ 清代张英训示子侄长寿之道："昔人论致寿之道有四：曰慈、曰俭、曰和、曰静。"所谓"慈"即"不为一切害人之事，即一言有损于人亦不轻发"；"俭"是指在饮食、嗜欲、言语、交游、酬酢、夜坐、饮酒、思处等方面，"凡事省得一分，即受一分之益。""和"则要求人经常和悦，即"所谓养欢喜神"，不要自寻烦恼。"静"含义有二："身不过劳"与"心不轻动"。除此之外，张英还告诫子弟要守住心中"方寸之地"决不让喜怒哀乐劳苦恐惧之事进入；要懂得吃饭不得过饱，保证充足睡眠，尽享山林之乐等等。④ 名儒曾国藩之家训中强调"每日饭后走数千步，是养生第一妙诀"，养生应顺其自然、素食为主、劳逸适度等等。⑤

---

① 《三国志·王昶传》。

② （唐）白居易：《狂言示诸侄》，载翟博主编《中国人的教育智慧·经典家训版》，教育科学出版社 2007 年版，第 267 页。

③ （隋）颜之推：《颜氏家训·杂艺》。

④ （清）张英：《一言一事皆须有益于人》，载卢正言主编《中国历代家训观止》，学林出版社 2004 年版，第 321 页。

⑤ （清）曾国藩：《每日饭后走数千步》，载徐寒主编《中华传世家训》（下），中国书店 2010年版，第 767 页。

这些养生之道在今天仍有借鉴意义。

第四，家训在处世交往方面的规定值得参考。

诚信厚道是人与人交往的第一原则，也是各家家训非常重视的内容之一。颜之推强调为人要名实相副，所谓"上士忘名，中士立名，下士窃名。忘名者，体道合德，享鬼神之福佑，非所以求名也；立名者，修身慎行，惧荣观之不显，非所以让名也；窃名者，厚貌深奸，干浮华之虚称，非所以得名也。"① 明代曾弹劾严嵩的杨继盛告诫子孙："与人相处之道，第一要谦下诚实……宁让人，勿使人让我；宁容人，勿使人容我；宁吃人之亏，勿使人吃我之亏；宁受人之气，勿使人受我之气。"② 彭士望告诫后人要"以谦为基，以厚为城；宽为之居，坦为之行。"③ 清代理学家张履祥告诫子孙"忠信笃敬，是一生做人之根本。"一个人是否欺诈从其语言中就可以听出来，是否傲慢可以从其行动中看出来。"害人适以害己，人家生此子弟，是大不幸，戒之戒之。"④

第五，家训强调为官清廉，敬业勤俭，有积极意义。

古人耕读为本，就业则以从政、务农为主。几乎所有家训均会要求从政之家族成员要清廉自守，为官清白。最著名的就是包拯对子孙的训诫："后世子孙仕官有犯赃滥者，不得放归本家；亡殁之后，不得葬于大茔之中。不从吾志，非吾子孙。"⑤ 陆游教训即将上任的次子陆子龙一定要清廉自守，做到"一钱亦分明"。⑥ 除了清廉，还要勤政。两度任南宋宰相的赵鼎告诫家族子弟做官两条原则：一为"廉"，二是"勤"，"凡在仕宦，以廉勤为本。"⑦ 这些

---

① （隋）颜之推：《颜氏家训·名实》。

② （明）杨继盛：《谕应尾应箕两儿》，（清）陈弘谋撰，苏丽娟点校《五种遗规》，第 241 页。

③ （明末清初）彭士望：《示儿婿书》，载胡国华主编《中华美德书》，广东人民出版社 2005 年版，第 159 页。

④ 褚万根主编：《张履祥诗文选注》，浙江古籍出版社 2014 年版，第 116 页。

⑤ 张崇琛主编：《中华家教宝库》（中），吉林人民出版社 2005 年版，第 318 页。

⑥ （南宋）陆游：《送子龙赴吉州掾》，载朱利侠、李文静编《清廉治要》，东方出版社 2014 年版，第 114 页。

⑦ （南宋）赵鼎：《戒子通录》，载宫达非主编《资政大典》（3），河北教育出版社 1995 年版，第 2294 页。

教训不仅是古代做官的基本原则，也是今天各级官员应该具备的基本素养。

很多家训要求子女不论从事何种职业都要刻苦攻求。陆游告诫儿子："古人学问无遗力，少壮工夫老始成。纸上得来终觉浅，绝知此事要躬行。"① 明代进士史桂芳告诫子孙"劳则善心生，养德养身咸在焉；逸则妄念生，丧德丧身咸在焉"。人生在世"不外一劳字"。② 清代进士谢启昆告诫后人，士、农、工、商皆可受用，但均须"从刻苦中来"，"士之攻书，农之力田，工之作巧，商之营运，正其受用时也。"③ 曾国藩也在家训中强调"无论大家小家，士农工商，勤苦节约，未有不兴，骄奢倦怠，未有不败"，不论做何职业，都要"勤俭自持，习劳习苦"。④ 有些家训还告诫从业者切不可这山看着那山高，要能守住"一职"。颜之推将国家有用之才分为六种：朝廷之臣、文史之臣、军旅之臣、藩屏之臣、使命之臣、舆造之臣，但由于"人性有长短"，不可能面面精通，"但当揭晓指趣，能守一职，便无愧耳。"⑤ 传统家训中关于勤劳敬业的告诫也能为今天提倡的劳动教育提供历史智慧。

（二）传统家训中的糟粕

由于时代的因素，传统家训文化也有需要摒弃的一些糟粕。

第一，严格的尊卑观念。

有些家训的相关规定在今天看来殊难理解，简直不可接受。比如司马光在《家范》中强调若父母发怒，对子女进行惩罚，即使"挞之流血，不敢疾怨"，仍要"起敬起孝"。⑥ "卑幼"对于"尊长"要毕恭毕敬，不可顶撞。兄弟之间若有争执，"虽俱有罪，弟为甚矣"。⑦ 简直无理可讲。更极端的说

---

① （南宋）陆游：《冬夜读书示子聿》。

② （明）史桂芳：《训儿孙》，载金元浦主编，程光炜、王丽丽选评《新编绘图本华夏千家训》，山西人民出版社 1998 年版，第 231 页。

③ 《谢启昆家训》，载成晓军主编《名臣名儒家训》（1），重庆出版社 2008 年版，第 197 页。

④ 陈浩编著：《曾国藩智慧全集》，中国华侨出版社 2011 年版，第 163 页。

⑤ （隋）颜之推：《颜氏家训·涉务》。

⑥ （宋）司马光：《居家杂仪·家范》，载费成康主编《中国的家法族规》（修订版），上海社会科学院出版社 2016 年版，第 212 页。

⑦ 徐寒主编：《中华传世家训》（上），中国书店 2010 年版，第 178 页。

法是宋代的《袁氏世范》。该家训提到子对于父，弟对于兄，就像"卒伍之于将帅，胥吏之于官曹，奴婢之于雇主"，不可以朋辈视之。如果父兄言行失当，且已经很明显无法掩饰，当子弟的只能"和言几谏"。如果遭到委屈不公对待，"子弟尤当顺受而不当辩"。妻孥即使没有过错，若"家长每多责骂"，也要"尤当奉承"。① 维护家长权威几乎到了不可理喻的地步。这种尊卑观念还明显地体现在两性关系上，在诸多家训中，强调男尊女卑，几乎找不到男女平等的文字，当然这与时代大环境是有关系的。

第二，深受封建迷信思想的影响。

一些家训中充斥着因果报应观念，"仕而至公卿，命也；退而为农，亦命也。"② 康熙贵为皇帝，也强调："凡人存善念，天必绥之福禄，以善报之。"③ 人的贫富贵贱为命中注定，前世因果，人应顺天由命，不可强求。这种思想在今天是应该批判的。

第三，在择业方面，推崇读书做官，重农轻商。

虽然众多家训往往照顾后世子孙的实际情况，并不以仕宦为唯一就业方向，但家训文化对仕宦耕读的推崇却显而易见，所谓"士农工商各居一艺，士为贵，农次之，工商又次之。"④ 明代有家训认为："农桑本务，商贾末业。"⑤ 清代则讲究"能闭门读书为上"，农圃渔樵"亦上"，百工技艺"次之"，佣工度日"又次之"。⑥ 著名的《寿州龙氏宗谱·家规》也强调"士农与工商，读书为第一……天下惟读书人不可限量，云梯千里，风翻九霄，上为祖父增光，下为子孙创业，岂独一身荣显已哉！"⑦ 带有明显的职业歧视。

---

① 夏家善主编，贺恒祯、杨柳注释：《袁氏世范》，天津古籍出版社 2016 年版，第 10 页。

② （南宋）陆游：《放翁家训》（节选），陈明编《家训》，新星出版社 2016 年版，第 126 页。

③ （清）康熙撰，王翠菊、范英梅评注：《庭训格言全鉴》，中国纺织出版社 2017 年版，第 167 页。

④ （明）庞尚鹏：《庞氏家训》，中华书局 1985 年版，第 10 页。

⑤ （明）许相卿：《许云邨贻谋》，载张鸣、丁明编《中华大家名门家训集成》（上册），内蒙古人民出版社 1999 年版，第 582 页。

⑥ （清）朱舜水：《谕诸孙》，载王新龙编著《中华家训》（1），中国戏剧出版社 2009 年版，第 140 页。

⑦ 《寿州龙氏宗谱·家规》，载费成康主编《中国的家法族规》（修订版），上海社会科学院出版社 2016 年版，第 277 页。

三、家训与品德培养

传统家训的适用范围主要是家庭，其最终目的就是养成良好的家风，使子女成才、家庭和睦、家族兴盛，因此，对子女的教育是家训的最核心内容。传统家训对子女的教育以儒家思想为指导，以立德树人为先，将儒家伦理系统化、具体化、日常化，在慈爱和温情的氛围中，对子女进行潜移默化的熏陶和规劝。

（一）以修身立德为先

《大学》有云："自天子以至于庶人，壹是皆以修身为本。"① 这就是对修身重要性的强调。修身就是指通过一定的手段和方法提高自身思想道德水平的过程。传统家训中多从以下几个角度论证如何修身立德。

第一，传统家训认为学习读书是修身立德的重要途径。如康熙认为："盖学为进德之基，昔圣昔贤莫不发轫乎此。"② 还有人明确指出读书取得科举中式只是第二位的事情，更重要的事情在于"明道理，做好人"。③ 还有家训提出"读书可以增长道心，为颐养第一事也"。④

第二，传统家训强调慎独与自省是砥砺品性、修身立德的重要法门。很多家训文本都告诫子女要有慎独的功夫和自省的习惯。如元代许衡"言动必揆诸义而发"。金元兵乱，许衡与众人逃难时见一梨树，众人争抢吃梨。许衡认为不是自己的梨不能吃，有人说乱世之中，这梨没有主人，许衡说"梨无主，吾心独无主乎？"⑤ 许衡教育子弟多读《孟子》，以养成浩然正气与自觉践行道德规范的行为习惯。高攀龙提到："见过所以求福，反己

---

① 《大学》第一章。

② （清）康熙：《帝王家训》，中国文史出版社 2003 年版，第 43 页。

③ （明末清初）孙奇逢：《孝友堂家规》，载郭齐家、李茂旭主编《中华传世家训经典》（第 3 卷），第 1007 页。

④ （清）张英：《聪训斋语》，载陈明编《家训》，新星出版社 2016 年版，第 168 页。

⑤ 《元史·许衡传》。

所以免祸。"① 还有家训规定家庭成员要"夜寐检点，今日说得几句话，是循乎道义，有益心身；行得几件事，是循乎礼节，有益世道；当否自可恍然独觉。"② 曾国藩告诫子女："自修之道，莫难于养心……故能慎独，则内省不疚，可以对天地质鬼神，断无行有不慊于心则馁之时。人无一内愧之事，则天君泰然。此心常快足宽平，是人生第一自强之道，第一寻乐之方，守身之先务也。"③

第三，从具体品德行为方面对子孙进行指导与告诫。周公注重子弟"谦德"的培养："吾闻德行宽裕，守之以恭者荣；土地广大，守以俭者安；禄位尊盛，守以卑者贵；人众兵强，守以畏者胜；聪明睿智，守之以愚者善；博闻强记，守之以浅者智。夫此六者，皆谦德也。"④《蒋氏家训》严令"家中不许留蓄淫书，有即焚之"。《鲍氏户规》对于开设赌场屡教不改者"杖八十，免祀"，严格进行惩处。近代以来族内禁烟也成为家训重点，有些家训对家族成员中有染烟瘾者一年内戒除奖励，戒除不了则逐出家门严惩不贷。⑤

（二）提倡孝道与齐家

修身、齐家、治国、平天下是儒家理想的人生目标，在此思想影响下的家训教育自然注重齐家的重要意义。何谓齐家呢？有家训指出："不争田地、不占山林、不尚争斗、不肆强梁、不败乡里、不陵宗族、不扰官府、不尚奢侈、弟让其兄、侄让其叔、妇敬其夫、奴恭其主，只要认得一'忍'字、一'让'字，便齐得家也。"⑥

① （明）高攀龙：《高子遗书·家训》。
② 《族谱家训集萃》，（台北）联经出版事业公司1984年版，第48—49页。
③ （清）曾国藩：《字谕纪泽纪鸿儿》，载雅瑟主编《曾国藩家书大全集》，新世界出版社2012年版，第320页。
④ 周公旦：《诫伯禽书》，《固原金堡汤氏家谱》编写组编《固原金堡汤氏家谱》，宁夏人民出版社2016年版，第164页。
⑤ 《香山沙尾乡张氏大同戒鸦烟会约章》（1898），载陈瑛主编《中国伦理思想史》，河南教育出版社2004年版，第454页。
⑥ （明）罗伦：《戒族人书》，载张鸣、丁明编《中华大家名门家训集成》（上册），第592—593页。

"百事孝为先"，中国传统家训提倡孝道是普遍现象。如曾子就以孝道名动天下，家境好了后保证父亲吃饭"必有酒肉"，以至于其子曾元养曾子也"必有酒肉"。曾子孝道传家，以至于孟子说："事亲若曾子者，可也。"① 司马谈也曾告诫儿子司马迁："孝始于事亲，中于事君，终于立身。扬名于后世，此孝之大者。"② 将后世子孙扬名立功看成最大孝道是否合适可以商榷，但司马谈将孝道提高到一个较高的层次则值得关注，其实扬名后世也是对子孙努力实现自身价值的期待。唐朝末年柳玭《诫子弟书》所说："立身以孝悌为基。"③ 朱柏庐认为"孝亲悌长，是天性中事。"④ 明代庞尚鹏在家训开篇即提到："孝友勤俭四字最为立身第一义，必真知力行。"⑤ 当然，提倡孝道的同时，家训也注重父慈的重要性，长辈的关爱与晚辈孝亲相结合才是完整的孝道思想。此思想直到今天依然具有重要的时代价值，尤其是当前大部分年轻人为"独生子女"一代的情况下，提倡孝道更是当务之急。

不能否认的是，传统社会的孝悌思想包含有封建的内容。但孝悌之道从根本上来讲是有其普遍意义和价值的。所以，我们不能因为孝悌观念具有时代局限就弃之不顾，同时也要根据时代的发展赋予其新的内涵。与传统社会相比，今天比较提倡人格平等，所以，类似《弟子规》中宣传的单向孝道已经不合时宜，当前所应提倡的是双向尊重与相互平等，家庭成员之间才能真正和睦相处。在当前老龄化、少子化比较严重的情况下，提倡孝道更成为十分重要的社会规范手段。

亲友和睦也是传统家训重要思想。家庭内亲友和睦第一位的自然是兄弟姐妹关系，所谓兄友弟悌。随着二胎政策的开放，重提同辈之间关系处理原则有利于今后可能出现社会问题的解决。由于传统中国社会中重男轻女思想的影响，传统家训中更多的是涉及兄弟以及由此而来的姑娌之间的关系，而忽略了姐妹、兄妹之间关系的规定，今天来看自然有其时代局限性，但可

---

① 《孟子·离娄上》。

② 《史记·太史公自序》。

③ 柳玭：《戒子弟书》，载陶冶主编《名门家训故事》，远方出版社1999年版，第105页。

④ 朱柏庐：《劝言》，载（清）陈宏谋辑《五种遗规》，线装书局2015年版，第230页。

⑤ 庞尚鹏：《庞氏家训》，第1页。

以将兄弟关系规范扩充开来，作为解决家庭内同辈之间关系的准则。所谓兄友弟悌，又可称为兄友弟恭，兄长爱护弟弟，弟弟恭顺兄长。古代中国是一个注重经验的农业文化型国家，在当时环境下，谁经验更多、阅历更丰富，谁就会成为权威。兄长社会经验多，年岁大，自然就可以成为弟弟学习的榜样，故当时讲兄友弟恭是合理的。传统家训中除强调兄友弟恭以外，也强调兄弟之手足情深，如张伯行所谓："弟兄为身之手足，孝则根基无亏而脏腑不损，友则手足相顾而痛疾无虞。"① 也有家规强调："凡我族人，宜念世间最难得者兄弟，同气连枝，如手如足。"切不可"因小利听妇言，便欲析居各爨，致伤骨肉之好。"②

夫妇关系也是家训文化重点突出的内容之一。总体来讲，传统家训对夫妇关系的调节具有重男轻女的性别歧视特征，如《孝友堂家规》："家之所以齐者……夫曰健，妇曰顺。"③ 将夫健妇顺当作齐家的重要标准，这明显带有时代的局限性。但其中也有一些对今天仍有启发意义的规定，如"男女相维，治家明肃"④，就强调男女之间要相互维护、相互敬爱，家庭才能和睦。在当前家庭普遍小型化、离婚率居高不下的背景下，夫妻关系的和睦就显得尤为重要，传统家训有关齐家的经验正可以提供参考。

（三）为人忠敬，待人以诚

人处于社会之中，社会属性是人的本质属性。如何待人接物是保证社会交往顺利进行的前提，也是个人走向社会实现自我价值的重要条件。为子孙成才计，传统家训很注重待人接物方面的指导与教育，总结起来主要有对人敬重、记德忘怨以及诚实守信等等，这些思想对今天仍有重要的借鉴价值。

对人敬重是社会交往的起码要求。寿州龙氏家规就强调不仅要对父母、兄弟、师长要亲敬有加，对所有年纪较大或有学问之人都要"加以亲敬，且

① （清）张伯行：《困学录集萃》卷一。
② 《寿州龙氏宗谱·家规》，载费成康主编《中国的家法族规》（修订版），第276页。
③ （明末清初）孙奇逢：《孝友堂家规》，载郭齐家、李茂旭主编《中华传世家训经典》（第3卷），人民日报出版社2009年版，第1007页。
④ 庞尚鹏：《庞氏家训》，第5页。

不可轻慢斯文"，对待宗族以及亲朋邻里也要"相爱相敬"，勿以善小而不为。① 也有家训强调"子孙以忠信谨慎为先，切戒狷薄。不可顾目前之利而忘他日之害，不可因一时之势而贻数世之忧"。在待人方面，家训强调德怨的辩证统一："处人伦事物之间，有顺有逆，即不能无德怨。自处之道，有树德，无树怨，固然也。人情则不可知，处之之道，我有德于人，无大小，不可不忘；人有德于我，虽小不可忘。"② 人一生有顺有逆，自处时只树德，不树怨，对别人施恩不图报，但自己若受别人恩惠一定不可忘记，当思涌泉报之。很多家训还强调与邻家交好的重要意义，如《郑氏规范》就规定不可随意增加佃户地租，对于穷人要多周济医药粮食，并尽力修桥补路以利乡民等等。③

诚实守信是中华民族美德之一。中国传统社会法律意识比较淡薄，调节人际关系的重要机制就是守信，传统家训对此十分重视。最著名的例子就是曾子杀猪教子。曾子之妻有一天要去赶集，儿子要跟着去，曾妻就哄孩子说回来杀猪给他吃，结果曾子就真把猪给杀了。当曾妻说是跟儿子开玩笑时，曾子说，孩子都是跟父母学，父母若欺骗孩子，"是教子欺也。母欺子，子而不信其母，非所以成教也。"④

在孟子成才之路上，孟母的教诲是一个重要的因素。孟母在教育孟子时除了三迁住址、断机杼以外，还特别注重诚信意识的教育。有一次，孟家邻居杀猪，孟子问邻居为何杀猪？孟母告诉他是为了让他吃肉。但这句话明显是骗孟子的，孟母感到不妥之后，就花钱买邻居家猪肉让孟子"食之，明不欺也"⑤。清代，康熙告诫诸皇子："吾人凡事惟当以诚，而无务虚名。"⑥ 曾国藩对家人强调与人交往，"若无真意，则不足以感人。"⑦ 此类事例不胜枚

① 《寿州龙氏宗谱·家规》，载费成康主编《中国的家法族规》（修订版），第 277 页。

② （清）张履祥：《张杨园训子语》，载（清）陈弘谋撰、苏丽娟点校《五种遗规》，第 285、277 页。

③ （元）郑太和：《郑氏规范》，中华书局 1985 年版，第 7 页。

④ 《韩非子·外储说左上》。

⑤ 《韩诗外传》卷九。

⑥ （清）康熙撰，王翠菊、范英梅评注：《庭训格言全鉴》，第 142 页。

⑦ （清）曾国藩：《咸丰八年正月十四日与沅甫弟书》，《曾文正公家书全集》，天津人民出版社 2014 年版，第 156 页。

举。教育子女从小养成诚信习惯，不仅是传统家训的重要内容，对我们今天市场经济条件下诚信缺失问题尤其具有针对性和教育意义。

与人交往，雅量包容也是必不可少的，传统家训在这方面也多有涉及。"见一切人，无论贵贱贫富，唯当谦虚和悦。"① 对人宽对己严，强调容人雅量的同时，也注重不强求别人宽容自己的雅量："与人相与，须有以我容人之意，不求为人所容。"② 相反，若有朋友能经常指出自己过错，也是一件大好事情，朱熹就强调后世要交"敦厚忠信、能攻吾过"的良朋益友。③

（四）尊重天常，不伤造化

传统家训文化非常重视对自然的尊重与环境的保护。这体现于两个方面：一是对自然的尊重，强调取之有度，用之有节；二是对资源的节省，反对浪费奢侈。

中国传统文化中具有丰富的生态环保思想，这种思想渗透于家训文化中，就是家训对于尊重自然规律、合理利用自然资源的提倡与告诫。康熙《庭训格言》中强调天地提供的各种财物以养人为限，人们若节制使用自然会有剩余，但若取之无度奢侈浪费则"顷刻尽耳"，又称自己虽天下财物均可使用却并不浪费，就是因为明白"特为天地所生有限之财而惜之也"。④

这种对自然的尊重、强调不过度耗费资源的思想，作用于家训之中，就是对勤劳俭朴生活的重视。勤劳与节俭被公认为是中华民族的美德之一，提倡节俭是家训常有的内容。早在西周时期，文王就告诫子孙要"惟土物爱"，⑤ 意思就是要尊重土地，爱惜粮食。司马光告诫子孙，居家要"裁省冗

---

① （清）石成金：《天基遗言》，载张慧民校点《传家宝全集人事通》，中州古籍出版社2002年版，第162页。

② （明末清初）孙奇逢：《孝友堂家规》，载郭齐家、李茂旭主编《中华传世家训经典》（第3卷），第1007页。

③ 朱熹：《给长子书》，载徐益棠编著《历代名贤处世家书》，三环出版社1991年版，第65页。

④ （清）康熙撰，王翠菊、范英梅评注：《庭训格言全鉴》，第179页。

⑤ 《尚书·酒诰》。

费，禁止奢华。"① 《郑氏规范》有言："家业之成，难如升天。当以简素，是绳是准。"② 还有家训强调族人一定要将"勤、俭二字，宜奉为至宝"。③

四、家训与遵礼守法

一个好的家训既可以培养家庭成员良好的道德品质，也可以促进后辈的进取成才，这种家训若得以严格遵守和长期坚持，久而久之，就会形成独特的家风。良好的家风是涵养家庭成员成才的土壤，也是家国治理的重要资源。传统家训对家国治理的积极作用，除了前面提到的提高家庭成员的道德水平以外，还在于家训对社会成员的守法清廉意识的引领与培养。

（一）遵礼守法

对于传统中国的普通百姓而言，守法意识基本是通过家训的教诲而习得的。在倡导依法治国的今天，若能继承家训文化中的守法意识与法律观念，自然会有相当高的实践价值与现实意义。传统家训对于法律意识的提倡一般有两种途径：一个是强调家庭成员必须遵守国家的礼法制度，一个是制定严格的族法规范约束子弟以使其养成守法懂规意识。

中国古代是一个礼乐社会，周公制礼作乐，礼乐制度就是中国传统的典章制度、礼节仪式和道德规范。守礼就是守法，道德与法律结合也是传统家训的重要教育形式。司马光《涑水家仪》（即《居家杂仪》）指出："凡为家长，必谨守礼法，以御群子弟及家众。"司马光《家范》充分论证了"治家者必以礼为先"的主张。家训通过家族家法规范子弟言行，本身就是一种规矩教育、一种守法意识的培养。明代《庞氏家训》的作者庞尚鹏对此有详细论述，庞尚鹏的家训编好后，有人不以为然，对他说，有治人无治法，家法规范再详细，若子孙不肖，即使每天耳提面命有什么用呢？庞尚鹏说：

---

① 司马光：《居家杂仪》。

② （元）郑太和：《郑氏规范》，第7页。

③ 《寿州龙氏家规》。

　　家有贤子孙，因吾言而益思树立，何嫌于费辞？如其不贤，即吾成法具存，父兄因而督责之，使勉就绳束，犹可冀其改图也。若前无辙迹，使索途冥行，其不至于法守荡然几希矣。今就其日用必不可废者授以绳尺，非有甚高难行之事，正欲其易而易知，简而易能，故语多朴质，使愚夫赤子皆晓然无疑。古称成立之难如升天，覆坠之易如燎毛。我祖宗既身任其难，为后世计，咨尔子孙，毋蹈其易，为先人羞。①

在庞尚鹏看来，若家中子弟贤良向上，自然不用训诫亦可成才，但若是有不肖子孙，父兄进行教育时，若有成型的规章制度，当然会事半功倍。若没有规范标准，盲目进行教育训诫，效果定然不好。庞氏自称所做家训语言质朴，从身边易做事情入手，简单易懂，通俗易行，告诫后世子孙应对得起先辈的苦心，要养成遵守规章制度遵纪守法意识，时刻注意自己的言行。

　　明清时期，家法族规对子女的惩戒作用明显加强，这改变了传统家训重道德引领、轻规范惩戒的教育模式。明清以程朱理学为指导思想的专制统治加强，道德开始了法律化、形式化的发展趋势。道德不再是一种个人的修身方式，而成了一种外在规训的力量。相应的，家训也增加了惩戒的力度，规定也更为具体。正是在此意义上，家规、家法、家诫开始与家训等同。

　　如订立于清道光二十八年的江南宁国府太平县馆田李氏的《李氏家法》，就很注重家规家法训诫惩罚作用的发挥。《李氏家法》一开篇就谈到了治家用情还是用法的关系："治家固以情不以法乎？曰：是不然。情以宽君子，法以惩小人。苟无其法，则小人皆得暴戾恣睢以凌。夫君子力不竞而势不敌，且将退避静默之地，以听小人之所为，世风尚可问乎？"所以治家也需要家规家法。对君子贤人用情管理，对小人无赖就要律法伺候。若无家法事先管制约束，家庭成员形不成守法意识，触犯国法，惩罚力度就不是家法所能比的了。个人受罪也倒罢了，若株连家人必然伤及无辜，若需要捞人贿赂官长，家庭就得为之破产。"于此始悔教诫之无人，致祸之迭生不已，晚乎。先人忧之，故拟定《家法》一篇，以示后人。犯者惩之，且能改者，恕

---

① 庞尚鹏：《庞氏家训·序》，第 1 页。

焉，亦明刑弼教之意也。"① 总之，《李氏家法》渗透的总体理念就是，家庭治理需要情法结合，因人而异。制定家法的目的是为了训练家族成员的守法意识，以免触犯国法，祸及家门。

再如，订立于清宣统三年的湖北麻城鲍氏的《鲍氏户规》，内容虽不乏维护封建纲常礼教的规定，应归于淘汰之类，但也有很多规定具有积极意义。其中对于偷窃、抢夺、赌博、滋事等方面处罚规定就有相当的可取之处，如"盗窃他人谷物、棉花、柴草、杂粮等项者，男杖八十，女笞七十"。② 游手好闲、寻衅斗殴者杖一百，并禁止宰杀耕牛，不得破坏别人庄稼等等。规定非常贴近农家生活，十分细致，操作性较强。惩戒手段一般为杖、笞，较严重者则"免祀"，意味着失去了家族成员的身份标识，再严重触犯国法条令者，就需要送官治罪。

家训对家法族规的规定，最大的特点就是接地气，不论读书与否，基本都能看懂或听懂，从而明白哪些该做哪些不该做，自觉约束自己的行为习惯，培育守法遵规意识。这样，家训就把道德训诫与法律规范结合在了一起，对于家族成员法律观念与守法意识的培养具有重要意义。

（二）清廉勤政

传统家训除要求普通社会成员遵法守规外，对于从政为官者，则有更高的要求，那就是为官要清廉、勤政，并提出具体要求与做法。汉代杨震是清廉自守的典型，并以此传家，当有人准备为其子女提供发财机会时，杨震说："使后世称为清白吏子孙，以此遗之，不亦厚乎！"杨氏一家八世传承，四百余年皆为望族，原因就是子孙"能守家风，为世所贵"。③ 南朝徐氏家族累世大官，但都为官清廉，南梁徐勉《诫子崧书》作为家训文献代表作品，影响很大，其中就有对后世为官要清廉的要求。徐勉认为传给后世子孙金银财都不如留给后世清白家风与高尚人格。宋代司马光也对奢靡之风表达

---

① 《李氏家法》，转引自朱勇《清代宗族法研究》，湖南教育出版社1987年版，第215页。
② （清）麻城鲍氏：《鲍氏户规》；夏家善：《古代家规》，天津古籍出版社2017年版，第201页。
③ 《后汉书·杨震列传》。

了不满，并认为居位为官的人"虽不能禁，忍助之乎？"① 教育子孙为官后更应节俭。有家训强调出仕后，如有赃墨贪黩之事，"生则于谱图上削去其名，死则不许入祠堂"。② 清末吴汝纶也告诫子女："做官之钱，皆取之百姓，非好钱也。故好官必不爱钱。"③ 在此方面规范最严、影响也最大的是包拯对后世子孙的告诫："后世子孙仕宦有犯赃滥者，不得放归本家；亡殁之后，不得葬于大茔之中。"④

至于如何才能做到勤政，清代名士聂继模曾在家书中对在外地当官的儿子聂焘谆谆教导：第一，当官不必担心家事，没有家信就是平安。二老已经习惯儿子不在身边，不必时常写信来，应把主要精力放在公事上。第二，在荒僻地方做知县，最怕"钝人志气"，一定要时刻警醒自己，熟悉民情，兴利除害，对得起百姓与老师。第三，当官者要晚睡早起，"头梆舆漱，二梆视事，虽无事亦然。庶几习惯成性，后来猝任繁剧，不觉其劳，翻为受益。"⑤

对一般家庭而言，能出仕为官者毕竟为少数，大多数家族成员仍需要寻找其他谋生之道。在士农工商四种职业中，能读书自然最好，即使不能为官亦可从教从医；其次务农；再次为工商。这样安排当然有职业歧视的意思，但不论选择何种职业，勤劳刻苦、诚恳仁义都是各家家训重点强调的。如著名的《寿州龙氏宗谱》在"家规"中强调："居室宜从俭，兴家本在勤。勿懒惰，勿奢盈，耕读两件持身本。守成非易得，创业受艰辛。……凡我族人，于勤、俭二字，宜奉为至宝。勤则事不难成，俭则资财常足。始觉废精力、减色泽，终则享安逸、乐充余。"该家规虽然也认为读书第一，但同时对其他行业并不排斥："人生有职业，士农与工商。勿兼营，勿游荡，行行状元俱一样。艺多不能精，专功万为上。旁门左道不可当，安居乐业皆兴旺。"要求"凡我族人，当各执一业"，不做"不法子孙"。⑥ 凡此，都是值得我们思考继承与借鉴学习的。

---

① （宋）司马光：《训俭示康》。

② （元）郑太和：《郑氏规范》，第10页。

③ （清）吴汝纶：《谕儿书》载张鸣、丁明编《中华大家名门家训集成》（下册），第1749页。

④ 张崇琛主编：《中华家教宝库》（中），吉林人民出版社2005年版，第318页。

⑤ 聂继模：《与子书》，载喻岳衡编著《历代名人家训》，岳麓书社2002年版，第254页。

⑥ 《寿州龙氏宗谱·家规》，载费成康主编《中国的家法族规》（修订版），第277—278页。

五、家训家风与国家治理

本章以上各节，从不同方面论述了传统家训与家庭治理之间的关系，从中可以看出家训是治家的指导思想和行为准则。由于中国古代家国同构，忠孝一体，因此，治家与治国的基本原则和方法都是一致的，故家训不仅是治家的指南，也是国家治理的重要资源，这点在今天仍有借鉴意义。

（一）传统家训与古代国家治理

如前所述，传统家训除对个人成长和家庭和睦有极为详细的规定外，还有大量的内容涉及如何从政、如何做官，这其实就是对子孙进行官德培训，完全可以纳入国家治理的范畴。如元代郑太和在《郑氏规范》中写道："子孙倘有出仕者，当早夜切切以报国为务，抚恤下民，实如慈母之保赤子。有申理者，哀矜恳恻，务得其情，毋行苛虐，又不可一毫妄取于民。若在任衣食不能给者，公堂资而勉之。其或廪禄有余，亦当纳之公堂，不可私与妻孥，竞为华丽之饰，以起不平之心，违者天实临之。"① 一般家谱、家训中，也都强调子孙为官要"大公无私""克己奉公""舍己为公""奉公守法""恪尽职守"等等。历代统治者之所以对家谱、家训、家规之类的文献给予鼓励和支持，正是因为家训之中有大量如何做官的训诫，与官箴书一样，都是做官的指南。只有按照家训中的要求去做，从政后就能做个好官。

除告诫子孙如何做官外，家训能为治国提供思想资源的最根本原因还在于古代家国同构的治理模式。家国同构是"天下为家"观念的直接体现，是宗法社会的重要特征，也与中国传统社会的自然经济密切相关。"家国同构"的含义主要有两点：一是家与国的结构相似，二是两者的治理原则一致。因此，在古人看来，治家如同治国，在家行孝悌就如同在朝为官参政。中国古代文献和思想家对此有大量的论述，如《大学》说："所谓治国必先

---

① 郑太和：《郑氏规范》，转引自李存山主编《家风十章》，广西人民出版社 2015 年版，第141 页。

齐其家者，其家不可教而能教人者，无之。故君子不出家而成教于国：孝
者，所以事君也；弟者，所以事长也；慈者，所以使众也。"① 家庭的核心道
德"孝""弟""慈"也同样可以用来治国。当有人问孔子为何不从政时，孔
子引《尚书》回答说："'孝乎惟孝，友于兄弟，施于有政。'是亦为政，奚
其为为政？"② 意思是说，只要孝敬父母，友爱兄弟，把这种风气影响到政治
上，就是参与政治。家国同构的社会政治模式是儒家文化赖以存在的社会渊
源，古人"修身、齐家、治国、平天下"的理想，反映出"家"与"国"之
间的同质性关联。由此可见，在中国文化中，"家"不仅是"国"的有机组
成部分，更是共享或体现着治国的基本道德原则。通俗来讲，可以说"家"
是"国"的基础，"国"是"家"的延伸，国家与家庭，社会与个人，都是
同声相应、同气相求的密不可分的有机整体。③ 基于以上分析，我们可以认
为，在中国古代，治家与治国的基本原则是一致的，治国先齐家，只有先在
家尽孝以后才能为国尽忠，只有先治好一个家才有能力参加国家治理。从这
个意义上讲，家训作为治家的指南和法宝，同样也是治国的重要资源。

（二）家训家风与当代国家治理

当今中国，家国同构的模式已经不复存在，但家训的某些内容，以及
家训培育滋养出来的家风不仅在子女教育和家庭和睦中仍发挥作用，也会对
党风、政风、社会风气产生一定的影响。因此，传统家训对国家治理的借鉴
意义也依然存在。

目前中共党员已达 9000 多万，其家属子女合起来有几亿人，党员干部
的家庭在全国家庭中占有很大比重，他们的家风如何不仅影响着党员自身的
形象，也间接影响着党风、政风和社会风气。

2016 年 1 月 12 日，习近平总书记在第十八届中央纪律检查委员会第六
次全体会议上的讲话中指出："从近年来查处的腐败案件看，家风败坏往往
是领导干部走向严重违纪违法的重要原因。不少领导干部不仅在前台大搞权

---

① 杨伯峻译：《白话四书》，岳麓书社 1989 年版，第 291—292 页。

② 杨伯峻译注：《论语译注》，中华书局 1980 年版，第 20—21 页。

③ 李存山主编：《家风十章》，广西人民出版社 2015 年版，第 217—218 页。

钱交易，还纵容家属在幕后收钱敛财，子女等也利用父母影响经商谋利、大发不义之财。有的将自己从政多年积累的'人脉'和'面子'，用在为子女非法牟利上，其危害不可低估。"① 同年12月12日，习近平总书记在会见第一届全国文明家庭代表时讲话指出："领导干部的家风，不仅关系自己的家庭，而且关系党风政风。各级领导干部特别是高级干部要继承和弘扬中华优秀传统文化，继承和弘扬革命前辈的红色家风，向焦裕禄、谷文昌、杨善洲等同志学习，做家风建设的表率，把修身、齐家落到实处。"②

2018年新修订的《中国共产党纪律处分体例》在生活纪律方面新增第一百三十六条：党员领导干部不重视家风建设，对配有、子女及其配偶失管失教，造成不良影响或者严重后果的，给予警告或严重警告处分；情节严重的，给予撤销党内职务处分。这充分表明，领导干部在管好自己的同时，还要管好自己的家庭，这既是对自己负责，也是对家庭负责，还是对党和人民的事业负责。

从以上论述可以看出，在目前，党员领导干部的家风已不再是个人和家庭的私事，而是关系到廉政建设、党风政风和国家治理的大事。党员干部的家风直接影响党风，影响着执政党的形象和改革开放的伟大事业。因此，习近平总书记才多次告诫全党，注重家风建设，党中央才制定规章对家风败坏的党员干部给予处分。从历史经验来看，党员领导干部要培育良好的家风，应主要从以下两个方面入手：第一，借鉴和汲取中国传统家训家风的精华。中国传统家训以及滋养出来的家风是中国优秀传统文化的组成部分，是支撑中华民族生生不息、薪火相传的重要精神力量，时至今天，仍能为党员干部的家风建设提供有益的借鉴和启示。第二，学习和传承中国共产党人的优良家风。中国共产党人在领导中国人民革命和建设的实践中，非常重视家风建设，他们不仅严于律己，对子女也严格要求，形成了广为传颂的红色家风，这既是对传统家训家风的继承和发扬，也为新时期的家风建设提供了榜样和借鉴。

---

① 《习近平总书记重要讲话文章选编》，中央文献出版社2016年版，第367页。
② 《习近平谈治国理政》第二卷，外文出版社2017年版，第356页。

第六章　传统社会组织与社会发展

社会组织是社会结构的重要组成部分，也是社会运转的重要机制。在中国传统社会，由于封建王权的强大，社会分工简单，社会组织的发育并不完善，但在经济、文化等领域，各类组织、团体有比较明显的存在。至近代，各类组织、团体呈现爆发式增长，并在各个层面对近代社会产生影响。

一、传统社会组织的演变及类型

（一）传统社会组织的演变①

在中国传统观念中，"社"指土地之神，而社会则指人们以祭祀社神为中心而进行的集会，后来则演变为指因某种信仰、行业、阶层等组成的团体，亦即今人所指的社会组织（或称社会集团、社会团体）。

社作为一种社神崇拜与地域性的祭祀组织，在先秦即已出现。每年春秋两次的祀社活动，以及民间举行的"序齿""乡饮酒"等集体活动，都可视为早期的结社活动。而春秋战国时期百家争鸣局面的出现，形成了儒家、墨家等学术派别，也可看作是早期的文人结社。

至秦汉，类似祀社的组织犹有遗存，汉代的"僤""单""弹"等组织与"社"或乡里组织关系密切。这些组织的结合，大多基于职业、生活或政治的关联，而不是血缘或地缘。西汉后期，佛教的传入，促使佛学社团开始出现。东汉后期，以太平道、五斗米道为代表的早期道教结社形成。

---

① 参考陈宝良《中国的社与会》（增订本），中国人民大学出版社 2011 年版，第 7—13 页。

魏晋南北朝时期，在清谈之风影响下，出现以"竹林七贤"为代表的文人集团。佛教盛行，中国北方出现了以"邑""邑义""法义""邑会"为名的佛教团体，少则三四人，多则上千人，参加者有僧尼、沙弥、官僚以及平民，其主要活动包括造像、设斋、建塔、修建佛寺、造石室、造石经、念佛、建义井、栽树等。道教经过分化改造，形成了南北天师道和茅山宗，在组织、机构、科律等方面改革创新，组织日益壮大。

隋唐时期，私社盛行，大体可分为两种类型：主要从事佛教活动的结社和主要从事经济和生活互助活动的结社。前者与这一时期佛教盛行有关，后者则是社会经济发展以及民间生活日益丰富的体现。其中，工商业行业组织——"行"的出现，是传统社会组织发展的重要标志。在学术文化等领域，出现了文章四友、竹溪六逸、九老会等为代表的文人团体。

宋元时期，商品经济和市民文化蓬勃发展，结社已经遍布社会生活的各个层面，名目繁多，且涉及社会各阶层。大体可分为文学团体（西湖诗社、月泉吟社）、戏剧团体（书会、傀儡社）、曲艺团体（雄辩社、同文社、清音社）、杂技团体（云机社）、体育团体（蹴鞠社、齐云社）、宗教团体（灵宝会、白莲会）、慈善团体（茶汤会、净发社）等等。其中，宋代行会组织的种类和数量比隋唐时期大为增加，其名称也有"团行""行""团""市""作""会""社"等多种，表明商品经济繁盛带来行会的普遍化。此外，这一时期还存在一些民间秘密组织。

明代，伴随着商品经济的发展和市民文化的活跃，社会各阶层人员都从自身利益出发，相聚成群，趣味相投，结成各式各样的社与会，从而成就了中国传统结社的又一个活跃期。士人结社达到前所未有的高度，其中最有影响的文社有"前七子""后七子""公安派""竟陵派""复社""应社""豫章社"等，有些结社呈现出明显的政治倾向。在经济领域，行会组织进一步发展，商帮、会馆开始出现。而民间秘密宗教组织的发展，在明代颇为瞩目。

入清以后，民间结社活动依然存在，但由于朝廷的厉禁，文人结社活动陷入沉寂。经济领域的会馆会所空前发展，民间秘密结社也日益活跃。至清末，社会剧变，西学冲击，结社活动得以重启，各种新式社团涌现，分类日趋专业。在爱国救亡的感召下，一些社团呈现出更强的政治性。

（二）传统社会组织的类型

关于社会组织的分类，历来标准不一。一般来讲，可以从成员属性（主要涉及阶级、阶层、业别、生理特征、身份特征、兴趣爱好等）、组织功能（主要涉及组织的特有功能、主体任务、活动领域等）、组织形式（主要涉及组织方式、存在方式等）三个方面来区分。①

依据上述分类标准，从成员属性的角度，中国传统社会组织有以手工业和商业为主的行会（会馆、公所），以文人为主的文人结社，以信徒为主的宗教结社，以及以普通大众为主的民间庙会和集会。从组织功能来讲，传统社会组织可分为政治组织、经济组织、娱乐组织、宗教组织、慈善组织、乡谊组织等。从组织形式来讲，传统社会组织也存在官办与民办之分，如官办慈善救济机构是传统慈善组织的主要构成，行会最早也是出于官方管理和征税方便而产生，一些祭祀活动也有官方组织和参与，而文人结社、宗教结社、庙会等则大多属于民办性质。上述三种分类其实是交叉的，有利于从多角度考察和展现传统社会组织的复杂性。

二、社会组织与经济发展

传统经济类组织主要存在于手工业和商业领域，行会（会馆、公所）、商会、同业公会等商业团体是其主要代表，这也体现了传统经济组织向近代经济组织的演变。

（一）行会和会馆

一般认为，中国行会产生于唐代，历经宋元，明清时期的同业会馆、公所是行会组织较为成熟的组织形态。

---

① 古俊贤主编，中国社团研究会编著：《中国社团发展史》，当代中国出版社 2001 年版，第12页。

依据史料记载，唐代的行会至少有 22 种。宋代，商业发达，行会组织兴盛，但名称不一，有"团""行""市""作"等。元朝，行会稍衰。至明清，随着工商业的发展和行业分工的细化，行会更加繁复，名称也益加多样。会馆、公所作为异地联合的同业组织，大量出现。明代北京的铜铁业已分为东行和西行，而清末上海的行业分类有 62 种之多。① 据统计，1655—1911 年，北京、上海、苏州、汉口、杭州、重庆、长沙、广州等近 20 个大中城市有手工业行会 296 个，商业公所 182 个，商帮会馆 120 个，总计 598 个，可见其盛。②

行会组织历时悠久，各行各业形成了大量的行规和习惯，由此可窥见行会的运行状况。行会普遍实行总管、值年制。总管、值年一般由同行共同协商推举，也有用投票方式选出。总管、值年主要负责行会的日常工作，如同业经营规则的执行与监督、行会公共财产的管理、费用的征收与管理、同行间纠纷的调解和处理、组织每年的祭祀业祖与神祇活动等。行会经费来源主要包括征收成员会费、营业税及薪水提成款、对违反行规者的罚款收入、行会公共财产出租的租金收入及公款利息收入以及同业捐助。在雇佣帮手和技艺传承方面，普遍采用学徒制。学徒和师傅结成师徒关系，往往与族缘、地缘、血缘有或多或少的关系，这也体现了传统社会的宗法性特征。

行会的功能主要包括以下方面：

首先，经济功能是行会、会馆公所的基本功能，这包括行会内部的约束和市场层面的影响两个方面。传统社会的行会，主要经济功能就是限制同行间的竞争，保护本行从业者的垄断利益。其措施主要有：利用行会的力量对商品的买卖实行垄断，客商未入会者，不得经营；以统一商品售价制度限制竞争，不得低价竞售，高价揽购，违者处罚（罚戏、罚钱等）；严格开业制度，防止因市场饱和而产生恶性竞争；制定严格的劳动用工制度，规定统一的劳动力价格，防止佣工无序，破坏行业经营；规定严格的学徒制度。而在市场运作方面，行会通过使用本行统一的度量衡器，努力维护交易的公

---

① 彭泽益主编：《中国工商行会史料集》上册，中华书局 1995 年版，第 182 页。
② 曲彦斌：《行会史》，上海人民出版社 1999 年版，第 70 页。

正、公平，同时打击假冒伪劣，维护产品质量，有利于市场稳定。①

其次，与官府的关系方面。行会（会馆、公所）的行规须经官府认可和承认；负责本行业的缴捐纳税事务，承担官府派捐任务；通过官府获得垄断地位。而官府则对行会采取控制利用的态度，为保证税收和社会、市场的稳定，在一定程度上为行会提供保护，如承认行会的权威性，保护会馆、公所的安全等。

第三，社会公益事业。传统社会中，会馆会所举办慈善事业也是其重要职能，以地缘、业缘关系为中心，主要包括济贫恤寡、设义冢、建殡舍、资助死者归葬故乡、赈灾、防灾、设义学、维护公共治安等方面。②

第四，祭祀功能。行会都有自己行业崇拜的神祇，会馆内一般会奉祀行业之神。几乎每一个行会都会尊奉一位祖师或神仙，如木业崇奉鲁班、石业崇奉公输班、纸业崇奉蔡伦、药业崇奉药王菩萨等。多数行会还会崇奉象征公允的关帝和象征发财的财神。此外，作为同乡会馆，一般还会祭祀同乡先贤。行会的祭祀活动，在祈求行业发达的同时，还是行会增加凝聚力的纽带和联络乡谊的重要手段。

第五，联络乡谊。会馆和公所之设，一个重要用途就是为同业同乡聚会联谊提供场所。"会馆之设，所以展成奠价，联同乡之谊，以迓神庥也"，"矧桑梓之情，在家尚不觉其可贵，出外则愈见其相亲，吾五邑之人来斯地者，无论旧识新知，莫不休戚与共，痛痒相关，人情可谓聚矣。"③

（二）商会④

"商会"的名称在明清之际即已出现，但作为一种工商业联合体的近代商业社团，则是在 20 世纪初才在中国正式出现。此时，中国面临严重的民族危机，出于抵制外国经济侵略和振兴工商的考虑，一些开明官僚和绅商纷

---

① 彭南生：《行会制度的近代命运》，人民出版社 2003 年版，第 46—50 页。

② 彭南生：《行会制度的近代命运》，人民出版社 2003 年版，第 51—58 页。

③ 《姑苏鼎建嘉应会馆引》，江苏省博物馆编《江苏省明清以来碑刻资料选集》，三联书店 1959 年版，第 351 页。

④ 参考虞和平《商会与中国早期现代化》，上海人民出版社 1993 年版。

纷呼吁仿效洋商商会建立中国商会。清末新政改革则借助政府的力量，促成中国商会的建立和推广。

1902 年，上海商业会议公所成立，是为中国近代第一个商会。1904 年，商部开始劝办商会，此前设立的商业会议公所改组为商务总会。随后，在中国大多数城镇，基本都设有商会，到 1912 年，大小商会总数近千家。[①] 各地在依托商会进行各种活动时，深感成立全国性商会联合体的必要，经过筹备，1914 年 3 月 15 日，在上海召开第一次全国商联会代表大会，正式宣告全国商联会的成立。

商会虽然是在政策法规的规定下成立和活动，但其具体运行有相当大的自主性，体现了其"商办"的特征。这主要体现在：1. 商会可以自订便宜章程。2. 商会的领导人由商人自行照章选举，请官加委。"商会依照政府的法定程序经由政府的批准而设立，有自己固定的组织机构和职能部门，有广大的会员，有自己能独立支配的经费和财产，有法定的权利、义务和活动范围，又由自己自愿发起，自定章程，自选领袖，自筹经费。因此，商会基本上是一种商办法人社团。"[②]

相较传统行会的行规，近代商会有比较详尽而又完善的章程。如上海商务总会的试办章程就有 13 章 73 条，各章名目为：定名、宗旨、名位、选举、入会、出会、经费、议事、责任、办公、会报、权利、规制。每章下均有详细的条规。1907 年，修订后的章程扩充至 13 章 92 条。[③] 商会一般由当地的各业行会和新式企业的代表组成。在内部组织设置方面，一般商会都设有总理（民国后改成会长）、协理（副会长）、坐办、议董（会董）四种职位和各种职员，皆有明确的职责范围。

相比传统行会集宗教、经济、联谊、福利等诸功能为一体的特征，近代商会的功能更为集中，主要集中于经济和政治方面，尤其以经济活动为主，而联谊、福利等活动逐渐弱化，宗教活动则几乎消失。当然，近代商会在参与慈善救济方面比传统行会更为广泛和突出，与商会突破传统行会的狭

---

① 虞和平：《商会与中国早期现代化》，上海人民出版社 1993 年版，第 75 页。

② 虞和平：《商会与中国早期现代化》，上海人民出版社 1993 年版，第 83—84 页。

③ （清）严廷桢：《上海商务总会历次奏案禀定详细章程》，光绪三十三年（1907）。

隘封闭性一样，近代商会的慈善救济活动往往是区域性乃至全国性的。

关于商会的经济功能，清末部颁《商会简明章程》规定，商会活动的内容和职责主要有四个方面：1.代商申诉；2.汇报商情；3.调解中外商务纠纷；4.管理和提倡工商各业。① 1915 年 12 月，民国农商部颁布《商会法》，关于总商会、商会的职责有九项规定："一、筹议工商业改良事项；二、关于工商业法规之制定修改废止及与工商业有利害关系事项，得陈述其意见于中央行政长官或地方行政长官；三、关于工商业事项答覆中央行政长官或地方行政长官之调查或咨询；四、调查工商业之状况及统计；五、受工商业者之委托，调查工商业事项或证明其商品之产地及价格；六、因赛会得征集工商品；七、因关系人之请求，调处工商业者之争议；八、关于市面恐慌等事，有维持及请求地方行政长官维持之责任；九、得设立商品陈列所、工商学校或其他关于工商之公共事业，但须经农商部核准。"总商会另有两项职责："一、因各商会之请求，得调处商会间之争议；二、于中央行政长官或地方行政长官委托之事件有必要时，得商同各商会处理之。"②

政治方面，商会的成立虽然主要是以经济活动为主，但在近代特殊的社会背景下，随着资本主义经济的发展、西方近代思想的传播以及国内政治改革的推进，商会的政治参与意识也逐步增强。商会在 1904 年诞生后，就积极参与和领导了收回利权运动、抵制美货运动、地方自治运动、国会请愿运动和辛亥革命。民国建立后，在商联会的组织和领导下，商会的政治参与活动更加主动和积极。这些活动主要有：1912—1913 年，要求增加商界议员名额；1913 年，调和国民党与进步党的政争；1915 年，抵制"二十一条"；1916 年，劝阻"护国战争"；1918 年，调和南北战争，反对"中日军事协定"、要求华盛顿会议废除列强在华特权；1919 年，参与五四运动；1921 年，主张息争裁兵，发起废督裁兵运动；1922 年，督促政府按期收回辽东半岛；1925 年，要求废除一切不平等条约，支持和参加关税自主运动，支持五卅

---

① 《奏定商会简明章程二十六条》，彭泽益主编《中国工商行会史料集》下册，中华书局1995 年版，第 973—977 页。

② 《商会法》，彭泽益主编《中国工商行会史料集》下册，中华书局 1995 年版，第 979 页。

运动等。①

开展实业教育。在近代中外贸易的实践中，许多华商和有识之士逐渐认识到新式商业专门知识对发展工商实业的重要性，于是提出以"商学"促"商战"的主张。商会成立后，以推进实业教育为己任。一方面，督促政府和工商界发展实业教育。在历届商联会代表大会中，都有关于实业教育的提案，其中第一届商联会代表大会的提案就有 13 件之多，并将其中呈请政府举办者以报告书的形式上呈农商部和教育部。在民初工商会议上，商会代表提出了《普及工商业教育案》《请选派海外实业练习生案》《兴办工商矿业用专门人才案》等发展实业教育的议案。另一方面，商会则利用自己的力量，积极开展工商业教育活动。清末新政时期，天津商务总会、上海商务总会和苏州商务总会积极创办实业学校，并得到清政府的赞赏和支持。1916 年，为了推进和普及实业教育，中华全国商会联合会筹办函授学校。1922 年上海总商会与中华职业教育社、上海商科大学联合创办上海商业补习学校，这也是当时全国规模最大的商业补习学校。商会对实业教育的重视和鼓吹，推动了近代实业教育的发展，为资本主义经济的发展造就了专门人才。

积极参与慈善公益事业。商会传承中国传统慈善观念，在近代慈善公益事业方面也发挥了重要作用。这主要表现在：1.扶助和创办慈善机构；2.积极参与本地灾害、贫困救济；3.扶持图书馆、济良所、地方治安、防火等地方公益事业；4.参与全国性水旱灾害、兵祸救济：在 1917 年顺直水灾、1920 年华北五省旱灾等重大灾害发生后，商会在募捐、善后等工作中，具有举足轻重的作用。在辛亥革命、军阀战争、抗日战争等军事行动中，商会也都积极组织人员参与战争救助。5.参与国际灾害救济，体现了国际人道主义情怀。如 1923 年 9 月 1 日，日本关东大地震，中国商会不计前嫌，纷纷组织募捐，其中苏州商会于同年 10 月发起苏州协济日灾义赈会，募捐数千大洋。② 总体看，商会创设的慈善机构并不是很多，更多的是通过支持相关的慈善机构以及临时发起赈济活动进行慈善救济活动，其活动范围以本埠为

① 虞和平：《商会与中国早期现代化》，上海人民出版社 1993 年版，第 88—89 页。

② 曾桂林：《义利之间：苏州商会与慈善公益事业（1905—1930）》，《南京社会科学》2014年第 6 期，第 154 页。

主，兼顾全国，参与方式主要以捐款为主。

商会作为近代工商业新式社团，无论从组织结构、运作方式乃至对社会的作用方面，与传统行会都有明显的不同。商会的出现，首先促进和实现了工商各行各业的区域性联合。商会的成立突破了传统行会的行业狭隘性和封闭性，将工商业联合成一体，有利于更好地协调各行各业的发展，并促使传统行会的转变。其次，促进了近代资本主义发展。同时，商会加强了商人的集结，提高商人的政治意识，促进其民主意识的提高和民族意识的觉醒，进而积极参与政治活动。总之，商会的建立及其活动，在多个层面影响了近代中国社会的变迁，推进了中国近代化。

（三）同业公会①

同业公会是近代新式工商业组织，其产生是在中国近代经济变迁背景下，传统工商行业转变、新兴工商业出现和政府政策推动相结合的结果，大规模出现则是在民国时期。1918 年 4 月 27 日，北京政府农商部公布《工商同业公会规则》，规定工商同业公会"以维持同业公共利益，矫正营业上之弊害为宗旨"，同时规定同业组织的非营利性原则，即"不得以同业公会名义，而为营利事业"②。这是我国历史上第一个关于同业组织的法规，为工商同业组织的现代化转型提供了政策规范。南京国民政府于 1929 年颁布《工商同业公会法》，1930 年颁布《工商同业公会法施行细则》，对同业公会的组织构架做了统一规范，要求所有工商各业同业团体，均依照该法进行改组。随后，南京政府在各大商埠设立了商人团体整理委员会，对现存同业组织依法进行登记，并依据上述法规加以整理。这一工作大体在 1931 年完成。

依据同业公会的演变历程，近代工商同业工会的组织结构经历了司月制、会董制、执监委制和监理事制几种形态。清末民初处于过渡阶段的同业公会一般沿用传统会馆、公所的司月制，1918 年《工商同业公会规则》颁布后，工商同业公会多采取会董制。南京国民政府时期，依据《工商同业公

---

① 参考魏文享《中间组织——近代工商同业公会研究（1918—1949）》，华中师范大学出版社 2007 年版。

② 彭泽益主编：《中国工商行会史料集》下册，中华书局 1995 年版，第 985、986 页。

会法》规定，各地工商同业公会大体都改为执监委制。以执监委制为例，工商同业公会内部的权力结构及组织关系如下：会员大会——执行委员会——监察委员会——专项办事机构，形成了分工明确、运作有序的运作体制。同时，有效的议事制度、实力与民主原则相结合的选举制度以及内部调控制度则保障了这一体制的顺利运行。[①]

《工商同业公会规则》和《工商同业公会法》确定同业公会是非营利组织，不能从事经营性活动以获得会费，故经费主要来自入会费、事务费及捐款等。支出主要有办公费、车马费、职员工资、公益费、捐款、商会入会费等。尽管经常面临经费困难，但经费自主也基本保障了同业公会组织的独立性。

民国时期，在区域内同业公会联合的基础上，出现跨行政区划的省际甚至全国性的同业公会。如 20 世纪 30 年代初成立的江苏省典业同业公会联合会、浙江省米业同业公会联合会、沪宁苏烟业同业公会联合会等。全国性同业公会有全国新药业同业公会联合会、全国银行公会联合会。这利于打破各地公会的各自为政的隔离状况，加强行业合作与行业环境的改善，也有利于提高民族工商业抗衡外国经济势力的能力。

同业公会还重视与商会的组织联系与信息交流。从一般意义上讲，同业公会制度可以说是商会制度的一部分，只不过同业公会制度是以行业分其事，商会制度则是跨行业总其成，共同形成了颇具特色的商会——公会体系。在组织关系方面，商会以同业公会为会员，同业公会派代表入会，并缴纳会费，享有会员应有的权利和义务。但同业公会拥有独立的财务权、人事权与决策权，商会虽经常派员参加会议，但并不干涉同业公会的决定。在商会之内，商会章程及决议对于同业公会有一定的软约束力。在职能关系方面，二者互相依赖，相互制约，同业公会在章程中将履行商会所委派的事项列为任务之一，商会也对同业公会的大多数活动表示支持。在法律关系方面，商会与同业公会在法律上是平等的主体，而并非严格的上下级关系。[②]

---

① 魏文享：《中间组织——近代工商同业公会研究（1918—1949）》，华中师范大学出版社 2007 年版，第 145 页。
② 魏文享：《中间组织——近代工商同业公会研究（1918—1949）》，华中师范大学出版社 2007 年版，第 170—179 页。

与商会类似，同业公会的功能，主要体现在经济、政治以及公益等方面。

经济方面，同业公会着眼于行业发展的长远与整体利益，充分运用其行业自治权，一方面制订行业公约，约束企业经营，维护行业经营秩序；另一方面着眼于企业及行业的发展需要，解决企业发展所面临的资金、技术等方面的种种困难。主要体现：加强行业自律，维护行业秩序；服务会员企业，促进企业发展，重视为同业会员进行市场交易提供便利，在维护市面和开拓国内外市场方面也不遗余力；以集团力量努力开拓国内市场和国际市场；倡导抵制外货，扩大国货市场，发展民族经济。同时，同业公会以本身所汇集的信息优势，向同业提供服务，内容包括市场经济信息、技术信息、社会和政治情报信息等，以扩大行业影响，提高同业的技术和服务水平。此外，在抗日战争期间，商会、同业公会是国民政府统制经济体制中的重要一环，对于限价政策、打击囤积居奇、促进生产等方面，均起到了重要的组织中介作用。

政治层面，主要体现在两个方面：一是与政府的关系，一是参与政治活动。就政府与同业公会的关系而言，在经济发展方面，政府需要借助同业公会的力量，了解企业的意见和要求，维护市场的稳定和发展，并借助同业公会宣传贯彻其政策。同业公会也通过制度和非制度性参与，进行自身的政治表达，维护商人的政治与经济利益。政治方面，在国家政治体制之内，同业公会与政府进行了一定程度的合作。如南京国民政府时期，在各地新生活运动及国民精神总动员中，商会与同业公会在促使其在基层落实方面起到重要组织作用。在政治参与方面，同业公会在地方政治、民族主义运动和维护商人政治权益方面均不同程度地发出自己的声音，并积极进行相关的活动，体现了在商言政的政治参与热情。如积极参与清末民初地方自治，力图维持地方秩序的稳定；为抵制外国经济侵略，发起抵制外货、发展国货的号召；在五四运动、抗议日本侵略等爱国事件中，也都有同业公会的参与。

同业公会的公益功能，主要包括业内公益和社会公益两个方面。作为行会的近代继承者，同业公会在财力所及的情况下，都不同程度举办同业公益，或积极参与社会公益，成为凝聚同业、沟通行业商人与社会、协助政府稳定社会秩序的重要角色。关于业内公益方面，主要是同业救济和同业教育两大事项。同业救济主要包括救济不能谋生的年迈伙友、抚恤孤寡、贫病死葬、协助川资、因公救济等事项。同业教育主要包括同业子弟教育和同业职业教育。同业公会非常重视办学养才事业，董事会或执行委员会经常讨论经费筹措、校长聘请、教师招聘、课程设置、学风整顿、优才奖励等重大事项。在民国时期，工商同业公会的社会公益活动主要体现在社会救济方面，这主要包括一般的社会贫病救济、水旱等自然灾害救济、抗战捐款、救济难民、教育公益救济等内容。参与方式则有捐款捐物、参与商会举办的社会公益活动、协助政府进行社会救济、分摊公益经费等。同业公会的社会救济，在整个社会的慈善救济事业中占有重要地位。

综上，从传统工商行会到近代商会、同业公会，体现了中国经济类社团组织从传统到现代的转变，这其中既有传承，也有区别。其传承主要体现在近代商会、同业公会多是在行会的基础上建立起来，并在制度建设、组织建设、组织功能等方面多有继承。但行会与近代商会、同业公会毕竟属于不同时代的经济社团，其区别也是显而易见的。这主要表现在："首先，性质不同。前者是封建制的同业行帮，后者为资本主义的同业组织。其次，组织原则不同。前者是封闭式的宗法性的帮会制度，后者实行的是开放式的资产阶级民主制度。第三，功能不同，前者是封建垄断、守旧、排外的，后者开拓进取、倡导竞争。第四，社会地位不同。前者虽有官府控制或获得官方认可，但无法可依；后者受正式法律法规保护和规范，具有社团法人地位。"①

三、社会组织与慈善活动

在传统农业社会，生产力水平低下，面对经常发生的天灾人祸，抱团取暖，互帮互助成为理性选择，于是就产生了最早的慈善活动和慈善组织，并触发了慈善理念（学说）的产生，儒家的"仁爱"、佛教的"慈悲"、道教

---

① 曲彦斌：《行会史》，上海人民出版社 1999 年版，第 87 页。

的"积德"（善恶报应论）是其主要体现。各种慈善观念的宣扬，反过来又促进了人们的慈善自觉，进一步推动了慈善活动和慈善组织的活跃。

传统社会参与慈善活动的力量主要有以下几种：政府慈善救济机构、专门的民间慈善组织以及其他社会组织（如行会、会馆会所等经济类社团、宗教社团等）的慈善活动。本节主要论述专门民间慈善组织。

（一）传统慈善组织的演变

在传统社会，慈善活动主要以救济为主，包括平常救济和灾荒救济，政府是慈善救济的主角，其核心则是教化民众，维护统治。如隋唐开始出现并被其后历朝所遵循的"义仓"和"常平仓"，宋代设置的福田院、居养院、安济坊、慈幼局、漏泽园、惠民药局，明清时期的养济院，都属于官方设置的慈善救济机构。

从先秦到明清，慈善活动和组织各有不同，但总体趋势是慈善救济活动越来越频繁，救济范围趋广，慈善组织日趋多样和正规，尤其是民间慈善活动和组织越来越活跃，慈善理念也日渐丰富。民间慈善活动主要包括私人慈善、寺庙慈善、士绅主导的地方慈善。

民间慈善活动的开展，大体是从魏晋南北朝时期的佛寺慈善活动开始。此时战乱不已，官方慈善救济活动无力，初入中国的佛教逐渐流行，成为人们的信仰归宿。而寺院为了招收信徒，扩大影响，开始参与慈善救济活动，主要表现为济贫赈灾、施医给药、规诫残杀、劝善修行等。

至唐代，佛教慈善事业更加活跃。与佛教发展进入鼎盛期一致，寺院经济活跃，在寺院内建立固定场所的慈善机构——悲田养病坊（集赈恤、收养贫病者和废疾老人于一体的慈善机构，会昌废佛后由政府收归主持，成为官办），这是"中国古代以来第一个比较完备的专门矜孤恤贫、敬老养疾的慈善机构"[1]。唐及五代，还出现了有佛教色彩的民间社会慈善组织——社邑。社邑由僧人和民间信徒结成，除供奉佛事外，主要从事民间的经济活动和生活互助。另外，私人慈善开始出现。如唐仪凤年间（676—679），肃州

---

① 周秋光、曾桂林：《中国慈善简史》，人民出版社 2006 年版，第 94 页。

等地飞蝗成灾，刺史王方翼出私钱对灾民进行救济。

两宋时期，社会经济发展，工商业兴盛，为慈善救济活动的开展提供了物质基础。统治者力行"仁政"，举办各种慈善事业，更是促进了这一时期慈善活动的开展。两宋是传统社会官方慈善事业举办最为广泛而卓有成效的时期。举凡灾荒救济、救孤养老、施药救病、施棺埋遗等，政府都积极参与，创办福田院、居养院、安济坊、慈幼局、漏泽园，惠民药局、举子仓、慈幼局、慈幼庄、婴儿局、广惠仓、社仓等慈善救济机构。这一时期的民间慈善活动也很活跃。如社仓，虽为官方指导下设立，但主持者已有地方士人。此时还出现了中国最早的私人义庄——范氏义庄，集宗族救济，贫困救助、生育扶助、婚丧扶助、慈善教育于一体。私人慈善活动也颇有成效，如富弼青州流民赈济、刘宰赈济饥民、真德秀的慈善救济活动等等。

明清时期是传统社会民间慈善活动最为活跃的阶段。这一时期，商品经济繁盛，为慈善活动的开展提供了丰厚的物质基础。政府推广慈善教化，并设置官方救济机构，带动了民间慈善活动的开展。同时，明清人口的激增，贫困人口增加，带来更多的社会问题，也促使人们通过慈善救济活动来谋求解决。此外，这一时期，三教合流，佛道呈民间化和世俗化趋势，针对因商品经济活跃而导致的道德沦丧和生活奢靡，知识分子遂以善书的形式倡导善事义举，希望重整社会道德规范，也刺激了善会、善堂等慈善机构大量出现。其代表性的民间慈善组织主要有族田义庄、同善会、放生会、惜字会、救生局、义渡局、清节堂、恤嫠会等等。

（二）传统慈善组织的运行

1. 义庄

义庄是传统社会宗族慈善救济的典范，"是传统宗法社会中，在血缘和地缘关系基础上，由宗族中的士绅、商人或力田起家的庶民地主捐置田产和房屋，以达敬宗、收族、保族之目的，得到国家认可和支持的一种封建宗族赈恤组织。"[1]

---

[1]　李学如：《20世纪以来的宗族义庄研究》，《合肥师范学院学报》2015年第1期，第33页。

义庄始于北宋皇祐二年（1050）创建的范氏义庄。范氏义庄以土地作为主要经济来源，田亩所得用来赈济族内贫困不能自给的族人，主要涉及贫困救助、生育扶助和婚丧扶助。同时，义庄注重慈善教育，设义学、义塾，资助族内贫寒子弟攻读举业，或习得谋生技能。在管理方面，范仲淹亲自订立《义庄规矩十三条》，规定从各房中择一子弟，共同负责义庄的经营。以后各代对规章有所增改。范氏义庄以族田保族，以科举护族，绵延近千年，影响久远，富有之家纷纷效仿，义庄遂成为宋元以来民间慈善的重要力量。

义庄在南宋设立较多，元及明前期则比较少，明朝中后期至清末民初，兴办义庄蔚成风气，发展进入成熟期。宋元时期全国有族田义庄 70 余个，明代大约设置了 200 个，清代义庄的设置则是数以千计，仅苏州府就有 179 个。[①]

从民间慈善救济的角度看，宗族救济的对象是贫乏族人，主要开支则包括生活扶助和教育资助。据学者研究，这方面的费用一般都能占义庄总支出的 30% 以上。值得注意的是，义庄的宗族救助有差等，并且与教化相结合。

义庄设置的终极目的是"保族"，通过族内救济，确实达到了这一目的。同时，义庄的设置，有助于基层社会稳定和社会教化的推广，故为统治者所推崇。但其救济范围较小，社会影响不大。

2. 同善会

同善会是明代后期兴起，并延至清代的民间慈善组织。最早的同善会，由杨东明于万历十八年（1590）在河南虞城创立，其后，在江南一带流行开来，并波及其他地方。同善会的主要发起者大都为地方士绅，立有较为完备的会式，包括会旨、会期、会斋银、施贫办法、置棺分施等。经费主要靠会员捐赠，通过集会来筹集善款，实施救济和劝善宣讲。其救助对象主要是贫困孝子、节妇或迹行甚佳的贫户，显示出明显的伦理倾向，可见同善会兼具救济与教化两种功能。

---

① 周秋光、曾桂林：《中国慈善简史》，人民出版社 2006 年版，第 189 页。

　　明末最有影响的善会是高攀龙组织的无锡同善会和陈龙正组织的嘉善同善会。无锡同善会创建于万历四十二年（1614）。在《同善会序》中，高攀龙阐述了善的理解以及行善动机问题。他认为，善即是仁，仁就是爱人，给人提供帮助。行善不能带有任何功利主义的想法，即坚持行"无为之善"。无锡同善会实行轮值制，会首（"主会"）由会员（"会友"）推荐产生，要品行端正且具备管理能力，每年一换，轮流负责同善会的管理事务。会员之间是松散、平等的关系，每季相聚一次，开展募捐和施善活动。同善会的经费来自参会成员的捐献。据《同善会规例》，无锡同善会每次开展济贫活动前先请嘉宾进行宣讲，演讲的内容基本上围绕宣讲道德、劝人为善展开。济贫项目分为助贫与施棺两种。同善会对救济对象提出了贫困与道德两方面的要求，"助贫以劝善为主，先于孝子节妇之穷而无告者，次及贫老病苦之人，公不收于养济、私不肯为乞丐者"，"至于不孝不悌、赌博健讼、酗酒无赖及年力强壮、游手游食以至赤贫者，皆不滥助"①，体现出同善会教化功能的一面。②

　　由陈龙正发起的嘉善同善会成立于崇祯四年（1631），借鉴了无锡同善会的方法。其经费来源于参会人员的定期捐资。陈龙正还手订《同善会会式》16 则（实为 15 则），对同善会举会日期、举会程序、主会者的推举原则与司讲人员的选择、会员捐助方法与数量、济贫项目、济贫对象的确定与济贫款的支付方式等作出明确的规定。同善会的济贫主要为助贫和施棺，救助对象方面，嘉善同善会在沿袭无锡同善会规定的基础上，又列出 4 种"似宜助而不助者"，分别是衙门中人、僧道、屠户和败家子，他们属于"可怜不足惜"之人。嘉善同善会每年举行 4 次聚会活动，从 1632 年至 1644 年，共聚会 51 次。为取信会友，杜绝贪污舞弊，同善会还用公费刻会集的方式，将账目公开。1641 年，陈龙正设立同善会馆，作为办事、聚会的固定场所。同年，还捐地 8 顷设立同善庄，以保证同善会的经济来源。嘉善同善会作为

---

① 《高子忠宪公同善会规例》，余治《得一录》卷 1，"同善会章程"，同治八年（1869）刊本，第 2 页。

② 参见王卫平《时念与实事：晚明高攀龙的救世理念与实践》，《中国史研究》2015 年第 3 期。

地方性民间慈善救济机构，成效也颇为显著，最初成立时，救济不过数十人，至 1641 年，已增至三四百人。[①]

同善会在清代仍有延续，尤其是乾隆二十三年（1758），陈宏谋巡抚苏州时，制订了同善会会规，并进行劝建，同善会在江南地区兴建迅速，建有固定会所，开始由善会向善堂转变。

3. 普济堂

普济堂是清代民间慈善机构的代表。1706 年，由民间捐资的京师普济堂创建，主要收养外地来京的孤贫残疾者。该机构得到朝廷支持和褒奖，影响逐渐扩大，各地纷纷效仿。

普济堂最初主要由地方士绅、商贾创办，经费也主要由民间筹集，救济对象主要是鳏寡孤独贫病之人，范围并不限于本籍。在组织管理方面，普济堂实行司事负责制，延请殷实的士绅轮流值理，期限一般为一月、一季或是一年。在制度管理方面，各地普济堂均订有堂规，通常包括组织管理、经费筹措、对国家的义务（如完纳国课）、经费使用及对收养对象的限制等。

从雍正二年（1724）开始，官府力量开始介入普济堂的建立与运营，普济堂由民办的慈善机构开始转为民办官督或是官民合办的慈善机构，经费来源随之多样化，既有官方财政资助，也接受民间捐款，还有官员的个人捐赠。乾隆年间，不少地方由官方担负起创设、管理普济堂的责任。官方力量的介入，改善了普济堂运行的条件，尽管也存在着官员贪污腐化、强迫捐赠等弊病，但对于普济堂的兴建推广还是起到了很大作用。据统计，在 1724 年以前全国仅有 5 间普济堂，而 1724—1796 年新建了 310 间普济堂。[②] 普济堂的大量存在，在社会慈善救济、社会教化、社会控制等方面发挥着重大作用。这也有利于调动人们参与地方福祉和慈善公益活动的热忱，形成好善乐施的风气，促进清代慈善事业的繁荣发展。

---

① 参见王卫平《做好人与行善事：陈龙正与嘉善同善会的慈善活动》，《历史教学》2016 年第 4 期。

② 梁其姿：《施善与教化：明清的慈善组织》，河北教育出版社 2001 年版，第 135 页。

（三）近代慈善组织的运行

步入近代，剧烈的社会变迁，战争、灾害频仍，使得社会问题突出，传统慈善组织和理念面临挑战。受近代西方慈善组织和观念的影响，有识之士开始重新思考慈善公益事业的出路。而政府对慈善公益事业的支持与管理、近代工商业的发展，以及近代传媒、交通等现代联络方式的出现，则为近代新式慈善组织的运作提供了有力的支撑。

总体上看，近代民间慈善组织的构成，一是传统慈善组织的延续；二是西方来华人士创立的慈善组织，尤其是教会慈善机构；三是近代有识之士创立的新型慈善组织。本节主要介绍近代新式慈善组织的运作。

1. 近代义赈组织的兴起

义赈是由民间自行组织劝赈、募集经费，并向灾区直接散发救灾物资的慈善救济活动。近代义赈的兴起与丁戊奇荒有直接关联。

1876年起，山东、河北、山西、陕西、河南等地发生罕见旱灾，时间持续四年之久，史称"丁戊奇荒"。受传教士赈灾救济活动的影响，当时的江浙官绅在大规模募集资金的同时，在灾区设立救灾机构（如青州江广助赈局专办鲁赈，上海公济同人会专办豫赈，上海协赈公所则是上海绅商义赈山西、陕西、河南直隶各省灾害的常务机构），同时借用《申报》进行赈灾募资的宣传呼吁，逐渐形成一套颇具规模的组织体系和比较科学的运作模式。"义赈采取的是由民间人士有组织、跨地域的募捐和放赈。整个义赈过程，分为募款、司账、转运、查赈等几个环节，每个环节又都具有相对的独立性，并派专人负责，各司其职。在放赈和转运的过程中，由于是跨区域赈灾，各地的办赈点又与上海协赈公所保持紧密的协调、合作，保证了赈济的高效率。"[1]

此后，江南绅商继续经办、负责全国各地的义赈活动多起，如1883年黄河决口造成的山东水灾、1887年因黄河决口造成的豫皖苏三省水灾、1889—1891年浙江、苏南水灾和顺天、直隶水灾，他们都积极参与其中，先后募款数百万，救人无数。

---

[1]　周秋光、曾桂林：《中国慈善简史》，人民出版社2006年版，第239页。

近代兴起的义赈，聚合江南一带颇有经济实力的绅商和官僚，实现了跨区域的全国性救济，运用近代交通工具和传媒手段，实现了救灾手段的突破，管理运行规范且颇有成效，影响广泛，并得到官方认可。在1906年江苏北部水灾救济中，形成了官赈与义赈合一、以义赈办法为基准的"官义合办"赈灾局面。与此同时，洋赈谋求与义赈合作，联合创办华洋义赈会，在辛亥时期的江皖水灾赈灾活动中发挥重要作用，① 使得义赈在本土化的基础上兼具了国际化的维度。

2. 中国红十字会的创立

红十字会作为人道主义的医疗救助组织，在近代中国的创立与发展颇具曲折。

1904年，日俄战争爆发，为救济东北战场的被难民人，上海绅商于3月10日以中外联合的名义成立上海万国红十字支会（后定名为"上海万国红十字会"）。该组织积极筹募资金，购置救济用品，在牛庄、烟台等多地设立分会，积极参与日俄战争中中国东北难民的救助工作，在伤员救治、外地难民资遣、本地居民赈济等方面发挥重大作用。武昌起义爆发后，1911年10月24日，中外人士700多人于上海创立中国红十字会万国董事会，积极从事辛亥革命过程中的战事救助，包括向武汉三镇、南京等地派出医疗救护队、掩埋队；广设分会，协助救护；积极筹款，做好后勤保障。

1912年1月，中国红会得到国际红会的正式承认。② 1912年7月，万国董事会解散，10月30日，中国红十字会全国统一大会在上海召开。会议讨论通过了《中国红十字会章程》及《中国红十字会分会章程》，标志着中国红十字会迈向了规范化管理。同时，大会整合了京沪及其他各省红十字会团体，完成中国红十字会的合并，实现了中国红十字会内部的统一。由此，红十字事业在全国陆续展开，并逐渐走向规范。③ 1922年，召开第二次会员大会，通过《中国红十字会修正章程》，具体规定了红会的机构设置、职责划分及产生办法、会员资格、财产管理、分会设立办法、救护宗旨、奖惩

① 朱浒：《民胞物与：中国近代义赈（1876—1912）》，人民出版社2012年版，第12—14页。
② 池子华：《红十字与近代中国》，安徽人民出版社2004年版，第117页。
③ 周秋光、曾桂林：《沈敦和与中国红十字会》，《史林》2008年第6期，第57页。

措施等。

中国红十字会会员分为三种——名誉会员、特别会员、正会员，从 1920 年起添设普通会员和学生会员，基本以捐助或募捐资金和义务服务为标准。不同级别的会员资格年限不同，普通会员的资格有效期为十年。在组织机构方面，民国以前中国红十字会基本实行的是董事会制，在中国红十字会第一次会员大会上，由全体会员无记名投票选出常议员组成常议会，作为红会常设的决策机构，再由常议会选出名誉总裁、会长和理事。红十字会的体制遂由董事会制转为常议会制。在 1912 年 10 月举行的统一大会决议中规定：总会设于北京，总办事处设于上海，会长常驻总会，专任对外及对政府交涉事务，副会长及常议会则驻总办事处，副会长会同理事长督率各职员办理，凡筹募款项，联络分会，征集会员及其他一切会务，均属总办事处负责。红十字会经费的来源主要有社会捐款、会员会费和政府拨款三种，其中以社会捐款为最多。在支出方面，大致有灾难救济、医疗卫生、战地救护、国际救援、推动会务、投资理财等项。

随着各种救护工作不断深入和日常赈济活动的开展以及红十字宣传的加强，红十字会的影响不断扩大，各地分会纷纷建立，会员人数逐渐增多，至 1948 年，会员总数达 600967 人。①

除前述晚清救护工作外，中国红十字会在民国期间所从事的活动主要包括战争救护、难民与灾民赈济及日常社会服务。

战争救护是红十字会人道工作的最主要部分和核心内容。北京政府时期，1913 年的"癸丑兵灾"、张家口兵灾、1914 年的山东兵灾、皖豫两省兵灾、1916 年的护国战事兵灾以及其他各地的兵灾，中国红十字会都参与救护。抗日战争时期，中国红十字会的抗战救护主要是以救护总队为中心展开，抗战中的四次长沙会战救护、敌后战场的救援行动、中国远征军随军救护等活动，展现了中国红十字救护总队抗战救护的业绩。

灾害赈济，主要是对水、旱、风、震等自然灾害的救赈活动。在 1917

---

① 池子华等：《红十字：文化传播、危机管理与能力建设》，合肥工业大学出版社 2014 年版，第 99 页。

年"京直水灾"、1928—1930 年"西北华北旱荒"、1922 年广东"八二风灾"等自然灾害救济活动中，红十字会都积极行动。

在日常社会服务方面，民国初年红十字会上海总办事处以及广州、重庆、西安、长沙、杭州、北京等地分会设有固定医院，没有条件开设固定医院的分会也在必要时开设临时医院。红十字会依靠这些医院，开展医疗和卫生防疫工作。同时，红十字会还为展览会、运动会、公共游行等大型公共活动提供救护和卫生服务。

此外，中国红十字会还参与国际救援活动，如第一次世界大战期间为难民募捐，派救护医疗队赴海参崴参加国际救护工作，参加 1923 年 9 月日本关东大地震救援等。

3. 世界红卍字会的创建①

世界红卍字会是济南道院设立的慈善机构，成立于 1922 年，是民国时期颇有影响的民间慈善团体，简称"红卍字会"或"卍会"，以救济灾患，促进世界和平，并以发扬人类互爱互助之美德为宗旨。

红卍字会的社会救济、慈善活动分为"永久慈业"与"临时慈业"两种。"永久慈业"为红卍字会所办日常事业，包括创办医院（普济医院等名目）、施诊所、伤残院（残废院）、恤养院、中小学校（道化小学、化育小学、平民小学、育德小学、保慈小学、卍慈小学等名目）、孤儿院（以及育婴堂）、养老院、因利局（或名贷济所，从事小额无息低息贷款）、恤嫠局（帮助寡妇）、道生银行（积微利以助善事）、技能训练所（习艺所）、贫民工厂（厚生工厂）等，最重要的是兴办医院诊所、恤养院（包含鳏寡孤独废疾等人）、小学教育。

红卍字会的"临时慈业"分为战时救济、灾荒救济、特种救济和日常救济四大类。战时救济因应民国时期多发的战乱兵灾，战场尸体掩埋以及医治伤兵、救济灾民实为大宗。如在第二次直奉战争（含江浙战争）、北伐战争、"八·一三"抗战等战事中，红卍字会都积极开展救护伤员、赈济难民与掩埋尸体的工作。在南京大屠杀发生后，红卍字会南京分会掩埋队投入掩

---

① 参考刘平《"恶之花"？"善之果"？——红卍字会透视》，《世界宗教文化》2012 年第 4 期。

埋尸体工作，并留下报告，成为日军制造暴行的铁证。灾荒救济指风灾、水灾、地震等灾害的救济。特种救济指的是除了战争、灾荒以外的突发事件救济，1925 年上海"五卅"惨案、1927 年 3 月南京惨案、1928 年济南"五三"惨案，红卍字会均积极参与救济善后。日常救济包括冬令救济（施粥施衣）、掩埋"路倒"（尸体）、资遣（给无钱回家的人路费）、恤产（给穷苦产妇临时资助）及急难救济（施材、施药）等。

红卍字会在进行慈善活动的方式方法上，具有明显的现代特征。首先，红卍字会制定了严格规章，包括加入红卍字会的程序、慈善救济方法的规程、经验教训的总结等。其次，引入了极具活力而又富有民主气息的董事制，突破了传统善会善堂封建家长制的管理运营模式，克服了政府慈善救济组织的官僚主义弊病。第三，受当时国际红十字会的影响，红卍字会不断完善救助机制，"熔铸了包括筹资、宣传、征信、运输、查赈、奖惩在内的一套机制"。①

综上，近代民间慈善突破了传统以救济为主的观念，提倡救养结合，并加入近代内容；突破传统慈善救济的地域性局限，实施跨区域、全国乃至跨国慈善救济；在组织结构方面，近代慈善组织普遍采用会董制，分工明确，运转顺畅，经费来源多重，救助手段多样，取得了明显的成效。尤其在剧烈变动的近代中国，纷纷涌现的民间慈善组织及其救助活动，弥补了官方慈善救济的不足，促进人道主义观念的传播，成为动荡时代的亮色。

四、社会组织与文化传承

相对于经济、慈善类的社团，传统社会的文化类社团更为丰富。此类社团存在于社会的各个阶层，亦因地域不同而呈现多姿多彩的面目，其中以文人参与的诗文会社最为瞩目。

---

① 高鹏程：《红卍字会及其社会救助事业研究（1922—1949）》，博士学位论文，苏州大学，2009 年。

（一）文人结社的类型

文人结社是中国传统文化的重要特色。文人结社的形式主要有以下几类①：

一是文宴、雅集、禊饮等，起源于汉代的梁园雅集，知名于东晋的兰亭禊集，为历代文人心仪和仿行。这种聚集方式虽无会社之名，却是传统文人雅士最常见的社交形式，具有会社之实。

二是各类诗社、诗会，以消闲、雅趣为宗旨，既可交流诗艺，又可以酬唱之盛邀取时誉，如宋代的西湖诗社、江西诗社，元代的月泉吟社，明代的"西湖八社""海岱诗社""青溪社"等。

三是各类文会、文社，或由士子揣摩八股风气、自由组合而成，或由地方学官以整顿学政为由，召集生徒而成。文社、文会的功利性较为浓厚，但又适当地保留了诗酒盟会所固有的文人雅趣。如宋代的桂峰课会、聚桂文会、青云课社等，就是为商量、切磋科举应试技巧而设。明代的丽泽会、金陵社也属此类。也有一些文社兼治其他，如明代的复社、几社、醇社、直言社等。

四是怡老会。怡老、崇雅兼而有之，多由退休里居的昔日朝中要员，以耄年硕德为文坛祭酒，名称则常称九老会、十老会、耆英会、真率会等，上可溯源到唐代白居易晚年所举的洛阳九老会。

五是讲学会。这是较为专门的学术团体。讲学会起于宋元，与书院、理学的兴起有密切关系，盛于明代中叶，清初至中期沉寂。讲学会的核心是讲明儒学。宋明理学者大多依托书院，设讲学会，宣讲儒家学术，遂使书院不仅成为教育中心，而且是社会与知识分子活动的中心。如朱熹讲学于白鹿洞书院，王阳明一生讲学，也大多在书院，如龙岗书院、贵阳书院、濂溪书院、稽山书院、敷文书院等。

六是士大夫与僧道结合的宗教会社。士大夫与僧人结合的宗教会社的出现，与佛教世俗化和平民化有关，也与士大夫对待佛教的态度有关。佛教

---

① 参见欧阳光《宋元诗社研究丛稿》，广东高等教育出版社 2011 年版；陈宝良《中国的社与会》（增订本），中国人民大学出版社 2011 年版。

自东汉传入中国以后，其信徒一直致力于以各种方式宣教，逐渐渗透于官方和民间，获得了较为广泛的社会影响。对于佛教的广泛传扬，作为信奉儒家正统的士大夫，一开始是比较排斥的。但对佛教的关注以及与僧人的交往，已不可避免。自晋以后，士大夫已有与僧人交往的例子。唐宋时期，此风犹存，至明代兴盛，清代仍不绝如缕。在这一过程中，一些士大夫逐渐接纳佛教，甚至儒、佛共信。如金代儒者李纯甫，官拜翰林，却崇信佛学，甘为居士。明中期以后，士大夫中盛行禅悦之风，与僧人的交游也成为常事。由此，二者共同参与的宗教结社的出现也是很自然的事情。据资料记载，宗教结社的起源最早当推晋、宋间慧远在庐山创设的"白莲社"。此后，历代文人雅士与寺僧结成的法会、法社不绝如缕，尤以宋、明为盛。宋有"禅会"，亦有"白莲社"，明则有"金粟社""胜莲社""月会""放生会""澹社"等。这些会社有的偏于诗文，也有的偏于法事，更多的则是"诗坛兼法社"，诗禅结合。士大夫与僧人共同参与的宗教结社的出现，丰富了士大夫的社会生活，促进了佛教的世俗化，更是激发了中国文化的活力。

以上文人结社的分类并不是截然不同，大多数情况下，各类结社的内容并不是单一的，往往诗文休闲俱有，有些结社还有一个逐渐演变的过程。

从规模和地域看，传统文人结社往往集中于城市和名胜之处，大部分局限于一地，很少有跨区域联合的结社出现。明代文人结社的地缘特征就十分突出，主要集中在南北两京、杭州、苏州、无锡、昆山、松江、湖州、嘉兴、南昌、广州、福州、莆田等地。复社是其中打破地域界限的代表。从文人结社的演变来看，宋元以后，最为兴盛，明代尤其瞩目。据研究，明代（含元末）文人结社约有 680 多例，其中元末至洪武、建文 33 例，永乐至天顺 44 例，成化至正德 99 例，嘉靖 87 例，隆庆、万历 224 例，泰昌至崇祯 198 例。[①] 清初禁结社，故文人结社减少。在组织方面，文人结社一般会立社规，但总体看，古代文人结社的组织约束力不强，有时也出现一人多会的现象。当然，也有团体社规有排他性规定，如清初慎交社盟书明确规定：

---

① 何宗美：《文人结社与明代文学的演进（上）：明代文人结社现象与文学流派、文学思潮研究》，人民出版社 2011 年版，第 9 页。

"与斯盟而中已者，是谓寒盟。寒盟者，七邑之人共弃之。与斯盟而复与他社者，是谓败盟。败盟者，七邑之人共讨之。"①

（二）文人结社的影响

文人结社对中国文化的传承与创造产生了重要影响。

首先，从文学的角度看，文人结社对于古代文学流派的形成以及推动文学风气的发展变化，起到了非常重要作用。如明代文人结社与明代文学流派、文学思潮兴衰演变以及明代文学整体推进、明代文学风气发展变化有密切关系。参加文人结社几乎成为明代文学家的共同经历。对于很多明代作家而言，结社基本上是他们主要的生存方式和文学交游方式。文人结社对明代诗歌、散文、戏剧、小说都有重要影响。② 明初以林鸿为首的闽中十子社，首标"诗必盛唐"的宗旨和模拟古诗的路数，开启了有明一代拟古复古的文学风气。以李梦阳、何景明为首的前七子和以李攀龙、王世贞为首的后七子，相互鼓吹，结成声势煊赫的复古派，统治文坛达百年之久。依托讲学会等学术社团形成的学术派别，对文学也有重要影响。宋代理学的盛行对宋诗宋文的影响，明中后期王阳明心学以及泰州学派的风行对文学思潮、文学创作的影响，都是显明的例证。③ 当然，文人结社也会产生门户之见，导致不同流派之间各树营垒，互相排挤。但这也有利于打破文坛的沉闷空气，催生各种新的文学观点，促使百家争鸣。

其次，从休闲文化的角度，文人结社创造了多种文化休闲的方式，并丰富了传统的休闲思想。琴棋书画，诗文歌赋，优游山林，是传统文人休闲的主要内容。这在文人结社中有真切的体现。梁园雅集，兰亭禊集等，展现的是传统文人优容诗酒、自得其乐的风貌。其集会方式和内容也为历代文人效仿，成为文人休闲雅聚生活的主流。正是在这种休闲的生活方式中，丰富

---

① 《研堂见闻杂记》，《台湾文献史料丛刊》第 5 辑，（台湾）大通书局 1987 年版，第 40 页。

② 何宗美：《文人结社与明代文学的演进（上）：明代文人结社现象与文学流派、文学思潮研究》，人民出版社 2011 年版，第 21—24 页。

③ 郭英德：《中国古代文人集团与文学风貌》（修订版），中国人民大学出版社 2012 年版，第 210—211 页。

着传统的休闲活动和休闲思想。文人交游方式主要有饮酒、赏花、郊游、吟诗为文等。逍遥林泉、吟风弄月、交游同道是他们的生活情趣。"文友诗侣，故旧门生，既有结社酬唱，也有随意的聚会雅游。活动的名目多种多样，或赏花，或登高，或饯别，或庆寿，亦聚于宅，亦游于郊，东园西庄，道宫佛寺，兴之所至，便相邀会。会之时，有酒，有棋，有琴，有诗，一人倡之，众皆和之。"①

再次，从学术和教育的角度，讲学会一类的社团，对于学说的传播、学术派别的形成起到了重要作用。如程朱理学、王学的形成与传播就与书院讲学密切相关。明末清初思想、学术领域群星璀璨的景象与文人结社的风气也有密切关系。究其实质，文人社团为学术、思想名家的出现提供了一个广阔的学术群体基础，在这个群体中，师生、朋友互相激发，思想活跃，学术视野开阔，从而造就了一批著名学者。有学者将之视为"塔尖"与"塔基"的关系。②

还有，从政治的角度看，传统知识分子的经世意识，使得他们始终关注政治，并借结社流露出政治倾向，如明代的复社、东林等；清初的惊隐诗社、甬上诗社、西园诗社等皆为抗清志士的结聚，而忠诚社、怀忠社、孚社则直接从事反清的活动。从另一方面看，政治环境也影响着文人结社的存在。如清初禁止士大夫结社，致使清朝的结社活动就明显减少，仅存的一些结社也都偏于文学。

当然，传统文人结社也存在一些不足，如组织比较松散，大多数无会规，约束力不强；存在时间比较短，很难有持续性；门户派别之争较为严重；活动的地域性较强，跨区域影响不够等等。

---

① 何宗美：《文人结社与明代文学的演进（上）：明代文人结社现象与文学流派、文学思潮研究》，人民出版社 2011 年版，第 200 页。
② 何宗美：《明末清初文人结社研究》，南开大学出版社 2003 年版，第 417 页。

五、传统社会组织的作用与历史启示

（一）传统社会组织的作用与局限

如前所述，依存于传统社会变迁，社会组织呈现出由简单到日趋多样的演变过程，展现了传统社会发展的丰富面貌和活力。

其一，推动了社会发展，激发了社会活力。社会组织的产生与社会变迁紧密相关，也是社会发展活力的重要见证和重要推动。如行会组织产生于唐代经济繁荣之时，其后在宋元明清愈发活跃，组织形式趋于多样，功能日趋完善，以城市为中心，扩散到广大乡村，甚至在明清时期演变为跨区域的会馆，促进了行业发展和市场秩序的稳定，见证和推动了中国古代商品经济的繁荣。而民间慈善组织的兴起，专注于基层社会慈善救济，有利于社会稳定。

其二，促进了文化传承与创造。这在文化类社团表现得尤其明显。文化是社会繁荣的重要标志。在传统社会，随着社会分工的加强和知识传播的扩展，文化类社团逐渐盛行，尤以官僚士大夫和文人结社最为典型。通过各种结社，他们承继先贤，传播知识，关注时事，讲学论辩，作文赋诗，优游山水，展示了传统社会文化的丰富与璀璨，对中国古代文化传承和创造起到了至关重要的作用。

其三，社会组织与政府的互动。从根本上看，社会组织的出现是社会变迁的结果，但其发展与政府的政策也密切相关。传统王朝力行集权和专制，加强社会控制是其一贯的政策，对待社会组织也是如此。如为避免结党营私，文人结社活动受到限制，对于民间祭祀活动作出规范，严禁淫祠、淫祀以及迎神赛会，严禁秘密结社等等。但社会组织与政府的互动依然可见，如行会在唐代的出现，就与当时朝廷管理和征收赋税有直接关系。其后，宋元明清各朝对行会的管理和控制一直都存在，主要手段就是让行会承担各种官役，行规也需要官方批准。而政府则依靠行会维护市场，征收赋税。在慈善救济方面，传统社会以官方主导的救济机构为主，但政府也会利用民间慈善团体扩大民间救济，开展教化，弥补官方救济的不足。进入近代，社会组织与政府之间的互动关系更为明显，前述商会、同业公会、民间慈善组织的活动都说明了这一点。

但从总体上看，传统社会组织并不发达和活跃，这主要体现在以下几个方面：首先，从组织类型看，传统社会经济、文化领域社会组织较多，政治领域组织较少，这与传统社会王权一统的政治特色有关。其次，在地域分布方面，传统社会组织大部分集中于城市和经济发达地区，缺乏跨地域、跨阶层行业的全国性组织。再次，传统社会组织结构比较松散，规章制度不完善，对会员的约束力不强，是故，大多数传统社会组织存在时间较短。

这种情况在近代有了较大改观。清末民初以降，受西方文化影响以及政府治理政策的转变，各领域社会组织有了爆发式增长，并呈现出崭新面目：政治类社团乃至政党涌现，全国性经济组织如商联会设立，文化类社团更是数不胜数。这些团体大都有严格的规章，规范的组织制度，以及常态的活动。尤其值得注意的是，在救亡图存的历史背景下，各类社团都呈现出明显的政治指向，在与政府的关系方面，也表现出较强的自主性。

（二）历史启示

社会组织不仅是一种历史的存在，更是今天要大力发展的社会力量。中国传统社会组织的发展给当今留下的启示主要有以下几点：第一，要汲取历史教训，充分认识到社会组织在社会治理中的重要作用。如前所述，传统社会组织在经济发展、慈善事业和文化传承方面都发挥着重要作用，是彰显社会进步、推动社会发展的重要力量。新中国成立初期，为维护新政权和体现社会主义制度的优越性，党和政府将近代以来的各类社会组织一律改组为政府管理的国营或集体机构，由政府来包办一切社会事务，社会组织退出了历史舞台。其结果，在消除传统社会组织弊端的同时，也产生了新的问题。改革开放40多年来，随着我国社会的转型和政府职能的转变，一切由政府包办的社会管理模式已无法适应人民群众的利益诉求及错综复杂的社会治理局面。现代社会中社会事务的责任主体是多元化的，治理不再是政府一家唱"独角戏"，而是国家、社会与市场各归其位、各尽其责的共治良性互动。因此，社会组织是社会治理的重要参与者与实践者，社会组织的有序参与，可以在政府与市场、政府与社会、政府与群众之间架起桥梁和纽带，动员和发挥人民群众和社会力量在社会治理中的主体性和创造力。[①] 第二，要正确处理政府与社会组织之间的关系。中国古代政府把社会组织作为体制外的力量，对社会组织的管理以控制限制为主，实践证明，这既不利于社会组织的发展，也不利于社会的稳定与进步。新中国成立初期，由政府取代社会组织包办一切社会事务的做法也存在诸多问题。现阶段，政府应将社会组织视为与政府合作互助、共同创新社会治理不可或缺的力量，对社会组织的管理应依法进行，尽可能地为社会组织的发展创造条件，大力培育发展社区社会组织，重点培育、优先发展行业协会商会类、科技类、公益慈善类、城乡社会服务类社会组织，努力形成结构合理、功能完善、竞争有序、诚信自律、充满活力的社会组织发展格局。第三，社会组织要加强自身建设，增强自治能力和生存能力。传统社会组织发展缓慢，生命力不长，除外部因素外，内部治理结构不完善亦是重要原因。因此，当今社会组织要依照政府法规政策和章程健全法人治理结构和运行机制，要主动接受政府和社会的监督，及时公布各类信息，以优良的服务和显著的业绩来赢得公众的信任，打造自己的品牌和公信力。

---

① 全国干部培训教材编审指导委员会组织编写：《改善民生和创新社会治理》，人民出版社2019年版，第171页。

第七章 传统社会救济制度的
演变及历史启示

一、中国古代社会救济制度的演变

中国地域辽阔，气候复杂，自古以来就是自然灾害频发的国家。在古代社会，由于生产力落后，生产关系不合理，民众的抗灾能力极其薄弱，每灾必荒，以至于灾害与灾荒成了同义语。邓拓在《中国救荒史》中的分析，中国历代灾荒发生的趋势和特征有三点：1. 普遍性。我国历代灾荒不但在空间上日益趋于普遍化，而且在时间上也愈见普遍。空间上普遍化的结果，形成了无处无灾、无处不荒的现象。时间上普遍化的结果，形成了无年无灾、无年不荒的现象。2. 连续性。各种灾害，本来就有相互的关联，如大旱之后，常有蝗灾，水旱灾害之后，常有疫疠等。如果防治疏忽，那么各种灾害就会连续发生，其危害也就更加惨重。如 1931 年江淮大水灾之后，便继之以大疫灾，因疫灾而死亡的人数比淹饿而死者还多。3. 积累性。每次巨灾之后，因缺乏补救的措施，元气愈伤，防灾的设备愈废，以致灾荒的周期循环愈速，规模也更加扩大。

灾害发生后，若救灾不及时、不充分，会产生严重的后果。其表现为：1. 引发社会动乱。动乱的主要表现有人口的流移、死亡，农民的暴动，外族的入侵等。2. 导致经济衰落。主要表现为：劳动力激减和土地荒废，农产品收获量大大减少，农家经济枯竭。伴随着周期性灾荒的蔓延，日益扩张的农业衰落和农村破产，又直接或间接影响到都市，使都市工商业失去繁荣，引起金融恐慌，这样就造成了国民经济的严重破败。鉴于自然灾害的严重后果，历代统治者为了维护统治，不得不在力所能及的范围内实施救灾，后代沿袭前朝，又不断发展，从而形成了一套制度完备、行之有效的荒政制度。

（一）先秦至汉代的社会救济制度

1.先秦时期社会救济制度的萌芽

先秦时期的社会救济制度，在《周礼》一书中有大量的记载。《周礼》对救荒制度的设计被认为是中国古代荒政之滥觞。

《周礼·地官司徒》中提出了在灾荒年间"聚万民"的 12 条措施，即："一曰散利，二曰薄征，三曰缓刑，四曰弛力，五曰舍禁，六曰去几，七曰眚礼，八曰杀哀，九曰蕃乐，十曰多昏，十一曰索鬼神，十二曰除盗贼。"也就是说，在灾荒年间，要贷给人民谷物和粮食，减轻各种租税，宽缓刑罚，免除为公家服务的劳役，开放关市山泽的禁令，免除市场货物的稽查，简化吉礼与丧礼的礼仪，收藏乐器不奏，简化婚礼以增加结婚的机会，求索重修旧有而已废的祭祀，铲除盗贼。《周礼》中的"荒政"12 条，在先秦时期未必都施行过，但却成为后世救荒之基本措施。

《周礼》的荒政制度具有完整的体系。第一，组织保障。《周礼》设计了政府各部门和各级组织协调行动、共同救灾的制度。在政府部门中，设立专门官员负责调剂、保管粮食以及救济事务，如"大司徒"的职责为："以保息六养万民，一曰慈幼，二曰养老，三曰振穷，四曰恤贫，五曰宽疾，六曰安富。""慈幼"即爱护幼童，"养老"即赡养老人，"振穷"即救助贫困者，"恤贫"即周济贫穷者，"宽疾"即宽免残疾之人的徭役，"安富"即安定富裕之人（郑玄注，平其徭役不专取，即平均徭役）。[1] 如"司稼"，巡野观稼以察知年成好坏，决定征收赋税的办法，若民间所需粮食不敷，则加以救济；"遗人"掌管国家粮食和薪材饲草的储备，以备国君施行恩惠之用；掌管乡和里的储备，用于赈济困难的民众；掌管城门和关卡的储备，用于救恤无助的老者和孤独之人。第二，具体措施。政治方面，荒年有特殊的政策，即《秋官》"士师"所说"若邦凶荒，则以荒辩之法治之，令移民通财，纠守缓刑"，就是要宽缓刑罚，安定民心。经济方面表现为散利、薄征、舍禁、

---

[1] 王子今、刘悦斌、常宗虎：《中国社会福利史》，武汉大学出版社 2013 年版，第 44 页。

去几等举措。《周礼》还记载了完备的仓廪管理体制。《地官司徒》中的"廪人"掌理九谷收入的总计，据此决定君臣的俸禄、救济与恩赐的数量，并根据年成好坏制定用谷的标准。"仓人"是国家粮仓的保管员，掌管谷物的贮藏，以备荒年使用。《周礼》的仓储制度，开后世积谷备荒之先河。①

2. 汉代的社会救济制度

汉朝的社会救济制度已相当完备，其赈灾措施主要有赈济、赈贷、减免租赋、移粟就民与移民就粟、赐民公田或假民公田、节省用度等。②

赈济即无偿给灾民发放粮食、衣物、钱币、米粥等，汉代以粮食赈济灾民简称"廪"或"赈廪"。赈贷即是借贷给灾民粮食、种子或农具，以便灾民能迅速恢复生产，亦称"廪贷"。汉代农民所缴的租赋主要有土地税（田租和刍稿）、人头税（分算赋和口赋）、徭役和兵役、杂税等，这些租赋在灾荒年间有时会得到减免。移粟就民是指将粮食运到灾区救济灾民，移民就粟则是将灾民迁移到有粮食的地方。赐民公田是朝廷将一些公田（有时也有苑囿）赐给灾民，鼓励生产，有时还帮助解决耕牛、种子和口粮等问题，甚至连原有的田租、算赋、徭役等也多免掉。假民公田是暂时出借公田给灾民，以便生产救灾。

汉代"以孝治天下"，两汉皇帝先后颁布了一系列尊老、养老的政策法令，对鳏寡孤独、老人、残疾人给予特别的优待和抚恤。王文涛在《秦汉社会保障研究》一书中，列出西汉帝王赈贷鳏寡孤独的 30 道赐物诏书，均为特恩，而非常制。赈贷的范围除少数几次是局部地区外，其余均面向全国。绝大多数情况下是将鳏寡孤独老人和高龄老人同等对待，所赐物品相同。所赐物品主要是帛，有时一匹，有时二匹，赐钱、米、肉仅有几次。在东汉皇帝救助鳏寡孤独笃癃的 28 次诏令中，除两次范围较小外，其余都是全国范围的。东汉与西汉的区别在于：西汉将鳏寡孤独老人和高龄老人同等对待，而东汉则是将鳏寡孤独与"笃癃、贫不能自存者"并提；西汉赐物主要是

① 王卫平、黄鸿山：《中国古代传统社会保障与慈善事业》，群言出版社 2005 年版，第 18—19 页。

② 王文涛：《秦汉社会保障研究——以灾害救助为中心的考察》，中华书局 2007 年版，第 78 页。

"帛",东汉主要是赐"粟",多为人三斛或五斛。①

除对鳏寡孤独、高龄者、残疾人给以特殊优待外,汉代还实行过王杖制度。据研究,汉代王杖制度主要有以下内容:(1)朝廷赐给70岁以上老人王杖。(2)王杖主人的社会地位与六百石官员相当。(3)免除其家人的部分赋役。(4)王杖的主人享有下列特权:可以出入官府、可以在驰道旁道行走;有罪从轻处罚;在集市上买卖不收租税,享受"假公田,贷种食"等待遇。(5)60岁以上的鳏寡老人,种田免租,市卖免税,可以在市中开店卖酒。(6)对侮辱王杖主人者严加惩处。②

在积谷救荒方面,汉代设立的常平仓,为后代所沿袭。西汉宣帝五凤四年(前54),大司农中丞耿寿昌令边郡皆筑仓,以谷贱时增其贾而籴,以利农,谷贵时减贾而粜,名曰常平仓。耿寿昌常平仓法的核心是"谷贱时增其贾而籴","谷贵时减贾而粜",是春秋时管仲"轻重法"和战国时李悝"平籴法"之具体实践。尽管汉代常平仓设置不久即废,但常平之法却历代沿袭,常平仓(或其他性质相似名称不同的官仓)屡建屡废,屡废屡建,成为中国古代仓储之主体。正如宋人宋熀所言:"汉之常平,止立于北边。李唐之世,亦不及于江淮以南。本朝常平之法遍天下,盖非汉唐之所能及也。"③

(二)唐宋时期的社会救济制度

1.唐代的社会救济制度

唐代救灾继承了前代的经验,又有所发展,其救灾的经验有四点:首先,加强粮食储备。唐朝以义仓为专门的救荒储备,而以常平仓丰年籴敛、荒年贱粜,同时在正仓粮中拨出一部分弥补两者的不足。其次,建立了一套地方报灾、御史检灾、朝廷下令损免等比较系统完整的因灾蠲免制度,并将其纳入唐律。再次,派遣使臣代表皇帝和朝廷到灾区进行宣抚,协助和监督

---

① 王文涛:《秦汉社会保障研究——以灾害救助为中心的考察》,第143、146页。

② 王文涛:《秦汉社会保障研究——以灾害救助为中心的考察》,第153页。

③ 宋熀:《救荒活民书》,载李文海、夏明方主编《中国荒政全书》第一辑,北京古籍出版社2003年版,第24页。

救灾工作，他们具有全权处理之权，可以先处理而后奏闻，大大提高了救灾工作的效率。最后，唐代国家救灾内容比较全面，包括灾前、灾中、灾后三个环节。[1]

唐代的灾前预防措施主要有：(1) 仓储备荒。唐代的仓制有义仓、常平仓、正仓、太仓几类，其中义仓（又称社仓）是救灾专用粮仓，其他各仓则作为义仓赈贷的补充。(2) 兴修水利。有人统计，唐代的水利工程总数为407项，以安史之乱为界，前期集中在关中、河南、河北、河东诸道；后期由于经济重心南移，则集中在淮南、江南等地。[2](3) 植树绿化，按时采伐，保护森林。

灾中的救济措施主要有：赈贷粮物、调粟（包括移粟就民、移民就粟、平粜、漕运、和籴、入粟受官等）、遣使宣慰（朝廷派中央官员代表皇帝前往灾区指挥和监察救灾活动）、养恤（包括施粥救饥、给药治病、赐灾民粮物、为饥民赎子、埋葬死者、修葺房屋等）、以工代赈、市场救灾等。[3]

灾后恢复措施主要有蠲免赋税、赈贷种粮、提供耕牛、劝课百姓、修建房屋等。

2. 宋代的社会救济制度

宋代以"仁厚"治天下，非常重视社会救济，各类救济措施和机构相当完备，被视为中国古代社会救济事业发展的一个高峰。

南宋学者董煟在《救荒活民书》中，对宋朝的各类赈灾救荒措施有一个总结："救荒之法不一，而大致有五：常平以赈粜，义仓以赈济，不足则劝分于有力之家，又遏籴有禁，抑价有禁。能行五者，则亦庶乎其可矣。至于检旱也、减租也、贷种也、遣使也、弛禁也、鬻爵也、度僧也、优农也、治盗也、捕蝗也、和籴也、存恤流民、劝种二麦、通融有无、借贷内库之类，又在随宜而施行焉。"[4]

---

[1] 幺振华：《唐代自然灾害极其社会应对》，上海古籍出版社2014年版，第387—388页。

[2] 幺振华：《唐代自然灾害及其社会应对》，第266页。

[3] 幺振华：《唐代自然灾害及其社会应对》，第277页。

[4] 董煟：《救荒活民书》，载李文海、夏明方主编《中国荒政全书》第一辑，北京古籍出版社2003年版，第88页。

宋朝各种赈灾救荒措施相当完备，官方的措施主要有赈给、赈贷、赈粜、蠲免、倚阁、施粥、居养、募兵、免役、宽禁捕等；市场性措施主要包括罢籴（即暂停每年官府例行收购粮食，以便使粮价不至过高）、弛禁榷（关卡减税或免税）、招商（减商税）、以工代赈、禁遏籴（不得禁止灾区来本境籴粮或不得禁止粮食出境）等；利用民间力量的赈济措施主要是劝分（官方劝谕富裕之家无偿赈济贫困者）或劝粜。①

除灾荒救济外，宋朝还设立一些官办的慈善机构，主要有两大类：一是各类仓储；二是各类收养贫困人口的救济机构，如福田院、居养院、安济坊、漏泽园等。②

北宋时期的仓储主要有常平仓、义仓、惠民仓、广惠仓四种，其中常平仓主要负责赈粜，广惠仓补其不足，义仓负责赈贷或赈给，惠民仓主要济贫。

宋朝设置常平仓始于太宗淳化三年（992）。此后，经过真宗景德三年（1006）和天禧四年（1020）的两次广泛设立，除福建外，各路均设置了常平仓，并建立了常平规制。熙宁二年（1069）二月，王安石结合青苗法的实施，将常平法与青苗法结合起来，进行有偿借贷，但遭到时人的批评。元祐元年（1086）以后，随着新法的废除，常平法也逐渐复旧，但其功能却逐渐减弱。常平仓本为平抑物价而设，但在宋朝，很多时候都将其作为赈灾救荒之备，甚至也用作平时济贫之资。③

宋代义仓初设于太祖建隆四年（963），此后，义仓未有定制，兴废无常。义仓终北宋之世凡五兴四废，始终处于废置不常的状态，其原因在于义仓之立意甚佳，但缺乏有效的监督机制，地方上往往奉行不力，导致弊病丛生，故争议较大。

惠民仓创设于后周，宋设惠民仓始于太宗时期。惠民仓也是一种赈粜仓，与常平仓功能类似，不过，其设置的范围显然不如常平仓广泛，所以影响也小得多。

---

① 张文：《宋朝社会救济研究》，西南师范大学出版社 2001 年版，第 104、117、126 页。

② 张文：《宋朝社会救济研究》，第 161 页。

③ 张文：《宋朝社会救济研究》，第 44 页。

广惠仓为宋朝所创仓种。嘉祐二年（1057）八月，朝廷采纳韩琦之建议，正式令诸路广置广惠仓。其创立之初，即"以给州县郭内之老幼贫疾不能自存者"为宗旨，但在实际上，救济范围可能要更广一些。广惠仓是宋朝仓制中专为济贫而设的仓种，与其他主要以备荒为主的仓种有明显的区别。①

北宋建立以后，仿照唐代悲田养病坊的形式，在京师开封置东西两福田院，以养"老疾孤贫丐者"。至元祐八年（1063）十二月，英宗命增置城南北福田共为四院。居养院是福田院在外州县的延伸。元符元年（1098）宋朝正式颁布了居养法："诏鳏寡孤独贫乏不能自存者，以官屋居之，月给米豆，疾病者仍给医药。"这是居养院设立之始，但各地并未普遍设置并以居养院为名。② 居养院的大发展时期，是在崇宁年间（1102—1106），但后来因各州县奉行过当，居养院也出现诸多弊端。

漏泽园，即公共墓地，其名称在汉代即已出现，但并未形成制度。崇宁三年（1104），宋廷遍诏各路，令广为设置漏泽园，是为正式使用漏泽园一名之始。其设置的大致情形为："军民贫乏，亲属愿葬漏泽园者，听指占葬地，给地九尺。无故若放牧悉不得入。仍于中量置屋以为祭奠之所，听亲属享祭追荐。"至此，"诸城、寨、镇、市户及千以上有知监者，依各县增置居养院、安济坊、漏泽园。"③

（三）明清时期的社会救济制度

1. 明代的社会救济制度

明代在全国范围内普遍设置预备仓，通过赈济和借贷两种方式直接救荒，与历代常平仓通过籴粜仓谷、调节米价而间接救灾有所不同。除预备仓外，明朝还在各地设立社仓和义仓，采取官督民办的方式，动员社会力量积谷备荒。当灾害发生后，明政府采取的救荒措施主要有蠲免田赋、安辑流民、移民就粟或移粟就民、平粜、赈济（赈谷、赈银、工赈）、施粥、临时

---

① 张文：《宋朝社会救济研究》，第 55 页。
② 张文：《宋朝社会救济研究》，第 166 页。
③ 梁太济、包伟民：《宋史食货志补正》上册，中华书局 2008 年版，第 358 页。

收容、赎子等。

明代在继承前代优待老人政策的基础上，又制定了独特的养老之政。其主要内容有：第一，对老人生活的照顾政策，包括对老人及其亲属免除徭役，对老人给予物资赏赐与救济，对老人触犯刑律减轻或免于处罚。第二，提高老人社会地位的政策，包括举行乡饮酒礼，以示尊老；颁布终身养老的诏令。洪武十九年（1386）和二十年，明太祖连续两次颁发诏令，宣布实行孤贫老人终身养老制度。

明代还在各地设立养济院，专门收养孤贫残疾之人。养济院是官办慈善机构，遍及于各府、州、县，成为明代最具特色的救济机构。

2.清代的社会救济制度

清代的社会救济制度集历代之大成，相当完备。清人杨景仁在《筹济编》中，将清代荒政内容列为 12 项，即救灾（水灾急救及抚恤）、拯饥（即赈济）、平粜、贷粟、蠲赋、缓征、通商、劝输、严奏报之期、辨灾伤之等、兴土工、反流亡（劝流民返乡待赈），[①] 其中最主要的救灾措施是赈济和蠲免。

赈济就是向灾民发放钱粮，它包括直接给灾民发放赈银、赈粮，以及煮粥赈济灾民、以工代赈等。按照清朝则例，若发生水灾，在正式赈济之前，先对灾民进行抚恤。抚恤的具体标准，各省不尽一致。正赈或大赈的发放标准，据乾隆五年议准：嗣后大口日给米五合，小口二合五勺，多少适中，著为定例。赈济的时间也有规定，据乾隆七年的议准：地方如遇水旱，即行抚恤，先赈一月，再行查明户口。（被灾）六分者，极贫加赈一月，连抚恤共两月。七八分者，极贫加赈两月，连抚恤共三月；次贫加赈一月，连抚恤共两月。九分者，极贫加赈三月，连抚恤共四月；次贫加赈两月，连抚恤共三月。十分者，极贫加赈四月，连抚恤共五月；次贫加赈三月，连抚恤共四月。[②] 这里的"加赈"就是指抚恤之后的正赈（亦称大赈）。很明显，受灾越重，生存条件越差，赈济的时间越长。展赈是指大赈完毕后，灾民生

---

① 李文海、夏明方主编：《中国荒政全书》第二辑，第四卷，北京古籍出版社 2004 年版，第 17—20 页。

② 李文海、夏明方主编：《中国荒政全书》第二辑，第四卷，第 111—112 页。

计仍旧艰难或正值青黄不接，力不能支，由地方督抚临时奏请再加赈济，多从三月份起，赈一至三个月不等。

蠲缓是指国家通过免征或缓征赋税来减轻灾民的负担，是清代最为常见的荒政措施。蠲缓的标准，清代有明确的规定。如雍正六年（1728）对重灾区的蠲免力度为："其被灾十分者，著免七分；九分者，著免六分；八分者，著免四分；七分者，著免二分；六分者，著免一分。"乾隆三年（1738）时，扩大蠲免范围："嗣后著将被灾五分之处，亦准报灾，地方官查勘明确，蠲免钱粮十分之一，永著为例。"同年，对缓征与带征的标准也进一步完善："各省偶遇水旱，勘明被灾不及五分缓征者，仍照例分别缓至麦后及秋后征收外，如本年被灾八、九、十分者，该年缓征钱粮，分作三年带征，被灾五、六、七分者，该年缓征钱粮，分作二年带征。"①

清代的仓储建设极为完备，主要有常平仓、社仓和义仓。清朝自建都北京以后，就在全国范围内开始了常平仓的兴建。顺治十二年（1655）题准："各州县自理赎锾，春夏积银，秋冬积谷，悉入常平仓备赈。置薄登报布政使，汇报督抚，岁终造报户部。其乡绅富民乐输者，地方官多方鼓励，毋勒以定数。每亩捐谷或四合或三合，余或动帑采买，或截留漕米拨运，是为常平仓谷本。"②

积谷就必须有仓廒，于是朝廷又令各地兴建仓廒。雍正七年（1729）上谕："凡各省未有仓廒之州县，著督抚详细查明商酌，即行建造。其造仓之费或动用正项钱粮，或支给存公银两，著该督抚酌量本地情形，悉心定议具奏。"③

清朝建立后，朝廷在督促各地建立常平仓的同时，对社仓和义仓的设立也很重视。如康熙四十二年（1703）上谕称，直隶各州县，虽设有常平仓收贮米谷，遇饥荒之年，不敷赈济，亦未可定，应于各村庄设立社仓收贮米谷。雍正七年（1729）上谕又强调社仓民办："各社自为经管登记，地方有司但有稽查之责，不得侵其出纳之权"，"倘地方官有于社仓谷石，创议交官

① 陈桦、刘宗志：《救灾与济贫——中国封建时代的社会救助活动（1750—1911）》，中国人民大学出版社2005年版，第68、69、75页。

② 李文海、夏明方主编：《中国荒政全书》第二辑，第四卷，第430页。

③ 《皇朝政典类纂》卷一百四十九，仓库九，积储，常平仓。

不交百姓，或指称原系官项，预为公事侵挪之地者，俱以扰挠国政、贻误民生论，从重治罪。"①

在日常救济方面，清朝沿袭明制，在明代养济院的基础上，进行了修缮、改置和扩建。清代养济院是全国范围内普遍设立的官办慈善机构，有一套规范的管理制度。据《养济院则例》记载，其主要规则有：

（1）直省州县境内，凡有鳏寡孤独残疾无告之人，照收养定额收入养济院，给予养赡银米。人多于额，以额外收养。其银米遇闰加增，小建扣除。按季由该管正印官亲身散给，印官因公无暇，遴委佐贰官代散，加结申报各上司查核。

（2）州县收养孤贫，查明属实，取具乡约邻右保状，收养入院。人给烙印年貌腰牌，照编甲之法，每十名编一甲长，挨次轮充，互相察觉，遇生事孤贫，甲长禀官究治。疏纵通同作弊，革粮另补。孤贫或患疾病，官为拨医调治。若病故给棺掩埋。所遗名额，照额顶补。其院内房间，分别男妇，毋使混杂。

（3）州县造报孤贫，按实数分别额内额外，挨甲开列花名年貌疤痣，注明鳏寡孤独及何项残疾，并注明原住村庄里图，食粮年月。遇有斥革病故顶补新收，随时申报上司，仍与年底开具旧管新收开除实在四柱册，声明支过银米各数，分详各上司查考。该管道府于每岁盘查及踏勘公事之便，随带该属县原报印册，赴院点验，出具印结转报。②

从乾隆年间的上谕和养济院则例可以看出，清代养济院有以下几个特点：第一，原籍收养原则。各地养济院只收养本地孤贫，其外来流民原则上不予收养。第二，养济院的收养对象是本地鳏寡孤独残疾无依无靠之人（孤贫），并且有定额，缺额方可顶补，并不收养一般的贫民或穷人。第三，全国各州县普遍设置，但设立的时间有早有晚，收养定额也不统一。第四，完全的官办，其经费从公项下支出，地方官有监督稽查之责。第五，入院收养的孤贫必须住在养济院内，验明身份，照保甲之法编排，相互监督，若违反

---

① 《大清会典事例》卷一百九十三，户部，积储。
② 《皇朝政典类纂》卷一百八十二，国用二十九，蠲恤。

院规会被开除。

除养济院外，清代遍及全国的慈善救济机构还有普济堂和育婴堂，但普育两堂的建立和管理方式与养济院有很大的不同。清代的普育两堂绝大多数是清代雍正年间由官民捐建而成的，一开始主要是官督民办，后来虽官办色彩日益浓厚，但经费仍主要依靠捐助，与纯粹的官办养济院始终有所区别。

二、近代以来社会救济制度的变化

（一）民国政府的救灾制度

民国建立后，以皇帝为主导的传统救灾体制随即瓦解，民国政府开始重建新的救灾体制。大体说来，北京政府时期，由于政局动荡，中央政权式微，并没有能够建立起国家主导的救灾体制，各地救灾主要由地方政府和中外慈善团体承担。南京国民政府时期，随着国家的统一，以中央政府为主导的举国救灾体制逐渐建立起来。

1. 北京政府的救灾机构

1912 年 1 月，中华民国南京临时政府成立后，在中央设内务部，内务部之民治司掌管保息、荒政及公益慈善事项。在地方上，各省由于政局不稳，社会救济一般由都督兼管。

1912 年 3 月，临时政府迁往北京，机构变化不大。据 1912 年北京政府各部官制，由内务部负责管理全国赈恤、救济、慈善、感化等事务，下设民政司具体职掌全国贫民赈恤、罹灾救济、贫民习艺所、感化所、盲哑收容所、疯癫收容所等的设置、废止和管理及育婴、恤嫠和其他慈善事项。①1913 年 12 月公布的《修正各部官制通则》将民政司改称民治司，职掌与原民政司基本相同。1914 年 7 月 10 日颁布的《修正内务部官制》规定：内务部直隶于大总统，管理地方行政及选举、赈恤、救济、慈善、感化、人户、土地、警察等行政事务，由民治司具体管理救济及慈善事项。到 1917

---

① 钱实甫：《北洋政府时期的政治制度》上册，中华书局 1984 年版，第 108 页。

年，民治司第四科负责的事务增至 16 项，即地方罹灾救济、地方蠲缓正赋钱粮、地方筹办赈捐之核准、地方捐赈人员奖励、地方粮食出口考核、地方备荒积谷、筹备八旗生计、红十字会设置、救济及奖励、京师平粜、京师冬防、收养贫民、散发棉衣及开辟临时粥厂，育婴、恤嫠及其他慈善事业，以及经管游民习艺所、济良所、教养局和贫民工厂、地方善堂等。① 从官制来看，内务部虽掌管救灾事宜，但并不是专门的救灾机构，救灾只是其职能之一。

除内务部外，在实际的救灾中，财政部、农商部、交通部、外交部等也都参与救灾。

至于各省的救灾机构，依据 1913 年 1 月公布的《划一现行各省地方行政官厅组织令》，各省行政长官称民政长，省行政机关称行政公署。省行政公署设置总务处和内务、财政、教育、实业四司，其中内务司办理赈恤、救济事项。后又改设政务厅，内设总务、内务、教育、实业四科，内务科办理赈恤、救济事项。② 从地方官制来看，地方政府也没有设立专门的救灾机构。

除上述常设机构外，北京政府时期每遇大灾往往设立临时性的救灾机构，而这些临时救灾机构专门负责救灾，在救灾中发挥着领导和统筹的功能。

1917 年夏，京兆、直隶一带发生特大水灾。为救灾及善后，大总统特派前国务总理熊希龄督办京畿一带水灾河工善后事宜。督办京畿水灾事宜处是奉大总统之命设立的，总揽救灾善后事宜，对大总统负责，不隶属中央任何机构。督办京畿水灾事宜处设于北京，分为总务、赈务、编译、会计四股，后又在天津设立驻津办公处，分总务、河工、会计三股。③

1920 年，北方五省发生特大旱灾。9 月 14 日，中央各部联合设立筹议赈灾临时委员会，以内务、财政、农商、交通各部合组之专司筹议临时赈灾

---

① 蔡勤禹：《国家、社会与弱势群体——民国时期的社会救济（1927—1949）》，天津人民出版社 2003 年版，第 85 页。

② 钱实甫：《北洋政府时期的政治制度》上册，第 235 页。

③ 《京畿水灾善后纪实》卷一，载殷梦霞、李强选编《民国赈灾史料续编》第 7 册，国家图书馆出版社 2009 年版，第 9 页。

及善后各事宜。会长由内务次长兼任，副会长由各部主管司长兼任。会员由会长就内务、财政、农商、交通各部主管人员及粮食调查会委员中遴选派充。各省区因赈灾事项得由地方长官随时遴派主办赈务委员莅会接洽并陈述意见。[①] 与此同时，交通部在部内设赈灾委员会，办理本部主管之赈灾事宜，外交部在部内设临时筹赈委员会，税务处亦设立赈灾机关。

由于灾重区广，1920 年 10 月 5 日，北洋政府决定在京设立赈务处，附设于内务部，总揽赈灾行政事务，由内务总长张志潭兼任赈务处督办。赈务处置会办一人或二人，襄助督办办理本处事务。置坐办一人，承督办之命掌理本处事务。置委员若干人，由督办就各官署职员中选派，承长官之命分掌本处事务，但因调查及执行其他事务有必要时，得酌用临时委员。赈务处办理事务与其他官署有关系时，应会商各该官署行之。办理赈务各官署所有灾区状况及关于赈济一切事宜，应随时报告赈务处。赈务处督办、坐办、会办、委员均为名誉职。[②]

1921 年 10 月 29 日，北洋政府又颁布《赈务处暂行条例》。《条例》规定：政府为统一赈务行政起见，特设赈务处，综理各灾区赈济及善后事宜。赈务处经管赈款随时将收支款项公开宣布，并不得在该款内开支经费，俟各省赈务结束即行废止。赈务处仍只是一个临时性的赈务机构。

1920 年和 1921 年设立的中央赈务处，督办由大总统特派，由内政总长兼任，故亦称督办赈务处。这两年设立的赈务处均属临时性赈务机关，赈务结束即行裁撤。

2. 南京国民政府的救灾机构

1927 年 4 月，南京国民政府成立。国民政府内设民政部，后改为内政部，管理地方行政、土地、人口、警察、选举、国籍、宗教、公共卫生、社会救济等事务。1928 年 6 月，《内政部各司分科规则》颁布，详细规定了各司属科的设置及各科职权范围。其中民政司下设四科，第四科负责社会救济和其他社会福利事项，具体为贫民救济、残废老弱救济、勘报灾歉及蠲缓田

---

① 《筹议赈灾临时委员会章程》，《政府公报》1920 年 9 月 15 日，第 1648 号。
② 《政府公报》1920 年 10 月 17 日，第 1677 号。

赋审核、地方罹灾调查赈济、防灾备荒、慈善团体考核、慈善事业奖励、地方筹集赈捐及游民教养事项。此后，内政部组织虽多次调整，但民政司一直存在，并负责社会救济与慈善事业。

1928年，为救济各省灾荒，国民政府先后设立了直鲁赈灾委员会、两粤赈灾委员会、豫陕甘赈灾委员会。这些赈灾委员会各有特定的救灾范围，赈济结束即撤销。

1928年7月27日，国民政府设立赈务处。根据《国民政府赈务处组织条例》，赈务处直隶于国民政府，掌理各灾区赈济及善后事宜，赈务处置处长一人，由内政部长兼任，综理赈济事宜。赈务处置赈款委员会，由国民政府特派委员若干人组织之，赈务处长为赈款委员会当然主席。在随后的修正条例中又规定：赈款委员会由国民政府特派若干人组织之，就委员中指定常务委员五人，以其中一人为主席。①

1929年2月，国民政府将赈务处改为振灾委员会。《国民政府振灾委员会组织条例》规定：国民政府为统一全国赈灾事宜，特设振灾委员会。本委员会由国民政府特派若干人组织之。本委员会设置执行委员会、监察委员会、设计委员会、秘书处。② 随后，又颁布《修正振灾委员组织条例》，条例规定：振灾委员会直隶于行政院，办理各灾区赈灾事宜；振灾委员会由国民政府特派委员若干人组织之，指定常务委员9—11人，并以其中1人为主席，内政、外交、财政、交通、农矿、工商、铁道、卫生各部部长为当然委员；振灾委员会为办事便利起见，得分下列各组：总务组、筹款组、保管组、赈济组、审核组、设计组。③ 由于救灾需要多部门协调进行，设置由各部部长组成的委员会更为适当。④

1930年1月，振灾委员会改组为振务委员会，直隶于行政院，负责对

---

① 《浙江民政年刊》1929年上册，第105—106页。

② 《交通公报》1929年第19号。

③ 《行政院公报》1929年第42号。

④ 因"振"是"赈"的本字，有"救济、奋起"之意，国民政府内政部在30年代规定，各级赈务（济）委员会之"赈"字一律用"振"字代替，但在当时的文献中仍是"赈"与"振"混用。本章除机构名称及引文保持不变外，其他一律用现在通行的"赈"字。

因水、旱、蝗、雹等灾害的救济。振务委员会由内政、外交、财政、交通、铁道、实业各部部长和 11 名国民政府特派委员组织而成，并以其中的 5 人为常务委员，在常务委员中选 1 人为委员长。振务委员会下设总务组、筹赈组和审核组。[①] 总务组掌理总务；筹赈组主要职掌赈款赈品的筹募、采购、保管和散放以及灾情调查等事项；审核组主要负责赈款赈品出纳登记、收放赈款赈品和采买运输赈品的册报单据及办赈支用等事项的审核工作。[②]1936年 11 月，国民政府又修正振务委员会组织条例，增设会计员和统计员各一人，办理岁计、会计、统计事项，受振务委员会委员长的指挥监督，并依照国民政府主计处组织法的规定，直接对主计处负责。[③]

作为全国最高赈灾机构，振务委员会在重大灾情发生后的首要任务便是制定一系列针对性的指导政策，指导各灾区的救灾活动，与此同时，筹集赈款，发放急赈。具体的救灾活动则是由各省振务会及市县振务分会负责。

地方性赈灾机构主要是各省振务会和市县振务分会。国民政府于 1930年 5 月颁布《各省振务会组织章程》，规定：凡被灾省份为办理本省赈务，得设省振务会，各市县因办理赈务，得设市县振务分会。省振务会由省政府聘任省政府委员 2 人、省党部委员 2 人、民众团体 3—5 人组成，并各从中推举一人为常务委员，由省政府在常务委员中指定 1 人为主席。省振务会下设总务、筹赈、审核三组，每组设主任 1 人，由省振务会委员或常务委员中推任产生。[④]

各省振务会及各市县振务分会是国民政府救灾机构的重要一环，他们担负着具体救灾事宜。灾情发生后，最先作出反应的是各县振务分会，他们必须马上派员调查灾情，并用分会所存的备灾赈款发放急赈，与此同时将灾情上报省振务会，请拨赈款。省振务会在接到灾情报告后，必须在规定时间内派员到灾区核查灾情，以便作为放赈的依据。省振务会根据各地灾情轻重发放赈款，并将灾情上报中央政府及振务委员会，请拨赈款。

---

① 蔡鸿源主编：《民国法规集成》第 34 册，黄山书社 1999 年版，第 21 页。
② 蔡鸿源主编：《民国法规集成》第 39 册，第 492 页。
③ 蔡鸿源主编：《民国法规集成》第 34 册，第 22 页。
④ 蔡鸿源主编：《民国法规集成》第 39 册，第 502 页。

除常设性救灾机构外，南京国民政府还设有临时性救灾机构。所谓临时性救灾机构即是指中央政府或地方政府在遇有重大灾情发生后所设立的专门从事救灾善后工作的机构。这类临时性机构规格通常比常设机构要高，在中央一般由行政院长或财政部长担任委员长，在地方一般由省政府主席担任委员长或主任委员。1927—1937年间，南京国民政府所设立的临时性救灾机构主要有为救济1931年水灾而设立的国民政府救济水灾委员会，为救济1933年黄河水灾而设的黄河水灾救济委员会。地方政府为救济本地灾害而设立的临时性救灾机构则更多。

综合以上叙述，可以看出，民国时期的救灾体制有两个显著特点：一是出现专门的救灾机构。就中央而言，从北京政府时期的赈务处，到南京国民政府时期的直鲁赈灾委员会、豫陕甘赈灾委员会、两粤赈灾委员会、赈务处、振灾委员会、振务委员会，专门性的救灾机构由临时变为常设，最终完成了自清代以来专门性救灾机构从无到有，从临时到常设的演变过程。与此相配合，地方上也设有专门的救灾机构。二是举国救灾体制重新建立。南京国民政府建立后，开始重新建立国家主导的救灾体制，强化国家在救灾中的职能，至30年代初，国民政府主导的举国救灾体制又重新建立。

（二）根据地和解放区的救灾措施和经验

中国共产党在领导中国革命的过程中，一方面要面对国内外敌人，一方面要面对严重的自然灾害。中共在抗日根据地和解放区开展的救灾活动，组织有力，措施得当，成效显著，不仅成功地渡过了灾荒，而且还积累了丰富的经验，为新中国救灾制度的建立打下了坚实的基础。本节以抗战时期的华北抗日根据地和解放战争时期的山东解放区为例，概述一下中共领导的救灾事业及其经验。

1942—1943年，在抗日战争最艰苦的年代，晋察冀边区、晋冀鲁豫边区、冀鲁豫边区、晋绥边区遭遇特大旱灾，根据地面临严重困难。为抵御灾荒，中国共产党领导的边区政府采取了以下救灾措施：1.拨款赈济，减免粮款，调剂粮食，安置灾民；2.实行以工代赈，组织生产自救；3.厉行节约，推广募捐，广泛开展社会互济运动；4.全民动员，开展集中打蝗虫的斗争；

5. 整顿地方财政。[①] 通过上述措施，各边区不仅战胜了百年不遇的大灾荒，而且在救荒中还密切了党与人民群众之间的关系，为取得抗战的最后胜利奠定了物质基础和群众基础。

1947 年山东成为国民党军队重点进攻的主要战场，山东解放区遭受了极为惨重的破坏。入冬不久，鲁南、鲁中、胶东、苏北各地灾民计达三四百万，其中 1948 年春一月断炊者与仅能维持至三月者便有数十万人，再加上各地水患，灾情更加严重。春荒如不能战胜，秋荒与冬荒亦难克服，势必演成长年灾荒。[②]

灾情发生后，中共华东局和山东省政府立即开展救灾工作。1948 年 1 月 1 日，山东省政府发布了《关于生产节约渡春荒的十项要求》，提出必须在党政军民全体动员之下，积极进行"生产节约，渡过春荒"，并向全省提出十项具体要求：1. 要冬天"吃糠咽菜"省粮食，不要来春种地干活无粮吃；2. 要家家早种春菜顶粮食，不要到时缺粮无菜后悔迟；3. 要场园春地分期多种菜，不要青黄不接短期又成灾；4. 要爱护榆、柳、杨树和洋槐，不要来春没得"树头菜"；5. 要多种春麦、方瓜、春棒子，不要二麦短收不接秋；6. 要机关部队业余帮助群众解决困难，不要群众慰劳一粥一饭；7. 要家家省吃俭用发展生产，不要今天吃喝不顾明天；8. 要雇贫农分得斗争果实，干部不得贪污把持；9. 要明白斗争成果是我们雇贫民自己的血汗，应该用在生产发家上，不要看成外财，用的不得当；10. 组织养牛，使牛得公平，不要牛主吃亏、出卖，有地无牛耕。[③]

1948 年 3 月 8 日，中共华东中央局发布了《关于春耕生产和救灾工作的指示》，提出了"不饿死一个人，不荒掉一亩地"的口号，对救灾工作提出了具体的指示和要求。华东局指出，生产救灾是目前群众最迫切的要求，而要真正做到"不饿死一个人，不荒掉一亩地"，又是万分紧迫、万分艰巨的工作。并再次提醒各级党委和全党同志，必须根据群众的这个迫切要求，

---

① 高中华：《中国共产党社会救助历程研究（1921—1949）》，人民出版社 2016 年版，第 78—85 页。

② 《山东革命历史档案资料选编》第二十辑，山东人民出版社 1986 年版，第 295—296 页。

③ 《山东革命历史档案资料选编》第二十辑，第 3—4 页。

明确规定春耕生产和救灾工作是当前的紧急和中心任务，除作战外，一切其他工作都要服从这个中心。①

中共华东局提出的救灾方针是以生产为主，结合救灾；以群众自救、社会互济为主，辅以公家协助；强调用恢复和发展生产来克服灾荒，纠正单纯救济与只向公家要救济的错误观点。把政府发放的粮食与资金，叫作生产粮与生产资金。方针一经决定，便派大批干部深入农村，进行调查，了解灾情，针对不同地区、不同灾情，采取不同救济办法。例如：游击区用劳武结合办法；灾情最重地区用救灾为主、结合生产办法；灾情次重地区使用生产为主、结合救灾办法；山区着重以工代赈，运输粮食；平原区着重以工代赈，挖沟修堤等等。由政府及机关拨出的救济粮食与资金，均不采取个别散发的慈善救济方式，一律作为灾民的生产资金。②

为了确实做到"不饿死一个人，不荒掉一亩地"，华东局提出干部按级负责的办法，即在某一行政专员区发生饿死人和荒掉地的现象，地委和专员要负责任；某一县境发生饿死人和荒掉地的现象，县委和县长应负责任；在区里发生饿死人和荒掉地的现象，区委和区长应负责任；如果机关部队驻在地发生饿死人和荒掉地的现象，则该机关部队要负责任。在春耕救灾中再发现贪污或非法摊派，破坏政策法令者，则必须给予严厉处分。③

华东局指出，要做好生产救灾工作，一方面必须动员全党力量来做这工作，必须党政军民一齐动手，尤其是党委会必须来领导这工作；但另一方面，还必须把生产救灾变成一个群众运动，让群众大家动手来干。为此，必须做好以下几件工作：

第一，消除群众的思想顾虑，解决土地悬案。由于在之前的土改中出现许多偏差，引起了群众对于生产的许多顾虑。农民对于他今年所种的地，明年是否仍归他种，以至今年是否仍归他收割没有把握，因此不积极耕地，不积极去上粪。农民还怕生产发家劳动致富以后挨斗，因此便不肯省吃俭用勤耕苦作。这些顾虑对开展生产运动都是很大的障碍。华东局要求对群众宣

① 《山东革命历史档案资料选编》第二十辑，第106—107页。
② 《山东革命历史档案资料选编》第二十辑，第297页。
③ 《山东革命历史档案资料选编》第二十辑，第112页。

传，今后即使再进行土改复查，也不是用"打乱"的办法，而是用"抽肥补瘦，抽多补少"的办法，现在农民所耕的地不会全部更动，而只是动极小部分，因此不能因为一小部分地要动，而把全部地都不种或是不肯好好种。另外，对于中农非但不会侵犯他的利益，而且将给予保护，就是对劳动发家的新富农也应该给予保护，因此尽可安心生产。为解决土地悬案，凡是不处理就要荒掉的土地，必须迅速加以处理；凡是在春耕中无法加以处理的较大范围的土地调整，如硬要处理便会耽误春耕，那就必须停止。总之，在春耕期间处理土地问题，必须服从于"不荒掉一亩地"的总任务。

第二，动员组织一切力量，生产救灾。必须把现有的人力畜力很好地动员组织起来，参加劳动生产，不允许乡村中有一个游手好闲不事生产劳动的人。要把组织互助和发动半劳动力（妇女儿童）参加生产来补救人力和畜力之不足。组织劳动互助的基本原则是自愿结合，公平合理，劳动互助组织切不能采用大呼隆方式，人工换牛工要照顾牛主的利益。应使地主参加劳动生产，自食其力。

第三，节约救灾，减轻人民负担。1947 年 12 月 28 日，山东省政府发布了《关于为减轻人民负担节约备荒的八项禁令》，内容包括：禁止大吃大喝、请客送礼，禁止摊派，禁止扩军，禁止募捐慰劳，禁止私占浮财及果实，禁止宰杀耕牛、破坏农具，禁止自由派夫、浪费民力，禁止贪污浪费等。[①] 华东局在《关于春耕生产和救灾工作的指示》中再次强调，关于减轻人民负担的八项禁令的执行情形必须经常检查，违反禁令的要给予严厉处分。

第四，机关部队要积极进行生产节约救灾工作。华东局要求机关部队在不妨碍战斗和工作的原则下，也要进行生产节约救灾工作。我们的机关部队中集中的劳动力很强，牲口也多，在春耕期间应帮助人民生产，以解决人民缺乏劳动力和畜力的问题；同时自己也可以种些瓜菜，改善伙食，节省粮食菜金来救济灾民。

在中共华东局和山东省政府的领导下，山东的救灾工作迅速在全省展开，在短时期内就取得了显著的成绩，赢得了广大人民群众的拥护。1948

---

① 《山东革命历史档案资料选编》第十九辑，山东人民出版社 1985 年版，第 528 页。

年 5 月 8 日，华东局书记饶漱石在给毛泽东和刘少奇的综合报告中，对山东的救灾工作作了一个总结。报告指出：鲁中、鲁南、胶东及华中各地，普遍灾荒，山东及华中灾民约有三百万之多。因此，今春一般暂停土改，而以生产救灾为中心工作，在"不饿死一个人，不荒掉一亩地"的口号下，党政军民普遍动员起来，降低生活标准，将大批人力畜力无代价助人民生产、运粮，对灾区停收一切税收、田赋，实行以工代赈及以生产克服灾荒的办法，发动妇女普遍进行纺织、做鞋及其他副业，组织青壮年出外运粮、修路、挖河、筑堤，及在春耕时总动员进行生产。①

经过半年的全力生产救灾，山东解放区不仅渡过了 1948 年的严重春荒，而且还转变了各级党委的工作作风，培养和锻炼了干部，密切了党和人民群众的联系，赢得了民心，为最后夺取革命的胜利作出了重要的贡献。中共在山东解放区领导的救灾工作与以往各政权的救灾方式有很大的不同，形成了自己的特点，留下了宝贵的经验。

第一，始终把救灾作为党和政府的中心工作来抓，动员一切力量全力抗灾。为战胜 1948 年的春荒，中共华东局立即宣布停止土改，根据广大群众的最迫切要求，提出"不饿死一个人，不荒掉一亩地"的口号，集中全力进行生产救灾，以此为山东全党全民的唯一中心工作，其他工作如调整土地、整理组织、初步整党，均须围绕与通过此一中心工作进行。② 由于当时山东根据地和解放区实行党的一元化领导，各级党委具有绝对的领导权，把救灾作为中心工作，就能动员一切力量投入救灾，为抗灾斗争的最后胜利提供了坚强的领导和组织，这是山东抗日根据地和解放区救灾工作取得胜利的最大法宝，也是当时其他任何政权和组织无法做到的。

第二，必须动员和发动群众起来救灾。救灾是一项关系全局的紧迫工作，要想取得救灾的胜利，就必须最大限度地动员和发动根据地的广大人民群众，形成群众运动。在 1948 年的春荒救济中，中共华东局指出，要做好救灾工作，一方面必须动员全党力量来做这工作，必须党政军民一齐动

---

① 《山东革命历史档案资料选编》第二十辑，第 175 页。
② 《山东革命历史档案资料选编》第二十辑，第 296 页。

手；但另一方面，还必须把生产救灾变成一个群众运动，让大家动手来干。从山东根据地和解放区的救灾实践来看，当灾荒来临时，人民群众既是灾民，也是救灾的主力，只要把广大人民群众发动起来，就没有战胜不了的灾荒。

第三，坚持生产救灾的方针。由于根据地和解放区长期处于敌人的封锁和包围之中，再加上灾区广大，灾民众多，救灾不可能依靠外援和单纯救济，因此，生产救灾就成为山东根据地和解放区救灾工作的一贯和基本的方针。如为战胜 1948 年春荒，中共华东局强调用恢复和发展生产来克服灾荒，纠正单纯救济与只向公家要救济的错误观点。由政府及机关拨出的救济粮食与资金，均不采取个别散发的慈善救济方式，一律作为灾民的生产资金。如冬季农闲时，普遍发动人民副业生产与运输事业。春耕来临时，便发动群众进行生产。凡生产所需者，发给粮食、资金；若无生产计划又不按生产所需而要求救济者，除老弱疾病外，一律不发放资金与粮食。[①] 在救灾中，以生产为主，结合救灾，具体计算在生产中缺多少粮，进行救济，以照顾愿意生产的中贫雇农为主，"二流子"如能生产也救济。不是以救济为主，救济是为扶助他生产。[②]

第四，机关部队积极参与生产节约救灾。为建立政权和战争的需要，根据地和解放区有大批党政机关与军队，这些党政军人员的粮食和生活供给是当地人民群众的一大负担。因此，每遇灾荒，党委和政府都号召党政军人员一方面要厉行节约，减轻人民群众负担，另一方面还要尽一切力量帮助群众生产救灾。为救济 1948 年春荒，中共华东局发出指示，减轻人民负担，检查八项禁令的执行情况，违反禁令的要给予严厉处分。机关部队在不妨碍战斗和工作的原则下，也要进行生产节约救灾工作。党政机关及军队积极参与生产节约救灾，既减轻了人民的负担，又增加了救灾的力量，更转变了工作作风，培养和锻炼了干部，密切了党和人民群众的联系，赢得人民群众的衷心拥护。

---

① 《山东革命历史档案资料选编》第二十辑，第 297 页。
② 《山东革命根据地财政史料选编》第三辑，第 279 页。

综上所述，中国共产党及其领导的政府在艰苦的战争环境下，根据实际情况，采取了一系列行之有效的救灾措施，积累了丰富的救灾经验。这些措施和经验是对中国历代救灾经验的丰富和创新，是根据地和解放区战胜灾荒的法宝，也成为新中国成立后人民政府救灾工作的基本方针和政策。

三、慈善事业从传统到近代的演变

中国历代的社会救济包括政府救济和民间救济两方面，后者亦称为慈善活动。在君主专制时代，由于朝廷掌握绝大部分行政资源和物质财富，故古代的社会救济均以政府救济为主，民间慈善活动只能起到辅助作用。明清以来，随着商品经济的发展和士绅阶层的活跃，民办的善会善堂在救灾济贫中发挥着越来越重要的作用。到了近代，各类新型慈善组织更成为社会救济中不可或缺的重要力量。

（一）中国古代的慈善事业

1.宋以前的慈善活动

慈善在中国有悠久的传统，早在春秋时期，就有大量民间慈善的事例。齐国是春秋时期五霸之一，在齐国就有大量国君救济贫民以及民间慈善的事例。齐桓公有一次对管子说："大夫多并财而不出，腐朽五谷而不散。"管子曰："请以城阳大夫而请之。"桓公问何故。管子说，城阳大夫生活奢靡，为富不仁，而同姓兄弟寒不得衣，饥不得食，这样的人能指望他尽忠于邦国吗？应减少其俸禄，以示惩戒，劝富豪济贫。结果，"功臣之家，皆争发其积藏，以与其远近兄弟。以为未足，又收国之贫病孤独。老不能自食之氓，皆与得焉。国无饥民。"清代陆曾禹在《钦定康济录》中将此事作为"劝富豪以助济施"之例证，并评论道："既抑城阳之宠，又劝功臣之施。管子片言，其利大矣！"[①]

---

① 陆曾禹：《钦定康济录》，载李文海、夏明方主编《中国荒政全书》第二辑第一卷，北京古籍出版社 2004 年版，第 341 页。

"嗟来之食"的典故也发生在齐国，且与慈善有关。"齐大饥，黔敖为食于路，以待饿者而食之。有饿者蒙袂辑屦，贸贸然也。黔敖左奉食，右执饮，曰：嗟！来食。扬其目而视之，曰：予惟不食嗟来之食，以至于斯也。从而谢焉，终不食而死。"① 这个凄惨的故事因"不食嗟来之食"一语而流传甚广，其在慈善史上的意义有两点：1.民间煮粥赈济灾民的慈善行为早在春秋时期就已经出现；2.食人之粥被视为有失体面和尊严，故后代施粥者对士人、妇女特别照顾，尽可能不让此类人抛头露面，与灾民共食，而多是直接发给赈米、赈粮，既能活命，又能维持礼教与风化。

魏晋南北朝时期，佛教兴盛，当时的慈善活动多由寺院和僧人主持。特别值得注意的是，公元5世纪末6世纪初，由南齐文惠太子、竟陵王萧子良创设了专门收容贫病者的慈善机构——六疾馆，这在中国慈善事业史上具有划时代的意义，它标志着中国慈善活动正在迅速地兴起和发展，同时也表明中国慈善救济与福利制度正经历着由以设官掌事为主向因事设署（机构）、以署（机构）定职的方向发展变化。②

唐代的社会救济除政府主导外，佛教寺院也发挥着重要的作用。唐代新出现的悲田养病坊，是一个集赈恤、收养贫病者为一体的慈善机构，最初就设在佛教寺院里，并由专门的僧人负责主持。大约在武则天统治后期，悲田养病坊收归政府主持，成为官办慈善机构。到唐玄宗时期，悲田养病坊又重归佛教寺院主持，并且获得前所未有的发展，救济大量贫病无告的老人。③ 此外，唐代佛教寺院还经常举行大型讲经活动，为前来听讲者提供粥食，这其中不乏贫困者，实际上也是一种救济活动。唐代寺院僧人之所以能够施舍饥民和贫民，一个重要的原因就是唐代佛教兴盛，寺院广布，信徒群体十分庞大，成为社会上一股相对独立的势力，拥有自己的土地和独立的经济来源。即使在唐武宗灭佛的特殊时期，寺院仍由官府负责主管，所谓灭佛仅限制了僧众及寺院的数量，施粮舍粥以救济饥民始终是寺院的一项重要慈

---

① 陆曾禹：《钦定康济录》，载李文海、夏明方主编《中国荒政全书》第二辑第一卷，第331页。

② 周秋光、曾桂林：《中国慈善简史》，人民出版社2006年版，第78页。

③ 周秋光、曾桂林：《中国慈善简史》，第93—94页。

善事业。[①]

2. 宋朝的慈善活动

宋朝的社会救济制度完备，除政府救济外，民间的慈善活动亦十分活跃。下面以范仲淹创办义庄、富弼青州救流民、朱熹创办社仓、刘宰煮粥赈灾民为例，以见宋朝慈善事业之一斑。

(1) 范氏义庄

范仲淹 (989—1052)，字希文，宋平江府吴县人，宋代著名的政治家、文学家。他在家乡吴县创立了中国最早的私人义庄——范氏义庄。

范氏义庄创建于宋仁宗皇祐二年 (1050)。最初，范仲淹在平江府长洲、吴县置良田十余顷，将每年所得租米，自远祖以下诸房宗族，计其口数，供给衣食及婚嫁丧葬之用。为传之久远，范仲淹还亲自订立《义庄规矩十三条》，并规定从各房中择一子弟来负责义庄的经营。为保持义庄的规模，义庄所置的庄田不许出卖，如被人赎田，须及时置补被赎去的田数。经过范氏几代子孙的积累和经营，义庄产业逐渐增多，至南宋嘉熙年间 (1237—1240)，范氏义庄已由初创时的 1000 亩发展到 2000 多亩。

范氏义庄创立的目的就是为了救济和资助贫穷不能自给的族人，因此，从一开始就具有慈善救济的社会功能。其救济方法是：凡贫困族人中 5 岁以上者，逐月支给每口米 3 斗；成人每岁冬衣 1 匹，10 岁以下 5 岁以上者减半；如遇婚丧大事及天灾人祸等再临时救济。义庄所施惠的对象仅限于本族成员，对族外之人一般不予救济。除济贫外，义庄还设立义学、义塾资助本族贫寒子弟入塾读书，并贷给廪膳书籍，对学业优秀而取得功名者给予奖励。范氏义庄设立以来，范氏家族人才辈出，而及第仕宦者又竞相捐赠以扩大规模，进一步巩固了范氏家族在江南地区名门望族的显赫地位。

自宋代范仲淹首设义庄，此后历代官绅纷纷仿效，明清以后，富有之家设置义庄更成为一种社会风气，遍及大江南北，成为民间慈善活动的重要组成部分。

[①] 幺振华：《唐代自然灾害及其社会应对》，上海古籍出版社 2014 年版，第 355 页。

（2）富弼青州救流民

庆历八年（1048），河北大水，大批流民涌入青、淄、登、潍、莱五州求食。资政殿学士、给事中富弼时任京东东路安抚使，知青州，为救济流民采取了一系列措施，取得了显著的成效，是宋代救济流民的成功典范，被历代荒政书誉为"可为天下式"。

首先，安置流民。流民涌入青州时，已届寒冬，为使流民不露宿户外，富弼把腾房安置流民作为头等大事，其办法是劝城乡民众按户等腾房给流民居住。州县坊郭等人户，按户等腾房标准如下：第一等户腾房五间，第二等户腾房三间，第三等户腾房两间，第四、五等户腾房一间。乡村等人户，腾房标准如下：第一等七间，第二等五间，第三等四间，第四五等三间。如有下等人户，实在贫穷，无房可腾，不得一例施行。除此之外，还令各处僧尼等寺、道士女冠宫观、门楼、廊庑，及别处新居房屋，安置河北求食老小。务要使流民安居，不致暴露失所。

其次，开放山林，劝分筹粮。河北流民进入青、淄各州后，多在山林湖泊砍伐柴薪、草木，货卖籴食，捡拾橡子以便食用，并于沿河捕鱼、采取蒲苇等以博口食。但多被地主以诸般名目阻拦，不得采取。为向流民开放山林湖泊，富弼命各级官员在乡村道店分明粉壁晓示："除人户墓园、桑枣果园及应系耕种地内诸般树木不得采取砍伐外，其近外远去泊野山林内柴薪、草木、橡子并沿河蒲苇、芰打捕鱼诸般养活流民等事件，不拘系官系私有主地分，自随流民诸般采取，养活骨肉。"①

除任凭流民采取外，富弼还本着"欲尽救灾，必须众力"的原则，一方面令当司指挥诸州县城郭乡村百姓，不得私下擅添物价，以便流民易得粮食；另一方面告谕劝诱人户出粟救济饥民，其标准为：第一等户出二石，第二等户出一石五斗，第三等户出一石，第四等户出七斗，第五等户出四斗，客户出三斗。并规定三五日内送齐，不得拖延误事。若有灾伤人户，实在难为出办，即不得一例施行。由于当时青、淄等五州夏秋两季收成均佳，故此

---

① 宋煨：《救荒活民书》，载李文海、夏明方主编《中国荒政全书》第一辑，第67页。

法稍竣无妨。①

再次，制定散放及资遣办法。为合理散放粮食，杜绝弊端，富弼更制定了极为详细的散放办法，其主要内容为：

> 一、凡见流民，不论男女，当面审问确实，填定姓名口数，各给票子一道收执，以便请领米豆。不得差委他人，混给票子，冒支米豆。凡有土居贫穷，或老年，或残疾，或孤寡，或贫丐等人，除在孤老院有粮食者，不重给，余皆一体给票领银。
>
> 二、凡给米豆，每人日给一升；十三岁以下，每人日给五合；三岁以下男女，不在支给之例。
>
> 三、二麦将熟，流民尽欲还乡，令监散官，自五月初一日算至五月终，一并支与流民，充作路粮，以便归乡。
>
> 四、晓示青、淄等州道店，不得要流民房宿钱。②

庆历八年（1048）十月至皇祐元年（1049）五月间，富弼在青州救济流民取得了显著的成绩，在半年多的时间内，共积粟 15 万斛，腾房 10 余万间，救济流民按籍达 30 余万人，又招兵 1 万余人。③

富弼青州救流民，集宋代救济流民方法之大成，涉及流民安置、宽禁捕、劝分、赈济、募兵、资遣等诸方面，借民之财以救灾民，是一次官方主导下的民间慈善活动，被后代视为救济流民之圭臬。南宋学者宋煟在中国第一部荒政书——《救荒活民书》中，详细记载了富弼青州救流民的各种措施，并指出富弼之法与以往之不同，"前此救灾者，皆聚民城郭中，为粥食之，蒸为疾疫，及相蹈藉。或待哺数日，不得粥而仆，名为救之而实杀之。"称赞"自弼立此法，简便周尽，天下传以为式。"④

---

① 宋煟：《救荒活民书》，载李文海、夏明方主编《中国荒政全书》第一辑，第 67—69 页。
② 陆曾禹：《钦定康济录》，载李文海、夏明方主编《中国荒政全书》第二辑第一卷，第 426 页。
③ 宋煟：《救荒活民书》，载李文海、夏明方主编《中国荒政全书》第一辑，第 73—74 页。
④ 宋煟：《救荒活民书》，载李文海、夏明方主编《中国荒政全书》第一辑，第 113 页。

（3）朱熹设社仓

南宋乾道四年（1168）春夏之交，福建发生饥荒，一些地方发生骚乱。此时正在崇安县开耀乡的朱熹，与地方绅士刘如愚等请求府县发粮救灾。官府即发常平米 600 石，由朱熹等人散放给灾民，灾情得以缓解。秋收之后，朱熹等人将赈米送还，官府决定将此粮留存乡里，以备日后灾荒救济。于是，朱熹利用此粮设立崇安县五夫社仓，此后数年运行良好。朱熹社仓的具体办法是：1. 社仓由地方绅士和官府共同管理，社首等人负责具体事宜；2. 社首将甲中大小人口造册登记，春夏时节贷米，成人若干，儿童减半，秋收时节还谷回仓，借米一石收息二斗，小灾之年减息一半，大灾之年则全免利息，社仓积谷渐多之后，不再收息。由此可见，朱熹创办的社仓是设于乡村，由民间择人管理，官府监督，采用春借秋还的方式救济贫民。朱熹社仓对后世产生了深远影响，明清社仓多沿用朱熹之法。[①]

（4）刘宰煮粥赈饥民

刘宰（1165—1238），字平国，镇江府金坛人，南宋著名的慈善家。嘉定二年（1209），因荒歉严重，百姓流离失所，辞官在家的刘宰便联合其他乡绅设立私人粥局，先收养被遗弃的幼孩，后得官府相助，救济对象扩大到老幼妇孺。这次赈饥始于冬十月，止于翌年春三月，历时 5 个月，施粥最多的一日竟有 4000 人就食。此次慈善救济共用米 926 石，钱 2022 缗，薪 1800 束，苇席 3460 床，食器 1690 皿，其他花销无算。如此大规模的私人赈饥，在中国慈善史上前所未有。

嘉定十七年（1224）春，刘宰再次开办粥局。起初，前来就食者仅数百人，后增至万人。正当刘宰感到难以为继之时，得到友人及官绅的大力支持，粥局得以维持。这次赈饥的规模更大，不仅人数多，而且时间长，远近来就食者万余人，历时 56 日，直至麦熟为止。

绍定元年（1228），因邻邑涝灾，众多流民乞讨于金坛。刘宰再次开粥局救济灾民。在官绅的支持下，粥局得以延续，直至麦熟为止。[②]

---

① 王卫平、黄鸿山、曾桂林：《中国慈善史纲》，中国劳动与社会保障出版社 2011 年版，第 16—17 页。

② 周秋光、曾桂林：《中国慈善简史》，人民出版社 2006 年版，第 119—120 页。

3.明清的善会善堂

明清时期，特别是清代，民间力量所主导的善会善堂在江南地区得到迅速发展，构成了这一时期中国慈善事业的主体。据台湾学者梁其姿的研究，明清善堂最独特之处，在于民间非宗教力量成为主要的、持久的、有组织的推动力，地方上的绅矜、商人、一般富户、儒生，甚至一般老百姓，成为善堂主要的资助者及管理者，而清代政府亦正式承认这个事实，并鼓励这个发展。①

（1）明代的同善会

万历十八年（1590），杨东明在河南虞城创立了最早的同善会组织，但它的流行却是在江南地区。从万历后期到崇祯年间，江南的武进、无锡、嘉善、太仓、昆山等地先后创立了同善会。

江南地区最早的同善会是由东林党人钱一本在其家乡常州府武进县创立的。同善会每年聚会四次，筹集经费，实施救济，寒者给衣，饥者给食，病者给药，死者施棺。除济贫外，江南地区的同善会还对救济对象的道德提出严格的要求。如高攀龙制定的无锡《同善会规例》和陈龙正所作的《同善会式》中都提出劝善是最主要的目的。对于贫困无依的孝子、节妇，要优先给予救济，其次才考虑那些未被救济院所收、贫困潦倒而不愿为乞的贫老病人。至于不孝不悌、赌博键讼、酗酒无赖，及年少强壮、游手好闲以致赤贫者，一律不予救助。《同善会式》还进一步列举四种"宜助而不助"的对象：一是衙门中人，他们年轻时享受过分，年老贫困不过是"稍偿其孽"；二是僧道，他们不耕而食，并能自行广募；三是屠户，他们以屠宰为业，仁心必短，不敢助其不仁；四是败家子，他们荡祖业，坏风俗，可怜不足惜。②

明代江南地区的同善会，其创立者一般都是具有功名的绅士，有些人还做过官，他们往往结成团体，利用群体的力量从事慈善活动。同善会的经费主要依赖会员捐献，有时也置办土地，以地租收入来维持运营。同善会定

---

① 梁其姿：《施善与教化——明清的慈善组织》，河北教育出版社2001年版，第321页。
② 《陈几亭先生原规》，《嘉善同善会育婴堂同治三四年征信录》，1865年，第4页。

期举行聚会，聚会的目的主要有三：一是向会员收集捐款；二是根据会员平时的调查情况，确定施救对象，讨论款项的具体分配；三是由主会人用通俗浅显的语言进行讲演，劝人为善，做安分守己的良民，敦化社会风气。

(2) 清代的善会善堂

清代的善会善堂主要有民办或官督民办的普济堂、育婴堂、清节堂等。

清代的普济堂最初起自民间，最有名的当属康熙四十五年（1706）建于北京广宁门外的普济堂。此举得到康熙皇帝的嘉奖，他曾亲作御制碑文，记叙建堂的经过，并赐御书"膏泽回春"匾额，每岁恩赏崇文门税银千两，口粮银二百两，堂内地租银千两，为养赡孤贫之用。[①] 康熙皇帝对京师普济堂的态度，影响全国，此后不少地方陆续建起了普济堂。

对全国普育两堂建立具有决定性影响的是雍正二年（1724）闰四月的上谕。上谕称："京师广宁门外向有普济堂，凡老疾无依之人，每栖息于此，司其事者，乐善不倦，殊为可嘉。圣祖仁皇帝曾赐额立碑，以旌好义。尔等均有地方之责，宜时加奖劝，以鼓舞之。但年力尚壮及游手好闲之人，不得借名混入其中，以长浮惰而生事端。又闻广渠门内有育婴堂一区，凡孩稚之不能养育者收留于此，数十年来成立者颇众。……朕心嘉悦，特颁匾额并赐白金。尔等其宣示朕怀，使之益加鼓励。再行文各省督抚转饬有司，劝募好善之人，于通都大邑、人烟稠集之处，照京师例，推而行之，其于字弱恤孤之道，似有裨益。"[②]

从这道上谕可以看出：一方面，雍正皇帝明确要求各地督抚转令下属，劝募好善之人，照京师例建普育两堂；另一方面，雍正本人的意图并不是让地方官亲自负责建立普育两堂，只是要他们鼓励好行善举的民间人士从事普育两堂的建设和经营。因为，在此上谕发布之前，各地民间已经在仿效京师设立普育两堂，雍正的上谕不过是对此的鼓励和引导而已。但在专制时代，上有好焉，下必甚焉。各地官员为了向皇帝表明政绩，普遍开始用强制手段，命令各地一律设立普育两堂。

---

① 《皇朝政典类纂》卷一百八十二，蠲恤，恤孤贫。
② 《清世宗宪皇帝实录》卷十九，中华书局 1985 年版，第 312 页。

　　乾隆元年（1736）杨名时上奏："仰恳敕谕各该地方，一概设立普济堂，拨给入官田产及社仓积谷养赡。……再直省郡县，有设立育婴堂处所，亦系奉世宗宪皇帝上谕，诚慈幼恤孤之盛举，但其间有赀粮缺乏、难以维持者。仰乞皇上敕谕地方大吏，逐一查明，酌拨公款，永行接济。仍令各该地方，遴选好善绅士，充普济育婴两堂董事。"①

　　杨名时的这份奏疏明确建议朝廷将原来民办的普济堂和育婴堂纳入官办，以补养济院之不足。由于当时官办的养济院收养孤贫额满，而民办的普育两堂因经费困难不得遍设，为了能收养更多无告的贫民，朝廷采纳了杨名时的建议。乾隆元年议准："各省会及通都大郡，概设立普济堂，养赡老疾无依之人，拨给入官田产及罚赎银两，社仓积谷，以资养赡。"②此后，由于官方的介入，各地普育两堂纷纷建立，但性质却发生了很大变化，由最初的民办、逐渐转变官督民办乃至官办。

　　在普济堂设立之前，养济院已在全国普遍恢复、改置或重建，那么，这两种慈善机构又有何相同与不同之处呢？第一，从设立时间来看，清代的养济院基本上是沿袭明代，是在明代养济院的基础上进行恢复或重建。而普济堂则是清代新出现的慈善机构，大规模的建立是在雍正年间。第二，从经费来源来看，养济院纯属官办，其经费来自各州县地丁存留或赴司请领。而普济堂一开始纯属民办，后来由于官方的介入，逐渐变成了官督民办或官民共办，但从山东各州县的情况来看，官民捐助的义田和存当生息银仍是普济堂经费的主要来源。第三，从收养对象来看，在清廷上谕中，一般把养济院的功能规定为收养"孤贫"，把普济堂的功能规定为收养"老疾无依之人"，两者很难区别。另据光绪朝《钦定大清会典事例》卷269，养济院和普济堂事例均收入户部"蠲恤类"，但往下分类有所不同，养济院属于"恤孤贫"，育婴堂属于"养幼孤"，普济堂属于"收羁穷"。如果根据字面意思并结合有关史料，可以认为，养济院主要收养本地孤贫，而普济堂并不限于本地，外来的"老疾无依之人"同样收养。再据山东各州县志记载来看，一般把养济

---

① ［日］夫马进：《中国善堂善会史研究》，伍跃等译，商务印书馆2005年版，第434、452页。
② 《大清会典事例》卷二百六十九，户部，蠲恤。

院收养的人员称为"孤贫"，其口粮称"孤贫口粮"，强调的是"孤"（无依无靠），而把普济堂收养的人员称"贫民"，其口粮称"贫民口粮"，强调的是"贫"（因贫穷无法生存），也有把两者通称为"孤贫"的，但经费来源仍有明显的区别。综合以上分析，大体可以说，清代养济院与普济堂都是收养年老残疾、无依无靠、没有生存能力之人，只是养济院主要收养本地孤贫，而普济堂兼收外地流亡孤贫或本地贫民。就收养先后而言，养济院先收养最为困难无助者，普济堂作为养济院之补充，主要收养那些因养济院额满无法收养的孤贫或贫民。

清代民办的善堂善会主要集中在经济比较发达、民间力量比较强大的江南地区，王卫平、黄鸿山在《中国古代传统社会保障与慈善事业》一书中，将清代江南地区民间慈善活动兴盛的表现归纳为以下几个方面：第一，民间慈善组织数量众多。如苏州府吴县有28处、长洲有17处、元和有34处、常熟、昭文有36处；松江府上海县有56处、华亭县有15处、青浦县有16处。第二，种类齐全。从施济内容看，有对贫民的施衣、施米、施粥，有对病人的施药、施治，有对死者的施棺、代葬及义冢；从救济对象看，有收容孤老贫病者的安济堂，有收容流浪者的栖流所，有收养婴儿的育婴堂、保婴堂、恤幼局等，有救济贞女节妇的恤嫠会、清节堂、儒寡会等，还有救生局、洗心局、水龙局（救火会）、惜字局（惜字会）等。可以说，清代江南的社会救助机构五花八门，应有尽有，涉及社会救济的各方面。第三，财力充足，特别是不动产数量大增，有些善会善堂还得到官方的大力资助。第四，参与阶层广泛，特别是工商业者成为慈善事业中的一支重要力量。第五，活动经常。清代的善堂不受时间限制，随时施行救济。第六，义庄盛行。如清代苏州府的义庄总数达179庄，义庄已成为清代江南民间慈善活动的重要组成部分。①

晚清以来，随着清朝国势的衰弱和有待救济人群的激增，善堂善会这种传统的慈善组织开始向近代慈善组织嬗变。1877年和1878年，晋豫鲁陕

---

① 王卫平、黄鸿山：《中国古代传统社会保障与慈善事业》，群言出版社2005年版，第203—207页。

直五省发生特大旱灾，尤以晋豫两省最为严重，史称"丁戊奇荒"或"晋豫奇灾"。在政府无力救灾、灾民嗷嗷待哺之际，由江南士绅组成的慈善组织在灾区进行了大规模的救济，取得了显著的效果。[①] 这种跨区域的自筹自办的义赈活动，此后成为清末慈善活动的主体，其规模、成效和影响都是传统善会善堂所无法相比的。

（二）近代慈善事业的发展

1. 新型慈善组织的出现及其救济活动

近代以来，由于政局动荡和灾害频仍，政府无力救灾，这就为慈善组织的发展提供了广阔的空间，各类慈善组织纷纷成立，在救灾济贫中发挥着重要作用。这一时期的中国红十字会、中国华洋义赈会救灾总会、世界红卐字会，以及其他慈善组织，支撑起中国社会救济的半边天。

中国红十字会成立于 1904 年。为救济日俄战争中的难民，1904 年 3 月 10 日，中、英、法、德、美五国人士数十人在上海商议成立"上海万国红十字支会"，一周后，定名为"上海万国红十字会"。1910 年 2 月，清廷降旨，同意商约大臣吕海寰等会奏结束上海万国红十字会而试办中国红十字会之请求，并委派盛宣怀担任中国红十字会会长。6 月，改名为"大清帝国红十字会"。1911 年 11 月，清廷任命吕海寰担任中国红十字会会长。1912 年 1 月，中国红十字会正式得到国际红十字会的承认，成为国际红十字会中的一员。

中国红十字自成立伊始，就积极参加战地救护和慈善救济活动，如日俄战争中的救护和赈济、辛亥时期的战场救护、1913 年"癸丑之役"中的救护、1914 年青岛兵灾的救护等等，对各地水旱灾害的救济更为常见。中国红十字会上海总办事处在上海建立的五所医院，除为当地民众治疗疾病和防治时疫外，还成为全国各地历次灾变救护的中坚力量，其中附属的医学院为全国医疗机构培养了大批医务人才。

---

① 有关晚清义赈的研究，可参考朱浒的《地方性流动及其超越——晚清义赈与近代中国的新陈代谢》(中国人民大学出版社 2006 年版)、《民胞物与：中国近代义赈（1876—1912）》(人民出版社 2012 年版)。

与传统的慈善组织相比,中国红十字会具有以下特殊性:第一,具有国际性格。中国红十字会最初是仿效其他国家的红十字会而建立起来的,自1912年加入国际红十字会之后,即遵循国际红十字会的基本原则,享有国际红十字会会员国的一切权利。第二,兼容官民的社团属性。中国红十字会最初是民办,但官方很快介入,在官民的博弈中,官方的控制越来越强化,最后成为官方主导下的社会团体。第三,中国红十字会已突破传统慈善组织的格局,在领导阶层中,商人始终占据相当的分量,其捐款来自海内外,其分会、会员遍布全国各省,其救济工作的目的已不再以教化为主,而是在民族主义的激励下,由日常的灾害救济转向战地救护,这点在抗战期间的表现最为明显。①

中国华洋义赈救灾总会(下称"华洋义赈会")正式成立于1921年。在此之前,上海等地已有华洋义赈的联合组织,但未出现全国性的华洋义赈机构。1920年北方五省大旱,中外各界人士纷纷组织慈善团体,各自为政,参与救灾。为了联合各慈善团体,由梁士诒、汪大燮、熊希龄、蔡廷干诸人发起在北京成立了华北救灾协会。同时,由美国驻华公使克兰联合各国驻京公使,成立了国际对华救灾会。嗣后,这两大救灾团体又联合组成北京国际统一救灾总会,共同承担起1920年旱灾的救济工作,取得了显著的成效。赈务结束后,由北京国际统一救灾总会发起,又纠合各地华洋义赈会在北京开会,为保存已往的救灾经验,便于日后应用,遂于1921年11月正式成立一个永久性救灾机构,定名为中国华洋义赈救灾总会。

华洋义赈会总会设于北京,由各省分会各派代表二人(华人与洋人各一人),充总会会员,每两年开常会一次,于全体会员常会时推选会长、副会长各一人、司库二人、秘书一人为总会职员,又在会员中公举六人连同职员组成执行委员会,执行本会一切事务。另设总干事一人,常川驻会,负责主持总会办事处,总会内设工程、农利、稽核、文牍、庶务、档案等股。华洋义赈会分会数目和名称时有变化,1933年时有山东、河南、山西、湖北、湖南、陕西、江西、四川、贵州、云南、甘肃、绥远十二处分会,其董事由

---

① 张建俅:《中国红十字会初期发展之研究》,中华书局2007年版,第304—312页。

华洋人士各半数充之，又在上海、安庆、南昌各设事务所。

华洋义赈会的办赈原则是以最经济的方法，为大量之救济，不欲养成贫民之依赖性，使其永堕穷途。除实行以工代赈外，平时并注重防灾工作及改善农民经济生活的各种事业，但对于老弱残病之人，仍为相当之施舍。除临时急赈不计外，施赈原则如下：（甲）对灾民不以金钱空施；（乙）对灾民不以粮食空施；（丙）凡壮丁及能工作之人皆应从事相当之工作；（丁）如于粮食缺乏之地，即以粮食为工资；（戊）工资应按工作单位，核实施给。防灾之计划，在工程方面，如水利、堤工、路工等，是为工赈；在农业方面，有籽种之改良及农村合作之发展等事。①

华洋义赈会由中外人士共同组成，经费也主要来自国外捐款，其防重于救的救灾理念、完善的管理体制及突出的慈善业绩，使其成为民国时期著名的国际性的慈善组织。

世界红卍字会是道院的外围慈善机构，以促进和平、救济灾患为宗旨。1922 年世界红卍字会中华总会在北京成立，旋即在各地设立分会。山东是道院的发源地，也是红卍字会设立最多的省份，全省的红卍字分会有 70 余处。

1928 年 11 月山东各地红卍字会成立世界红卍字会全鲁各分会联合救济办事处，简称全鲁卍联处，附设全鲁卍联施诊总所及全鲁卍联第一施诊所、第二施诊所、全鲁卍联因利局。如遇兵燹水旱灾劫发生，临时组织全鲁卍联救济队实施救护赈济，并设临时医院及难民收容所。

世界红卍字会是民国时期设置普遍、卓有成效的民办慈善机构。它所从事的慈善救济活动可分为两类：一是临时慈善事业，二是永久慈善事业。临时慈善事业是指对突发的水旱、瘟疫、战乱、匪患等自然和人为灾害进行救济。以山东为例，世界红卍字会对 1928 年济南惨案的救济、对 1932 年至 1933 年胶东战乱的救济、对 1933 年鲁西黄河水灾的救济、对 1937 年济南灾民及河北难民的救济等等，规模都比较大，成效也很明显。

永久慈善事业则指常年开办的具有固定场所的机构，专门救恤鳏寡孤

---

① 《中国华洋义赈救灾总会会务一览》，北京市档案馆：档案号：J002—006—00037。

独及贫困人群。其种类有卍字学校、平民工厂、施诊所、医院、因利局、平
粜局、育婴堂、残废院、恤嫠局、恤产局、恤养院等，尤以恤养院规模最为
庞大，举凡收养孤儿、婴儿，救济产妇、嫠妇、残废、老赢，附设学校、开
办工厂等几乎无所不包。

2. 慈善组织参与灾荒救济

民国初年，由于军阀混战、政局动荡，中央政府财政拮据，无法承担
起救灾的重任，每遇大灾，不得不动员社会力量参与救灾。与此同时，由于
对外开放和市场经济的发展，外国势力不断向中国渗透，国内的社会力量也
有所增强，这就使社会力量参与救灾成为可能。

1920 年，北方冀鲁豫晋陕五省遭遇特大旱灾。据北京政府内务部赈务
处称，灾区涉及京兆、直隶、河南、山东、陕西、陕西五省一区。据各省区
调查报告，被灾县份共有 340 县，灾区面积约有 2712700 余方里。灾民总
数，依各被灾县份原有人口总数推之，至少占五分之三，统计亦不下 3000
万人。[1]另据北京国际统一救灾总会报告书称，此次受灾最重之区域，为黄
河以北，属直隶、山东、河南之地段，及北京天津交界之南。黄河流域如山
西、陕西亦受影响，依靠赈济才能活命的灾民至少在两千万人以上。[2]

面对如此严重的灾情，北京政府不得不进行救灾动员和多方筹款。1920
年 9 月 11 日，大总统徐世昌发布命令，着内务、财政两部会同各该省长官，
迅速筹集款项，分派专员赶办急赈。一面督饬地方官绅办理平粜，所需米石
杂粮经过各地方关卡，一律准免税厘，并由各该省长饬属查勘被灾情形，将
应征钱粮，分别呈请蠲缓，以恤民艰。[3] 1920 年 10 月，北京政府决定在京
设立赈务处，附设于内务部，总揽赈灾行政事务，并特派内务总长张志潭为
赈务处督办。

由于当时北京政府财力拮据，根本无力承担救灾任务，不得不呼吁动
员社会力量参与救灾。于是中外各救灾团体纷纷成立，彼此联合，多方筹
款，实施赈济。先是由梁士诒等人设立华北救灾协会、熊希龄等人设立北五

---

① 李文海等：《近代中国灾荒纪年续编》，湖南教育出版社 1993 年版，第 1—2 页。

② 《北京国际统一救灾总会报告书》，1922 年，第 9—10 页。

③ 《大公报》1920 年 9 月 12 日。

省协济会。10 月 1 日，由国内 14 个救灾团体联合组成华北救灾总会。与此同时，由美国驻华公使克兰发起组织美国对华赈灾会，英法意日等驻华公使亦组织对华救灾会。为协调救济，中外各慈善团体又联合组成北京国际统一救灾总会。在北京成立救灾机构的同时，其他城市如天津、上海、济南、汉口、开封、太原、西安等处的华洋义赈会亦次第成立。北京国际统一救灾总会为谋求通力合作起见，于 11 月间召集各地华洋义赈会代表在北京开联席会议，讨论救灾办法，并将被灾之北五省划分为若干区，每区由一团体担任救济，以求普及而免重复。由中外人士组成的北京国际统一救灾总会，承担了本次救灾的主要工作，共募集赈款 680 万元，经手放赈 1700 万元，救活灾民 240 万人，为中国近代以来的伟大义举。①

再以山东各县为例，更可见社会力量在救灾中发挥的重要作用。如临清：1920 年 9 月，华洋义赈会派员莅境勘灾放赈，县境分得赈款 20 余万元。10 月，临清官绅各界发起成立了旱灾筹赈会，县长捐俸 1000 元为之倡。当时粮乏价腾，县长力劝富室借款平粜，共集款 27000 余元，在筹赈会内附设平粜局。临清为山东第一重灾县，"计诸赈款施及吾临者约三十万数千百元，又属山东第一重赈"。②

临邑：1919 年，自春至秋旱魃为灾，赤地千里，粒米不获。民皆菜色，树叶菜根采掘殆尽。由中外人士参与组织的华洋义赈会发来银洋 28 万元，散放急赈。自 1919 年 10 月至 1920 年 4 月，饥民 8000 余户，计 4 万余人得免饥寒流离之苦。③

无棣：1920 年夏，无麦，土匪起。秋八月疫，无禾，民大饥。蠲免田租。由北京赈务处、山东赈灾公会、山东赈务处、华洋赈会、华北华洋义赈会、日本义赈会、上海广仁堂义赈会、本省学界筹赈会、青岛中日官绅捐赈、北京日本使馆捐款、日本学界助赈、财政部潘次长捐赈、安徽李经湘捐赈、本县赈灾会，共银洋 335400 余元，分别赈恤之。④ 无棣县的赈款来自

---

① 《北京国际统一救灾总会报告书》，1922 年，序二。

② 《民国临清县志》，大事记，艺文，《旱灾筹赈会记》，1934 年。

③ 《民国续修临邑县志》，卷四，地舆篇一，天灾，1936 年。

④ 《民国无棣县志》卷十六，祥异，1925 年。

国内外各个方面，基本上反映出了社会力量对这次旱灾的赈济力度，颇具典型意义。

南京国民政府成立后，在重建政府主导救灾体制的同时，也鼓励社会力量参与救灾。1931年夏，长江淮河流域发生特大水灾。南京国民政府成立救济水灾委员会，举全国之力进行救济；与此同时，还呼吁动员社会力量进行救济，最终形成了国家与社会合力救灾的格局，其社会力量参与救灾的广度和深度都是前所未有的。

首先，政府救灾机构大量吸收中外各界社会名流参加，最大限度地利用社会人力资源。如国民政府救济水灾委员会聘请的中方委员有王震（王一亭）、王晓籁、黄金荣、杜月笙、张啸林、虞洽卿、刘鸿生、章元善、杨杏佛、史量才、陈光甫、熊希龄等社会名流63人，外国人士34人。救济水灾委员会还成立了以孔祥熙为主任的联络组，联络组通告热情邀请社会各界积极参与，协助合力，共同救灾，"唯念救灾事大，非政府提挈于上，社会协助于下，势必不易有功，而且慈善机构救灾团体林立皆是，尤非分工合作，戮力同心，亦将难期并进。本组任务即在谋指臂呼应之灵，筹统一进行之效，尚希群加赞助，挽此浩劫。"[1]

其次，由社会力量组成的各义赈团体，与官赈配合，成为救灾的重要力量。如上海筹募各省水灾急赈会是当时最大的民间义赈团体，它的主席就是国民政府救济水灾委员会常务委员、赈务委员会主席许世英，该会还聘请社会各界人士担任各区赈灾专员。再如，江苏水灾义赈会是经江苏省政府议决办理江北各区水灾急赈的组织，由各地方人士共同组成，其主席成静生在报告中说，此次来江苏办赈，受国民政府救济水灾委员会、上海筹募各省水灾急赈会、江苏水灾义赈会及江苏省赈务会四机关之委托。由此可见，在此次赈灾中，政府救灾机构与民间义赈团体的密切合作。

再次，中外各社会团体和个人慷慨捐款，为救灾提供了大量的赈款和赈品。据国民政府救济水灾委员会统计，为水灾捐款的华侨机构、组织在160个以上，向该会捐款的同业公会就有19家，而每一类型的同业公会之

---

[1]　《申报》1931年9月3日。

下，则聚集着数家或数十家工商企业，至于为义赈团体捐款的同业公会则更多。就个人捐款而言，上海三大帮会头目表现突出，杜月笙经募 45200元，其中自捐 5000 元，经募的捐助主体有 39 个；张啸林经募 57963.8 元，其中自捐 5000 元，捐助主体 582 个。两人还联合经募 42000 元。黄金荣经募 11540 元，其中自捐 5000 元，捐助主体 44 个。① 不管他们出于什么目的，能为灾民捐助和经募如此巨款，值得肯定。至于捐款数元或数角者，虽所捐甚微，但其爱心同样值得称赞。仅据国民政府救济水灾委员会统计，该会收到海内外捐款达 700 余万元，若再加上其他义赈团体的募捐，其数额则更为巨大。中外社会力量对 1931 年水灾救济的巨大贡献由此可见一斑。

四、传统社会救济制度的优势与局限

（一）传统救灾体制的优势与局限

中国传统的社会救济制度由政府主导的荒政和民间的慈善活动组成，前者是主体，后者是辅助。在中央集权的君主专制时代，历代荒政均以皇帝为救灾总指挥，以上谕为救灾法令，各级官员奉旨救灾，通过蠲免赋税、散放钱粮、调粟、借贷等方式救济灾民。这种救灾体制历代不断实践与完善，至清代集大成。

在君主专制时代，中国历代王朝政府机构设置简单，职能高度集中。在中央，皇帝统揽一切权力，圣旨即是法律；在地方上，各级地方官集行政、司法权力于一身，奉旨办事，唯上是从。在如此行政体制下，若出现涉及国计民生和政权稳定的重大事务，均由皇帝亲自主导，各级地方官遵旨办事，整个官僚机构在短时期会出现一次行政总动员，集中一切人力、物力来办一件大事，重大的水利工程和灾荒救济即是如此。美国学者魏特夫即是从防洪灌溉之类的治水活动和大型公共工程的相互关系来建构其著名的东方专制主义理论的。因此，在中国古代的漫长时期，并未设立专门的防灾救灾机构，而是在灾害发生后遵皇帝谕旨将所有的行政机构都变成救灾机构。

① 孙语圣：《1931 年·救灾社会化》，安徽大学出版社 2008 年版，第 209—210 页。

以清代为例。清代集历代救荒之大成，救灾体制极为完备，但仍未设立专门的救灾机构。有学者认为，其原因有以下两点：第一，清代历朝皇帝将荒政视为根本大计，十分重视，救灾之事往往亲自过问，督抚、知府、知州、知县等也即是一省、一府、一州、一县的救灾总管，无须另设其他救灾机构和官员；第二，救灾时间性极强，若设立常设机构，平时徒靡开支，临灾又人手不够。[①]

清朝虽不设专门的救灾机构，但是依托原有的行政系统及法律制度，逐步建立了一套严密、完整的救灾体制。在皇帝的统一驾驭下，从中央到地方州县，皆确立了相应的救灾职责和监督机制，各级临时救灾官员的派设，又使得救灾制度的运转能够因时制宜，灵活多变。具体而言，皇帝在救灾中应尽的职责主要有三个方面：第一，修理政事，求得天人感应；第二，发布谕旨，组织赈济；第三，将救灾规章制度化、法律化。[②] 在中央各部中，户部是救灾制度的主要制定者和管理机构，吏部、刑部、礼部则主要掌管救灾官员的奖惩事项；礼部因平时掌管国家各类祭祀典礼，故灾时成为因灾祈禳的主要机构；兵部参与救火、扑蝗及卫所的救灾事宜；工部主管各项救灾工程及以工代赈。此外，京师的救灾工作主要由步军统领衙门和都察院所属之五城察院负责，蒙古等少数民族的救灾事务主要由理藩院负责，宫廷的救灾事务由内务府主管。中央各机构在救灾中并非各自为政，而是在皇帝的统一部署下发挥各自的救灾职能。

除上述常设机构承担救灾职能外，清代皇帝还经常委派官员前往灾区查勘办赈。这些临时性的办赈官员的任务和职权各不一样。其中，中央各部院的尚书、侍郎、内阁学士等与督抚品级相当的官员多被派往协助和监督地方办赈，有些办赈大臣还被加以钦差衔。如雍正九年（1731），因河南水灾，朝廷派刑部侍郎王国栋为钦差大臣，令其赴豫办赈。嘉庆二十年（1815）因山西蒲州、解州地震，朝廷命刑部侍郎那彦宝为钦差大臣，赴山西赈济地震灾民。委派办赈大臣的原因主要有以下四点：第一，弥补地方官办赈精力之

---

①　李向军：《清代荒政研究》，中国农业出版社 1995 年版，第 76—77 页。

②　赵晓华：《救灾法律与清代社会》，社会科学文献出版社 2011 年版，第 56—64 页。

不足；第二，解决地方官办赈不力的问题；第三，以熟悉治河之道或谙熟灾区情况的官员充任办赈大臣；第四，监督地方官办赈。①

各地具体的救灾事务由督抚与州县官负责。督抚作为执政一方的行政长官，管理地方军民政务，救灾自然也是最为重要的工作之一。督抚在救灾中肩负着承上启下的职责，主要包括：1.迅速奏报灾情，灵活开展救灾工作；2.组织、监督地方官办赈；3.防灾备荒。州县官处在行政体制的末梢，是救灾事务的实行执行者。救灾的主要环节如报灾、勘灾、查赈、散赈等，都需要州县官进行细致的工作。救灾的成效如何，很大程度上取决于州县官的品德、操守和能力。

由此可见，在清代，若遇灾荒，皇帝一声令下，从中央到地方所有的行政机关都变成了救灾机构，皇帝是救灾的总指挥，所有的资源听从皇帝调遣，各级官员各司其职，共同承担起救灾工作，其举国救灾体制的特征非常明显。实践证明，这套救灾体制具有迅捷有序，职责明确，层层监督，奖惩分明，上下相通，彼此支援等优点。近年来，国内外学者对中国传统荒政体制的评价渐趋积极，其中以法国学者魏丕信为代表，他在《18世纪中国的官僚制度与荒政》一书中，以1743—1744年的直隶赈灾为例，"证明了18世纪由国家管理的荒政是比较成功的。"②

传统荒政的特点是奉旨救灾，行政总动员，即在皇帝的统一指挥下，利用专制统治的集权优势，在短时期内集中一切人力、物力、财力突击救灾。这种救灾体制能否有效运转，关键取决于两个因素：一是国库是否充盈，二是官员是否清廉。清代前中期的荒政之所以被认为"比较成功"，除荒政制度日益健全外，最主要的原因还是财力充足。魏丕信认为："清王朝的财政力量，更明确地说，是正常的、固定的活动经费之外的剩余财力，从18世纪初开始迅速增加，到乾隆朝的最后20年达到顶峰。其间，中央政府可以在必要时毫不费力地拿出所需要的资金救济灾荒（有时达到数百万两），

① 赵晓华：《救灾法律与清代社会》，第111—112页。

② ［法］魏丕信：《18世纪中国的官僚制度与荒政》，徐建青译，江苏人民出版社2003年版，第62页。

哪怕最严重的灾害也足以应付。"①

　　除财政原因外，吏治是否清廉也直接影响荒政的效果。尽管清代有完备的救灾惩治法规，但救灾中贪污腐败现象仍十分常见。如乾隆三十九年至四十二年的甘肃捏灾冒赈案，甘肃布政使王亶望，捏报灾情，借救灾之名将捐监钱粮侵蚀入已。事发后，共牵涉官员 210 余人，其中处死 56 人。嘉庆时江苏山阳冒赈案，知县王伸汉因怕贪污赈款被查，竟指使人毒死勘查赈务委员李毓昌。事发后，凶手被凌迟，王伸汉被处死，江苏巡抚被革职，两江总督铁保被革职发配到乌鲁木齐效力赎罪。清政府对这两起救灾大案处理不可谓不重，但无法从根本上遏制救灾中的腐败问题。嘉道以来，清代荒政体制之所以运转不灵，除财政困难外，吏治腐败亦是重要原因。

　　另外，在传统社会，由于生产力落后，国家财力有限，故历代政府都以救济重度饥荒为主，以保障贫民最低生活水平为目标，救济条件苛刻，救济范围有限，救济水平不高。在古代的救灾措施中，蠲免为先，然后才是赈给，并且蠲免和赈给都有严格的条件，并非受灾即蠲免或赈给。有学者研究指出，自西汉以迄清代，蠲免起始条件一般为灾损 40%—50%，不过，这仅仅是蠲免的起始条件，蠲免内容有限。事实上，在政策实际执行过程中，往往要到灾损 70%—80% 以上，才能进行大额度的蠲免。这一标准，无疑已是重度饥荒的标准了。② 蠲免虽是救灾的起点，但真正能挽救灾民性命的则是赈给，即直接给灾民发放钱粮。但在古代社会，并非所有的灾民都能得到赈给。从西汉开始，朝廷即对赈给对象进行明确的限制。两汉时期，赈给对象一般都限定为"贫人"，甚至是"尤贫者"。唐代前期，以户等高下为赈给对象，对其中的下户实行赈给，对所谓的高户实行赈贷。两宋赈给对象均为下户，即乡村五等户中的第四、第五等户。明代对乡村贫民的划分一般是三等，包括稍贫、次贫、极贫，赈给对象一般只限于次贫和极贫。清代对乡村贫民划分为二等，包括次贫、极贫，同时也是赈给对象。③ 由此可见，中国

---

① ［法］魏丕信：《18 世纪中国的官僚制度与荒政》，徐建青译，江苏人民出版社 2003 年版，第 246 页。

② 张文：《中国古代乡村社会保障问题研究》，西南师范大学出版社 2015 年版，第 348 页。

③ 张文：《中国古代乡村社会保障问题研究》，西南师范大学出版社 2015 年版，第 350 页。

古代的救济目标主要是保障贫民熬过饥荒，而非普遍性的赈给，贫民身份在大多数时间里并无多少实际价值，只有在饥荒期间能够得到法定的优先救济。通俗地讲，古代社会的救济策略是只救死不救穷，其救济范围之窄、救济水平之低，显而易见。因此，我们既要肯定古代社会救济制度在灾荒救济中发挥的重要作用，又要清醒地认识到这种救济制度在救济范围、救济对象、救济水平等方面的局限性，不宜过分拔高或理想化。

（二）政府引导和鼓励慈善活动的经验

纵观中国历代的社会救济制度，除政府救济外，民间力量也发挥着重要的作用。而政府对民间的慈善行为，基本的态度是引导、鼓励，有时也会采取一些强制措施，勒令富户出钱出粮救济穷人，其中最明显的表现就是劝分。劝分即朝廷劝谕有力之家出粟以赈饥民的措施，最早见于春秋时期，汉以后各代相承。唐宋以后，由于救济事项增多，资源不足，遂多劝分之法。宋代还制定了劝分奖励条例，称作"纳粟补官"。① 明清时期，仍多行劝分之法，朝廷对乐善好施者也给以表彰。如雍正十一年（1733）五月奉上谕："朕于直省地方，偶遇灾祲，即蠲租发粟，截漕平粜，务使得所。近闻直省地方，捐资周给、好善乐施者，颇不乏人。此等良善之人，应加恩泽，以示褒嘉。着各该督抚留心体察，秉公确访，其捐助多者，着具题奏请议叙，少者着地方大吏给予匾额，免其差徭，以昭朕与人同善之至意。"② 从明清时期各地所编的地方志中，能看到大量这类因在灾荒年间救济族人和乡邻而受到地方官表彰的慈善人士。

进入民国以后，政府对慈善行为的褒奖逐渐制度化。1914 年 3 月，北京政府公布《褒扬条例》，同年 6 月又公布《褒扬条例实行细则》，这其中就包括对慈善活动的褒奖。1914 年 8 月，北京政府公布《义赈奖劝章程》，其中第一条规定：凡捐助义赈款银一千元以上者，报内务部呈请，大总统褒扬之；第二条：凡捐助义赈款银未满一千元者，由各地方行政长官依下列各款

---

① 张文：《中国古代乡村社会保障问题研究》，西南师范大学出版社 2015 年版，第 378 页。
② 姚碧辑：《荒政辑要》，载李文海、夏明方主编《中国荒政全书》第二辑第一卷，第808 页。

给予奖励：1. 千元未满五百以上者给一等功奖章；2. 五百元未满三百元以上者给二等奖章；3. 三百元未满二百以上者给三等奖章；4. 二百元未满一百元以上者给四等奖章；5. 一百元未满五十元以上者给五等奖章。第三条：凡经募义赈款银五倍捐款之数者，得准照前条规定分别给予奖章。① 1918 年 7 月，内务部又公布了修改的《义赈奖劝章程》，奖励对象包括捐助赈款者、经募赈款者、办赈出力者，奖励的标准也有所变化。南京国民政府则制定了更多奖励慈善事业的规章，如《各省赈款给奖章程》《捐资举办救济事业褒奖条例》《捐助赈款给奖章程》《褒扬条例》《助赈给奖章程》等，奖励的范围更加扩大。除直接褒奖外，政府还通过减免费税和运输费用等方式资助慈善组织开展救济活动。历代政府对捐款者和慈善人士的褒扬，对慈善事业的发展无疑具有积极意义，也是值得今天继承的历史经验。

由民间力量主办的慈善事业补政府救济之不足，政府在对其支持的同时，也有监督的责任。清代及民国北京政府时期，慈善组织在设立之初，应呈请当地主管官员立案，才能得到保护。但由于政局动荡、政权更迭频繁，不向政府立案的慈善组织所在多有。南京民国政府成立后，加大了对慈善组织的监督力度。1929 年 6 月，国民政府颁布《监督慈善团体法》。该法对慈善团体的性质、目的、发起人资格、主管官署的监督范围等都有明确的规定，是南京国民政府时期监督慈善团体的根本法。为实施这部法律，国民政府行政院又于同年 7 月颁布了《监督慈善团体法施行规则》。通过《监督慈善团体法》及《施行规则》，国民政府在法律层面上建立了对慈善团体的监督体制。依据《施行规则》，慈善团体的主管官署在中央为内政部，在省会为民政厅，在特别市为特别市政府社会局，在各县市为县市政府。

与此同时，国民党中央也在"以党治国"原则指导下，加强对社会团体（慈善团体属于社会团体之一种）的指导。1930 年 2 月 3 日，国民党中央执行委员会第 70 次常务委员会通过了《社会团体组织程序》。组织程序规定：凡欲组织社会团体必须先向当地高级党部申请许可，党部认为合格时发给许可证，并派员指导。许可证内必须载明不得有违反三民主义之言论及行

---

① 《义赈奖劝章程》，《内务公报》1914 年第 13 期。

为，接受中国国民党之指导，遵守国家法律，服从政府命令等政治内容。发起人领得许可证书后才能组织筹备会，筹备会拟定的章程草案要呈请当地高级党部备案后，才能进行组织，组织完成经当地党部认为健全后呈报主管官署立案。按照上述规定，新成立的慈善团体首先要在当地高级党部过三关，即许可关、章程关、组织健全关，然后才能到主管官署立案。这样，就为慈善团体的设立设置了较高的门槛，特别是党部的指导成为慈善团体能否设立的关键。而且方案还规定：凡已有组织之社会团体未领得党部许可证者，须呈送该会章程及职员履历表、会员名册各二份申请许可。接受前项申请的党部，应即派员视察，认为合格时即发许可证书，并将章程重行核准后，仍由该团体呈请主管官署立案或备案。①

国民政府通过制定《监督慈善团体法》及《监督慈善团体法施行规则》，国民党中央通过制定《人民团体组织方案》和《社会团体组织程序》，党政合力，共同构建起监督慈善团体的制度体系。概括起来讲，这种体制的特征就是：政府监督、党部指导，双重管控，党部优先。国民政府对慈善团体的监督有理、有效，但也有限，其对慈善事业的影响利弊兼有。有利是指由于慈善团体的特殊性，政府对其进行监督非常必要，是履行管理职能的具体表现，南京国民政府制定的慈善法规也有其合理性。有效是指政府对督慈善团体的监督有一定的效力，只有政治合格、组织规范的慈善团体才能设立和生存，旧的慈善团体也必须重行登记立案，否则就会被查禁。有限是指尽管国民党中央及国民政府为监督慈善团体制定了比较完备的方案和法律，但要真正落实并不容易，仍有大量的慈善组织游离于政府的监督之外。国民党插手慈善组织的立案，是对慈善组织的干扰，不利于慈善事业的发展。

在中国传统的社会救济体制中，政府和民间力量在不同时期有此消彼长的演变趋势，但两者总体上是合作，而非对抗。清代康雍乾时期，随着国力的强盛，政府越来越多地介入到地方的荒政事务中，而且占据绝对的主导地位，而民间赈灾力量仅起到辅助性的作用。即便是地方绅富自行出资赈

---

① 《社会团体组织程序》，《江西省政府公报》1930 年第 45 期。

灾，也受到官方强有力的干预和监控。[①] 嘉道以来，一方面灾害频发，一方面由于吏治的腐败和财政困窘，政府无力包办或主导赈灾事务，不得不为民间赈灾力量让渡出空间，于是以民间力量为主体的"义赈"开始冲破地域的限制，成为晚清时期最主要的慈善活动。民国初期，清代的救灾体制已被废除，而新的救灾体制尚未建立，在社会救济领域一度出现了制度真空，这就为民间慈善事业的发展提供了广阔的空间，慈善组织逐渐成为救灾的主体，彻底改变了清代前中期由官方垄断或主导救灾的格局。南京国民政府建立后，开始逐渐恢复由政府主导的救灾体制，并颁布一系列法规限制和规范慈善组织发展。到 30 年代，重新确立了政府主导救灾、民间慈善组织辅助的社会救济体制。从历史经验上看，社会救济应由政府和社会力量共同承担，只有政府主导，社会力量积极参与，才能编织起完善的社会救济网络，使贫困者都得到充分的救济。

五、坚持举国救灾体制，大力发展慈善事业

（一）继续发挥国家在救灾中的主导作用

我国目前的救灾体制被称为举国救灾体制，这种救灾体制的特征是，在遭遇重大自然灾害时，由中央政府作为救灾主体，举全国之力，集中全国的人力、物力、财力支援灾区，自上而下地开展救灾工作。这种救灾体制并非始于今日，而是在继承中国历代救灾体制和根据地、解放区救灾经验的基础上，不断发展和完善的。

1949 年中华人民共和国成立后，中国共产党和人民政府在领导全国人民救灾的过程中，逐渐建立了新的举国救灾体制。1949 年 11 月 1 日，内务部成立，受政务院领导，其中的社会司主管社会救济工作。1949 年 12 月 19 日，政务院发出《关于生产救灾的指示》，要求"各级人民政府组织生产救灾委员会，包括民政、财政、农业、贸易、合作、卫生、商业等部门及人民

---

① 夏明方：《近代棘途——生态变迁中的中国现代化进程》，中国人民大学出版社 2012 年版，第 391 页。

团体代表,由各级人民政府首长直接领导,务必使领导集中,得到配合,增加效率。"1950 年 2 月 27 日,中央生产救灾委员会正式成立。中央生产救灾委员会的日常工作,委托内务部办理。随后,各省市也相继成立了生产救灾委员会,吸收政府各部门的领导和各界人士参加,由各级党政主要领导担任主任,并从有关单位抽调干部,设立办公室,专门负责日常工作。各级生产救灾委员层层设立,从省、区一直到县、乡、村。

50 年代初形成的举国救灾体制有以下特点:一是实行中央统一决策、部门分工实施的领导体制。在中央政府统一领导下,重大的救灾、抗灾决策由中央领导直接部署,政府各部门按照统一的决策和自身的职能分工负责、组织实施。这样的管理体制能够保证决策指挥权的集中统一,有利于协调好各方面的救援活动,提高工作效率。二是以地方政府为主,按行政区域采取统一的组织指挥。在受灾地区,由区域行政首长负责统一组织指挥防灾、救灾工作。三是充分发挥人民解放军的作用。人民解放军在防汛抢险、抢救转移安置灾民、医治伤病以及灾区恢复生产、重建家园等各项工作中都作出了突出的贡献。四是发动灾区干部群众自力更生,生产自救,互助互济。五是广泛动员社会力量支援灾区,一方有难,八方支援。

在这种救灾体制下,救灾主体是中央政府。一旦发生灾情,地方政府逐级上报,最后报到中央政府,再由中央政府的救灾职能部门根据灾情大小,按照既定的标准将救灾的款项划拨给下级政府,地方政府再按等级顺序层层下拨,直至最终分配到灾民手中。救灾款项几乎都由中央政府负担,形成了"灾民找政府,下级找上级,全国找中央"的救灾格局。在救灾中,政府采取的往往是无偿救济的方式,免费向灾民提供食物、衣被,无偿发放救济款。① 这种救灾体制是典型的举全国之力、由国家包办的救灾体制。

新中国建立的举国救灾体制,在历次救灾中发挥着重要的作用。现以抗击 1998 年大洪水和 2008 年汶川大地震为例,看一看这种体制的运作及其优越性。

---

① 康沛竹:《中国共产党执政以来防灾救灾的思想与实践》,北京大学出版社 2005 年版,第 121—122 页。

1998 年入汛以来，全国大部分地区降雨明显偏多，一些地方出现严重的洪涝灾害。长江发生继 1954 年以来的又一次全流域大洪水，先后出现八次洪峰。嫩江、松花江发生超历史的大洪水，先后出现三次洪峰。湖北、湖南、江西、安徽、黑龙江、吉林、内蒙古等省区受到洪水的严重威胁。

面对如此巨灾，分洪还是坚守大堤抗洪成为当时最艰难选择。如果按原定计划分洪，分蓄洪区将遭受巨大损失；如不按原定计划分洪，将使堤防经受超过设计标准的洪水冲击，承担极大风险。鉴于 1998 年洪水比 1954 年小，以及军民团结抗洪的巨大潜力，党中央毅然提出，严防死守，确保长江大堤安全，确保重要城市安全、确保人民生命财产安全的战略方针，作出了大规模动用人民解放军投入抗洪抢险、军民协同作战的重大决策。

在抗洪的紧要关头，党和国家领导人多次前赴抗洪第一线，指导抗洪工作。7 月 4 日至 9 日，国务院总理朱镕基飞抵长江，视察了江西、湖北、湖南的防汛抗洪工作。8 月 7 日，江泽民总书记主持召开政治局扩大会议，要求把抗洪抢险作为当前头等大事，全力以赴抓好，这成为全国抗洪抢险的新动员令。8 月 9 日，朱镕基总理第二次赴长江大堤视察。8 月 13 日，江泽民总书记前赴抗洪抢险第一线，14 日在武汉发表重要讲话，代表党中央、国务院和中央军委作出总动员，要求全党、全军、全国人民继续全力支持，夺取长江抗洪抢险决战的最后胜利。

在整个抗洪期间，30 余万解放军和武警官兵奔赴第一线，800 多万干部群众参加抗洪斗争。到 8 月 23 日，解放军和武警部队在长江、松花江和嫩江流域先后投入抗洪抢险兵力 433.22 万人次，组织民兵预备役部队 500 多万人，动用车辆 23.68 万台次，舟艇 3.57 万艘次，飞机、直升机 1289 架次。[①]这次抗洪抢险的胜利是在党中央的英明领导下，在全国军民的大力支持下取得的，充分显示了举国救灾体制的巨大威力和优越性。

2008 年 5 月 12 日 14 时 28 分，四川省汶川县发生了里氏 8.0 级特大地震。这是新中国成立以来破坏性最强、波及范围最广、救灾难度最大的一次地震。汶川地震造成四川、甘肃、陕西、重庆、云南等 10 各省区市 417

---

① 康沛竹：《中国共产党执政以来防灾救灾的思想与实践》，第 60—61 页。

县（市、区）、4667 个乡镇、4625.7 万人受灾，灾区总面积 50 万平方公里，其中极重灾区、重灾区 13 万平方公里，造成 69227 人死亡、17923 人失踪，紧急转移人口 1510.6 万人。①

灾情发生后，党中央、国务院立即指示，动员一切力量参与救灾。12 日 14 时 48 分，民政部获得中国地震局关于汶川发生特大地震的通报，立即转入部署救灾工作。15 时 40 分，国家减灾委、民政部决定立即启动国家自然灾害救助 II 级应急响应。民政部紧急向所属的 10 个中央救灾物资储备库发出调令，要求将库存的 14.96 万顶帐篷通过铁路、公路尽快运往地震灾区。16 时 40 分，国务院总理温家宝乘专机飞赴灾区，在专机上成立了以温家宝总理为总指挥的国务院抗震救灾总指挥部。22 时 15 分，国家减灾委将响应等级提升为 I 级。与此同时，四川省也启动了省级自然灾害救助 I 级响应。

为安置受灾群众，5 月 20 日下午，国务院抗震救灾总指挥部根据灾区的实际需要，最终决定紧急采购 90 万顶 12 平方米单帐篷和 9000 顶 36 平方米单帐篷。针对灾区物资极度短缺的局面，抗震救灾总指挥部号召非灾区省份通过对口支援和社会捐赠等形式大力进行援助。

2008 年汶川大地震发生后，在党中央、国务院、中央军委的坚强领导下，在国务院抗震救灾总指挥部的直接指挥下，各地、各部门紧急动员，快速反应，上下联动，密切配合，紧急调拨物资，全力安置受灾群众，组织开展救灾捐赠，在较短的时间里，就取得了抗震救灾的决定性胜利。此后，国务院又采取各省市对口支援的方式，仅有三年的时间，就完成了灾区的重建工作。汶川大地震的救灾实践再次证明，在应对特大自然灾害时，举国救灾体制具有无比的优越性，是适合我国国情的救灾体制，应该继续坚持和完善。

综上所论，可以看出，举国救灾体制不仅是中国传统社会的基本救灾制度，在今天的救灾实践中仍在延续和不断完善。历史的事实和当今的实践都证明，举国救灾体制是适合中国过去和现在的救灾体制，在以后的救灾中仍会发挥巨大的优势，是我们应该坚持的基本制度。举国救灾体制之所以能

---

① 邹铭主编：《减灾救灾》，中国社会出版社 2009 年版，第 155 页。

超越传统在今天还有生命力，是由这种制度本身和中国的国情所决定的。就制度本身而言，举国救灾体制能在极短的时间里，动员一切行政资源和人力、物力、财力，举全国之力应对重大灾害，其强大的动员组织能力和快捷的效率是其他救灾体制所无法相比的，这点在抗击1998年全国大洪水和2008年汶川大地震中都得到充分的体现。就中国国情而言，有三方面因素：第一，由中国的国体所决定。中央政府有高度的权威和强大的组织能力，掌控着国家的绝大部分资源，具有实行举国救灾体制的条件。第二，中国地域辽阔，气候地形复杂，重大自然灾害频发，地区发展不平衡，单靠灾区地方政府根本无力自救，必须在中央政府的统一部署下，集中全国力量来应对。第三，由于历史的原因和制度制约，中国的民间社会不够发达，社会组织参与救灾的能力有限，因此，在大灾面对，人民只能依靠政府、相信政府。尽管随着市场经济的发展，社会力量在救灾中发挥的作用越来越大，但政府主导救灾的格局不会改变，举国救灾体制仍是我国当前和今后一个相当长时期内最基本的救灾体制。

（二）动员社会力量，积极参与灾害救济

在君主专制时代，朝廷控制着一切行政权力和社会资源，故救灾主要由朝廷承担，社会力量在救灾中的作用很微弱。民国以来，随着工商业的发展，社会力量显著增强，成为救灾中一支重要力量，国家与社会合作救灾成为民国救灾的基本格局。新中国成立之初，由于实行计划经济，国家垄断一切资源，救灾完全由国家承担。改革开放以来，随着市场经济的发展，社会力量在救灾中发挥着越来越重要的作用，特别是在汶川大地震救灾中，社会力量积极参与，显示出强大的力量。

2008年汶川大地震造成数万人遇难、数十万人受伤，上千万人受灾。如此巨大的灾情通过现代媒体迅速传遍全国，牵动着全国人民的心。在党中央国务院的领导下，一场全国性的抗震救灾运动随即展开。5月13日，民政部紧急下发《关于组织开展向地震灾区捐赠工作的通知》，迅速组织开展全国性的救灾捐赠活动。民政、红十字会、慈善总会等部门和机构及时设立救灾捐赠热线，公布接收捐赠账号，制定相关政策和保障措施。中央组织

部下发紧急通知，动员全国党员干部发挥模范带头作用，积极为灾区捐款捐物。

在党中央的号召下，社会各界在极短时间内就掀起了捐赠款物的高潮，巨额捐款和各类救灾物资源源不断地涌向灾区。据统计，汶川大地震全国累计接收的社会捐赠款物达 760 多亿元，创历史之最。①

汶川大地震后，出现了新中国成立以来最大规模的社会志愿者服务行动，成千上万的志愿者、社会工作者分赴灾区，从事现场搜救、医疗救护、卫生防疫、物资配送、心理抚慰等服务，为夺取抗震救灾斗争的伟大胜利作出了巨大的贡献。

自 2008 年汶川大地震以来，我国社会力量参与救灾的热情持续高涨，逐渐发展成长为救灾工作的一支重要力量，在现场救援、款物捐赠、物资发放、心理抚慰、灾后恢复重建等方面发挥了重要作用，但也存在救灾信息不对称、供需不匹配、活动不规范等问题。

为进一步健全防灾减灾救灾机制体制，统筹协调社会力量高效有序参与救灾工作，提高救灾工作的整体水平，2015 年 10 月 8 日，民政部发布了《关于支持引导社会力量参与救灾工作的指导意见》。《指导意见》着眼于社会力量参与救灾工作的全过程，强调坚持"政府主导、统筹协调，鼓励支持、引导规范，效率优先、就近就便，自愿参与、自助自主"的基本原则。其主要内容有五个方面：

第一，明确不同阶段社会力量参与救灾的内容。常态减灾阶段：积极鼓励和支持社会力量参与日常减灾各项工作。紧急救援阶段：突出救援效率，统筹引导具有救援专业设备和技能的社会力量有序参与，注重发挥灾区当地社会力量的作用，协同开展人员搜救、伤病员紧急运送与救治、紧急救援物资运输、受灾人员紧急转移安置、救灾物资接收发放、灾害现场清理、疫病防控、紧急救援人员后勤服务保障等工作。不提倡其他社会力量在紧急救援阶段自行进入灾区。过渡安置阶段：有序引导社会力量进入灾区，注重支持社会力量协助灾区政府开展受灾群众安置、伤病员照料、救灾物资发放、特

---

① 邹铭主编：《减灾救灾》，中国社会出版社 2009 年版，第 164 页。

殊困难人员扶助、受灾群众心理抚慰、环境清理、卫生防疫等工作，扶助受灾群众恢复生产生活，帮助灾区逐步恢复正常社会秩序。恢复重建阶段：帮助社会力量及时了解灾区恢复重建需求，支持社会力量参与重建工作，重点是参与居民住房、学校、医院等民生重建项目，以及参与社区重建、生计恢复、心理康复和防灾减灾等领域的恢复重建工作。第二，搭建社会力量参与救灾的服务平台。发挥救灾综合协调职能作用，争取建立常设的社会力量参与救灾协调机构或服务平台，为灾区政府、社会力量、受灾群众、社会公众、媒体等相关各方搭建沟通服务的桥梁。第三，加大对社会力量参与救灾的支持力度。积极协调本地财政等有关部门将社会力量参与救灾纳入政府购买服务范围，明确购买服务的项目、内容和标准，支持社会力量参与救灾工作。第四，强化支持社会力量参与救灾的信息导向。按照灾害属地管理原则，汇总整理属地参与救灾的有关社会力量基本情况，重点掌握社会力量参与救灾的专业技能、队伍状况、设备配置、拥有资源、分布位置等信息，分类建立系统、规范的具有参与救灾能力的社会力量信息数据库，为科学调度、有序协调社会力量参与救灾提供信息支持，提高服务针对性和任务对接适宜性。第五，加强对社会力量参与救灾的监督管理。依法履行对社会组织的监管职责，督促社会组织依照法律法规和组织章程开展工作。推动社会组织强化自律，建立健全行业标准和行为准则，增强自我约束、自我管理、自我监督能力。严格落实救灾捐赠信息公开制度，督促社会组织及时公开款物接收数量、款物使用计划、项目实施进展等信息，自觉接受捐赠人和社会公众监督。

可以预见，在这一意见的指导下，随着市场经济的发展和国民财富的增加，社会力量参与救灾的范围会越来越广，参与救灾的程度会越来越深，发挥的作用会越来越大。政府主导，社会参与，共同打造防灾救灾的坚强堡垒。

（三）借鉴历史经验，大力发展慈善事业

中国传统社会以儒家的仁爱思想为基石，倡导老吾老以及人之老，幼吾幼以及人之幼。救危扶困，赡养鳏寡孤独不仅是朝廷实施的"仁政"和彰

显"皇恩浩荡"的具体措施，也是一般民众激发良知、弘扬爱心的具体体现。千百年来，助人济困的慈善事业一直被视为中华民族的传统美德，从宗教慈善到家族慈善再到社会慈善，慈善一直是稳定社会秩序、推动社会发展的重要力量。

进入 21 世纪，随着中国构建和谐社会进程的不断加深，关注民生、共享发展成果成为全社会的主流思想，而慈善事业的巨大作用在此得以显现和发挥，慈善事业的发展也成为中国构建和谐社会、完善社会保障制度的一个重要方面。以 2005 年首届中华慈善大会召开及首部《中国慈善事业发展指导纲要（2006—2010)》的颁布为标志，中国慈善事业步入了一个快速发展的关键时期。

2016 年 3 月 16 日，《中华人民共和国慈善法》正式颁布。这是中国慈善事业发展史上具有里程碑意义的大事。该法共分 12 章 112 条，除总则和附则外，包括慈善组织、慈善募捐、慈善捐赠、慈善信托、慈善财产、慈善服务、信息公开、促进措施、监督管理、法律责任等内容。

《慈善法》在总则中对慈善事业的范围进行了界定："慈善活动是指自然人、法人和其他组织以捐助财产或者提供服务等方式，自愿开展的下列公益活动：（一）扶贫、济困；（二）扶老、救孤、恤病、助残、优抚；（三）救助自然灾害、事故灾难和公共卫生事件等突发事件造成的损害；（四）促进教育、科学、文化、卫生、体育等事业的发展；（五）防治污染和其他公害，保护和改善生态环境；（六）符合本法规定的其他公益活动。"从上述界定中可以看出，现在中国慈善事业的范围比以前大大扩展了，以前的慈善只限于救灾扶贫，而现在的慈善则涉及的范围更广，受惠的人群更多，对社会的贡献也更大。

制定《慈善法》的首要目的是促进慈善事业的发展。因此，《慈善法》第九章"促进措施"中专门对各级政府促进慈善事业发展的措施进行了规定。《慈善法》规定："县级以上人民政府应该根据经济社会发展情况，制定促进慈善事业发展的政策和措施。县级以上人民政府有关部门应当在各自职责范围内，向慈善组织、慈善信托受托人等提供慈善需求信息，为慈善活动提供指导和帮助。"政府鼓励慈善事业发展的一项重要措施就是税收优惠，《慈善法》对此有明确规定："慈善组织及其取得的收入依法享受税收优惠。""自然人、法人和其他组织捐赠财产用于慈善活动的，依法享受税收优惠。"

综上所述，我们认为，慈善既是中国悠久的传统，也是现实的需要。在当今市场经济条件下，由于贫富悬殊和其他原因，仍有大量的弱势群体等待救济，而且经济发展中产生的环境、卫生等问题也需要动员社会力量来解决，因此，在当今社会，慈善事业不仅有存在的广阔空间，还有大力发展的必要，是构建中国特色的社会保障制度必不可少的重要一环。回顾中国慈善的历史，总结传统慈善留下的经验，能为我们今天慈善事业的发展提供诸多有益的启示和借鉴。

传统慈善仍能为当今慈善提供历史的借鉴，主要表现在以下三个方面：

第一，正确认识慈善事业在建立社会保障制度中的重要意义。明清以来，民间慈善事业一直得到政府的支持，特别是在政局动荡、政府救灾不力的时期，慈善事业更成为救济灾难、稳定社会秩序的重要力量，从事慈善事业的慈善家也得到政府表彰和社会尊重。但新中国成立后的很长时期，由于受"左"的思想的影响，人们对慈善的认识出现偏见和误解，认为外国人办的慈善是充当"殖民主义的警探和麻药"，中国人自己办的慈善是"为统治阶级服务"，是"沽名钓誉"和"伪善"，在社会主义制度下办慈善是为社会主义抹黑。在这种思想和观点的支配下，中国的慈善传统被完全切断，"慈善"成为人们避之不及的怪物。改革开放以后，特别是 20 世纪 90 年代以来，政府和社会对慈善的认识发生了根本性的改变。1995 年，中国慈善总会在北京成立，以此为标志，中国的慈善事业正式成为合法的政府支持的事业。20 多年的发展证明，慈善事业是一项利国利民的伟大事业，它上为国家分忧，下为百姓解愁，有百利而无一害，是建立社会保障制度的重要组成部分。随着《中华人民共和国慈善法》颁布，具有悠久历史的中国慈善事业必将迎来大发展的美好时光。

第二，摆正政府与慈善组织之间的关系。慈善事业需要慈善组织来组织和实施，慈善组织是慈善事业发展的主体。明清以来，各届政府对慈善组织均持支持态度，有些政府还为慈善组织的发展提供资助。即便是南京国民政府，在制定法规对慈善组织进行监督和限制的同时，也为慈善组织的发展留出了广大的空间，对慈善组织的资助与合作也很常见。如中国红十字会就得到国民政府的经常性的资助，中国华洋义赈救灾总会曾受国民政府委托，承担 1931 年江淮水灾救济中的农赈。由于历史的原因，在较长一个时期，中国政府对慈善组织采取双重管理体制，即慈善组织既需要在民政部门登记成为合法组织，还需要找一个业务部门来管理自己，如此双重管理体制极大地限制了慈善组织的设立和发展，成为慈善事业发展的瓶颈。新近颁布的《中华人民共和国慈善法》将对慈善组织的管理方式改为登记制，慈善组织从此不再被迫找个"婆婆"来管理自己，这既是时代发展的需要，也是对慈善传统的继承。

第三，传统慈善组织的征信方式能为今天慈善组织公信力的建设提供借鉴。慈善组织主要靠募集社会资金来从事社会服务，因此，公信力就成为慈善组织存在和发展的基石。目前，中国慈善组织公信力普遍不高，成为制约慈善事业发展的最大障碍。其实，中国传统慈善组织在征信方面积累了丰富的经验，可资参考。明清以来，中国慈善组织主要通过编印《征信录》《报告书》及账目登报等几种方式来取得社会信任。《征信录》一般由四柱清册（即旧管、新收、开除、实在）和捐款人姓名、捐款数额组成，前者是收支总账目，后者是捐款明细。这类《征信录》要向捐款人公开，并呈送政府监督。《报告书》一般由工作报告和征信录两部分组成，前者是慈善业绩，后者是账目清单。20 世纪 30 年代后，随着会计师职业的兴起，上海大部分慈善组织的《报告书》或《征信录》都要附上会计师查核证明书，以证明自己的账目经过国家法定查账员的查核，真实可信。这是民国时期慈善组织提高公信力的有益尝试，对今天仍有较强的借鉴意义。因为一般公众并不具备审核账目的专业知识，只有经过会计师的查核才算得上是真正的账目公开。近代以来，随着报纸的出现，账目登报亦是慈善组织公开账目的常用做法，这样既可以征信，又有鸣谢和宣传效果，一举多得，故民国时期的报纸成为慈善组织获取社会信任的重要媒体。传统慈善组织的这些征信方式，都是被实践证明极为有效的，今天的慈善组织理应在继承传统的基础上不断创新，建立统一高效的信息发布平台，推动第三方评估机构的发展。

第八章　传统社会教化与核心价值观的培育

　　中国有着源远流长的社会教化传统，早在先秦时期即已形成了相当发达的教化思想体系。诸子百家都从本派学术背景出发，提出各种不同的教化理论。在历史发展的长河里，儒家思想借助于庙堂之力，长期占据了教化体系的主流地位。这种社会教化对培育和践行以"仁义礼智信"为核心内容的价值观起到了非常重要的作用，是传承中国传统文化和道德的基本工具，是凝聚人心、形成共识的推进器，是维系统治秩序和社会秩序的稳定器。正是因为历朝历代不断推行以儒家伦理为核心的社会教化，才使得儒学的价值观深入人心，融入中华民族的血脉之中，世代相传，从未中断。中华民族数千年来虽历经磨难，却文化不绝，道德永存，在大部分时间内走在世界前列，这其中的社会教化之功不可忽视。社会教化并不是一个历史问题，而是与人类社会相始终，因此，重新挖掘传统社会教化的时代价值，对于我们今天培育和践行社会主义核心价值观具有重要的启示意义。

一、传统社会教化的内涵及演变

（一）社会教化的内涵

　　社会教化的内涵可以从以下三个方面加以把握。

　　第一，社会教化的概念具有广义与狭义两种。广义而言，学校教育也是一种教化，是一种广义的道德训诫与知识传承。如董仲舒在《天人策》中便强调"教化立而奸邪皆止"，董仲舒这里的"教化"就包括学校："立大学以教于国，设庠序以化于邑，渐民以仁，摩民于谊，节民以礼。"可见，董仲舒的"教化"是包括学校教育在内的。狭义意义上的教化则专指学校以外的社会教化，是指在学校之外对普通百姓进行的社会教育。学校并不直接对学校外的普通百姓进行教育，但学校培养的士人、知识分子却是引领社会风向的重要力量，所以，学校教育与社会教化的推进息息相关。因此，本章不将学校正规的培养教育作为社会教化形式之一加以考察，但会对学校教育促进社会教化的间接作用进行讨论。

社会教化是一种教育形式，是与学校教育、家庭教育并立的一种以学校外社会成员为主要教育对象的社会教育。其主要目的并不是知识传承，而是主流价值观的传播与渗透，教化是教育与感化、归化的合称，其目的是要培育主流价值观认可的风俗习惯与社会氛围。

社会教化还是一种治国方略与手段。传统中国治理注重政治伦理化，推崇"政教合一"的统治之术。在社会治理层面上，相对于法律管制、武力镇压等传统治国手段而言，教化是传统中国对社会的软性约束，代表的是一种思想管理，一种主流价值观的传播与渗透，一种精神上的引领，以形成社会成员对某一主流价值的认同，从而凝聚民心，实现社会的稳定与和谐。教化常可分为道德教化与政治教化，其内容须符合主流价值观，是政治与风俗的统一，是一种治国方略与治理之术。

总之，社会教化是通过政治、经济、社会、文化等各种手段，发挥各级统治者及知识分子的榜样典范作用，引领、改良民风民俗，以达到"化民成俗"、培养社会道德意识、形成思想信念，从而实现社会安定、政权稳固目的的一种社会教育过程。

(二) 社会教化的演变

作为社会教育方式，有了社会，即有了教化现象。原始先民的教化注重生活能力与生活习惯的训练与培养，主要是社会新成员通过模仿年长成员的生产与生活经验，将自己培养成社会需要的人的过程，还不是一种自上而下的社会治理方式，更谈不上治国方略。

西周是中国传统教化思想与实践得以出现的重要节点，最重要的就是此时提出了"敬德保民""以德配天"等有关德治礼教相关概念，并建成了一套包括学校教育与社会教育两部分的完整的教化实践体系。春秋战国时期，各思想家更是从本派学术理念出发，提出了一系列教育教化理论，如先秦儒家的"为国以礼""为政以德"，法家的"以法为教""以吏为师"等观念，都深刻影响了中国教化的发展历程。

春秋战国时期，很多思想家都从本门派立场出发，提出对教化的看法。如孔子一心恢复盛周景象，以仁为体、以礼为用，以礼为施政设教方略，[①]并以之教育学生影响天下。孟子则提出"善政不如善教之得民也。善政，民畏之，善教，民爱之。善政得民财，善教得民心"。[②]以"善教"作为得民心得天下之重要手段。荀子从性恶论出发，认为教化是"化性起伪"、改变人本性之恶的重要举措。

与儒家相对应，法家反对简单说教，注重顺应人的天性，把人们对于名利的追求引导到为国家公义而战的轨道上。如韩非从人性中固有的"欲利之心""就利去害"等特点出发，实施"以法为教"的国策："凡治天下，必因人情，人情者有好恶，故赏罚可用；赏罚可用，故禁令可立，而治具矣。"[③]商鞅也曾提出"善为国者"[④]教化民众时，要以农耕和战功作为得到官爵的条件。此主张促进了秦国的发展。

与儒家注重仁爱、法家注重名利的教化思想不同，道家教化民众以顺乎自然、返璞归真为目标。所谓"古之善为道者非以明民，将以愚之"。其中"明"与"愚"的意思，据王弼的解释，"明"为"多见巧诈蔽其朴也"，"愚"则是指"无知守真顺自然也"。[⑤]可见，道家对自然人性、无为而治的推崇。

随着"独尊儒术"教化政策的形成，汉代成为中国传统教化史上教化政策与教化模式得以确立的时期。首先，陆贾提出要达到"诸夏化""天下从""诸侯靡"的"至德之世"：

---

① 邝士元：《中国学术思想史》，生活·读书·新知三联书店2014年版，第6页。
② 《孟子·尽心上》。
③ 《韩非子·八经》。
④ 《商君书·农战》。
⑤ （晋）王弼注：《老子道德经》第65章。

老者息于堂，丁壮者耕耘于田；在朝者忠于君，在家者孝于亲。于是赏善罚恶而润色之，兴辟雍庠序而教诲之。然后贤愚异议，廉鄙异科，长幼异节，上下有差，强弱相扶，小大相怀，尊卑相承，雁行相随，不言而信，不怒而威，岂恃坚甲利兵、深刑刻法、朝夕切切而后行哉？①

就是说，在这个"至德之世"中，上下长幼有序的社会是通过赏善罚恶、辟雍庠序教诲而达到的结果，即"教化"的结果，而不是靠坚甲利兵、严刑峻法强行压制的结果。比陆贾稍晚，贾谊也反对严刑峻法治世，而倡导礼义教化，提倡皇上以身作则，选贤任能教化群众，形成符合主流意识形态的社会风尚。在陆贾、贾谊基础上，董仲舒提出了完整的社会教化思想体系，其最大的贡献在于将道德与天意相连，以"天人感应"之神学目的论将道德绝对化、神圣化。董强调人的行为需符合天意："天人相与之际，甚可畏也。国家将有失道之败，而天乃先出灾害以谴告之；不知自省，又出怪异以警惧之；尚不知变，而伤败乃至。以此见天心之仁爱人君，而欲止其乱也。"② 一旦出现灾变，怎么办呢？董仲舒的解救之策是："当救之以德，施之天下，则咎除。不救以德，不出三年，天当雨石"。③ 以怪异现象规劝统治者施行德治。董仲舒提倡的"德"以"天不变"为起点，论证出道德也是永恒的，所谓"道之大原出于天，天不变，道亦不变"。④

董仲舒进一步论证了教化的理论依据。人之性"如茧、如卵。卵待覆而成雏，茧待缲而为丝，性待教而为善，此之谓真天。"人的性情需要教化才可以达到"善"的境界。"天生民性有善质而未能善，于是为之立王以善之，此天意也。民受未能善之性于天，而退受成性之教于王。"上天生民有善的质性但并不一定善，需要承天意而来的"王"给以教化。也就是说，人

---

① （汉）陆贾撰：《新语》，载陈志坚主编《诸子集成》（第五册），北京燕山出版社2008年版，第8页。

② 《汉书·董仲舒传》。

③ 曾振宇、傅永聚注：《春秋繁露新注》，商务印书馆2010年版，第290页。

④ 董仲舒：《举贤良对策三》，载唐明邦、程静宇主编《中国古代哲学名著选读》，武汉大学出版社1998年版，第282页。

的"善"必须经过"王"的教化方可得以显现。因此，帝王的责任就是"承天意以成民之性"。① 也就是要以天意为本，教化民众向善，遵循三纲五常。为此，就要重视各级官吏的教化、示范榜样作用，确立各项制度，保证教化举措之实施。正是在董仲舒的努力下，汉武帝"罢黜百家，独尊儒术"之后，确立了比较完善的教化体系。

东汉末年，随着谶纬神学的式微，儒学受到了严重的冲击。在民间教化的舞台上，唱主角的变成了佛教与道教等宗教思想。佛教于西汉末年传入中国，道教于东汉开始形成。两种宗教利用各种神秘仪式与信仰体系，引导人们向善修行，宽仁慈厚，隐忍谦让，以摆脱现世苦难，全方位影响到了底层民众的生活习俗与生活方式。在魏晋南北朝的纷乱年月里，成为民众自我麻醉的安慰剂，一定程度上缓解了动乱所带来的苦难，稳定了底层的社会秩序。魏晋南北朝连年动荡不安，官学系统颓败破落，时兴时废，与之相对的是私学与家庭教育却相当繁盛。这种家庭教育是与当时盛行的选士制度——九品中正制有着密切的关系。九品中正制选士时注重家世门第以及个人德才，所谓"仕宦之始在乡里，进身之途在操行"。② 按照唐长孺先生的分析，所谓操行，就是指家族间的孝悌。魏晋时期，士族势力囊括了乡里民间的经济、军事、政治与文化，对民间文化的发展影响至深。家族成员入仕为官，首先要获得宗族乡里的赞誉，即"汉末大乱学校制度废弛，学术重心移于家族"。③ 这种家庭教育无疑承担了重要的社会教化职责。

隋唐重新统一后，政治上的统一要求思想上的统一，政治伦理教化再次引起统治者的重视。隋唐时期在社会教化方面最大的发展举措就是推行科举制度，提倡礼教为本，使礼制得以世俗化、庶民化，儒家思想借助科举取士的推动向全社会辐射。与此同时，佛教的中国化使其不断渗透到民俗生活之中，逐渐成为习俗的重要组成部分，在社会教化中起到了不容忽视的重要作用。宋元时期继承了隋唐开创的科举制度，并将之发展成为"文德致治"

---

① 曾振宇、傅永聚注：《春秋繁露新注》，第214页。
② 唐长孺：《魏晋南北朝史论拾遗》，中华书局1983年版，第235页。
③ 朱大渭：《魏晋南北朝文化的基本特征》，载《朱大渭学术经典文集》，山西人民出版社2013年版，第51页。

的社会教化策略。官学系统以外，大量官办与民间书院的兴起，通过祭祀、藏书与讲学，也起到了重要的社会教化功能。

明清时期是中国封建社会的晚期，其特点是中央君主专制制度的加强，与高度中央集权相对应，明清时期的社会教化政策得以强化。明清时期崇儒重道，传播宋明理学，并通过八股考试制度将理学之道传播于社会的每个角落。明清官学除培养朝廷官吏之外，还注重教化责任，"为学之方，体仁由义，诵法周孔，亦致文艺。化民成俗，以善其乡；成德成材，以资于邦"。①意思是学校培养的士子应为社会道德楷模，以士风影响民风，以实现社会教化之目的。官学之外，明清广泛设立的社学也成了重要的教化工具，"乡间社学，以广教化，子弟读书，务在明理，非必令农民子弟人人考取科第也。"②明清时期，乡约也成了重要的教化手段，其情况详见后文。

近代以来，传统教化逐渐为近代化的社会教育所取代，启蒙、开民智等等成为社会教化的主要目标。报纸、戏曲、电影等现代传播媒介的兴起，大大提高了社会教育的效率，科技知识、国民意识的培养等等成为近代社会教育的重要内容。

二、传统社会教化的作用与局限

（一）社会教化的作用

社会教化有何作用？为何要进行教化？不同思想流派给出了不同的答案。

首先，教化是保证国家治理稳定的重要举措。儒家推崇的周公总结夏、商灭亡的原因是"不敬厥德，乃早坠厥命"。③因此，为政者要"敬德""保民"，④社会要达到"道之以德，齐之以礼，有耻且格"的境界。⑤汉代贾谊

---

① 官箴书集成编纂委员会编：《官箴书集成》第 1 册，黄山书社 1997 年版，第 255 页。
② 吕新吾：《社学要略》，载（清）陈宏谋辑《五种遗规》，线装书局 2015 年版，第 72 页。
③ 《尚书·召诰》。
④ 《尚书·君奭》。
⑤ 《论语·学而第一》。

则认为教化乃政治之本："夫民者，诸侯之本也；教者，政之本也；道者，教之本也。有道，然后教也；有教，然后政治也；政治，然后民劝之；民劝之，然后国丰富也。故国丰且富，然后君乐也。"① 服从"道"的社会教化是政治之本，实行教化之政治则会民殷国富，君民和谐。

其次，教化还是关乎国家存亡的重要手段。如战国时法家代表商鞅认为，人之本性"饥而求食，劳而求逸，苦而索乐，辱而求荣"，② 因此"善为国者，其教民也"，一定要以"农战"作为官爵之道，③ "明君之使其民也，使必尽力以规其劝，功立而富贵随之，无私德也，故教流成，则臣忠君明治著而兵强也。"此句中的"教流"，王时润注释时作"教化"讲。④ 将教化与国家兴衰胜败联系起来，固然与战国时代险恶的国际环境有关系，但也充分说明了法家人物对于教化的重视。

再次，教化还是平衡人之贪欲，调节社会行为的重要手段。如主张性恶论的儒家代表人物荀子认为"今人之性，生而有好利焉，顺是，故争夺生而辞让忘焉；生而有疾恶焉，顺是，故残贼生而忠信亡焉；生而有耳目之欲，有好声色焉，顺是，故淫乱生而礼义文理亡焉。然则从人之性，顺人之情，必出于争夺，合于犯分乱理而归于暴。"必须加强教化，方能"化性起伪"。⑤ 法家也认为人有"欲利之心"，但与儒家不同的是，法家代表人物韩非提出的应对之道是"以法为教"："凡治天下，必因人情，人情者有好恶，故赏罚可用；赏罚可用，故禁令可立，而治具矣。"⑥ 清代思想家颜元则认为："遵朝廷法令讲圣谕，大家相劝，年少做子弟的如何孝，如何做，年老做父兄的如何教子孙，成个孝慈风俗，和睦乡里，各安生理勿作非为，朝廷官府知道也欢喜。"⑦ 可见，古代中国以教化训导百姓，是为了达到追求社会和谐的主观目的。

---

① （汉）贾谊：《新书·大政下》。

② 《商君书·算地》。

③ 《商君书·农战》。

④ 《商君书·错法》。

⑤ 《荀子·性恶》。

⑥ 《韩非子·八经》。

⑦ 《存人编》卷二，（清）颜元：《四存编》，凤凰出版社 2016 年版，第 186 页。

由以上梳理可见，社会教化其实是一种国家治理方式，是一种社会管理体系。当然，传统社会的教化也有通过宣传封建思想、迷信思想等方式，引导民众接受统治、逆来顺受的特点。所谓"敬事鬼神，圣人维持世教之大端也，其义深，其功大，但自不可凿求、不可道破耳。"① 我们今天重新反思教化，并不是学习封建时代实行愚民之道，而是注重挖掘其在社会管理方面的时代价值。总结起来，传统社会教化至少在三个方面上有助于当时的社会管理，且对今天仍具有较强的借鉴意义。第一，有助于主流意识形态的传播，有助于弘扬社会主旋律，有助于社会成员思想凝聚力的形成，从而有利于社会管理。第二，有助于净化社会风气，形成淳厚的社会道德风尚，为实现"德治"与"法治"的统一提供条件。第三，有助于基层社会的管理，弥补政府职能之不足。

（二）社会教化的局限

当然，传统社会教化也有诸多不足之处。首先，传统教化重视上对下的教诲，忽略了人民群众的主体性、创造力与真实诉求。其次，教化的目的是"化民成俗"，本质是用一种理论学说体系统一亿万民众的思想，从而对社会成员个体的特殊性进行了遮蔽与抹杀，使得整个社会在千篇一律之中失去了应有的活力与精彩。再次，传统教化采用的思想资源来自儒家，尤其是宋明以来的理学，这在很大程度上限制了人们思想的进步与社会的发展。

三、传统社会教化的引领力量

（一）官员的表率作用

中国是一个"官本位"文化十分浓厚的国家，官员一直是社会生活中独特而重要的群体。在传统教化之道中，官员的作用十分重要，主要体现于两个方面：第一，官员的榜样引领作用；第二，官员对教化政策的推动与落实之功。

---

① （明）吕坤：《呻吟语·谈道》。

　　注重官员群体在社会教化中的重要作用，早在《周礼》中即有所体现。《周礼》规定地官司徒的职责是"帅其属而掌邦教"，并详细制定了各级官吏的教化职责。如大司徒"掌建邦之土地之图与其人民之数"，以为教民治国提供基础。小司徒"掌建邦之教法"，"令群吏宪禁令，修法纠职，以待邦治"。乡师"掌其所治之乡之教"，乡大夫"掌其乡之政教禁令"。① 州长、党正、族师、闾胥、比长等均有明确的教化之职责。

　　君主是官员群体的总代表，君主是否以身作则、践行传布于天下的教化之道，是社会风气能否好转的关键因素。孔子提倡"为政以德"，强调统治者以仁政为本，方可使民众心悦诚服，接受教化。孔子认为，"为政以德，譬如北辰，居其所而众星共之"。② 又对季康子说："政者正也，子帅以正，孰敢不正？"在孔子看来，统治者的表率作用是很大的，所谓"君子之德风，小人之德草，草上之风，必偃"。③ 孟子则提出"以德服人"与"以善养人"的观点。"以德服人者，中心悦而诚服也"；④"以善养人然后能服天下"。⑤ 孟子还强调"君仁莫不仁，君义莫不义，君正莫不正，一正君而国定矣。"⑥ 荀子也认为"君者仪也，民者景也，仪正而景正"。⑦ 汉代贾谊认为"人主"做到仁、义、礼、信、公、法，其境内就会政通人和、社会安定：

　　　　人主仁而境内和矣，故其士民莫弗亲也；人主有义而境内理矣，故其士民莫弗顺也；人主有礼而境内肃矣，故其士民莫弗敬也；人主有信而境内贞矣，故其士民莫弗信也；人主公而境内服矣，故其士民莫弗戴也；人主法而境内轨矣，故其士民莫弗辅也。⑧

① 崔高维校点：《周礼·地官司徒》，辽宁教育出版社 1997 年版，第 22 页。
② 《论语·为政第二》。
③ 《论语·颜渊第十二》。
④ 《孟子·公孙丑上》。
⑤ 《孟子·离娄下》。
⑥ 《孟子·离娄上》。
⑦ 《荀子·君道》。
⑧ 《新书·道术》。

　　人主除了要以身作则之外，对教化的推动更重要的功能则是"举贤""使能"。孔子认为选拔贤能可以助王教化，从而将德政、仁政推行天下。在回答鲁哀公如何使百姓臣服的问题时，孔子说"举直错诸枉，则民服；举枉错诸直，则民不服"。① 若不能选拔贤能之人教化民众，则无法使百姓信服。荀子在设计自己心目中的制度时，将"本政教""广教化"视为各级地方官的分内职责。② 法家代表人物则强调"依法治国"的重要性，依法家思想治天下的秦朝推行"以法为教""以吏为师"的治国方略。"以吏为师"则将以法令、政策教化天下的职责托付于各级官员。

　　汉代贾谊认为"举贤则民化善，使能则官职治；英俊在位则主尊，羽翼胜任则民显；操德而固则威立，教顺而必则令行。"③ 举贤、使能，就是选择正确的官员到合适的岗位上，以推动社会教化，因为官员是推行社会教化的主要群体。贾谊认为"君明而吏贤矣，吏贤而民治矣。故见其民而知其吏，见其吏而知其君矣。故君功见于选吏，吏功见于治民，故观之其上者犹其下，而上睹矣，此道之谓也。"君上的功劳在于选择官员，官员的功劳在于教化治理民众，选贤与治民，都不能离开道义。"民之治乱在于吏，国之安危在于政。"只有从上到下都推崇"善"，慎重政事，选贤任能，社会必然能得教化之功。"君能为善，则吏必能为善矣；吏能为善，则民必能为善矣。故民之不善也，失之者吏也；故民之善者，吏之功也"。因此，"君明则吏贤，吏贤而民治矣"。④ 汉代大儒董仲舒十分重视官员的培养与选拔对于社会教化的影响，提出设太学培养"士之大者"："太学者，贤士之所关也，教化之本原也。"⑤ 太学之所以为教化之本原，就在于其培养贤士大夫以促进社会教化的贡献。

　　如前文所述，汉代是中国教化模式确立的时期。注重皇帝与官员群体的影响、带动作用，是这一模式的重大特征。汉明帝的尊敬师长，汉文帝的

---

① 《论语·为政第二》。

② 《荀子·王制篇》。

③ 《新书·道术》。

④ 《新书·大政下》。

⑤ 《汉书·董仲舒传》。

重视亲耕，以及皇帝们对于教育教化的重视，都对当时社会风气的形成产生了重大影响。汉代也极其重视官吏的示范与带动作用，"夫吏者，民之师也"。① 官吏成为百姓选择效法的重要对象。汉代政府还为基层社会设计了三老制度，所谓"乡三老"。"三老"虽然并不能算是严格意义上的官员，但却是实际掌管教化的公务人员。汉初，高祖要求在民众中选择年龄在 50 岁以上、有德行的人为"三老"。这些人年长位尊，德高望重，是社会教化的最佳人选。他们对于改善民风民俗也起到了直接的作用："三老掌教化，凡有孝子顺孙，贞女义妇，让财救患，及学士为民法式者，皆扁表其门，以兴善行。"②

注重官德的引领作用是传统儒家的政治理想特点所决定的，正如杜维民所说："坚信道德和政治密不可分、统治者的修身和对人民的统治密切相关，使人们很难将政治理解为独立于个人伦理之外的控制机制……政治上的领袖资格在本质上表现为道德上的说服力，王朝的改革力量主要建立在帝王官吏的伦理品质上。"③

当前，中国正处在社会主义现代化的新时代，中国共产党是社会主义现代化建设的领导核心，广大党员干部既是社会发展的中坚力量，也是社会主义核心价值观的传播者和践行者。因此，以史为鉴，注重公务人员、领导者的操守与行为规范，对于当前社会教化的持续推进，有着重要的意义。要发挥官员群体在社会教化中的作用，需要党员领导干部坚定理想信念与精神追求，不忘初心，牢记使命，真正成为引领社会发展的旗帜；严格考核官员的道德水准，注重德廉考核，让官员真正成为社会道德的楷模与风向标。同时，引领社会风气、促进社会教化，也是对官员能力的考验。将社会风气的优劣作为地方官员的政绩之一进行考核，不断提高地方官员引领社会风气的本领，也是传统教化给我们的启示之一。

① 《汉书·景帝纪》。
② 《后汉书·百官志》。
③ 杜维民：《道·学·政——论儒家知识分子》，钱文忠等译，上海人民出版社 2000 年版，第 6 页。

(二) 士人的引领作用

传统中国王权不下县，故古代中国的乡村社会主要由当地士绅、文人贤士予以治理和维持。如果说官员群体是教化的主导实施者与榜样的话，与老百姓生活更近的文人贤士在教化层面上的作用则主要体现在对世风人心的影响上。所谓"教化者，朝廷之先务；廉耻者，士人之美节；风俗者，天下之大事。朝廷有教化，则士人有廉耻；士人有廉耻，则天下有风俗。"①

传统中国，士农工商，士为四民之首。由于士子读圣贤之书，知书达礼，通世情明道理，多会成为当地郡望，所言所行常为乡人模仿之对象。与官员群体相比，贤士文人，尤其是基层士人群体生活于百姓群体之中，又掌握一定的文化资源，因此可对世风人心产生重大的引导作用。事实上，传统中国很早就认识到了文人的重要作用，一度将其与"君"并列。如《尚书·泰誓》："天佑下民，作之君作之师。"就是说上天保佑老百姓，在任命皇帝对老百姓进行政治统治的同时，还委派"师"对社会进行教育教化。"师"就是老师，就是文人。荀子更是将师与天地君亲联系了起来，认为"天地者，生之本也；先祖者，类之本也；君师者，治之本也。"② 可见，"师"在当时社会中的地位。"儒者，所以助人君明教化者也。圣人之教，非家至而户说，故有儒者宣而明之。"③ 可见知识分子在教化中不可替代的作用。

文人并不是官员，尚需要通过一定的途径方可实现"学而优则仕"。但在学习的时候对于礼仪教化的修习与实践，自然也影响了周围社会的发展。如《学记》在总结先秦儒家教育思想时说"君子如欲化民成俗，其必由学乎！"④ 要改善社会风气，收到长治久安的成效，就要办学校，培养"以德配天"的知识分子和各级官员。

自有选士制度开始，贤士文人即在政策引导之下参与民间教化，成为教化的重要力量。如汉代实行察举选士制度，这种制度选人的导向以道德为主，科目包括贤良方正、直言极谏、孝廉、秀才等等。其中，孝廉一科的选

---

① （清）顾炎武：《日知录·廉耻》。

② 《荀子·礼论》。

③ 《隋书·经籍志》。

④ 李绪坤：《〈学记〉解读》，齐鲁书社 2008 年版，第 9 页。

拔程序首先要经过"乡间评议"，即要通过乡里百姓的认可决定推荐之后，才有可能进入到三公九卿等高层官员的考察推荐视野。也就是说，有志于做官之人，首先要在乡间邻里中做到道德无亏、为人榜样之后，才可能进入仕途。这种对于官员候选人道德操行的评价方式直接影响到社会风习，当人人都争当孝子、廉士、贤良方正时，社会教化的目的就达到了。

有学者指出，包括乡里塾师、儒生等在内的基层知识分子群体，由于"与下层民众有着共同的生产环境、相似的生活境遇及社会地位，更加了解他们的思想理念、实际需求及接受能力"，故可以因地制宜、因时制宜，对高深的儒家文化理念进行整合改编，使其更加朴实简洁、具体生动，以适应基层民众的实际需要。这些基层士人通过自身言行、各种通俗文艺活动，以及直接发展教育事业等方式对基层百姓进行教化，为"社会传统风俗的传承及美化贡献一己之力"。[①]

贤士大夫的教化作用除做好榜样外，还有一个作用就是制定地方性法规，拟定村规、乡约，宣讲圣谕，调解邻里关系，甚至于代理诉讼案子等等，通过实实在在的教化实践，为基层社会秩序的稳固与良好习俗的形成发挥了不可替代的作用。

总结传统社会知识分子在社会教化中的作用，其现实价值在于，要重视当今知识分子在社会教化中的带动引领作用。为此，应做到以下几点：第一，各级党委和政府应充分认识到知识分子在社会教化中的引领和示范作用，并为他们发挥这种作用创造有利的条件。第二，广大教师要肩负起立德树人的使命，为人师表，言传身教，帮助学生系好人生的第一枚扣子，将课堂作为传播社会主义核心价值观的主阵地，贯彻落实新时代德智体美劳五位一体的教育理念，为社会教化培养更多的人才。第三，广大文艺工作者要坚持为人民服务、为社会主义服务的根本方向，扎根人民、扎根生活开展文艺创造，把社会主义核心价值观贯彻到文艺创造的始终，创造出反映新时代、突出主旋律、彰显正能量的好作品，为社会教化提供精神食粮。

---

① 张烨：《明清时期山东地区基层士人研究》，上海人民出版社 2015 年版，第 199 页。

四、传统社会教化的途径及其现代启示

传统社会教化经千年演变，形成了一系列行之有效的教化途径。除官员、知识分子引领带动外，学校、家庭、民间读物、戏曲、乡约制度等都是直接或间接的教化手段，对当时核心价值观的形成与传播产生了重要的影响，对今天社会主义核心价值观的培育和践行亦有借鉴意义。

（一）学校是社会教化的本原

如前所述，从广义的社会教化而言，学校教育即是社会教育的一部分；从狭义的社会教化而言，学校则是其本原。学校对于社会教化的推动，主要体现在三个方面：为教化提供理论指导与思想资源，培养教化人才与道德楷模，直接参与社会教化等。古代中国的学校虽并不直接对老百姓进行教育活动，但却一直在间接影响社会风气，从而推动了教化的发展进程。

首先，学校为教化提供思想资源与理论指导。

所谓教化，是用一套意识形态理论体系引导民众，以达到社会稳定的目的。任何理论体系都需要不断研究和推进才能与不断变化的社会实践联系起来，才能具有较高的教化价值，取得较好的教化效果。

中国古代的学校，尤其是如太学、书院等较高等的教育机构，不仅是一个教育部门，还是一个学问研究机关。这里集中了名师宿儒，国家又通过设立学科的权力引导士人的研究方向，从而成为权威思想资源的发布地与教化知识的主要生产地。西周时，由于"学在官府"的制度设计，学术研究主要在学校系统内部进行。西周的学校包括国学与乡学两个层面，其中的国学（又包括小学和大学，此处主要指大学）则是教育机构与学术机关的综合体，是当时学术文化的主要垄断者与研究者。大学在对礼乐射御书数六艺的教学过程中，也不断推动着对六艺的学术研究。汉代时，太学更是被称为"教化之本原"，所谓"养士之大者，莫大乎太学；太学者，贤士之所关也，教化之本原也。"①

---

① 董仲舒：《对贤良策二》，载曾国藩编《经史百家杂钞》（上），岳麓书社 2015 年版，第450 页。

这里所谓太学是教化之本原，是指中央一级的太学，集中了当时主要的学术研究力量，"兴太学、置名师，以养天下之士"①。"养士"自然是教育天下英杰，而教育实施的前提却是"置名师"，这些名师正是当时进行知识生产的主力军。太学对成为老师的"博士"选择极其严格，"必须在官方认可的经学学派中选聘，多由学术名流充当"②。汉代太学正是通过博士及博士弟子，钻研儒家经典，并向民众传播，承担了教化知识生产的源头任务。从这一点说，汉代的高等教育机构——太学是教化本原应无异议。

不仅官学如此，西周末年，学在官府的学问垄断地位被打破之后，不断高涨的私学潮流也承担了学术研究与知识生产的任务，从而为教化理论的完善作出了贡献。且不说春秋战国时期的百家争鸣为社会教化提供了丰富的思想源泉，汉代时广泛设立的私学更是以学问、学术相号召，多是借由学术名流作为吸引学生入学的主要手段。一代大儒董仲舒、郑玄等等均曾担任过私学教师，产生了重大影响。汉代私学教学内容也是以儒家思想为主，符合当时主流意识形态，私学教师在教学过程中对经典的研究与把握成为社会教化的思想资源之一。

汉末魏晋时期，社会动乱，儒学地位下降，官学系统名存实亡，取而代之的是一些硕学之士大力创办发展私学，通过讲学继续推进学术研究，为教化提供思想资源与理论来源。隋唐时期随着科举制度的推行，统治者注重礼教治国，科举考试内容逐渐成为各级学校教育及研究的对象，从而推动了礼教的大众化与世俗化传播，极大影响了社会教化的走向。

随着社会变迁，学校的地位时有升降。但不论是中央层面的太学，还是遍布民间的私学教育机构（如汉代私学、唐宋之后大量涌现的书院等），都承担着经典研究与知识产出的重任。这些新的知识与思想理论是社会教化的源头活水，经由各种方式渗透于民间，引导着社会的发展方向，规训着百姓的生活样貌与行为方式。

第二，学校教育为教化培养人才。

---

① 《汉书·董仲舒传》。

② 曲铁华编著：《中国教育发展史纲》，东北师范大学出版社2006年版，第35页。

　　前文已对官员和士人对于社会教化的重要作用有所申说，而传统中国的官员与士人则主要由学校培养而来。

　　从本质上讲，传统学校的主要教学目的就是培养官员。但并非所有学员都有机会进入官僚群体，因此，学校毕业人员就被分成两大群体，官员与文人。但不论为官入仕还是赋闲在家，传统学校培养的人才均承担着教化职责。西周学校主要是贵族训练机关，毕业后自然会成为统治中坚力量，成为担任社会教化任务的主力军。汉代太学生员"好文学，敬长上，肃政教，顺乡里"，承担着引导社会风气的责任。汉代在一些名士宿儒的引导之下，以太学生为主的学校学生，通过学习研究儒家经典，都成了博通古今可作"经师"的高级知识分子，并通过做官或者讲学，将儒家思想传播于各地。这些学生进可为官员成为推进教化的主持者，退可为士绅直接教化乡里。另外，太学以"礼"作为主要的教学内容，毕业后都可以成为民风模范，道德楷模，以榜样的力量带动社会教化。

　　科举制度兴起后，不断强化的道德教育，使得科举选士并非是要选择能力超群的管理者，而是选拔道德楷模作为社会教化的引领者。正是科举制度这一指挥棒的作用，对道德的倡导贯穿教育始终，并深刻影响到了社会教化。一些地方官倡导的地方学校也深刻影响到了当地社会风气。如有人评价唐代太原县令王纲设学乡里，以行教化，使得"民见德而兴行，行于乡党，洽于四境。父笃其子，兄勉其弟，其不被儒服而行，莫不耻焉。"可见，王纲取得了以儒学教化乡里民众的重要成果，"矫其末不堕其本，易其俗不失其宜也"。①

　　明清时期，各级官学培育人才，以士风影响民风，成为这一时期社会教化的重要特点。如乾隆皇帝曾说，朝廷优待士子，是因为其"读书明理，立品修身，足为庶民之坊表"。②概而言之，就是通过学校培养的"士"来影响带动社会群体之精神风貌。"一学之士散居一邑，以其明人伦者为四民首，而风励其乡邻，矜式其乡党"，③自然可收社会教化之功。

---

①　周绍良主编：《全唐文新编》（第3部第1册），吉林文史出版社2000年版，第6062页。

②　《礼部·学校·劝惩优劣》，《清会典事例》卷382，中华书局1991年影印本。

③　（清）光绪《嘉定县志》卷9《学校·庙学》，清光绪六年（1880），尊经阁藏版本。

　　第三，学校主动参与教化活动，直接承担社会教化职能。

　　中国传统学校本来教学与教化是不分的，所谓"三代之道，乡里有教，夏曰校，殷曰序，周曰庠。其劝善也。"①"劝善"是各级学校的分内之事。汉代教学体系比较完善，除中央太学以外，各地皆设立学校，"立太学以教于国，设庠序以化于邑，渐民以仁，摩民以谊，节民以礼，故其刑罚甚轻而禁不犯者，教化行而习俗美也"。②地方学校郡国一级称"学"，县、道、邑、侯国称为"校"，乡一级称为"庠"，聚一级的学校称"序"。其中，"校"以上学校以培养治国人才为主，而乡、聚两级的学校仅有孝经师进行讲授，以"奖进礼乐、推广教化"为主要任务，③因而地方官学除培养本地有用人才之外，还要"崇乡里之化"，成为直接推动社会教化的重要力量。

　　乡饮酒礼也是中央与地方学校主持参加的教化民众的众多活动之一。乡饮酒礼中蕴含着对老人贤士的尊敬之意，汉代以来逐渐变为有关社会教化的重要礼仪活动。各级官学通过举行乡饮酒礼，收到了以儒学思想教化州县民众、化民成俗的目的。

　　明清时期的官学除培育人才之外，还有一个重要任务就是"善乡俗"。学校要"化民成俗，以善其乡"，④尤其是与百姓生活比较接近的各地县学与社学，更是承担着直接教化民众的职责。如明万历年间章懋在编订《黄岩志》时指出"天下政教本乎庙学，始于县治"。设庙兴学是天下政教之本，县治则是天下太平的根基。同一县中，"必有邑宰之贤，遵圣贤之道，而躬行以为之，先道之以法制禁令，教之以孝弟忠信"。不从教化者则有八刑、五礼对其进行规范，只有如此"尊贤圣之庙，养士子之学"，才可以教百姓以"孝悌忠信"，才能达到"民无不治，俗无不化"的安定状态。一县既已安定，以近及远，天下自然太平。⑤可见，县邑之学对于社会教化的直接推

---

① 《史记·儒林》。
② 董仲舒：《对贤良策一》，载曾国藩著，肖淑琛译《曾文正公精选集》（下），中国文史出版社 2015 年版，第 360 页。
③ 毛礼锐、瞿菊农、邵鹤亭编：《中国古代教育史》，人民教育出版社 1983 年版，第 164 页。
④ （明）谭希思编：《明大政纂要》卷 19，思贤书局 1895 年刻本。
⑤ （明）万历《黄岩志卷二·舆地志》（下），上海书店 1963 年影印本。

动之功。

官学系统最低层级是县学，县以下民间子弟的教育则仰赖于广泛兴办于乡里民间的社学。张惠芬认为："社学是创设于元、盛于明清时期的一种以民间子弟为教育对象，以初级文化和经学知识为教育内容，以推广文教、化民成俗为主要目的的基层教育组织机构。"① 黄书光则认为社学是为弥补官学只能覆盖县镇的局限，而针对乡村农民"实施社会教化、维护地方风教的主要国家机构"。② 由此可知，社学是一种乡村学校，属于蒙学性质，起源于元代，盛行于明清。社学虽然以乡村子弟作为教育对象，属于蒙学性质，但其主要职能却是"正风俗，扶世教"，是向乡村社会基层民众进行正统意识形态教化的主阵地。

公元 1286 年，元朝廷下令各县所属村庄以 50 家为 1 社，每社立 1 所学校，即为社学，"择通晓经书者为学师"，农隙时使子弟入学，"务要各知孝悌忠信"。③ 明代继承并发展了元代的社学制度。明代社学主要职能除让童蒙接受初级教育外，更重要的在于"化民成俗"、教化民众，"社学之建在今日所以正人心美风俗扶世教之第一义也"。④ 吕坤说："乡间社学，以广教化。子弟读书，务在明理。非必令农民子弟人人考取科第也。"⑤ 清代人们对于社学的认知仍以教化置于首位，所谓"社学之设，所以教育一乡之俊颖，而使之明伦砥行，善俗厚风。"⑥

学校系统在传统社会教化中的重要作用，对于今天有重要的启示意义。我们要重视各级学校在社会主义核心价值观培育中的基础作用，要把核心价值观的教育真正置于学校教育的首要位置，培养有理想、有本领、有担当的时代新人，使他们走向社会后成为传播和践行社会主义核心价值观的主力军。

---

① 张惠芬主编：《中国古代教化史》，山西教育出版社 2009 年版，第 139 页。

② 黄书光主编：《中国社会教化的传统与变革》，山东教育出版社 2005 年版，第 81 页。

③ 《元典章·户部农桑·劝农立社》，清光绪三十四年（1908）北京法律学堂刻本。

④ （明）万历《宿迁县志·建制志》卷二，学校。

⑤ （明）吕新吾：《社学要略》，周博琪主编《古今图书集成》(1)，中国戏剧出版社 2008 年版，第 49 页。

⑥ （清）章青：《壶光县修社学记》，转引自黄书光主编《中国社会教化的传统与变革》，山东教育出版社 2005 年版，第 83 页。

同时，各地尤其是偏远地区要动员教师、学生参与社会教化，经常对民众进行社会主义核心价值观的宣传教育，让学校和师生成为社会教化的重要力量。

（二）家庭是社会教化的最基本单位

"家庭教育的社会教化功能，是不庸置疑的。"[1] 中国宗族、家庭观念比较发达，注重家庭教育渊源很久。早在先秦时期，孟子即注重家庭的重要意义，所谓孟母三迁就是在表达家庭在教育、教化中的重要地位。

魏晋时期，官学废颓，私学大盛。与此同时，魏晋继承并发展了汉代察举制入仕为官的制度，实行九品中正制。九品中正制，又称九品官人法，是魏晋南北朝时期魏文帝曹丕采纳吏部尚书陈群的意见而实行的一套重要的选官制度。该制度选拔官吏注重家世、门第、个人德才三大标准，使得意图入仕为官之人首先要获得宗族及同乡的赞誉，方可得到中正官员的瞩目，这大大促进了家庭教育的发展。良好的家庭教育有助于得到乡邻的认可，容易使家庭成员出官入仕。家庭成员入仕后，又将家族利益视为高于个人利益，必须维护，从而利用政治资源大量选拔本家族成员为官，最终造成了"上品无寒门，下品无士族"的局面。虽然这并不利于社会整体教化的推行，但从另一个角度说明，家庭教育的地位在魏晋时期开始突出，并成为社会教化的重要形式。[2]

魏晋时期家庭教育还主要在名门大族盛行。随着隋唐科举制的兴起，普通百姓有了读书入仕希望，社会稍有财资者就会开办家塾，聘请教师教育子弟，家庭从而成为训诫子弟的主要地方，也成为社会教化的重要场所。司马光《家范》、颜之推《家训》以及班昭《女诫》等，都是传统中国传承下来的家庭教化范本。这些家庭教育大多将儒家思想渗透进教育之中，自觉承担起对子女进行主流意识形态的宣传教育职责，从而将家庭成员培养成符合社会需要之人。

宗族、家庭教育在传统中国一度十分兴盛。黄书光等曾总结中国传统

[1] 杨麟主编：《社会心理学》，陕西科学技术出版社1990年版，第46页。
[2] 参见谢长法《魏晋时期的家庭教育与社会教化》，《河北师范大学学报》（教育科学版）2009年第9期。

宗族教育方式除了族学以外，还会制定家规族法进行教化家族成员。家规族法的内容一般包括四个方面：道德伦常、职业要求、消讼、奖惩与监视。[①]随着现代社会流动性的增加，家族观念已经越来越淡，宗族教化内容也已逐渐退出了历史舞台，但其在道德等方面的倡导与要求对于当前分散的小家庭教育仍具有启发意义。

父母是孩子最好的老师，注重家庭教育也是当前社会教化的重要途径。所以，有人提出父母在教育孩子之前，自己应先受教育，成为一个合格的家长。一些人之所以不遵守社会规范，甚至走上违法犯罪的道路，往往与其出身环境、家庭教育有直接关系。当前家庭教育的主流也是以知识教育为主，片面强调考试成绩，以提高分数和升学为最终目的。从长远来看，这并不利于青少年的成长，也会对整个社会风气产生不良的影响。因此，借鉴传统家教中的优良传统，将社会主义核心价值观融入家庭教育之中，对子女的培养和整个社会风气的改善都具有积极意义。

（三）民间读物和戏曲的潜移默化

除学校和家庭外，民间普及性读物也是传统社会教化的重要工具。经史子籍大多晦涩难懂，普通百姓"展卷间，鲜不便思困睡"。[②]为提高教化的趣味性，编制各种民间读物、戏剧小说向普通百姓进行伦理灌输，会取得更好的效果。

民间普及性读物是指在普通百姓之间流传广泛的阅读文本，如各种童蒙之书、宗教团体发行的各种劝善书、专为女子准备的读物以及日历等等，包括《三字经》《百家姓》《千字文》《杂字》《性理字字训》《叙古千文》，以及由文人编订的《童蒙须知》《训蒙诗》等。这些民间读物渗透了各种劝人向善、忠君报国、仁义礼智等传统教化思想，是对下层百姓，尤其是妇女儿童进行教育、教化的主要资料。

民间读物之外，在百姓间广泛传播的具有社会教化功能的文本还有通

---

① 黄书光主编：《中国社会教化的传统与变革》，山东教育出版社2005年版，第116—120页。

② 朱一玄、刘毓忱编：《〈三国演义〉资料汇编》，南开大学出版社2012年版，第234页。

俗文学，包括小说、戏剧等等。按照郑振铎的说法，所谓"俗文学"就是"通俗的文学，就是民间的文学，也就是大众的文学。换一句话，所谓俗文学就是不登大雅之堂，不为学士大夫所重视，而流行于民间，成为大众所嗜好，所喜悦的东西。"① 正是这种不登大雅之堂的文艺形式，成为传统中国施行教化的重要媒介。传统中国，小说地位极低，小说作者多不敢以真名传世，但小说讲故事的特殊传播方式，却十分适合普通百姓阅读，因此可"佐经书史传之穷"。《三国演义》讲忠，《水浒传》讲义，这样的小说通过通俗的文字，或者说书人之口向社会传播，其社会教化功能往往是圣贤书所不能相比。

民间戏曲很早就活跃在教化民众的舞台上，其教化功能亦不容小觑。当然，民间戏曲充斥着很多糟粕，如封建专制、迷信保守，甚至会有很多淫词俚曲等不健康的内容，这就需要批判认识。王阳明曾提过要教化民众，使百姓民俗返璞还淳，最好的办法就是通过戏曲宣讲伦理思想，但要把"妖淫词调俱去了，只取忠臣孝子故事，使愚俗百姓，人人易晓，无意中感激他良知起来，却于风化有益。"②

在诸多教化手段中，戏曲是最接地气、也是最为民众所接受的教化形式。其不分老幼性别，不论文化高低，动人的故事加上婉转的唱腔，赢得了社会各阶层人士的青睐。中国戏曲大多附带有教化功能。汤显祖曾称赞一位被称为"戏神"名为清原师（应为艺名）的戏曲："人有此声，家有此道，疫疠不作，天下和平。岂非以人情之大窦，为名教之至乐也哉?"③ 出身皇族的明代著名剧作家朱有燉（其父是朱元璋第五子）创作了大量带有教化色彩的剧目。如《继母大贤》褒扬后妻将前妻之子视若己出，不让前妻子替代自己儿子顶罪，亲自赴官府说明情况，从而将两个儿子都救下的故事，宣扬了妇女的节义；《曲江池》《香囊怨》则通过颂扬妓女宣传封建节烈观，都包含着教化的意思。朱有燉自己将文学作品划分为"关于风教者"与"不关于风教者"两种，前者"开悟后学，使知性命之道故有补于世也"；后者不关风

① 黄书光主编：《中国社会教化的传统与变革》，第216页。
② （明）王守仁：《传习录》（下）。
③ （明）汤显祖：《汤显祖诗文集》（下），卷34，上海古籍出版社1982年版，第1127页。

教者，仅是表现才华作品，与社会关系不大。① 明代曾楚卿曾辑录了当时比较流行的 40 种剧目，其中忠孝类 14 种、节义类 10 种、功名类 11 种、风情类 5 种，② 由此亦可见民间戏曲对于教化的重视。

相对于其他教化方式，戏曲确实有独到之处。《大公报》曾辨析过学堂、演说与戏曲的教育功效问题，学堂和演说都需要环境的支持，要求接受对象具有一定的知识水准，戏曲则不一样。因此，"编戏曲以代演说，则人亦乐闻，且可以现身说法，感人最易"。当时中国人不论上下尊卑，均以听戏为最主要消遣。《大公报》这篇文章还以《党人碑》这出戏的演出为例，故事情节和演员生动演绎可"热国民之血性"，以至于"座中看客为之痛哭，为之流涕，为之长太息"，并得出结论说"今不欲开化同胞则已，如欲开化，舍编戏曲而外，几无他术。"③ 足见戏曲对于人们的感召作用。陈独秀也用白话的形式讲过戏曲与学堂、读报社等相比的优越性，开学堂虽好，但是"教人甚少，见效太缓"；写小说、开报馆也不错，但对于"认不得字的人，还是得不着益处"。因此，唯有唱戏是高下三等人，无论谁都可以接受的教化方式，实为"开通风气第一方便的法门"。

在传统社会，戏曲从业人员长期以来不受社会重视。清末以来，开民智呼声渐高，戏曲进入了启蒙思想家的视野。但是，戏曲若要承担起唤起民众的工作，必须进行改良，这就是清末民初轰轰烈烈的戏曲改良运动。在众多戏曲改良理论里，陈独秀的戏曲改良观很值得重视。陈独秀首先讲了戏曲在教化中的作用，在他看来，唱戏是"世界上没有一个不喜欢"，无论男女老少个个都诚心接受它的教训，"可算得是世界上第一大教育家"。看戏的人总会"大大地被戏感动"，因此"戏馆子是众人的大学堂，戏子是众人的大教师"。"唱戏一事，与一国的风俗教化大有关系。"这种言论在当时优伶之人备受歧视的情况下可谓石破天惊。但是，戏曲有好的也有不好的，这就需要改良。陈独秀提出了五种改良办法：第一，要多多地新排有益风化的戏。

---

① 马蹄疾：《水浒资料汇编》，中华书局 1980 年版，第 83 页。
② 黄书光主编，刘静著：《走向民间生活的明代儒学教化》，上海教育出版社 2014 年版，第 170 页。
③ 《大公报》1902 年 11 月 11 日。

第二，学习西法，戏中加些演说，可长人见识，也可以加些声光电化试验，让大家接受些格致（物理化学）方面的粗浅知识。第三，不唱神仙鬼怪的戏，以免"煽惑愚民"。第四，不可唱淫戏。第五，除去富贵功名的俗套。[①]这五条之中，前两条从正面讲应该做什么，后三条从反面讲不应该做什么，全篇白话，通俗易懂，对于戏曲的教化作用以及如何改良阐述得淋漓尽致。

民间读物和戏曲在传统社会教化中的作用，对我们今天进行社会教化具有重要的启示意义。在当今，文学艺术的形式和内容比历史上任何时期都更多样、更丰富，纸媒、影视、网络等等，不断冲击着社会的方方面面，对社会教化产生积极或消极的影响。如何利用好各种文学艺术形式和各种新媒体宣扬社会主义核心价值观，施行社会教化，是我们必须要面对的重大问题。这就要求我们的各级党委和政府充分认识到新时代文学艺术在社会教化中的重要作用，认识到互联网时代对社会教化形式和内容的巨大改变，积极应对，主动作用，牢牢把握住社会教化的主动权，守住社会教化的主要阵地。各界文艺工作者要认真学习和领会习近平总书记在文艺工作者座谈会及文联十大、作协九大开幕式上的讲话精神，坚持为人民服务、为社会主义服务的方针，深入生活，扎根人民，创造出具有时代特色、为广大人民群众所喜闻乐见的优秀作品，在传统社会主义核心价值观中发挥更大的作用。

（四）传统乡约的现代价值

中国传统的乡约是一种社会基层组织，有明确的管理者、管理机关与组织章程，主要目的是社会教化。[②]一般认为，北宋吕大钧等在蓝田倡导创立的《吕氏乡约》是最早的成文乡约。《吕氏乡约》所定规约有四条内容：德业相劝、过失相规、礼俗相交、患难相恤，均是对乡民百姓在修身、立业、迎来送往等方面的规定。《吕氏乡约》不具有官方性质，是由当地士绅吕大钧等倡导，百姓自愿参加的民间组织，具有绅民自治的意思，其主要目的是对基层百姓实施教化。南宋时，大理学家朱熹将《吕氏乡约》增订为

---

① 三爱：《论戏曲》，《安徽俗话报》1904 年第 11 期，第 1—6 页。

② 董建辉：《明清乡约：理论演进与实践发展》，厦门大学出版社 2008 年版，第 29 页。

《增损吕氏乡约》，大大提高了吕氏乡约的社会影响力。明朝时期，乡约出现了民办与官办两种形式。到了清代，乡约更是成为朝廷所提倡，并在全国推行的官方组织机构。

纵观历史上的乡约，其有如下几个特点需要把握。

第一，乡约是一种社会组织，有一定的组织体系与管理章程。如宋代《吕氏乡约》有四大条款，各有明确细则规定。其推行依赖于罚式、聚会与主事三项规定。所谓罚式是指对违反预订者的惩罚；聚会则指入约之人每月一聚，对成员"书其善恶，行其赏罚"；主事则是乡约的领导，包括约正、直月等岗位。约正为公举产生，负责定善恶行赏罚；直月则是月中之人轮流担任，复责约中杂事。明朝建立后，当局倡导行教化、厚风俗，《吕氏乡约》得到明成祖朱棣的重视，颁降天下。一时间《吕氏乡约》成为各地组织乡约的蓝本。明代王守仁主持编订的《南赣乡约》最为著名，规定乡约设约长一人，约副2人，约正4人，约史4人，知约2人，执掌善恶簿等约中重要事务。清代，乡约不再是民间自定条规，而是由朝廷统一规条，主要是宣讲康熙《圣谕十六条》与雍正《圣谕广训》，并升级为保甲制度之上的一级行政组织："每十家为一甲，十甲为一保，十保为一约，约有正副。"雍正时期更下令直省各州县乡村人口密集之处，都要设立讲约之所，选举约正、直月，对乡民宣讲《圣谕广训》。

第二，乡约的主要目的是实现乡村教化，构建儒家心目中的社会秩序。如《吕氏乡约》的四大条款德业相劝、过失相规、礼俗相交、患难相恤等，都与教化民众有关。所谓"德业相劝"的"德"是指"见善必行，闻过必改。能治其身，能治其家，能事父兄，能教子弟，能御僮仆，能事长上，能睦亲故，能择交游，能守廉介，能广施惠，能受寄托，能救患难，能规过失，能为人谋，能为众集事，能解斗争，能决是非，能兴利除害，能居官举职"等。所谓"业"是指"居家则事父兄，教子弟，待妻妾；在外则事长上，接朋友，教后生，御僮仆"和"读书治田，营家济物，好礼、乐、射、御、书、数之类"。这些内容基本涵盖了民众生活的方方面面。"德业相劝"是从正面提出要求，"过失相规"就是从反面规定哪些行为不得触犯。不得触犯条款分为三类：犯义之过、犯约之过与不修之过。犯义之过6项，分别为酗博斗讼、行止踰违、行不恭逊、言不忠信、造言诬毁、营私太甚；犯约之过 4 项，即德业不相劝、过失不相规、礼俗不相交、患难不相恤；不修之过 5 项为交非其人、游戏怠惰、动作无仪、临事不恪、用度不节。[1] 每一条又规定了明确的解释说明。"礼俗相交"是关于婚丧、祭祀、交往等方面的礼节规定。正是通过这样的详细规定及违反后的惩罚举措，乡约意图以儒家伦理教化乡里的努力昭然若揭。明代《南赣乡约》亦是以教化为主要任务设定，在乡约会议时，设善恶簿进行彰善瘅恶。约史分别在彰善位、纠过位前宣布某人的善行或恶行，众人与当事人无异议之后记入善恶簿，最后要由约正进行总结训词。[2] 通过这样的仪式化的过程，实现教化乡民的目的。清代乡约更是成为专门宣讲康熙《圣谕十六条》与雍正《圣谕广训》的教化组织。

第三，乡约在一定程度上承担了政府职能，是乡里制度的重要组成部分。如《吕氏乡约》四大款中之"患难相恤"一条，就是规定入约乡民如遇到水火、盗贼、疾病、死丧、孤弱、诬枉、贫乏等各项灾难之事时，其他约民应给予救助，并规定了救助之法。此条款已突破了单纯教化的性质，已具有互相救助、救灾防盗、治安防御等政府职能。

传统乡约制度至清末已经退出历史舞台，但对今天仍有借鉴意义。中国传统的乡约制度与我们今天在农村常见的乡规民约有明显的不同，前者是一种基层社会教化组织，最初由民办后来演变为官办；后者则是一种乡民为维护本村共同利益而制定的规章条文。但另一方面，两者也有相同之处，都是为了维护本村乡民的利益，都具有社会教化的功能。因此，传统乡约的形式和内容对今天仍有借鉴意义，其表现为：第一，传统乡约是在朝廷和官府的允许甚至鼓励下产生和发展起来的，清代更成为宣讲圣谕的工具，而现代乡规民约也必须遵守国家有关法律政策，宣传和传播社会主义核心价值观，这一点与传统乡约基本一致。第二，传统乡约有较明显的乡村自治色彩，由

[1]　（宋）吕大钧：《吕氏乡约乡仪》，载陈俊民辑校《蓝田吕氏遗著辑校》，中华书局 1993 年版，第 563—565 页。
[2]　（明）王守仁：《南赣乡约》，王守仁著，吴光等编校《王阳明全集》，上海古籍出版社 1992 年版，第 603 页。

地方乡绅主持和实施，而现代乡规民约也主要由村民自己制定，共同遵守，也是村民自治的重要手段。第三，传统乡约是社会教化的重要工具，在社会教化中发挥着重要的作用，今天的乡规民约也具有社会教化的功能，是新时代乡村传播社会主义核心价值观的重要宣传工具。更进一步，传统乡约制度对今天乡村的自治组织也有启示意义。首先，乡村自治组织要与基层党组织密切配合，在党的领导之下进行社会教化活动。自治组织要以宣讲党的大政方针为主，对乡民进行政策、法律、市场规则、科技知识的教育，努力提高村民的思想觉悟与认识水平。其次，乡村自治组织可以充分发挥地方精英、基层知识分子的作用，对党的路线、方针、政策进行解读，满足人民群众关心政治的精神需求，乡村致富能手也能利用自治组织为村民致富提供技术和资金支持。再次，乡村自治组织可以为留守村民实施提供患难相恤，互相帮扶，共同维护乡村的治安和秩序。

　　总之，从历史上看，社会教化是历朝历代培育和传播核心价值观的重要手段，中国古代形成的以"仁义礼智信"为主要内容的核心价值观正是通过不同形式的社会教化传播到民众心中，形成社会共识，对社会稳定和发展起到了积极的作用。在当今，培育和践行社会主义核心价值观是中华民族凝魂聚气、强基固本的基础工程，是推进国家治理体系和治理能力现代化的重要内容，是新时代坚持和发展中国特色社会主义的重大任务，是中华民族屹立于世界民族之林的精神支撑。要在全社会培育和践行社会主义核心价值观，除了充分利用学校资源，在课堂上对广大青年学生进行教育外，还必须充分利用各种社会教化的方式，使人们在实践中感知它，领悟它，达到百姓日用而不觉的程度，使之成为人们日常生活的根本遵循。要把社会主义核心价值观的要求融入各种精神文明创建活动之中，融入法治建设之中，利用各种时机和场合，运用各种规范和手段，形成有利于培育和弘扬社会主义核心价值观的生活情景、社会氛围和法治规范。由此可见，社会教化是培育和践行社会主义核心价值观的重要途径，中国传统的社会教化正可以为此提供历史的借鉴。

第九章　传统社会控制与社会稳定

传统社会治理的最显著特征就是控制，这在大一统王朝时期尤为明显，具体表现为在政治、经济、思想文化等方面实施以管制为特征的制度和措施，如户籍制度、保甲制度、流民控制、镇压邪教、严控群体事件以及思想文化控制。这些制度和措施，对于巩固王朝统治，维护社会稳定发挥了重要作用，但在某些层面上也制约了传统社会的活力和发展。

一、居民控制

传统社会以农业为主业，占人口绝大多数的农民，以土地为生，以村落为主要活动范围。为了管理散落于广袤地域内的民众，保证赋税兵役的稳定，历代统治者都制订了严格的人口管理制度，且相沿成例。其中，户口调查登记和户口编制是户籍制度的核心内容。①

（一）户口调查登记制度

早在殷商后期至西周，定时的户口调查登记制度就已经形成。商王朝开始实行"登人"，即临时征集兵员，可视为户籍登记制度的萌芽。西周宣王为补充兵员和军赋，实行"料民"，即是调查户口。

春秋战国时期，各诸侯国出于巩固统治和应对战争的需要，十分重视人口管理。管仲相齐，在齐国建立了定期的户口登记制度，并带有调查兵源

---

① 参考宋昌斌《中国户籍制度史》，三秦出版社 2016 年版。

和征发赋税徭役的性质。商鞅变法，在秦国制订了严格的定期户口登记制度，严禁人口迁徙。这一时期普遍出现了"书社制度"和"上计制度"。书社制度是把一定数量的居民固定在一定面积的土地上进行管理的户籍编制制度。上计制度则是郡、县长官每年于年底前将户口、田地数额和赋税总额乃至治安状况书写于计簿，呈送国君，作为考核依据。

秦汉时期，王朝一统，户籍制度开始完善。户口调查登记的时间一般为三月或八月，采取"自占"（自己申报）与"案比"（官吏进行审验）相结合的方法，内容比较复杂，包括人口、土地、财产、赋税等，不同身份的人内容也有区分。

魏晋南北朝时期，战争频繁，人口流徙，户籍管理基本延续秦汉制度，略有调整。如户口登记时间大多延续汉代的"八月算人"，但为了整理户籍，扩大税源，有时也会采取不定期的户口调查登记。如南朝曾多次举行以捡括户口为目的的"土断"，将北方南下人口和浮浪人口统一登入当地户籍，按规定纳税服役。在户籍编造方面，南朝出现了黄籍和白籍，前者登记土著人口，后者记载"土断"之前侨居江南的北方人口。北魏太和十二年（488）实行"三长制"，也是主要为定期调查户口。这一时期，户籍编造大多采用纸张，并有严格的审查、用印程序。

隋唐时期，户籍制度规制完备。隋文帝统一全国之初，即着手户口调查工作，下令在全国捡括隐漏，又颁布"输籍之法"，确定按照户口资产纳税服役的标准，《开皇律》中也规定了对户口的惩罚办法。唐承隋制，并有所发展，《户婚律》《户令》《唐六典》中都有关于户口调查登记方面的规定。隋朝的户口调查登记时间一般为每年正月进行一次，而唐朝则是"每一岁一造计账，三年一造户籍"，即一般民户调查，每年年终进行一次，编造乡账和计账，每三年根据手实（户主自己具状申报人口、田宅）、计账编造一次户籍。调查方面采取手实和貌阅（官方对人口进行面审）相结合的方法，对于脱漏户口、诈老诈小等行为则予以惩罚。在户籍保管方面，唐朝的尚书省、州、县一般都有专门存放籍账的库房，由专人负责，州县的户籍保存年限为15年，尚书省户籍保存时间最长可达27年。

两宋户口调查登记时间与唐代相同，也是每年都要调查，每三年编造一次户籍。但对于丁口、田产的变动情况，可以随时申报入籍。在户籍格式方面，宋代更加多样：版籍为官方户籍计账，户钞是完税凭证，户帖在唐代即有，是发给人户保存的户籍类文书，丁账主要用途是预算丁役，一般不记女口；五等版簿（五等丁产簿）主要内容为人口、田产、税役。各类版簿，在县、州、路、户部，都有库房和保管人员。元代户口调查，惯用不定时、全国性或是区域性的"括户"方式，主要方法是手实法，所成"鼠尾簿"，主要记载各户人口、土地、奴婢、牲畜以及其他家产情况。

明代户籍调查登记愈发严格，明初即规定每年都要调查考核户口。实行黄册制后，每年都要根据黄册内容要求，调查上报所辖户口情况，每过十年，重新编造一次户籍。为及时掌握户口情况，府县还要将辖区内户口、钱谷、学校、刑狱等情况，每季上报中央。而户口异动情况，须随时申报。户口调查则是依靠里甲组织，按时查报。明代户籍类簿册很多，如玉牒、户帖、黄册、白册、烟门册等，黄册是主要的户口册籍，用来登记丁口和税粮。清朝基本继承了明代的户口登记制度。最初是三年一编审，后来改为五年一编审。乾隆三十七年（1772）取消五年一次的户口编审制度。户口调查方面，清初由里甲组织按时申报户口，康熙四十七年（1708）后，以保甲调查户口。

（二）户口编制

按一定的形式将人口加以编制，以便于管理，是古代户籍制度的重要特征。

周朝的乡遂制可算是最早的户口编制，即王城及四郊以内地区（称为"国"）设立六乡，用以管理居住其内的本族人口和部分归附的殷商贵族；而四郊以外的地方（称为"野"）设立六遂，用以管理居住其内的部分征服者。乡、遂都有严格的户口编制，逐级设立负责人员。除掌握控制人口外，乡遂制还具有互助、连坐、排解纠纷、完成赋役任务等作用。

春秋战国时期，管仲在齐国实行"三国伍鄙"制。所谓"三国"，是指国中居民除工、商外，士民的户口编制与三军之制相应，所谓"伍鄙"，是指野中共设五属。其特点是军政合一，利于人口管理和加强军队战斗力，扬善惩恶，维持治安也是其重要作用。商鞅在秦国变法，推行什伍制，打破国、野界限，寓兵于民，是真正的"全民皆兵"式的户口编制。什伍制还规定防盗告奸、有犯连坐，限制人口自由迁徙和流动。

秦汉时期的户口编制是乡亭制，大致分为伍、什、里、亭、乡等建制，每级建制都设有负责人员。乡亭制的主要作用有调查户口登记、禁止人口自由流动、宣传政令、敦行教化、捕盗决讼、维持治安、征收赋税、征发徭役等。

魏晋南北朝时期，两晋南朝主要实行乡里制，作用与秦汉时期相同。北魏实行"三长制"，即"五家立一邻长，五邻立一里长，五里立一党长"，[①] 用以调查登记户口，配合均田制的实施，催缴租赋，征发徭役，维持治安。

隋朝的户口编制制度是乡里制，唐朝则实行里保制。里保主要负责调查登记户口、评定户等、催纳税赋、维持社会治安等工作。

宋神宗时期，王安石主持变法，在地方基层实行保甲法，保甲制度正式推行。按照《畿县保甲条制》规定，保甲法主要涉及以下内容：其一，居民编制：每 10 家为 1 保，50 家为 1 大保，10 大保为 1 都保，分别选派有能力和财产丰富的人为保长、大保长、都保正和都副保正。其二，抽保丁，每户有 2 丁（年满 15 岁）以上者，抽 1 人为保丁，自备弓箭等武器，习学武艺。其三，以大保为单位，巡查缉盗，维护地方治安；保内发生犯强窃盗、杀人放火、强奸抢人、传习妖教等，知情不报，依"伍保法"连坐治罪。其四，人口调查与管理。保内人口如有变动及外来人口都需申报县衙。各置保牌，登录各户和保丁的姓名。北宋推行的保甲制度是通过明确的编制、保丁的训练和伍保连坐的实行，达到结保防奸、维护地方秩序的目的。此后，历代仿此形式推行保甲，但内容和功能日渐增加，保甲遂成为传统社会基层治理的基本制度。

南宋时，保甲法进一步推广，乡村一般实行乡、都、保、甲制，都下设若干保，保以下设甲，每家为一甲，并将职役与保甲法紧密结合，又称"差役法"，保甲与税收结合得更为紧密，催税成为保甲的重要任务。

---

① 《魏书·食货志》第 8 册，中华书局 1974 年版，第 2855 页。

元代的基层行政编制，农村为乡都制，城市为隅坊制，将乡、都作为农村的基层行政设施，乡、都的负责者是里正和主首，乡设里正，都设主首，主要负责催办差税和维持地方治安。元代还普遍设立一种旨在"劝农"的社。50家为1社，社众推举社长，负责劝课农桑，兴修水利，开垦荒地，设立义仓，奖勤罚懒，防治灾害等等。社设立于自然村基础上，出于恢复农业生产的需要，同时是内容严密的地方基层组织。社长设于村里，里正设于乡都，里正与社长成为上下级关系。

明朝在省、府、县各级政权下，于城乡普遍建立基层社会组织，以加强对民户的管理。城内分坊，有坊长；近城为厢，有厢长；乡村为里，有里长。坊、厢、里之下是甲，有甲首。基层组织的重点是乡村，因而明朝的里甲制度通常被视为乡村基层组织。明朝的里甲制度定于洪武十四年（1381），与编制赋役黄册同时进行。因此，里甲制度的建立是为了保证国家对人口的控制，以适应征发徭役、征收赋税的需要。里甲的主要职责包括主持祭祀、处理民间诉讼、迎送政府有关人员、追征钱粮，采办贡物，提供徭役、督促乡民从事农副业及其他生计等。此外，10年一次的黄册编造工作，也由里甲具体负责。从实质上看，里甲制度是明政府以役的方式建立起来的强制性地方管理体制。随着土地占有关系的变化、商品经济的发展以及政府进行赋役制度改革，里甲催征钱粮、管理户口的职能逐步丧失。而社会矛盾的发展，要求地方基层组织的主要职能由催征钱粮转为维护治安。因此，许多地区在里甲之外建立了保甲制度。保甲的兴起是为补助里甲制度，在明代大多由各级地方官员自行实施，一般有牌—甲—保三个层次，10牌（户）为甲，10甲为保，有防御盗贼的功能。

清代遵循明制，里甲和保甲并行，但终以保甲为主。清王朝定都北京后，首先在所控制的直隶、山西、山东三地推行保甲制度，着手重建统治秩序，后进一步扩大保甲制度的实施范围。顺治六年（1649）四月，清廷下令"凡各处逃亡民人，不论原籍别籍，必广加招徕，编入保甲，俾之安居乐业。……务使逃民复业，田地垦辟渐多。"[1] 康熙年间，清政府开始考虑旗丁

---

[1] 《世祖实录》卷44，《清实录》第三册，中华书局1985年版，第348页。

编入保甲的问题，并强化保甲，以加强户籍和维护治安为主。雍正时期，保甲有了较为明确的奖惩措施，同时保甲实施范围扩展，将边远少数民族、棚民、寮民、疍户等编入保甲。尤其是将绅衿也一律编入保甲，即通过加强对绅权的控制，达到统治地方的目的。乾隆时期，对于保甲制度继续整顿，编列保甲的范围再次扩大，涉及"绅衿之家""旗民杂处村庄""边外蒙古地方种地民人"等，保甲长的职责也有规定，专司查报甲内盗窃、邪教、赌博、赌具、窝逃、奸拐、私铸、私销、私盐、踩麯、贩卖硝磺并私立名色敛财聚会，以及"面生可疑、形迹诡秘之徒"，"责令专司查报户口迁移登耗，责令随时报明，于门牌内改换填给"等等。① 至此，清朝的保甲制度基本固定下来。此外，在清代，保甲的职能除去编查户口、维持地方基层治安，还包括调解户婚土田纠纷，申报命案斗殴事件，参加赈灾，宣讲"圣谕"、法令，对乡民进行教化等诸多内容。当地丁合一导致里甲组织衰亡后，里甲征收赋役的职能也转由保甲承担。事实上，从雍正到道光末年，保甲在州县的控制下，包揽了地方基层各个方面的事宜。②

嘉道之后，内忧外患，国内社会矛盾激化，游民遍布城乡，秘密宗教、会社活跃，保甲维护治安越发捉襟见肘。太平天国起义后，各地士绅开始以团练来抗击侵扰，保卫身家利益，维护地方治安，逐渐取代保甲的作用。尽管如此，清王朝一直没有放弃保甲，力图将团练、保甲都控制在自己手中，但终未能遂愿。

综上，传统社会形成了一套非常系统的、多功能合一的户籍管理制度，其统计方法、登记制度、管理制度以及户口编制等方面都体现了这套制度的成熟。尤其是户口编制，逐渐演变为以保甲制为代表的集编查户口、维持治安、宣扬教化、劝课农桑等功能为一体的基层治理机构，这对于统治者控制基层社会、维护社会稳定非常有利。但是也应该看到，传统社会的户籍管理制度是建立在农业社会的基础上，以维护统治和征收赋税为目标，以控制人口流动和监视民众为手段，尤其是将农民固定在土地上，不利于社会的发

---

① 《清朝文献通考》卷 19，《户口一》，商务印书馆万有文库本，第 5029—5030 页。
② 白钢主编：《中国政治制度通史》第 10 卷，人民出版社 1996 年版，第 223 页。

展。户籍制度的实施方面也存在问题，如保甲制，分散的小农经济不利于保甲的实际推行，因各地村落、人口分布等差别很大，很难达到保甲整齐划一的居民编制要求。同时，保甲长并不是官，而是一种职役，但却承担了相当多的基层治理职责，这使得大部分在乡村有权威的士绅都视保甲长为畏途，也使得保甲的推行在地方上遇到了一定的阻力。同时，一些地方土劣却充当保甲长，鱼肉乡里，也从另外一个方面影响了保甲的效果。

二、流民控制①

（一）流民的产生

尽管传统社会的人口控制非常严格，但由于种种因素，依然有一些人口游离于正常控制之外，这些人被称为流民，即"脱离社会整合，丧失其原有职业社会角色，游离于法定的户籍管理之外的人口。"②

流民的主体是农民，主要有四个方面的来源：丧失土地而无所依归的农民；因饥荒年岁或兵灾而流亡他乡的农民；四出求乞的农民；因自然经济解体的推力和城市近代化的吸力而流入城市谋生的农民。③

催生流民产生的原因多重。首先，土地兼并导致农民不断丧失土地，从自耕农沦为半自耕农、佃民，最终沦为流民。其次，水灾、旱灾、蝗灾、雹灾、地震等等灾荒与饥馑，超出了自然经济状态下农民对灾荒的抵御能力，再加上传统王朝的防灾备灾能力不强，官员不作为，导致农民成为流民。再次，兵灾匪祸横行，为躲避战乱和盗匪侵扰，农民只好选择背井离乡。最后，人口与土地的失衡。人口过剩，传统生产力水平低下，土地承压。人多地少的压力下，为谋生选择离乡。此外，政治不良，统治者横征暴敛，为躲避苛政，也会有民众选择外逃。还有，在近代，受到西方商品和资本的冲击，自然经济解体，造成传统农业、手工业者破产，对农民社会生活影响巨大，只得另谋出路。

---

① 参考池子华《流民问题与社会控制》，广西人民出版社 2001 年版。
② 王家范：《中国古代的流民问题》，《探索与争鸣》1994 年第 5 期，第 39 页。
③ 池子华：《流民问题与社会控制》，广西人民出版社 2001 年版，第 4 页。

　　流民是一个复杂的群体，其对社会的影响也是多元复杂的。流民的存在冲击了社会秩序，影响了社会的稳定。一些流民选择"寄生"式的谋生方式，如成为乞丐、土匪、娼妓，参加会道门、走私贩私、拐卖人口等等，由此滋生诸多社会问题。更有甚者，流民也是历代农民起义的重要支撑力量。这些都使得流民问题成为历代统治者竭力要解决的大问题。

（二）历代流民问题

　　早在商周时期，流民就已出现。商代尤其是后期，奴隶逃亡现象普遍。西周后期，大规模的征伐和苛政，致使社会矛盾日益尖锐，引发劳动人口大量逃亡，造成公田荒芜。

　　春秋战国时期，列国内部争斗不已，彼此之间征战不断，剧烈的社会动荡，沉重的劳役和兵役，引发民众流离。公元前644年，齐国征发十国庶民修筑城，役人在夜间一哄而散；公元前641年，梁国发生了大规模民溃事件；公元前546年，齐贵族崔杼"其众皆逃"。这些逃亡和溃散之人，成为流民的主要来源。许多诸侯国制订逮捕和惩治逃亡的法律，规定"逃徙者刑"，结果还是无法控制。

　　秦统一后，以苛政治国，严重的赋税徭役，严苛的刑罚，严格的"上计"制控制民众迁徙，致使人人自危，民众大量逃亡，最终引发秦末农民起义。西汉初期，面对战争和自然灾害带来的流民问题，采取了一系列轻徭薄赋、休养生息、招抚流亡的政策措施。但汉武帝时期，社会矛盾日益激化，土地兼并严重，小农大量破产，加之对匈奴大规模用兵，民众负担加重，致使流民问题再度严重。为了缓和矛盾，武帝不得不对统治政策做重大调整。经过昭、宣时期的治理，流民问题得到缓解。至西汉末年，政治昏乱，土地兼并再度横行，民众负担加重，加上水旱灾害连年并发，流民又呈上升趋势，最终导致大规模农民战争的爆发。至东汉建立时，全国呈现经济萧条、人口锐减的残破景象。为了恢复和发展经济，重建和稳定统治秩序，巩固新政权，东汉统治者采取了一些积极的政策措施，对于重新定居向政府登记户口的流民，给予赐爵一级的优待。同时，"假民公田"，即把国有荒地、苑囿以及山林川泽租借给流民耕种。这些招抚流民的措施取得了积极效果，流民问题得到缓解。和帝之后，东汉政权陷入危机，外戚宦官专政，豪强势力膨胀，加之自然灾害频繁，农民流离失所。东汉末年爆发黄巾军起义，地方割据势力混战不断，流民问题愈发严重。

魏晋南北朝时期，政权并立，频繁更迭，战乱不已，北方社会经济遭到严重破坏，流民规模达到空前。西晋时期，政治颓败，内部争权夺利，导致"八王之乱"，民众赋税负担加重，致使流民大量出现，见于记载的流亡户数在30万以上，约占西晋总户数的十二分之一。流民为了求生，不惜铤而走险。西晋末年发生的李特起义、杜弢起义、张昌起义、王如起义，都属于流民起义。西晋灭亡后，北方地区陷入长期分裂和战争状态，社会经济遭到更大破坏，流民问题相当严重，直至北魏统一，才有所缓解。北魏孝文帝改革，实行均田制，使无地农民获得土地，并减轻农民负担，为解决流民问题创造了有利条件。北魏末年至东魏、北齐，均田制遭到破坏，加之政治腐败，农民破产逃亡现象再度严重，至西魏和北周，政权稳定，流民问题才再度缓解。相比之下，南朝也程度不同地存在流民问题，但数量和规模要小得多。

隋唐时期，国家处于统一状态时间较长，政治稳定，社会繁荣，大规模流民问题主要存在于隋末和唐后期。隋炀帝统治时期，政治腐化，穷兵黩武，农民赋役负担加重，破产失业，最终导致农民起义的爆发，引发了大规模流民潮。唐初，十余年的统一战争，也使得流民问题比较严重。至贞观年间，均田制的全面推行，使大量流民回归土地。唐后期，政治昏乱，均田制趋于瓦解，土地兼并加剧，破产失业者日众。安史之乱爆发，避战逃亡民众形成巨大流民潮，分别涌向西北、西南、江淮等地。此后，唐朝政局一直动荡不安，地方则是藩镇割据，均田制彻底瓦解，大量农民变成流民。唐后期，"天下残瘁，荡为浮人，乡居地著者，百不四五。"[1] 其最终结果则是唐末农民起义的爆发。

五代十国时期，政权更迭频繁，战争连绵不断，人民生活痛苦不堪。为逃避战祸、重赋、灾荒等，很多人背井离乡，流民问题十分突出。

由于北宋一直未真正统一，与辽、夏的战争持续不断，再加上土地兼

---

[1] 《唐会要》卷83，中华书局1955年版，第1536页。

并严重，灾荒频繁，流民问题始终未能真正解决。但政府通过官方赈济、资助还乡、招募为兵、减免赋税等措施，减轻流民带来的压力。朝廷曾多次减免田赋以招徕农民垦荒种地，并把招集流亡、劝民垦田作为奖励地方官的依据。为鼓励流民返籍，对返籍流民实行免租税政策。如淳化四年（993）三月规定，流民回归"五年后始令输租调如平民"，淮南、两浙等地，流民在五年之外"只令输十分之七"①。南宋时期，受战争影响，大量民众南迁，加上灾荒频仍，流民问题依然很突出。统治者采取的措施与北宋相仿，包括临时救济、鼓励流民还乡和招募流民为兵。

元朝实现了全国统一，为社会经济的发展创造了一定的条件。为解决长期战祸所形成的严重流民问题，元世祖忽必烈采取了"均赋役，招流移"②的政策。中统二年（1261），颁布诏书，奖励官员安集百姓，招诱逃户，规定流民还业免税一年，第二年减半。此后，又多次颁布诏书减免复业流民差税。这些措施在一定程度上遏止了流民潮的发展，"流亡复归""辟田野以务稼穑"成为现实。元朝统治后期，政治腐败，土地兼并严重，赋税沉重，水旱灾害频发，致使流民问题依然严重。

历经元末农民战争，流民大量存在。明朝建立后，通过采取招诱流民和移徙农民开垦荒地、大力推行屯田、减免赋税等措施，鼓励开垦，调整土地分配，明确产权，使元末逃离家乡的流民基本上得到了安置。其后，因自然灾害、社会矛盾等因素导致的流民问题依然存在。根据《明实录》中洪武二十四年（1391）到正统十二年（1447）间22次流民记载统计，山西、山东、北直隶、河南、湖广、陕西等处，包括复业和"累招不还"的逃亡之民，计为898673户③，流民规模依然不小。明中后期，朝政日非，国力衰退，土地兼并盛行，赋役沉重，社会动荡不安，流民潮频繁出现，遍及全国各地。1447年，山东青州府因地瘠民贫，差役繁重，再加上频年荒歉，粮食收成欠佳，造成大量农民逃离家乡，四处寻食，仅诸城一县即有逃移者

---

① 《招诱流民复业给复诏》，曾枣庄、刘琳主编《全宋文》第二册，巴蜀书社1988年版，第575页。
② 《元史·本纪第五·世祖二》，中华书局1976年版，第98页。
③ 林金树：《明代农村的人口流动与农村经济变革》，《中国史研究》1994年第4期，第30页。

10300 余户。成化年间（1465—1487）是流民爆发的高潮时期，特别是聚集到荆襄地区的流民，多达 150 多万，并与官兵对抗，明政府调兵数十万全力镇压，也无济于事。流民移动，社会动荡，封建国家对户籍失去了控制，到弘治四年（1491），在籍人口比明初减少了 700 多万。大量流民汇入明末农民起义队伍，促使明朝走向灭亡。此外，明中后期，东南沿海地区部分民众，选择远涉重洋，到海外谋生，以南洋为主。至明末，在南洋各地的华侨大约有 10 万人以上。

清朝建立后，面对纳税人口减少，国家财政收入不足的局面，采取招流民垦荒，官给牛具和粮种，减免赋税，停止圈地等措施，安置了大量流民，促进了耕地面积的增长。18 世纪中叶以后，随着赋税剥削繁重，土地兼并严重，人口的迅速膨胀，人多地少，弃地外出的流民增多。这些流民有的漂海进岛（如广东、福建流民进入台湾岛）；有的进深山（广东、福建、江西等地流民大量进入浙、赣、湘东和陕南山区）；有的北出“口外”，进入蒙古地区（山东、山西、直隶、陕西等省的汉族人民，到蒙古地区进行垦荒的就有数十万之多）；有的进入城市谋生或乞讨。有的则漂洋过海，去了南洋等地。其中规模最大的流民去向，一是山东和直隶等北方省区流民“闯关东”，一是湖广等南方省区的流民“填四川”。

（三）控制流民的措施

面对流民问题，历代统治者煞费苦心，采取一些预防措施，以减少流民的产生，如抑制土地兼并，减轻农民负担，建立和完善防灾备灾机制，强化户籍管理等。但各种措施在实施过程中，未能发挥预期效果。如抑制土地兼并在王朝建立初期尚有部分成效，但始终难以坚持，最终土地兼并盛行，造成农民失地。积谷备荒的仓储制度（主要有常平仓、义仓、社仓、惠民仓、广惠仓、丰储仓等）既可防灾减灾，亦可在灾后救济，但仓储不足，难以发挥平抑物价实效，且多设置在通都大邑，受惠民众较少，再加上管理官员的腐败，使得这些措施的实效大打折扣。轻徭薄赋，减轻民众负担的措施，也会随着财政开支的增多而逐渐废弃。

是故，统治者对待流民的大多数措施还是流民问题发生后的应对，主要体现在控制流民的扩大和流动,即时赈济,社会救助等方面,以避免流民问题引发更多的社会问题。

首先,通过行政措施控制流民的流动,即禁止流民随意流窜,尽可能将其控制在辖区内。流民出境,例在必禁,如果没有官方颁给凭证,流民出境就被视为越轨犯禁的行为。而官员如果禁止流民出境不力,也会受到责罚,甚至丢官。禁止流民入境同样是地方官力行之事。流民一旦被"捉",或资遣回籍,或强行押解回籍。强化户籍管理,强化保甲连坐,严禁脱户、逃亡、迁徙,也是控制流民流动的重要手段。

其次,即时赈济,通过各种救济措施减轻灾害,控制流民流动。流民多是因灾而致,在灾害发生的第一时间实施救助,对于减少流民产生和流动非常关键。在传统社会,救灾措施也是多种多样。如调粟,通过"移民就粟""移粟就民""平粜"等措施,使灾区得到有效的粮食救助;赈恤,包括粮、款、物等赈灾物资的筹集与发放以及施医、施粥等,通过有效赈恤,帮助灾民渡过难关;农赈,通过贷给种子、农具等生产要素,便于灾民恢复生产。其中,蠲缓是比较有代表性的救灾措施。蠲缓,即减免或缓交田赋钱粮。周代的薄征、汉代的轻敛、魏晋的免租、南北朝的除赋、隋唐免租庸调、五代的除放、宋代的蠲租、元代的免税、明代的蠲税、清代的蠲免赋役等,都属于此类。以清代为例。据统计,清前期(第一次鸦片战争以前)全国共灾蠲 15713 州县次,平均每县次免银 8000 两,每年免银 60 余万两,196 年中总计约免银 1.2 亿余两。[①] 第一次鸦片战争至太平天国起义爆发前,清王朝每年因为自然灾害减征、缓征或免征钱粮的地区,约占全国府、厅、州、县的八分之一到六分之一。[②] 对遭受灭顶之灾的农民来说,蠲免不仅是物质上的补偿,更是心理上的慰藉。蠲缓政策的实施,有助于灾后重建,稳定人心,控制流民的流动。当然,由于官僚体制运转不畅、官员瞒报灾情、贪污腐败等问题的出现,上述各种控制流民的措施在施行过程中往往会导致效果不佳,有时会引发更多的社会问题。

---

① 李向军:《清代救灾的制度建设与社会效果》,《历史研究》1995 年第 5 期。

② 李文海:《世纪之交的晚清社会》,中国人民大学出版社 1995 年版,第 395—396 页。

第三，通过安辑流民、社会救助等方式，消除流民的负面影响，使流民回归正常社会。安辑流民，即"留养资送之法"。所谓留养，就是集中给流民提供栖身之所和食物、医疗等方面的保障，使之暂渡难关，避免四处流散。清代在江浦、扬州、镇江、江宁等地设有留养局、栖流所等机构，留养南下淮北灾民。所谓"资送"，就是为流民提供口粮、路费，回到原籍后还要妥为安插。其最终目的，是使流民回乡复业。后续措施还有"给复"（减免赋税）和"给田"（归还流民原有田产和赐给官田）。此外，当局还为回归故土的流民提供耕牛、籽种等，以使他们顺利"复业"。安辑流民之法的实施，可以有效缓解流民对社会的冲击，避免或减弱因此可能产生的社会震荡，有利于社会生产的恢复和农民生活的安定。从某种意义上说，"安辑流民"是一种标本兼治的控制模式，在中国流民史上起到了不可忽视的"减压"作用。社会救助主要来自于慈善救济。统治者出于"仁政""德政"的立场，为稳定社会秩序，往往会兴办一些慈善机构，提供社会救助。如悲田坊、福田院、居养院、安济坊、慈幼局、育婴堂、栖流所、惠民药局、露泽园、养济院、普济堂等常设慈善机构，为流民提供社会救助，使病有所医，老有所养，死有所葬，从而减轻社会问题的产生。

此外，面对流民问题，统治者有时也会采取变通之策来引导和安置流民。比较典型的就是"附籍"，即承认既成事实，将流民就地安插，纳入当地户籍。魏晋南北朝时期为流民侨置郡县；明朝正统、成化年间，在荆襄地区增置府县，使数十万聚集于此的流民"听附籍为编氓"；清代"湖广填四川""闯关东"流民的安插，均有"附籍"之功。这样，流民依然可以被纳入户籍管理制度之下。

流民问题是传统社会中令统治者十分头疼的社会问题，尤其是当他们总是以控制人口自由流动、力图将农民固定在土地上为基层治理的要义时，这一问题就显得尤为突出。从上述应对的措施来看，在实际执行过程中并不总是产生良好效果。与流民产生原因相对应，影响应对效果的因素亦可谓多重，其中政策的执行环节至为关键，其根本原因仍在于农民的经济生活水平低下，难以抵御各种外力的冲击。需要注意的是，有些政策在应对流民问题的各个环节都会发生作用。尽管如此，传统社会控制流民问题的措施仍有值得称道的地方，如减负、备荒、慈善救济等，这些对于减轻流民问题的产生及相关社会问题的出现都有一定积极作用。

三、邪教控制

（一）传统社会邪教概况

所谓"邪教"，就是被历代政府、合法宗教和主流社会所排斥的民间教派。不同的社会、时代，不同的宗教，社会制度不同的政权，都有各自不同的"邪教"观。

邪教产生的原因比较复杂。首先，小农经济，生产力水平低下，对自然灾害的抵御能力低，为邪教的盛行提供了条件。其次，原始巫风的传衍，神仙方术盛行，民众受教育水平低，尤其是科学知识不发达，只能祈求超自然力量保佑，在给民众心理安慰的同时，也滋生了邪教产生的土壤。再次，宗教传播过程中的分歧，导致教派林立，有正邪之分。还有，统治黑暗，官员腐败，合理的诉求渠道不畅，处于社会底层的民众为寻求庇护和安慰而加入邪教。

两汉时期，巫风弥漫，神仙方术盛行，谶纬流行，既为攀附官方提供依据，也对下层社会悸动提供条件。据史料记载，桓帝一朝，借用"妖言"造反者多达 20 起，灵帝时更是形成"妖贼大起"的局面。在此背景下，张角受于吉《太平清领书》影响，自称"大贤良师"，奉事黄老道，以符水咒说疗病，吸引大量信徒，创立太平道，最终引发黄巾大起义。东汉末年，张陵在蜀地创立五斗米道，以迷信方式治病救人。张鲁割据汉中时，五斗米道增加互助等内容。太平道、五斗米道被视为后世道教的源流。三国时期，巴蜀和江东有民间道派李家道，信众颇多。

魏晋南北朝时期，李家道发展至中原地区，其"冀得度世""应谶当王"的思想对处于乱世的民众很有吸引力，而正统道教则斥之为"恶逆"。东晋时期的孙恩、卢循起义，其组织、信仰受五斗米道影响，信奉"登仙堂"，起义时采取了滥杀无辜的极端行为。这一时期，佛教的弥勒净土信仰成为动荡时代慰藉社会各阶层心灵的希望。这一方面促成了僧尼和信徒结社，大规模建造佛像，耗费大量社会财产，同时，也为某些造反事件提供了依据。如冀州沙门法庆起事，自号"大乘"，号召"杀一人者为一住菩萨，杀十人者为十住菩萨"，并宣扬"新佛出世，除去众魔"。同时，配制"狂药"，令人服用，以达到"父子兄弟不相知识，唯以杀害为事"[①] 的效果，带有很大的欺骗性与邪恶性。

隋唐时期，佛、道互争，往往把对方指称为"邪教"。弥勒信仰的异端及造反事件也时有发生。唐高宗时，摩尼教（末尼教、明教、明尊教）传入中国，并曾两度被允许公开传播。武宗灭佛，累及摩尼教，后者转而成为秘密宗教和农民起义的组织工具。五代以后，外人将摩尼教奉斋之举视为"吃菜"，供奉摩尼之像称为"事魔"，合称为"吃菜事魔"，甚至直接指斥为邪教。

宋代，摩尼教影响遍布江南。据资料记载，当时的"妖幻邪人"，名目繁多，"淮南谓之二禬子，两浙谓之牟尼教，江东谓之四果，江西谓之金刚禅，福建谓之明教、揭谛斋之类，名号不一。明教尤甚，至有秀才吏人军兵亦相传习，其神号曰明使。又有肉佛、骨佛、血佛等号，白衣乌帽，所在成社。"[②] 北宋末年的方腊起义、南宋时期的王念经起事，东阳县"魔贼"起事，贵溪"魔贼"起事，陈三枪、张魔王起事等，都属于吃菜事魔的明教信徒发动。两宋时期，佛教的民间化趋势明显，佛教结社盛行。为满足下层民众信仰需求，白云宗和白莲宗应时而生，但因教义和修行方式与主流佛教有异，被斥为异端。

元朝宗教政策相对宽松，所有教派都视为合法，推动了民间教派的发展。例如糠禅（即头陀教）、明教、白云宗、白莲宗等，都翻身成为佛教一宗而公开传教，一视同仁地由各地僧录司统管，上隶宣政院。其中，白莲宗最终演变成在下层社会广为流传的异端组织白莲教，其传教方法是"假借谶纬符箓，焚香诱众"，宣称"弥勒佛降生，明王出世"。明教也开始与弥勒教、白莲教等互相融合，相互激荡，成为民间社会的巨大潜流。元末农民起义即是受白莲教和明教影响。

---

① 《北史·景穆十二王传上》第 3 册，中华书局 1974 年版，第 634 页。

② 陆游：《条对状》，载钱仲联、马亚中主编，涂小马校注《陆游全集校注·渭南文集校注1》，浙江教育出版社 2011 年版，第 125 页。

明清是邪教最为活跃的时期，清代尤甚。其显著特点是：首先，教派林立，名目繁多，信仰多元，分布范围广泛，教门的数量和信众规模历史少有。其次，政治性色彩浓厚，在众多邪教经卷和教义中，包含着暗示性的或者明显的反社会和反现世的思想。其三，组织严密，大多邪教都有严格的会规、仪式、信号、等级。其四，社会危害严重。邪教组织通过谋财敛钱、冲击政权等方式，给政权、社会、民众带来严重危害。①

明代，白莲教依然有着巨大影响。在教义方面，宣扬弥勒佛出世，当主世界，号召教徒起来反对现存政权，建立新政权。在传教方式上，多采取神秘方式，或聚众烧香，或写佛号、传谶语、撰"妖词"，或以幻术相引诱，如撒豆成兵、剪纸人纸马相战斗。这一时期爆发的很多起事都和白莲教有关，其中永乐十八年（1420）山东唐赛儿起义、万历年间蓟州王森起事，影响颇大。明中叶以后，随着社会矛盾加剧，催生了以医病、巫术等为手段、以消灾纳福延命及来世利益（成仙成佛）为幌子的各色教派。著名教门有罗教、闻香教、弘阳教、黄天教、三一教以及由它们演变而成的一些支派，其组织和活动对明代社会的影响极大，并逐渐超过了白莲教的影响。

清代邪教活动尤其猖獗。据中国第一历史档案馆存"邪教案"档案记载，名目多达百余种，如果加上清代和民国时期纂修的方志记载，名目多达三四百个。有的是同教异名，有的是同名异教，有的是不同时间、空间的分支繁衍，主要有八卦教、清水教、离卦教、坎卦教、圣贤教、九宫道、罗教、斋教、黄天教、弘阳教、清茶门教、大乘教、青莲教、灯花教、先天教、天理教、圆顿教、悄悄会、收元教、收圆教、一贯道等等，它们主要分布在直隶、山东、山西、河南、安徽、江苏、浙江、福建、江西、湖南、湖北、陕西、甘肃、四川、贵州、云南等省，直隶、山东、河南等省则是清代"邪教"的高发区。② 仅乾隆、嘉庆两朝，就先后有王伦、林清和李文成及川陕五省"教匪"的大规模起事，至于大大小小的邪教案件，则不胜枚举。

---

① 周向阳：《清代治理邪教犯罪研究（1644—1840 年）》，博士学位论文，中国政法大学，2008 年，第 204—206 页。

② 赫治清：《清代"邪教"与清朝政府对策》，载中国社会科学院历史研究所明清史研究室编《清史论丛》（2003—2004 年号），中国广播电视出版社 2004 年版，第 124 页。

值得注意的是，明清邪教传播很多是家族性传教。以血缘关系为纽带，以宗教宣传相号召，以攫取经济利益为目的，是家族性传教的基本形式。罗教教主罗梦鸿家族，黄天教主李宾家族，闻香教主王森家族，龙华会教主姚文宇家族，八卦教主刘佐臣及其各卦卦长家族，都是通过传教致富，同时以家族权威统率教权，扩展教务。由王森创立的闻香教，从明万历初年到清嘉庆二十年（1815），屡改教名，历经明清两朝，传承10代，前后递传200余年，传教范围达数省，在家族性传教的邪教中最为典型。为达到攫取经济利益的目的，除了不择手段地制造教主崇拜、编造"修道"内容树立信仰，更重要的是以世俗利益诱惑，包括教内互助，许诺日后封官晋爵，给予地亩钱财，以及最常见的传授气功和行医治病，还有就是利用巫术、谶语等"左道惑众"之术。①

（二）治理邪教的措施

邪教组织是社会稳定的毒瘤，对于政权也是威胁，所以历代统治者对邪教都采取了严厉的手段予以应对，其中以明清两朝为最。② 主要措施如下：

首先，以上谕和法律的形式，严禁巫术和邪教。

综观古代社会，对巫术邪教的法律定罪大体有如下罪名：执左道罪、造畜蛊毒罪、造厌魅及造符书咒诅罪、妖书妖言罪、伪造经文罪、师巫邪术罪、兴立邪教罪、因挟仇恨编造邪说煽惑人心罪等。③

宋代严禁以"夜聚晓散"和"吃菜事魔"为特征的秘密宗教活动。"诸吃菜事魔或夜聚晓散、传习妖教者绞，从者配三千里，妇人千里编管。托幻

---

① 参见刘平《明清"邪教"传教手段剖析》，《山东大学学报》（哲学社会科学版）2005年第6期。

② 赫治清认为，清政府为了维护封建社会秩序稳定，巩固自己的统治，采取了一系列严密防范和打击"邪教"的相应对策，其中包括：严密法网，制定颁布镇压"邪教"的刑事法规；派遣间谍，打入"邪教"内部卧底，刺探机密，加强侦破；力行重惩首恶、宽大胁从、自首免罪、立功给奖政策；查缴"邪经"，捣毁经堂；加强宣传教育，揭露"邪教"骗局，化导"愚民"；编查保甲；建立查禁"邪教"的惩奖制度，等等。见《清代"邪教"与清朝政府对策》，载中国社会科学院历史研究所明清史研究室编《清史论丛》（2003—2004年号），中国广播电视出版社2004年版，第144—145页。

③ 武乾：《中国古代对巫术邪教的法律惩禁》，《法学》1999年第9期，第20—21页。

变术者减一等，皆配千里，妇人五百里编管。情涉不顺者绞。以上不以赦将原减。情理重者奏裁，非传习妖教流三千里，许人捕至，死〔以〕财产备赏，有余没官。其非本徒侣而被诳诱，不曾传授他人者，各减二等。"①

尽管朱元璋参加元末起义时，对白莲教、弥勒教和明教等秘密宗教颇为信奉，但也深知其害。故明朝建立后，他即以峻法严刑治理邪教，明令禁止各民间教派的活动。《大明律》更以法律的形式将此项禁令固定下来："凡师巫假借邪神、书符、咒水、扶鸾、祷圣，自号端公、太保、师婆及妄称弥勒佛、白莲社、明尊教、白云宗等会，一应左道乱正之术，或隐藏图像、烧香集众、夜聚晓散、佯修善事、煽惑人民，为首者绞，为从者各杖一百，流三千里。"②

清廷为维护和巩固统治，对邪教采取坚决镇压的政策，其中雍正、乾隆两朝尤为严厉。雍正十一年（1733），清廷修订律例，规定："凡有奸匪之徒，将各种避刑邪术，私相传习者，为首教授之人，拟绞监候；为从学习之人，杖一百、流三千里。"③乾隆时期，由于教门公开叛乱行为的出现，对秘密教门加大了打击力度，开始把"倡立邪教，传徒惑众滋事"等列入比照谋反大逆及谋叛定罪条款，规定："有人本愚妄，或希图诓骗财物，兴立邪教名目；或因挟仇恨编造邪说，煽惑人心，种种不法情罪可恶"，则比照反逆定罪。④如果"兴立邪教，尚未传徒惑众，及编造邪说，尚未煽惑人心"，则比照反逆及谋叛定罪。⑤嘉庆时期，由于川陕白莲教大起义声势浩大，清廷疲于奔命，嘉庆帝被迫提出区别对待未参与"谋逆"的一般白莲教徒和"谋逆邪匪"，凡是"现习白莲教者，安静守法即是良民，地方官无庸查拿；若聚众煽惑，即非素习白莲教之人，必当按律惩治"⑥。这种分清主从、分别判罪的政策，有利于瓦解邪教，拯救一般民众。

有清一代，查拿教门的政策虽然严厉，不过从总体上来看，秘密教门

---

① 《宋会要辑稿》第 14 册，刘琳等校点，上海古籍出版社 2014 年版，第 8343 页。

② （明）刘惟谦：《大明律》卷 11，《礼律一》，明洪武刊本，第 4 页。

③ 田涛、郑秦点校：《大清律例》，法律出版社 1999 年版，第 278 页。

④ 《皇朝通典》卷 87，《刑八》，四库全书本，第 20 页。

⑤ 《钦定大清会典事例》卷 779，《刑部·刑律贼盗》，嘉庆二十五年（1820）武英殿刻本。

⑥ 《剿平三省邪匪方略》卷 298，嘉庆十五年（1810）武英殿刻本，第 11 页。

仍然处于发展之中，教门体系较之明代有显著的扩展。晚清政府的社会控制力量减弱，"不问教不教，只问匪不匪"成为应对"邪教"的策略，使得此前遭受重创的秘密教门重新出现恢复态势。

其次，建立奖惩制度，督促官员严查邪教。

官员作为查禁邪教政策的执行者，对于邪教整治是否有力，直接关系着地方社会的安宁和稳定。康熙五年（1666），制定了对官员治理教门的奖惩办法，规定："凡邪教惑众，在京行五城御史，在外行督抚，转行文武各地方官严禁查挐。如不行查察，督抚等徇庇不参，事发，在内该管官每案罚俸三月，在外州县官降二级调用，督抚罚俸一年。"①其后又多次对奖惩办法进行完善，如康熙五十七年（1718）规定："各处邪教，令该督抚严行禁止。若地方官不行严查，或别处发觉者，将地方官及该督抚一并严行查议。"②清政府既对失察"邪教"各级官员给予处罚，同时对查禁"邪教"得力有功的官吏给予奖励表彰，其中包括议叙、晋升官职、送部引见等。当然，官员出于自身利益的考量，有时会采取瞒报、拖延等手段应对，从而影响了对邪教的打击力度。

第三，强化保甲，加强基层控制。

统治者力行保甲，就是要加强对基层社会的控制，维持社会稳定，避免出现扰乱社会治安之事。宋王安石创行保甲法时，即有防范妖巫的目的。清代力行保甲最为严苛。在保甲编制之初，清政府就赋予了其消弭邪教方面的功能，在规定保甲组织的职责时，有无传习邪教、私立名色敛钱聚众等事，是其重要内容。《大清律例》"禁止师巫邪术"条明确规定了里长的首告责任，对于师巫假降邪神等一切左道异端之术，"里长知而不首者，各笞四十。"③《则例新编》规定了保甲组织举报邪教的责任，对于知情的邻里人员，如举报有物质奖励，不举报则承担包庇的后果。清中期以后，邪教组织蜂起，加强保

①　《钦定大清会典事例》卷766，《刑部·礼律祭祀》，"禁止师巫邪术"，嘉庆二十五年（1820）武英殿刻本。

②　《钦定大清会典事例》卷766，《刑部·礼律祭祀》，"禁止师巫邪术"，嘉庆二十五年（1820）武英殿刻本。

③　田涛、郑秦点校：《大清律例》，法律出版社1999年版，第277页。

甲以消弭邪教的措施也日渐严格。山东王伦清水教门起事后，乾隆在全国采取加强保甲编查的措施。嘉庆在平息白莲教起事后，也一再颁发谕旨，令加强保甲编查。林清天理教起事后，加强保甲以弭邪教成为朝野关注焦点。嘉庆屡发上谕，各级官吏也纷纷建言，并采取措施，强化保甲清查。强化保甲以弭邪教的做法，通过相对严密的基层控制，在检举、揭发、打击邪教等方面都有成效，但难以彻底消弭邪教产生蔓延的基础。步入近代，随着社会变动的剧烈，清廷控制力减弱，保甲日渐荒废，邪教依然盛行。

第四，加强教化，对邪教学说进行批判。

加强教化，通过正人心来正风俗，历来是统治者治国重要选择。在对待邪教问题上，统治者采取各种教化措施，宣扬正统思想，批评异端邪说，力图使民众遵纪守法，向善弃恶，从而在思想上消除邪教产生的基础。

以圣谕圣训的方式劝导民众摒弃邪教异端。康熙的圣谕十六条中有"黜异端以崇正学"，雍正的《圣谕广训》对其进行针对性发挥："欲厚风俗，先正人心，欲正人心，先端学术。……夫左道惑众，律所不宥；师巫邪术，邦有常刑。朝廷立法之意，无非禁民为非，导民为善，黜邪崇正，去危就安。……尔兵民等宜仰体圣心，祗遵圣教，摈斥异端，直如盗贼水火。"[①] 乾隆在张保太教案发后，在上谕中强调要力行教化，把教化作为治理邪教的根本。嘉庆在治理邪教过程中，也更加强调教化的作用，于嘉庆六年（1801）亲自制定《御制邪教说》，希望"有司实心训导，宣扬正学，渐仁摩义，蹈矩循规，化其暴戾，易俗移风，庶几世臻小康，民安本业。"[②]

遵照圣谕，各级地方官吏经常发布告示，或将禁止邪教之法令晓谕民众，或对民众进行正面的教育，以使民众免于诱惑。为方便宣讲圣谕、圣训，还出现白话解释本，如《圣谕广训衍》《圣谕广训直解》等。官府、各级官员还通过著书立说的形式，训导民众，驳斥邪教教义，使民众免于受邪教的蛊惑。黄育楩先后编订《破邪详辩》《续刻破邪详辩》《又续破邪详辩》《三续破邪详辩》，对邪教教义逐一详加反驳，并广为刊印发放，收到了良好效果。

---

① 《钦定大清会典事例》卷397，《礼部·风教·讲约一》，嘉庆二十五年（1820）年英殿刻本。

② 戴逸、李文海主编：《清通鉴》第11册，山西人民出版社2000年版，第4918页。

第五，加强宗教管理，打击宗教异端，严禁淫祠和迎神赛会。

邪教组织者经常借用佛教、道教的名义进行创教和传教，从而增加自身的神秘感、权威性和诱惑性。因此，实行严密的宗教政策，对正统宗教实行严格管理，成为必要。

元代禁止伪造经文，规定"诸僧道伪造经文，犯上惑众，为首者斩，为从者各以轻重论刑。……诸阴阳家伪造图谶，释老家私撰经文，凡以邪说左道诬民惑众者，禁之，违者重罪之。"①

明初建立了四级僧、道官管理制度。在中央政府设立了专门的释、道管理机构——僧录司和道录司，对天下僧人、道士进行管理。地方也分级设立专门的管理机构。对于僧道进行的具体宗教活动，明政府做了较为详细的限定。"其佛经番译已定者，不许增减词语。道士设斋亦不许拜奏青词，为孝子慈孙演诵经典，报祖父母者，各遵颁降科仪，毋妄立条章，多索民财，及民有做瑜珈教称为善友，假张真人名私造符录者，皆治以重罪。"② 对于释、道二教的主要活动场所庵观寺院，明代也有规定，并禁止私创寺观。清代基本上沿用了明代对宗教的管理政策和做法，设立了对宗教的管理机构，并对佛、道等正统宗教的规模、活动场所、活动内容和形式等都有相关的规定，违者要加以惩罚。这些措施有利于限制邪教组织借正统宗教的幌子迷惑民众，有效切断邪教传播途径和组织方式，减少邪教创立、传播和发展壮大的可能性。

邪教所崇奉的神灵、供奉的祖师五花八门，大都属于淫祀之列，因此，禁止淫祠、迎神赛会等民间信仰活动，也是统治者对付邪教的重要手段。元代禁止民间祈赛神社性质的活动。明朝洪武三年（1370）六月，明太祖发布上谕，对正神和淫祀加以区分，并对淫祀加以禁止，还发布了"禁淫祠制"，要求上自朝廷诸王公大臣，下至山野村夫，都须按定制祭祀。《大明律》中也规定了对于犯淫祀者的刑事处罚。清代对于淫祀也同样加以限制和禁止。《大清律例》中，对于不遵祭祀之定制者，规定了处罚措施。"凡（各

① 《元史》卷105，第9册，中华书局1976年版，第2684页。
② 《明实录·明太祖实录》卷209，第1册，台北历史语言研究所1962年校印本，第3110页。

府、州、县）社稷、山川、风云、雷雨等神，及（境内先代）圣帝、明王、忠臣、烈士，载在祀典，应合致祭神祇，所在有司，置立牌面，开写神号祭祀日期，于洁净处常川悬挂，依时致祭。至期失误祭祀者，（所司官吏）杖一百。其不当奉祀之神，（非祀典所载。）而致祭者，杖八十。"① 对淫祀的惩治有利于对邪教组织的限制。

传统社会严禁邪教的措施，法律和教化双管齐下，在实践层面取得了一定的成效。但也存在着一些明显的不足，致使邪教始终无法彻底禁绝。如在法律层面始终没有对邪教有明确的界定，使得邪教与正常宗教、民间习惯以及巫术行为难以准确区分，在执行层面就会造成困惑。另外，由于官僚政治的惰性，许多治理邪教的措施也没能被贯彻实施。而在统治策略上，统治者信奉神道设教，经常使用类似巫术、邪说的方式为自己的统治服务，这也会影响邪教治理的效果。

四、群体性事件控制

群体性事件古无确切定义，但以聚众、滋事、抗争等为特征的群体性事件则颇多。宗族械斗、上书抗议、抗捐抗税、罢工、暴动起事等都属此类。是故，本节所指群体事件，包括一切挑战、威胁社会秩序和统治秩序、有一定规模的事件。

从总体上看，传统社会群体性事件的爆发原因不一，诸如统治者压榨、政见分歧、经济纠纷、宗族矛盾、粮价波动、自然灾害等等，都可能成为群体性事件爆发的导火索。而统治者在应对群体性事件的过程中，采取的对策却相对单一：防范、安抚和镇压。这与传统社会的控制型统治策略以及防范民众的统治心理有关。

（一）群体性事件的种类

古代社会群体性事件种类繁多，爆发频繁，旋起旋灭，难以统计。大

---

① 田涛、郑秦点校：《大清律例》，法律出版社 1999 年版，第 275—276 页。

体分类如下:①

其一，直接与官府对抗的群体性事件，主要包括经济方面的抗争与诉求，如抗粮抗漕、抗捐抗税、抗差役、盐枭贩私、聚众闹赈和要求官府开仓平粜、减低盐价等等；反对地方官和朝廷的制度政策，如反对地方官科派勒索、官役滥权，闹考罢考，反对摊丁入地等；对抗地方官府执法；集体向朝廷上书，如东汉、宋代的太学生运动；下层民众的暴动和起义。

其二，社会阶层间冲突引发的群体性事件，主要包括上下阶层的对抗，如贫民针对米商的抢粮暴动、阻米外运、反对盐商抬价、抗租、奴变、抢夺富户等；还包括平行阶层的竞争与对抗，如宗族械斗、邻里间因户婚田土纠纷引发的聚众斗殴、地域冲突、团练聚众抢掠等等。

其三，团体组织性对抗的群体性事件，主要包括聚众抢劫、土匪、洋盗、捻匪、由秘密教门和秘密会党组织或诱发的一些聚众案件。

参与群体性事件的社会阶层是比较广泛的，涉及农民、商人、手工业者、士绅、衙役、官员等等。在传统社会，大多数群体性事件的主角是农民。从明代后期开始，随着城市发展，人口集中，城市居民的"集体行动"增多，如粮食暴动、罢市、罢工、反地方官暴动、抗税暴动等等。据统计，在明代后期至清代前中叶，城市发生的集体行动事件共有458件，其中明代158件，清代300件。② 群体性事件的演变过程也值得注意，由小变大，由依法请愿到武装暴动，在古代社会都屡见不鲜。

(二) 应对措施③

1.剿抚兼施

群体性事件爆发后的应对措施，一般来讲，主要是抚、剿两种方式，即安抚和镇压。所谓安抚，主要是指采取非对抗的措施来化解矛盾，平息群

① 参见周蓓对清代聚众事件的分类，并做适当调整。见周蓓《清代基层社会聚众案件研究》，大象出版社2013年版，第1—3页。
② 巫仁恕：《激变良民——传统中国城市群众集体行动之分析》，北京大学出版社2011年版，第53页。
③ 参考周蓓《清代基层社会聚众案件研究》，大象出版社2013年版。

体事件。而镇压则是指动用武力扑灭事件。综观历代措施，在处理群体性事件时，采用安抚方式较少，更多的则是采取镇压手段。当然，剿抚兼施的策略也经常可见。另外，受执政理念、朝廷财政水平、军事力量以及事件性质、强度等因素的影响，每个朝代应对群体性事件的策略是不一样的，处置手段的严宽程度也不一样。而在具体处理过程中，又存在着中央和地方的差别、地方官员之间的差别，以及应对及时性的问题。

传统王朝以儒家为治国理政指导思想，标榜仁政，以教化民众为中心，这是安抚政策的思想根源。在这一理念的指引下，面对群体性事件，统治者有时会首先采取非对抗的手段来化解矛盾，如政治、经济的部分妥协、宽恕事件的参与者等。这样以较小的代价消解事件，既维护了统治秩序的稳定，又可以获得仁政的赞誉，实为一举多得。这在宋代平息民变的举措中可见一斑。宋代采取剿、抚两手策略以平息民变时，对抚的方面运用得特别广泛和娴熟，收到的成效也最为显著。当时，领兵镇压民变的文武官员大多带有"招安使"的官衔，表示他们主要的任务是招安。官员一旦招安不成，有时还可能被黜降。南宋建立不久，社会激烈动荡，招安政策得到更加广泛的运用。此外，两宋政府还通过赈济灾民、招刺士兵、蠲税薄刑，甚至罢免贪官污吏等非对抗性措施，平息了大大小小数十次民变。①

当然，群体事件的性质也会决定统治者的策略。面对士绅、太学生的抗议活动与面对一般民众的闹事行为，统治者采取的应对手段往往是不一样的。对前者会采取安抚策略，而对后者，镇压是更常用的手段。在东汉、宋代的太学生运动中，统治者往往用妥协的方式来应对，部分采纳太学生的建议和要求，但事后也会对其采取严格管制措施。

此外，安抚政策往往配合镇压政策使用，即剿抚结合的方式，甚至面临一些威胁统治的起义和事变时也是如此。如宋代在处理李顺、王小波起义、宋江起义、钟相、杨幺起义时，统治者不是一味依赖军事力量，而是采取"剿抚并用""抚"字当头的手段加以平息。这里所谓的"抚"，"主要指

---

① 参见何忠礼《论宋朝政府对民变的非军事对抗性策略》，《浙江大学学报》（人文社会科学版）2014年第3期。

运用非军事对抗性策略，包括在政治、经济上作出某些让步，通过招安、反间、招刺乃至'以盗平盗'等多种手段，收买、分化、瓦解反抗势力，以达到消弭民变的目的"①。当然，这与宋朝仁政思想盛行、军事力量不足有密切关系。

一般来说，统治者对大多数群体事件仍然采取镇压手段，尤其是面对规模较大、带有军事性质的抗议和起事时，尤其如此。毕竟，在统治者看来，军事威吓和武力消灭往往是恢复秩序最直接和有效的办法。当然，"政府在处理这类事件时往往会面临两难，因为无论是采取镇压或抚谕的政策都可能使事件走向暴力化，所以如何拿捏是一个很大的政治技巧。……一种情形是官方采用武力镇压的方式，常会引起民间更大的反弹，可能会激起更大的集体暴动，而一发不可收拾。尤其是在明朝万历年间宦官为矿税使四处攘夺时，对民间的抗议总是采强硬态度，结果则是更大的暴动。……第二种情形就是官方一味采取软性的处理方式，不但可能失去镇压的先机，而且给群众官府懦弱之感觉，或是让他们以为官府纵容他们，结果是更大规模的集体暴动。"②

值得注意的是，地方官对待群体性事件的态度有时也是不同的。基层官员与督抚态度有差异；满汉官员有差异；在处理生员学堂聚众事件时，管理地方学务的官员与地方行政官有分歧，等等。这些差异也会影响群体性事件的走向和应对。

2. 平时防范

统治者深知群体事件的爆发会危及统治秩序，于是，采取措施将群体事件扼杀于萌芽状态就成为治国的重要选择。防范群体事件的措施主要有：立法禁绝，教化民众，加强保甲，督促官员尽职尽责。

首先，严格立法，严惩群体性事件。从稳定统治秩序的角度出发，统治者对于群体性事件往往采取严防措施。而通过立法严禁和严惩群体事件，是最常用的手段。如明代最早有关聚众的法律条例《问刑条例》，对于聚众

---

① 何忠礼：《论宋朝政府对民变的非军事对抗性策略》，《浙江大学学报》（人文社会科学版）2014 年第 3 期，第 21 页。

② 巫仁恕：《激变良民：传统中国城市群众集体行动之分析》，北京大学出版社 2011 年版，第 123—125 页。

闹事者，就有发配充军、革职役为民、枷号等处罚。相比之下，清代的相关法令则相当严酷。雍正三年（1725）订定山陕光棍之例："山陕刁恶顽梗之辈，假地方公事，强行出头，逼勒平民，约会抗粮，聚众联谋，敛钱构讼，抗官塞署；或有冤抑，不于上司控告，擅自聚众至四五十人者，地方官与同城武职，无论是非曲直，拏解审究。为首者照光棍例拟斩立决；为从，拟绞监候；其逼勒同行之人，各杖一百。"[1] 这成为清代处理聚众案件的基本条例。乾隆十三年（1748）改定了对聚众哄堂塞署的处罚，多了一项对同谋者的处罚："其同谋聚众，转相纠约，下手殴官者，虽属为从，其同恶相济，审与首犯无异，亦应照光棍例拟斩立决。"[2] 扩大了死刑的范围。乾隆五十三年（1788）又把"罢考罢市"里的同谋者也列入相同的处罚。[3]

其次，利用乡约制度和保甲制度，加强教化和基层社会控制，将群体事件扼杀于萌芽之中。通过乡约制度，以儒家伦理教化人们遵守现实秩序，不以斗狠仇杀作为解决民间矛盾的方法，用柔性手段消除聚众案件滋生的环境，客观上有助于在基层社会建立平稳安定的秩序，化解官与民、民与民之间的矛盾。利用保甲对聚众案件实行预防和控制的方法大致有以下几种：一是编查保甲时，确查极贫和次贫的人口，在户口册籍上注明，遇荒歉之年按册查对及时支放赈粮，防止聚众闹赈案的发生。二是利用保甲收管或查禁游民流丐，加强对流动人口的管理。三是力行保甲，弭盗缉匪。四是与宗族（乡族）组织相结合，协助治理宗族（乡族）械斗。[4]

再次，督促官员尽职尽责，及时化解群体性事件爆发的矛盾和根源。"天下事莫不起于州县，州县理则天下无不理"[5]。基层社会治理得当，消除

---

① 《钦定大清会典事例》卷771，《刑部·兵律军政》，"激变良民"，嘉庆二十五年（1820）武英殿刻本。

② 《钦定大清会典事例》卷771，《刑部·兵律军政》，"激变良民"，嘉庆二十五年（1820）武英殿刻本。

③ 《钦定大清会典事例》卷771，《刑部·兵律军政》，"激变良民"，嘉庆二十五年（1820）武英殿刻本。

④ 周蓓：《清代基层社会聚众案件研究》，大象出版社2013年版，第166—167页。

⑤ （清）徐栋：《牧令书原编自序》，《牧令书辑要》，同治七年（1868）江苏书局刻本，第3页。

导致社会冲突的因素，群体性事件自然就会减少。因而历朝历代的统治者特别重视州县治理，并积累了相当的经验，尤其是在严格吏治方面。只是，基层治域广阔，官员人数少，需办理事务庞杂，即使官员尽心尽责，一般情况下也很难掌控有度。若是面临较大的自然灾害及其他突发事情，更是难以及时应对。尤其令统治者头疼的是，吏治不清往往是群体性事件爆发的重要原因。"吏治之于聚众案件的关系大致有二，一是吏治腐败直接导致聚众案件发生或成为其诱因。如地方官勒派苛敛、侵贪剥夺，激发民众与官府对抗；积案不办，纵役需索，纳贿勒息，百姓诉告无门，遂致以暴力方式解决群体之间的矛盾，等等。二是吏治不清，各级官吏因循成例，欺上瞒下，对聚众案件漫无觉察，贻误最佳控制时机；有的官员的处置手段不但不能化解社会矛盾，反而推波助澜，激化事端，等等。"①

因而统治者把整饬吏治作为稳定社会的先决条件，对官吏的考核奖惩形成了一套较为完善的制度。如清朝用行政立法将各部的办事规则、行政活动程序和权限，以及对各级官员履行职责的规定、违反职责的惩处等编定为六部则例，其中最完备详尽的《钦定吏部处分则例》，同刑律中的吏律相配合，对职官行使职责中的犯罪行为及其违法违纪行为形成一套系统的惩罚规定。统治者还会针对特定案件或特定对象临时颁布谕旨，达到紧急治罪的作用。在处理群体事件时，官员的作为是考察的重点。像抗粮、哄堂塞署、罢考罢市一类的"抗顽重案"，统治者着重监察和追究的是办案官员是否有"激变"行为。若官员存在违法和处理不当的行为，那么追究民罪的同时也要追查官责。如乾隆四十四年（1779），直隶井陉发生县民聚众抗官殴差案件，经审明，案发原因是知县周尚亲短价向各乡采买仓谷，并侵扣谷价，惹起众怒所致，周尚亲被问拟绞监候。此外，一系列围绕案件的发现、处理、上报、审理、定罪等办案程序和行为都被纳入到朝廷的监督控制中，如有讳匿不报，粉饰欺罔，化大为小，上官失察，回护下属等违规行为，都会受到相应的处罚。②

① 周蓓：《清代基层社会聚众案件研究》，大象出版社 2013 年版，第 157 页。
② 周蓓：《清代基层社会聚众案件研究》，大象出版社 2013 年版，第 183 页。

　　总体看，群体性事件是社会矛盾激化的结果，探寻社会矛盾产生的根源，是解决问题的根本。统治者应对群体事件的种种努力，显示了政府的意志和对社会秩序的期望。但社会矛盾存在是动态的，其触发因素多重，似乎不存在一劳永逸的解决办法。这就对统治者的社会管理提出了持续的挑战。修明政治、均徭薄赋、提倡教化是传统社会治理的常用举措，固然可以解决部分问题，无奈难以持久，而以剿为主、剿抚兼施的及时应对，也并不总是能起到良好效果。尤其是统治面临危机、社会控制力减弱之时，面对此伏彼起的群体事件，尤显得力不从心。

五、思想文化控制

　　思想控制是维护和巩固统治的重要手段，为中国历朝历代所重视。从总体上看，中国社会思想控制主要表现在以下两个方面：一是思想定于一，即确定官方意识形态；二是打击禁止异端思想学说和行为。这其实是一个问题的两面，确定官方思想学说，统一思想，并以此为标准，衡量、评判其他思想学说；而打击异端和离经叛道的思想，也正是为了维护官方思想的唯一地位。在实践方面，古代社会的思想文化控制在强调统一思想（主要是儒学）的同时，更是利用各种措施在各个层面强化该思想（儒学教化），一直渗透到基层。当然，在具体的思想文化管控措施方面，各个朝代又多有不同。

（一）统一思想

　　从先秦开始，诸子百家各学派在思考统一天下，治理国家的策略，不约而同地形成了以思想统一控制人心达到社会稳定的观点。如孔子的"为政以德"、墨子的"尚同"、孟子的"正人心，息邪说"、荀子用权势和刑罚"息奸言"、韩非的"禁奸之法，太上禁其心，其次禁其言，其次禁其事。"[1]而这种选择，影响了以后中国统治者治理国家的思路。即"人治道路，由人

---

[1]　《韩非子·说疑》。

治而治人心，通过控制人心去达到社会的稳定。……最高皇权把控制社会的全部希望都寄托在人心的控制上，并最终实现了对人心的专制。"①

秦建立后，采用李斯建议，施行"焚书坑儒"，是统一王朝实现思想文化专制的第一次实践。汉武帝时期，采用董仲舒的"贤良对策"建议，实行"罢黜百家，独尊儒术"的文化政策，是为以儒学掌控人心、治国理政的开端。此后，继起的历代王朝，尽管在治国手段上多有不同，但几乎步调一致地选择以儒学为官方哲学，并采取各种手段强化儒学的影响，以加强王权，维护社会稳定。

（二）建立科举及教育体系

发起于隋唐的科举制度，以其开放性突破了血缘关系对政治权力的垄断，使广大下层民众有了入仕的机会，增加了社会内部的流动性，适合于封建社会的政治需要，成为支撑封建官僚政治的杠杆和调节器。科举制度是封建王朝选拔人才的教育制度和选官制度，同时也是思想控制制度。从科举诞生之日起，其主要考试内容就是以儒学（经学）为核心，至元明清时期，考试内容又逐渐压缩至程朱理学范围内，明清则以朱熹注四书五经为范围。以此为引导，各级教育和考试也都以此为核心。再加上明清考试规定的八股文式，遂使天下士子尽入狭隘的理学范围。这无疑冻结了人们的思想才智，进而降低了社会活力，影响了社会进步。

（三）推行以儒学为核心的地方教化

这主要表现在以下几个方面：

其一，建立乡约宣讲体系，用通俗说教的方法控制民众的思想。乡约起于宋代，本属于民间自助教化组织。从明清开始，官方开始在基层推行乡约，成为民间教化的重要手段。以清代为例。清代乡约从顺治开始，至雍正基本完善。每月的初一和十五，举行讲约，乡里耆老、里长及读书人都要参

---

① 李振宏：《秦至清皇权专制社会说的思想史论证》，《清华大学学报》（哲学社会科学版）2016 年第 4 期。

加。在比较大的乡、村，设立固定的"讲约所"。宣讲内容主要包括上谕、法律条文、儒家伦理等。乡约作为一种思想控制方法，目的是让儒家伦理对广大的乡村人口发挥影响，维护地方社会稳定。

其二，地方祭祀。利用"神道设教"，运用宗教祭祀来强化其他控制臣民思想的措施。统治者对于祭祀神灵作出规定，统一信仰。明初试图通过在全国各地普遍设立社祭、厉祭与城隍，控制民众的日常信仰活动。清代，从祭祀天地，到祭拜孔子、关帝、名宦乡贤，再到风神、雨神、雷神、云神、山神、河神、城隍及其他鬼神，不一而足，也都有相关约束。这些体现了多神信仰下的神道政治。

其三，建立旌表制度，通过表彰名宦乡贤、忠孝节烈，达到宣扬儒家伦理的目的。清各州县修建"名宦乡贤"祠，宣扬死者的功绩与德行；奖赏孝子和贞洁妇女也属于此类。"从社会评价的角度来看，旌表主要通过对民意的引导使'天下归心焉'。通过权威评价活动，统治阶级倡导主流的价值观、意识形态和主流文化；通过民众评价活动，使个人在良心的谴责和不安中认同国家倡导的各种理念，形成民风民俗，从而规范自己的行为，使社会的核心价值体系内化为自己的实践行动。因此，旌表是国家权力话语的民间基层表达，国家权力的触角通过旌表这种柔性的制度悄然伸入民间基层，从而达到对基层社会的控制。"[1]

此外，打击邪教、打击"迎神赛会"和跨省朝圣（"越境烧香"）以及信徒传教等扰乱官方意识形态的各种行为，从另一个层面起到了净化思想的作用。

（四）查禁图书

为统一思想，对所谓异端邪说采取查禁措施，是统治者惯用的手段。其中最明显的就是查禁刊载所谓异端邪说的书籍，这在中国历史上屡见不鲜。

战国时，商鞅主张"燔《诗》《书》而明法令"，秦建立后，始皇"焚

---

[1]　李丰春：《传统旌表活动与基层社会的控制》，博士论文，上海大学，2008 年，第 4 页。

书",颁布《挟书律》。西晋武帝泰始三年(267),禁"星气、谶纬"之书。唐朝禁止翻印天文历法以及官方文书。北宋真宗发布敕令,要求私人出版的著作必须呈交地方官署进行审查并且登记。明朝禁书规定更为严格,禁书范围主要包括以下几类:违碍书籍、非正统学术书籍、剧本小说、科举时文、天文书籍、妖书和私刻法律条文。《大明律》规定:"凡私家收藏玄象器物、天文图谶、应禁之书及历代帝王图像、金玉符玺等物者,杖一百。"①

清代是中国历史上禁书数量最多、规模最大的一个朝代,尤以康雍乾三朝为最。这一时期共有文字狱 160 起,乾隆朝就有 130 起以上。乾隆时期的禁书与编撰《四库全书》有密切关系。编撰《四库全书》的过程中,总共禁毁书籍 3100 多种、151000 多部,销毁书版 8 万块以上。② 这还不包括被文人学士及一般民众自行毁掉的书籍。清朝禁书主要包括以下类别:1.带有忌讳字之书;2.野史;3.小说戏曲;4.方志;5.天文、占验之书;6.诗文集;7."御批"书籍。③

据安平秋等《中国历代禁书目录》统计,秦汉时期约有禁书 191 种,魏晋南北朝及隋代时期约有禁书 140 种,宋元明时期约有禁书 2911 种,清代约有禁书 7949 种,历代总计 12455 种。④

从总体上看,统一思想固然可以实现短时期的步调一致,有利于社会的稳定和政策的推行,但由于思想文化控制在操作上的艰难和事实上的不可能,因而思想文化控制在大多数情况下效果不佳。而从社会发展的角度看,思想文化控制禁锢了人们的思维,束缚了人们的头脑,严重影响了个体的自由发展,从而进一步压制了人们的创造力和社会的活力,这与社会进步的要求背道而驰。

---

① (明)刘惟谦:《大明律》卷 12,《礼律二》,明洪武刊本,第 2 页。

② 黄爱平:《四库全书纂修研究》,中国人民大学出版社 1989 年版,第 78 页。

③ 曹之:《中国古代图书史》,武汉大学出版社 2015 年版,第 225—228 页。

④ 曹之:《中国古代图书史》,武汉大学出版社 2015 年版,第 228 页。

六、传统社会控制的经验教训与历史启示

(一) 经验与教训

如上所述，为确立和维护社会秩序，封建王朝从政治、经济、法律、思想文化等各个层面采取了各种防范、纠正和惩罚措施，积累了丰富的经验，也留下了诸多教训。

首先，防范与善后相结合。为维护统治秩序，防范偏离社会正常秩序的越轨行为，历代统治者出台了相关措施。如为保证赋税兵役的稳定和防范人口流动，制订严格的户籍管理制度，尤其是带有连坐性质的保甲制度；为防范流民的产生，采取轻徭薄赋、抑制土地兼并的措施，并建立积谷备荒的仓储制度；为控制邪教，颁布严格的法令，打击宗教异端，并加强基层教化；为防范群体性事件的爆发，同样加强立法和基层控制，尽量将群体事件扼杀于萌芽之中；加强思想控制，维护儒学独尊，则是防范异端和离经叛道的重要举措。这些措施彼此结合，在一定程度上取得了良好的社会效果，并成为历代统治者相沿不悖的治国策略。当然，传统社会问题的解决并不可能仅仅依靠防范措施就能一劳永逸。毕竟，社会问题的出现是个动态过程。当社会控制薄弱，或遭遇天灾人祸之时，社会问题尤其严重。此时，统治者也会出台一些善后措施予以面对。如面对流民问题，尽可能即时赈济，通过减免赋税帮助灾民恢复生产，设立慈善机构提供社会救助，甚而通过"附籍"的方式，将流民就地安置。群体性事件爆发后，除采取镇压手段以外，也会通过安抚政策消弭民变，有时候则用法律手段追查事件因果，确定责任，分清主从。防范与善后措施的互相配合，在一定程度上维护了传统王朝的正常秩序。

其次，教化与镇压相结合，亦即礼法结合，这是传统社会控制的核心。在传统社会治理层面，法律始终是不可或缺的。如前所述，在居民控制、邪教治理、流民控制、群体性事件以及思想文化控制方面，都制订严苛的法令，予以各种罪名的惩罚，甚而采取武力镇压的方式。当然，在法律措施应对各种社会问题的背后，大都能发现一些教化举措，如影随形。如对流民采

取社会救助的官方救济机构，体现了统治者"仁政""德政"的立场；为防范邪教，加强教化，对邪教学说进行批判，在思想上消除邪教产生的基础；在防范群体性事件时，利用乡约与保甲，加强教化和基层社会控制，尽量消除聚众案件滋生的环境；而思想文化控制方面，在法律打击异端的同时，更是通过各种举措强化儒家伦理，以达到净化思想、维护社会秩序的目的。礼法结合，刚柔相济，确实使传统社会治理呈现出别样的面貌。

当然，传统社会治理是基于农业社会和王权一统的全面控制，这对社会治理的水平提出了很高的要求。然而，正如各种史实所展示，传统社会的运转并不是风平浪静，相反，王朝轮转，相似的社会问题层出不穷，表明传统社会控制的解决方案并不完善。这其中既有农业社会生产力水平限制的因素，也与统治者取利于民却始终不能真正让利于民的挥霍无度相关。此外，传统社会的制度体系也决定了其社会控制策略存在缺陷，尤其是遇到动荡年代，愈发明显。

（二）历史启示

从传统社会控制的经验教训中我们能得到以下启示：第一，传统社会的居民管理制度有其合理性，也有局限性。在农业社会时代，将居民固定在原籍和土地上，既便于实施控制，又便于清查人口，缴纳赋税，有一定的合理性，但限制民众流动，显然不利于经济文化的发展，也抑制了社会的活力。在当今市场经济的条件下，以限制人口流动为原则的居民控制办法早已过时，鼓励民众流动，放开户籍限制才是搞活经济、促进社会发展的必由之路。第二，传统社会的流民问题，主要是灾荒和战争造成的。由于古代社会灾患频仍，治乱相继，故流民问题无法根本解决。在当今时代，随着生产力的发达和物质财富的增加，政府和民众的抗灾能力极大增强，再加上有举国体制和全国支援，因自然灾害引发的流民问题彻底绝迹，因战争和动乱引发的流民更不存在。困扰中国数千年的流民问题在社会主义的新中国得到彻底解决。第三，中国传统社会表面上儒学一统天下，暗地里各种异端邪说横行，邪教更成为历代政府难以解决的大问题，由此引发的动乱层出不穷。在当今中国，邪教虽尚未绝迹，但已难成气候，党和政府在保障信仰自由的前提下，对邪教势力露头就打，绝不姑息，从根本上抑制了邪教的发展，消除了邪教引发的不安定因素。第四，从效果上来看，传统社会控制有成功的一面，也有失败一面，其失败的原因主要是没有解决民众最迫切的生存问题，甚至官逼民反。因此，当今时代，党和政府应大力发展生产力，提高人民的生活水平，积极回应民众的诉求，解决民众遇到的实际困难，将各种矛盾化解在萌芽状态，才能从根本上减少或消除群体事件的发生，维持社会的长治久安。

第十章　传统社会理想与中国梦

社会理想是思想家对未来理想社会的构想和设计，它既是思想家对现实社会不满的反映，也是进行社会改造的依据和终极目标。中国的社会理想有丰富的内容，从孔子的"有道"之世，老子的"小国寡民"，墨子的"兼爱"，孟子的"民有恒产"，到《礼记·礼运》的"大同"社会。从洪秀全的"地上天国"，康有为的《大同书》，孙中山的民生主义，到当今的中国梦。中国人对未来理想社会的憧憬不绝如缕，世代相传。有些社会理想虽然在当时无法实现，带有某些空想的成分，但它寄托了人们对未来美好世界的向往，激励着一代又一代中国人为实现这一理想而不懈奋斗。时至今日，先人们的有些社会理想已变成现实，当代中国人又在中国共产党的领导下，为实现中国民族伟大复兴的中国梦而继续努力。

一、中国历代社会理想的演变

（一）古代的社会理想

春秋战国时期，诸子百家在阐发自己的政治主张的同时，都表达了对现实社会的不满和对未来理想社会的设计。这一时期的社会理想以《礼记·礼运》提出的"大同"理想为集大成，对后世的社会理想有深远的影响。

孔子作为儒家的创始人，身处"礼崩乐坏"的春秋乱世，其社会理想的核心就是要建立一个"有道"的社会。这个理想社会具有以下特征：第一，重礼。孔子主张"复周礼"，即恢复西周时期的等级名分制度。"君君、臣臣、父父、子子"，君守君之礼，臣守臣之礼，父守父之礼，子守子之礼，谁也不能"僭越"，如此才能实现"天下有道，则礼乐征伐自天子出"的理想社会。第二，贵仁。在孔子的理想社会中，"仁"与"礼"是一个不可分割的整体。《论语》中"仁"字出现 109 次，其基本内涵包括"爱人""孝悌""忠恕"三个方面，其中最核心的内容是"仁者爱人"。孔子的理想社会是一个充满仁爱的社会，"仁者爱人"，"四海之内皆兄弟"，"己欲立而立人，己欲达而达人"，特别是老人孩子更应得到照顾，"老者安之，朋友信之，少者怀之"。第三、百姓生活安定和睦。有一次，孔子与弟子子路、曾皙、冉有、公西华对话时，曾皙曾抒发自己的理想："暮春者，春服既成，冠者五六人，童子六七人，浴乎沂，风乎舞雩，咏而归。"[①] 这段话是说，暮春三月，已经穿上春装了，我和五六个成年人、六七个少年，去沂水中洗澡，去舞雩台上吹风，然后一路唱着歌回来。孔子对曾皙的理想极表赞同，因为在他的理想社会里，百姓就应当过着安定、愉快、和睦的生活。他认为，君子的理想就是"修己以安百姓"，即提高自己的修养，使百姓得到安乐。

孟子理想的社会有两个明显的特征：一是讲求"仁义"。在这样的社会里，"老吾老以及人之老，幼吾幼以及人之幼"，人们先爱自己的老人和孩子，进而关爱别人的老人及孩子。统治者施仁政于民，省刑罚，薄税敛，百姓得以深耕细作，年轻人得以在劳作的闲暇培养孝悌忠信的品德，在家侍奉父兄，在外敬重尊长，如此就能赢得民心，"天下之民皆引领而望之"。二是百姓足衣足食，维持小康生活。孟子认为："民之为道也，有恒产者有恒心，无恒产者无恒心。苟无恒心，放辟邪侈，无不为己。"[②] 也就是说只有让百姓拥有一定数量的财产，衣食无忧，社会才能维持稳定。为此，孟子设计出了一个小康之家的模式："五亩之宅，树之以桑，五十者可以衣帛矣。鸡豚狗彘之畜，无失其时，七十者可以食肉矣。百亩之田，勿夺其时，八口之家可以无饥矣。谨庠序之教，申之以孝悌之义，颁白者不负戴于道路矣。老者衣帛食肉，黎民不饥不寒，然而不王者，未之有也。"[③] 这种理想的社会就是每

---

① 《论语·先进》。

② 《孟子·滕文公上》。

③ 《孟子·梁惠王上》。

家有宅基地5亩，房前屋后种植桑树，让50岁以上的老人能穿上丝帛衣服。按时节繁育鸡猪狗等畜禽，让70岁以上的老人能吃上肉蛋。每户平均有百亩田地，百姓有足够的时间耕种，不误农时，8口之家就能免于饥饿。国家办好学校教育，向年轻人灌输孝顺父母、敬爱兄长的道德，使老者不再为生计忙碌。百姓衣食无忧，统治者就能称王于天下。孟子把"养生丧死无憾"作为"王道之始"①，反映出他理想的社会首先是一个满足温饱的社会，其次才谈得上教化与道德，与《管子》所说"仓廪实则知礼节，衣食足则知荣辱"② 如出一辙，在中国理想社会的构想中具有永恒的意义。

　　老子的理想社会是"小国寡民"，其具体设想为："小国寡民，使有什伯之器而不用，使民重死而不远徙。虽有舟舆，无所乘之；虽有甲兵，无所陈之，使民复结绳而用之。甘其食，美其服，安其居，乐其俗。邻国相望，鸡犬之声相闻，民至老死不相往来。"③ 在这样的社会里，国土狭小人民稀少，即使有各种器具，却并不使用，使人民重视死亡而不向远方迁移。虽然有船只车辆，却没有必要去乘坐；虽然有铁甲武器，却没有机会去陈列，使人民回到结绳记事的状况。人民认为自己所吃的饭食就是天下最好吃的饭食，自己所穿的衣服就是天下最漂亮的衣服，自己所居住的地方就是天下最安适的地方，自己所习惯的风俗就是天下最合意的风俗。邻国之间可以互相看得见，鸡鸣狗叫的声音可以互相听得着，人民从生到死，互相不往来。对于这样的理想社会，后人有不同的评论。陈鼓应认为，老子的"小国寡民"乃是激于对现实的不满而在当时散落农村生活基础上所构幻出来的"桃花源"式的乌托邦。在这小天地里，社会秩序无须镇制力量来维持，单凭个人纯良的本能就可以相安无事。在这小天地里，没有兵战的祸难，没有重赋的逼迫，没有暴戾的空气，没有凶悍的作风，民风淳朴真质，文明的污染被隔绝。故而人们没有焦虑、不安的情绪，也没有恐惧、失落的感受。这单纯朴质的社区，实为古代农村生活理想化的描绘。④ 老子的"小国寡民"的理想社会也

---

① 《孟子·梁惠王上》。

② 《管子·牧民》。

③ 《老子》第八十章。

④ 陈鼓应：《老子注译及评价》，中华书局2003年版，第360页。

许永远无法实现，但却为后人留下一个无限神往的"桃源梦"。

庄子的理想社会是在老子"小国寡民"的基础上又退了一步。在其理想的社会中，人与禽兽杂居，人对自然界不进行任何改造，没有道路、桥梁和隧道，没有任何交通工具，人们出游只是凭生物的本能无目的地游荡。这个社会的人没有私心和欲望，只知劳作而不将财产据为私有。这个社会没有任何社会规范，没有社会等级和价值观念，人们都无理智，无目的，自由自在地生活。与老子的"小国寡民"相比，庄子的理想社会没有"什伯之器"，没有国家或社区，人们与禽兽杂居，是一个尚未进化到文明状态的原始社会。这样的理想社会根本不可能实现，只是反映出身处乱世的人们对文明时代的厌恶和对原始时代的向往而已。

墨子的理想社会是一个"兼爱""尚同"的社会。"兼爱"就是无差别的、普遍的爱。墨子认为社会一切混乱和不和谐都是因为人们互不相爱造成的。因此，人与人之间，统治者与被统治者之间都必须"兼相爱""交相利"，"视人之国若视其国，视人之家若视其家，视人之身若视其身"，从而达到"天下之人皆相爱，强不执弱，众不劫寡，富不侮贫，贵不敖（傲）贱，诈不欺愚"的理想社会。[①]"尚同"就是指"凡国之万民，上同乎天子，而不敢下比，天子之所是，必亦是之，天子之所非，必亦非之，天子者，故天下之仁人也。……察天子之所以治天下者，何故之以也？曰：惟以其能一同天下之义，是以天下治也。"[②] 在尚同的社会里，一切向上看齐，向上服从。为达此目的，里长、乡长、国君、天子都必须就他统治的范围，使他统辖下的人民的意见完全趋于一致。尚同的基点在个人，也就是里长、乡长、国君、天子，他们代表一同之义的义，义是绝对的是非标准，因此，从里长到天子这些个人皆握有绝对的权力。墨子的尚同理想很容易使人有极权统治的联想，是一种无法运作的乌托邦。[③]

荀子理想的社会是一个"尚贤使能，等贵贱，分亲疏，序长幼"的社会。[④]

① 《墨子·兼爱中》。
② 《墨子·尚同中》。
③ 韦政通：《中国思想史》上册，上海书店出版社 2003 年版，第 82—83 页。
④ 《荀子·君子》。

在这个社会里，由贤者、能者，也就是由君子、圣人、大儒来统治社会，贵与贱有严格的等级制度规定，亲与疏有明显的区分，长与幼遵守礼的次序。社会成员对贵者要敬，对老者要孝，对长者要悌，对幼者要慈，对贱者要惠。总之，荀子理想的社会是一个人人守礼、秩序井然的社会，在这个社会里，有贤者管理社会，人们的基本物质需求可以得到满足，用礼来节制人的欲望、规范人的行为，用教化来消去人的恶性、培养人的美德，人们就可以过富足有礼的生活了。

中国古代社会理想的集大成者当推《礼记·礼运》中对大同、小康社会的设想。《礼记·礼运》篇中借孔子之口对"大同"社会作了精彩的描述："大道之行也，天下为公。选贤与能，讲信修睦，故人不独亲其亲，不独子其子，使老有所终，壮有所用，幼有所长，矜寡孤独废疾者，皆有所养。男有分，女有归。货，恶其弃于地也，不必藏于己。力，恶其不出于身也，不必为己。是故谋闭而不兴，盗窃乱贼而不作，故外户而不闭。是谓大同。"[①] 在这样的社会里，一切财产和权力公有，社会事务由贤者和能者来管理，人与人之间诚实相待，和睦共处，有健全的社会保障制度，老有所安，少有所托，鳏寡孤独者皆有所养。有合理的分工，男子都有相应的职业，女子都有合适的归属，以不劳而获为可耻。有人人为公的社会道德，珍惜社会财富，但不必据为己有。整个社会和谐安定，无须礼法和权谋，更没有盗窃作乱。总之，大同社会可以概括为：天下为公的政治纲领，选贤任能的组织路线，各尽所能、各得其所的分配原则，讲信修睦道德规范，老安少怀的社会保障制度。《礼记·礼运》中大同社会模式是作者把儒家的"仁政""王道"，墨家的"兼爱"等社会理想与原始社会中的传闻杂糅在一起，勾画出一幅令人神往的完美画卷，对中国历代社会理想都产生了深刻的影响。

与大同社会相对应的是小康社会。《礼记·礼运》这样描述："今大道既隐，天下为家。各亲其亲，各子其子，货力为己。大人世及以为礼，城郭沟池以为固，礼义以为纪；以正君臣，以笃父子，以睦兄弟，以和夫妇，以设制度，以立田里，以贤勇知，以功为己。故谋用是作，而兵由此起。禹、

---

① 胡平生、陈美兰译注：《礼记孝经》，中华书局 2007 年版，第 110 页。

汤、文、武、成王、周公，由此其选也。此六君子者，未有不谨于礼者也。以著其义，以考其信。著有过，刑仁讲让，示民有常。如有不由此者，在势者去，众以为殃。是谓小康。"① 从上述描述可知，在小康社会里，社会财产私有，人们劳动的目的是出于私人占有和享受。社会制度以"家天下"为目标，为了维护等级、尊卑、贵贱关系，统治者制定了礼义规范；为了保护国家和统治者的利益，还建立了军队，颁布刑律法纪，修筑城墙壕沟。在小康社会里，人与人之间的关系是自私自利的，只能靠礼义规范来维护。很显然，小康社会比大同社会低一个层次。如果说大同社会是一个理想社会，小康社会则是一个现实社会，但小康社会是儒家设计理想社会的起点，儒家的努力目标就是先从礼崩乐坏的混乱之世进步到"小康"之世，而后再由小康社会进一步达到理想的大同社会。这种由乱到治、由私到公的社会发展路径在中国历史上有深远的影响，是一代代中国人矢志不懈追求的目标。

（二）近代以来的社会理想

近代以来，中国思想家在继承传统的基础上，又吸收一些西方文化的成分，其社会理想的内容更加丰富多彩，其中以洪秀全的"天国梦"、康有为的"大同梦"、孙中山的"民生梦"最具代表性。

1853 年，太平天国定都南京后，由天王洪秀全主持颁布了《天朝田亩制度》。这既是一份太平天国的总纲领，也是农民起义领袖们对未来理想社会的构想，其目的就是要建设一个"地上天国"。

按照《天朝田亩制度》的设计，"地上天国"的总目标是建立一个绝对平均平等的社会，"务使天下共享天父上主皇上帝大福，有田同耕，有饭同食，有衣同穿，有钱同使，无处不均匀，无处不饱暖也。"而要实现这一目标，首先就要按平均主义的原则分配土地，"凡天下田，天下人同耕，此处不足，则迁彼处，彼处不足，则迁此处。凡天下田，丰荒相通，此处荒则移彼丰处，以赈此荒处；彼处荒则移此丰处，以赈彼荒处。"具体分配方法是："凡分田，

---

① 胡平生、陈美兰译注：《礼记孝经》，中华书局 2007 年版，第 111—112 页。

照人口，不论男妇，算其家口多寡，人多则分多，人寡则分寡。"①

在财产分配方面，《天朝田亩制度》废除私有制，按平均主义的原则统一分配。"凡当收成时，两司马督伍长，除足其二十五家每人所食可接新谷外，余则归国库。凡麦豆苎麻布帛鸡犬各物及银钱亦然。盖天下皆是天父上主皇上帝一大家，天下人人不受私，物物归上主，则主有所运用，天下大家，处处平均，人人饱暖矣。"按照这个原则，农民的收入，除留下自己的口粮外，一律上缴国库，由太平天国统一支配。同时，百姓的生活福利全部由国库来承担，即每 25 家设一国库，由两司马负责管理，25 家中所有的婚娶、弥月、喜事（太平天国认为，人死是升天堂，是头等好事，故将丧事改称喜事）所需费用都由国库支付，其分配标准，"通天下皆一式"。鳏寡孤独废疾者，也有国库出资供养。

《天朝田亩制度》所描绘的"地上天国"，是洪秀全等农民起义领袖们将基督教的平等思想、中国古代的大同思想及《周礼》记载的有关制度杂糅在一起，提出来的农民心中的理想社会。这个理想社会的革命性与荒谬性共存，它一方面反映出农民渴望得到土地、要求平均平等的强烈愿望；另一方面，它是建立在小农经济基础上的绝对平均主义的幻想，带有明显的落后性和不可操作性，也早被太平天国等级森严的礼仪制度所自我否定。

康有为既是近代著名的改革家，也是一个天才般的理想家，他对未来理想社会的构想主要体现在《大同书》里。《大同书》酝酿于 19 世纪 80 年代，于 1913 年定稿，共分十部，其内容由两大部分构成，一部分是揭露和批判现实中的种种苦难和不平，另一部分是对未来社会的美好设想。

康有为理想中的大同社会具有以下特征：第一，物质文明高度发达。工业、农业、交通、服务等行业都实现了自动化、电气化、机械化，人们的物质生活和精神生活极其丰富，衣食住行用尽善尽美，文化、教育、娱乐应有尽有。第二，废除私有制，财产公有。康有为认为，要想实现大同社会，"必去人之私产而后可，凡农工商之业，必归之公。"② 具体办法是：土地公

---

① 《天朝田亩制度》，中国史学会编《太平天国》第 1 册，神州国光社 1952 年版，第 320—326 页。

② 康有为：《大同书》，华夏出版社 2002 年版，第 282 页。

有，不得私有买卖；工厂、铁路、轮船等行业皆归公有，不许私人拥有；所有商业由政府统一公营。第三，人人平等，特别是男女平等。第四，政府机关实行民主管理。大同社会没有国家，全球设立一个公政府，再按地球纬度设立一百个度政府，度政府下面再设若干地方自治局。在三级行政机构中实行真正、彻底的民主制，各级政府官员皆由选举产生。第五，有健全的社会保障制度。在大同社会，所有的福利事业皆由公共机构来承担，实行"公养""公教""公恤"。妇女怀孕后进入"人本院"待产，婴儿出生后，进入"育婴院""慈幼院"，稍长依次入"小学院""中学院""大学院"，生病进入"医疾院"，贫而无业者进入"恤贫院"，60岁以上进入"养老院"，死后进入"考终院"。

在《大同书》里，康有为还设计了通往大同社会的路径，就是"去九界"，即去国界合大地、去级界平民族、去种界同人类、去形界保独立、去家界为天民、去产界公生业、去乱界治太平、去类界爱众生、去苦界至极乐。而去九界的关键是去形界和去家界，即废除家庭，实行男女平等。为此，他设计出一个惊世骇俗的方案，即废除婚姻和家庭，男女自由同居，所生子女由公共机构"公养""公教"，人人独立自由平等，才能实现大同。

孙中山作为民主革命的先行者，在从事革命活动的同时，也对未来社会进行了美好的设计，并以实现儒家的大同理想为奋斗目标。1921年，他在一次演讲中提到："在吾国数千年前，孔子有言曰：'大道之行也，天下为公。'如此，则人人不独亲其亲，人人不独子其子，是为大同世界。大同世界即所谓'天下为公'。要使老者有所养，壮者有所营，幼者有所教。"[1]

孙中山站在时代的新高度，赋予了中国古代大同理想以新的内涵。第一，"大同"是"天下大同"，即国家消亡，各族人民都在世界大家庭内和平共处。1913年，他在东京中国留学生欢迎会上演讲时说："道德家必愿世界大同，永无争战之一日。我辈亦须存此心理，感受此学说。将来世界上总有和平之望，总有大同之一日，此吾人无穷之希望，最伟大的思想。"[2] 1924

---

[1] 《孙中山全集》第6卷，中华书局1986年版，第36页。

[2] 《孙中山全集》第3卷，中华书局1986年版，第25页。

年，他在《三民主义·民族主义》的演讲中，又说："我们要将来能够治国平天下，便先要恢复民族主义和民族地位。用固有的道德和平做基础，去统一世界，成一个大同之治，这便是我们四万万人的大责任。"① 第二，"大同"又是社会"大同"，即一国之内，实行"民有""民治""民享"。1924年，他在《三民主义·民生主义》的演讲中说："我们三民主义的意思，就是民有、民治、民享。这个民有、民治、民享的意思，就是国家是人民所共有，政治是人民所共管，利益是人民所共享。照这样的说法，人民对于国家不只是共产，一切事权都是要共的。这才是真正的民生主义，就是孔子所希望之大同世界。"②

为实现大同理想，避免革命后出现资本主义社会中的贫富悬殊、两极分化，孙中山对民生主义尤为重视。他解释说："民生就是人民的生活——社会的生存、国民的生计、群众的生命便是……故民生主义就是社会主义，又名共产主义，即是大同主义。"③ 在孙中山看来，民生就是国民的生计，是社会进化的原动力，也是人类活动的中心，民生主义与社会主义、大同主义的目标都是一致的，都是要解决民生问题。而实现民生主义的办法就是"平均地价""节制资本"，通过土地和资本的国有化，终结私人的垄断，将收益归国家，进而实现社会财富的公平分配。

二、实现中华民族伟大复兴的中国梦

1921年7月，中国共产党在上海成立，中国历史掀开了新的一页，中国共产党领导中国人民开始了中华民族伟大复兴的征程。1949年10月1日，中华人民共和国成立，中国人民从此站起来了，中华民族的伟大复兴有了政治和制度上的保证。此后几十年，中国人民历经风雨，在民族复兴的道路上艰难跋涉，取得过伟大的成绩，也有过深刻的教训。

改革开放以来，随着中国国力的增强，实现中华民族的伟大复兴成为

---

① 《孙中山全集》第9卷，中华书局1986年版，第253页。
② 《孙中山全集》第9卷，中华书局1986年版，第394页。
③ 《孙中山全集》第9卷，中华书局1986年版，第355页。

中国人民最强烈的愿望。2012 年 11 月 8 日，中国共产党第十八次全国代表大会开幕，胡锦涛在《坚定不移沿着中国特色社会主义道路前进，为全面建成小康社会而奋斗》的报告中八次提到"中华民族伟大复兴"的主题词，提出建设中国特色社会主义的总任务是实现社会主义现代化和中华民族的伟大复兴。2012 年 11 月 15 日，习近平总书记率领新任政治局常委与记者见面时指出：我们的责任，就是要团结带领全党全国各族人民，接过历史的接力棒，继续为实现中华民族伟大复兴而努力奋斗。

2012 年 11 月 29 日，习近平总书记在参观国家博物馆的《复兴之路》展览时正式提出了"中国梦"的伟大设想，他说："实现中华民族伟大复兴，就是中华民族近代以来最伟大的梦想。"[1] 2013 年 3 月 17 日，刚刚当选为国家主席的习近平在第十二届全国人民代表大会第一次会议闭幕时发表讲话，系统论述了"中国梦"的具体内涵。他指出："中国梦的本质是国家富强、民族振兴、人民幸福。"[2] 中国梦的最大特点，就是把国家、民族和个人作为一个命运共同体，把国家利益、民族利益和每个人的具体利益紧紧联系在一起，体现了中华民族固有的"家国情怀"。实现中国梦，意味着中国的经济实力和综合国力、国际地位和国际影响力大大提升，意味着中华民族以更加昂扬向上、文明开放的姿态屹立于世界民族之林，意味着中国人民过上更加幸福富裕安康的生活。习近平还指出，实现中国梦必须走中国道路，必须弘扬中国精神，必须凝聚中国力量，为实现中华民族伟大复兴的中国梦指明了方向。

中国梦是当今中国人的伟大理想，也继承了我们先人们不懈奋斗追求理想社会的光荣传统。从文化意义上说，中国梦的提出标志着马克思主义中国化、时代化、大众化达到了新的历史高度。同时，中国梦也是儒家大同理想在当代中国的最新话语表达。[3] 中国梦与儒家大同思想存在内在的传承性，都强调"民本"思想，都倡导"为公"意识，都主张"诚信"理念，都追求

---

[1]　《习近平总书记系列重要讲话读本》，学习出版社 2014 年版，第 25 页。

[2]　《习近平总书记系列重要讲话读本》，学习出版社 2014 年版，第 28 页。

[3]　王杰、任松峰：《儒家大同理想与中国梦》，载中国孔子基金会编《中国梦与儒家文化》，齐鲁书社 2014 年版，第 144 页。

"大同"目标。当然，由于时代不同，儒家的大同理想与中国梦在立论基础、实现路径、实现手段上也有本质的区别。儒家大同理想是古代的中国梦，也是当代中国梦的重要思想来源。尽管儒家的大同理想在历史上没有真正实现过，但仍能为今天实现中国梦提供重要的思想资源。以下主要从"天下为公""共同富裕""公平正义"三个方面，论述传统社会理想对今天的借鉴和启示意义。

（一）天下为公

《礼记·礼运》借孔子之口将大同之世描绘为"大道之行也，天下为公。选贤与能，讲信修睦。"在这里，天下为公是大道运行的表现，是实现大同社会的总纲和前提条件。在先秦时期，这不是孔子一个人的思想，而是各家共同的理想。《吕氏春秋》是先秦天下为公思想的总结，其《贵公》篇中写道："昔先圣王之治天下也，必先公，公则天下平矣。平得于公。尝试观于上志，有得天下者众矣，其得之以公，其失之必以偏。凡主之立也，生于公。""天下非一人之天下也，天下之天下也。阴阳之和，不长一类；甘露时雨，不私一物；万民之主，不阿一人。""天地大矣，生而弗子，成而弗有，万物皆被其泽、得其利，而莫知其所由始，此三皇、五帝之德也。"①《吕氏春秋》的天下为公的思想主要有五点内容：一是立君为天下，天子的设立是为了天下和国家的长远利益，不是为了个人的私利；二是君主地位的得与失，取决于公与私；三是君主公则天下平；四是利民为公；五是尧舜禅让传贤为"至公"。在君主时代，天下为公的含义主要包括立君为公和行政尚公。立君为公的设君之道，一方面论证了设立君主制度的必然性和治权在君的合理性；另一方面又为君主政治确定了基本宗旨，为君权的存在与行使设定了基本条件，这其中蕴含着规范、制约、限制君权的思路。行政尚公的为君之道，是指君主要维护公义，遵守公义，主持公道，赏罚公平，平均天下，君心无私。

从历史事实来看，天下为公只存在于思想家的理想之中，现实中的君

① 《吕氏春秋·贵公》。

主则往往以天下为私，天下人的天下成了一家之天下。明代思想家黄宗羲对君主私天下的罪恶进行了猛烈的抨击。他通过对比指出："古者以天下为主，君为客，凡君之所毕世而经营者，为天下也。今也以君为主，天下为客，凡天下之无地而得安宁者，为君也。"[1] 这里的"古"代表理想，"今"是指现实的君主专制。扬古抑今，本是儒者传达理想时最常用的论式。这种以天下人为主，以君为客的理念，比孟子的民贵君轻之说更代表一种合乎民主的思考，近代民主政治所努力的，就是要把这个理念变成事实，使人民成为国家的真正主人。[2] 在这个理念之下，黄宗羲认为，一个理想的国君，应"不以一己之利为利，而使天下受其利；不以一己之害为害，而使天下释其害"，甚至要国君"以千万倍之勤劳，而已又不享其利。"[3] 黄宗羲对"天下为私"的批判，对"天下为公"的期待，将中国古代"天下为公"这一政治理想发挥到极致，成为近代思想家追求"天下为公"的思想源泉，对近代民主政治的发展产生了深刻的影响。

尽管"天下为公"是古代思想家共同的政治理想，但在君主专制时代却从未实现过。近代以来，"天下为公"在康有为、孙中山的社会理想中得到延续和升华，康有为的"大同梦"就是在公有制基础上的"天下为公"，孙中山的三民主义就是要建立一个"天下为公"，"民有""民治""民享"的大同世界。

由此可见，天下为公的含义非常丰富，几乎囊括了所有的政治理想。在君主时代，天下为公主要是劝告统治者要立君为公，执政尚公，这样才能得民心，得天下。在民主时代，天下为公主要演变为财产公有、公平正义、公权公用等内容。天下为公不仅是古代中国人梦寐以求的理想，也是今天实现中国梦追求的最终目标。

第一，要实现天下为公，首先要坚持和完善以公有制为主体、多种所有制经济共同发展的中国特色社会主义基本经济制度。历史唯物主义告诉我们，人类社会的不平等、不公平并不是从来就有的，而是生产力发展到一定

---

[1]　《明夷待访录·原君》。

[2]　韦政通：《中国思想史》下册，上海书店出版社 2003 年版，第 897 页。

[3]　《明夷待访录·原君》。

程度的产物，也必将随着生产力的进一步发展而逐渐消失。在原始社会，由于生产力极度低下，没有剩余产品，也就没有私有制，没有通过占有财产而对他人的剥削和压迫。随着生产力的发展，出现了剩余产品，一些部落首领将剩余产品据为己有，并建立相应的机构来保护私有财产，于是就产生了阶级和国家，产生了剥削、压迫和不平等。由于经济基础决定上层建筑，故在经济上掌握财产的阶级必然要求在政治上垄断权力，这样，财产私有就衍生出了权力私有，天下为私的局面就形成了。由此可见，私有制是产生剥削和压迫，产生不平等的根源，是人类走向大同社会的最大障碍，故中国古代思想家都把财产公有作为实现大同的前提条件。马克思、恩格斯创立的共产主义学说也把消灭私有制作为奋斗的目标。中国共产党是马克思主义与中国工人运动相结合的产物，是以消灭私有制，实现共产主义为最终目标的无产阶级先锋队。中国共产党领导中国人民经过几十年的浴血奋斗，终于推翻了帝国主义、封建主义和官僚资本主义的统治，建立了人民当家作主的新中国，为最终废除私有制，实现共产主义这一人类的最高目标奠定了政治基础。新中国成立70多年来，特别是改革开放40多年来，中国共产党领导中国人民创造了极大的物质财富，基本上建成了"小康"社会，并正在实现民族振兴、国家富强、人民幸福的中国梦。所有这些辉煌成就的取得，都离不开社会主义制度的优越性，都离不开公有制这一社会主义的根基。在现阶段，坚持公有制为主体，对于发挥社会主义制度的优越性，增强我国经济实力、国际实力和民族凝聚力，防止两极分化，维护社会公平正义，逐步实现共同富裕，为社会主义国家政权的巩固提供强大物质基础，促进社会和谐，具有十分重要的意义。

财产公有固然是实现天下为公的前提条件，但要实现这一目标仍需漫长的时间，这主要是受生产力发展水平的制约，物质财富未能达到按需分配的水平。因此，在目前的条件下，完全废除私有制，实行财产公有是不现实的，若强制实行必然会带来灾难性的后果，这方面我们已经有过深刻的教训。为了适应和促进生产力的发展，我国目前实行以公有制为主体、多种所有制经济共同发展的经济制度，也就是说在坚持公有制为主体的同时，允许私有制或其他混合所有制存在和发展，它们共同构成中国特色社会主义的经济制度。发展非公有制经济，有利于调整和优化所有制结构，促进经济发展更加具有活力，同时也为公有制经济提供多种有效的实现形式；有利于促进市场竞争，推动产业结构优化升级，促进国民经济快速发展；有利于引进和吸收先进技术和管理经验，促进国际经济合作；有利于调动人民群众和社会各方面积极性，方便人民生活，扩大就业，维护社会稳定等。在实现中国梦的伟大征程中，我们要保持清醒坚定，保持强大前进定力，既不走封闭僵化的老路，也不走改旗易帜的邪路，坚信只有社会主义才能够实现人类大同的理想，只有走中国特色的社会主义道路才能实现中国梦。

第二，要实现天下为公，就要坚持公平正义的价值理念。公平正义是天下为公的核心内容，是调整人与人之间、人与社会之间关系的准则，是人类数千年来不懈追求的目标，也是今天实现中国梦的题中应有之义。

要实现公平正义，目前就应该从以下几方面努力。首先，必须保持经济持续健康发展，这是维护社会公平正义的物质基础。习近平总书记指出："实现公平正义是由多种因素决定的，最主要的还是经济社会发展水平。在不同发展水平上，在不同历史时期，不同思想认识的人，不同阶层的人，对社会公平正义的认识和诉求也会不同。我们讲促进社会公平正义，就要从最广大人民根本利益出发，多从社会发展水平、从社会大局、从全体人民的角度看待和处理这个问题。我们现阶段存在的有违公平正义的现象，许多是发展中的问题，是能够通过不断发展，通过制度安排、法律规范、政策支持加以解决的。我们必须紧紧抓住经济建设这个中心，推动经济持续健康发展，进一步把'蛋糕'做大，为保障社会公平正义奠定更加坚实物质基础。"[1] 在经济发展的基础上，实现分配公平，以按劳分配为主体，其他分配方式并存，同时对那些劳动能力存在问题的特殊群体，通过社会保障机制使其基本生活得到保障，过着有尊严的生活。如此，才能让发展的成果全民共享，最大限度上实现公平正义。其次，通过制度创新来保证社会公平正义。习近平总书记指出："我们要通过创新制度安排，努力克服人为因素造成的有违公平正义的现象，保证人民平等参与、平等发展的权利。要把促进社会公平正

---

[1] 《习近平关于全面深化改革论述摘编》，中央文献出版社2014年版，第97页。

义、增进人民福祉作为一面镜子，审视我们各方面体制机制和政策规定，哪里有不符合促进社会公平正义的问题，哪里就需要改革；哪个领域哪个环节问题突出，哪个领域哪个环节就是改革的重点。对由于制度安排不健全造成的有违公平正义的问题要抓紧解决，使我们的制度安排更好体现社会主义公平正义原则，更有利于实现好、维护好、发展好最广大人民根本利益。"① 再次，严格执法，公正司法，守牢公平正义的最后一道防线。中国共产党领导人民制定宪法法律，也领导人民执行宪法法律。促进社会公平正义是政法工作的核心价值追求。从一定意义上说，公平正义是政法工作的生命线，司法机关是维护社会公平正义的最后一道防线。习近平总书记指出，政法战线要肩扛公正天平、手持正义之剑，以实际行动维护社会公平正义，让人民群众切实感受到公平正义就在身边。要重点解决好损害群众权益的突出问题，决不允许对群众的报警求助置之不理，决不允许让普通群众打不起官司，决不允许滥用权力侵犯群众的合法权益，决不允许执法犯法造成冤假错案。②

第三，要实现天下为公，就要求执政者树立权力公有的理念，公权公用，廉洁自律，全心全意为人民服务。在社会主义制度下，一切权力属于人民，各级官员都是人民的"公仆"，只有为人民服务的义务，没有以权谋私的特权。各级领导干部必须树立正确的权力观，必须认识到我国是社会主义国家，人民是国家的主人，中国共产党的执政地位、社会主义国家的一切权力都是来自人民的，领导干部手中的权力说到底是人民赋予的。领导干部必须运用人民赋予的权力为国家和人民谋利益，而绝不能把它变成牟取个人或少数人私利的工具。中国共产党作为执政党，要树立立党为公、执政为民的理念，必须做到权为民所用、情为民所系、利为民所谋。要做到权为民所用，就必须正确看待和运用手中的权力，始终以党和人民的事业为重，为人民掌好权、用好权，用人民赋予的权力服务于人民、造福于人民，绝不以权谋私。习近平总书记指出："领导干部是人民的公仆，必须始终牢记宗旨、牢记责任，自觉把权力行使的过程作为为人民服务的过程，自觉接受人民监

---

① 《习近平谈治国理政》，外文出版社 2014 年版，第 97 页。

② 《习近平谈治国理政》，外文出版社 2014 年版，第 148 页。

督，做到为民用权、公正用权、依法用权、廉洁用权。"[1] 把权力关进制度的笼子里，让权力在阳光下公开运行，杜绝"暗箱操作"、公器私用，对以权谋私的腐败分子必须采取零容忍的态度，坚持"老虎""苍蝇"一起打。

（二）从均富走向共同富裕

天下为公是中国传统社会理想的政治目标，而要实现这一目标，首先就要解决温饱问题，满足人作为一个生物体最低的生存需求，然后才能由衣食无忧的小康社会进入尽善尽美的大同社会。

共同富裕是中国人自古一直以来的理想。孔子的社会理想是一个足食、藏富于民和均平的社会，他的"不患寡而患不均，不患贫而患不安"的"均无贫"思想影响深远。所谓"均无贫"，当然不是说一旦达到均平就不会有贫穷的存在，而是说在均平的原则下，即使贫穷也比较能忍受，比较能相安。孟子也把民生问题作为道德教化的基础，他认为："明君制民之产，必使仰足以事父母，俯足以畜妻子，乐岁终身饱，凶年免于死亡，然后驱而之善，故民之从之也轻。"[2] 荀子也认为要想使国家富强，政府必须做到使人民富裕，因"下贫则上贫，下富则上富。"[3] 他甚至警告统治者："聚敛者亡，故王者富民。"[4] 这与孔子"藏富于民"的理想是完全一致的。无论在政治上还在经济上，这都是千古不易之理。只有朝这个目标努力，才有希望实现人道政治、人道社会的理想。近代以来，龚自珍、洪秀全、康有为、孙中山等人都有过"均富"的理想。孙中山的民生主义就是要通过"平均地权""节制资本"的方法，来防止资本主义发展后出现的贫富悬殊问题，从而实现社会财富为全民所"共有"和"共享"。但由于历史条件的制约，上述思想家的"均富"理想均未能实现。

中国古代"均富"的理想之所以难以实现，除了生产力不够发达、物质财富不够丰富外，还与"均富"本身的空想性有关。因为在古代思想家看

---

[1]　《论群众路线——重要论述摘编》，中央文献出版社 2013 年版，第 127 页。

[2]　《孟子·梁惠王上》。

[3]　《荀子·富国》。

[4]　《荀子·王制》。

来，"均富"两字中的"均"比"富"更重要，正所谓"不患寡而患不均，不患贫而患不安"，共同的"寡"和"贫"尚能相安，尚能忍受，而贫富不均则难以相安，难以忍受，这其中的平均主义成分十分浓厚。历代农民起义所提出的"等贵贱、均贫富"，"无处不均匀"等口号就是这种平均主义的极端体现。

1921年中国共产党成立后，就开始带领中国人民争取民族解放和国家富强。1949年中华人民共和国成立后，中国人民在社会主义制度下开始了求富之路，取得过巨大的成就，也留下深刻的教训，共同富裕的理想仍未能实现。这其中的原因固然非常复杂，但与所有制体制及平均主义观念有直接的关系。过分地追求所有制的"一大而公"、超越生产力发展水平而企图废除私有制，把社会主义的分配原则等同于平均主义，所有这些都严重遏制了生产力的发展，无法在生产力还不够发达的社会主义初级阶段实现共同富裕。

尽管中国人实现"均富"理想漫长曲折，但中国人追求"均富"努力从未停止过，中国古代的"均富"的理想对今天全面建设小康社会仍有重要的启示意义。

首先，"均富"不可能同步富裕，必须让一部分人先富起来，先富带后富，最终实现共同富裕。1985年10月23日，邓小平在会见美国高级企业代表团时第一次提出了让一部分人先富起来的观点，他说：一部分地区、一部分人可以先富起来，带动和帮助其他地区、其他的人，逐步达到共同富裕。以后，他又在多种场合、多次提到了让一部分人先富起来的问题。但是，每次提到让一部分人先富起来，他又会强调，让一部分人先富起来，是为了带动大家一起富裕，共同走富裕之路。

邓小平的"让一部分人先富起来"的思想具有划时代的意义。首先，这种观点是针对当时中国"平均主义"思潮严重的实际提出来的，是及时又合时宜的。在传统的计划经济思想影响下，绝大多数的中国人都抱着"不怕不公、只愁不均"的思想，宁可共同挨饿，也不愿他人比我强、比我多，造成能人不能，多劳不多得，干好干坏一个样，劳动效率十分低下，生产力水平始终上不去。如果维持现状，要想取得经济的快速发展是不可能的，要想取得改革开放的成功是不可能的。第二，这种观点讲的是让一部分有才能、有能力的人通过合法的劳动先富起来。先富的人，必须是通过劳动致富，必须是合法致富，不仅要先富，还要带动其他人一起富。第三，这种观点是富有远见卓识和长远眼光的。邓小平在提出这一论断时，就已经预想到，在打破"大锅饭"，克服"平均主义"的同时，也可能会出现贫富分化和两极分化的问题。因此，他在提倡"让一部分人先富起来"的同时，特别强调让一部分人、一部分地区先富起来，先富带后富，最终目标是共同富裕。一部分地区发展快一点，带动大部分地区，这是加速发展、达到共同富裕的捷径。

在"让一部分人先富起来"的思想指导下，我国的经济实现了快速发展，一大批能人对中国经济的快速发展发挥了极其重要的作用。如果没有这些能人，没有这些引路人，没有这些探索者，我国的经济发展速度就远没有这么快，广大人民群众的生活水平也远没有现在这么高，中国的综合国力也远没有现在这么强。从目前经济发展的实际看，走共同富裕的道路，也仅仅只是时间问题，而不是方向问题。

当然，我们也应该清醒地看到，"让一部分人先富起来"在促进经济发展的同时，也存在贫富悬殊不断拉大的问题，这就需要通过不断的发展和改革来解决。首先，要积极推进分配制度改革，解决分配不公的问题。在贯彻"让一部分人先富起来"的政策中，更加重视劳动的作用，更加体现公平的力量，为每一个人提供公平的机会，为每一个人创造公平的条件，从而发挥与调动每一个人的积极性、创造性和主观能动性。第二，要加大反腐倡廉的力度，坚决遏制和消除各种腐败行为，特别是权力寻租行为，消除一切影响社会公平、制约社会公正的权力寻租行为，以此来遏制影响市场公平竞争现象的发生，达到社会分配公平、公正的目的。第三，加快法治建设步伐，切实按照"以法治国""依法行政"的要求，加快法制建设步伐，一切通过法律手段、法律途径、法律规范办事。第四，高度重视和关心低收入阶层群众的生活，解决他们的实际困难，提高他们的生活水平，用"填洼"的方式，拉近收入差距的距离。第五，加快社会保障制度的建设，让全社会每一位成员都能够通过完善的社会保障制度得到保护，以化解社会矛盾，为经济和社会发展，为社会和谐创造良好的环境。

其次，精准扶贫，消除贫困，逐步实现共同富裕。贫困是均富的大敌，只有全面消除贫困，才能实现共同富裕。改革开放以来，我国实施大规模扶贫开发，使7亿农村贫困人口摆脱贫困，取得了举世瞩目的伟大成就，谱写了人类反贫困历史上的辉煌篇章。但我们也应该看到，我国扶贫开发已进入啃硬骨头、攻坚拔寨的冲刺期。中西部一些省（自治区、直辖市）贫困人口规模依然较大，剩下的贫困人口贫困程度较深，减贫成本更高，脱贫难度更大。实现到2020年让7000多万农村贫困人口摆脱贫困的既定目标，时间十分紧迫、任务相当繁重。必须在现有基础上不断创新扶贫开发思路和办法，坚决打赢这场攻坚战。扶贫开发事关全面建成小康社会，事关人民福祉，事关巩固党的执政基础，事关国家长治久安，事关我国国际形象。打赢脱贫攻坚战，是促进全体人民共享改革发展成果、实现共同富裕的重大举措，是体现中国特色社会主义制度优越性的重要标志，也是经济发展新常态下扩大国内需求、促进经济增长的重要途径。

为确保到2020年农村贫困人口实现脱贫，全面建成小康社会，2015年11月29日，中共中央、国务院发布了《关于打赢脱贫攻坚战的决定》。这个《决定》的总目标是：到2020年，稳定实现农村贫困人口不愁吃、不愁穿，义务教育、基本医疗和住房安全有保障。实现贫困地区农民人均可支配收入增长幅度高于全国平均水平，基本公共服务主要领域指标接近全国平均水平。《决定》提出了精准扶贫的方略，其主要内容包括：健全精准扶贫工作机制，发展特色产业脱贫，引导劳务输出脱贫，实施易地搬迁脱贫，结合生态保护脱贫，着力加强教育脱贫，开展医疗保险和医疗救助脱贫，实行农村最低生活保障制度兜底脱贫。《决定》要求：各级党委和政府必须把扶贫开发工作作为重大政治任务来抓，切实增强责任感、使命感和紧迫感，切实解决好思想认识不到位、体制机制不健全、工作措施不落实等突出问题，不辱使命、勇于担当，只争朝夕、真抓实干，加快补齐全面建成小康社会中的这块突出短板，决不让一个地区、一个民族掉队，坚决打赢脱贫攻坚战，全面建成小康社会，实现中华民族伟大复兴的中国梦。

从中国古代的"均富"理想到今天的精准扶贫，中国人民在共同富裕的道路上跋涉奋斗了几千年。历史的经验和教训告诉我们，共同富裕不是同步富裕，也不是同等富裕，在保证公平的同时，必须兼顾效率，在实现共同富裕的过程中，必须摒弃平均主义的观念，让有能力对社会贡献大的社会精英走在前面，带动全体人民走向共同富裕。我们今天比历史上任何时候都接近共同富裕的目标，只要坚持有中国特色的社会主义道路，大力发展经济，鼓励先进，帮助落后，凝心聚力，不懈奋斗，我们就一定能实现共同富裕这一崇高的目标。

（三）平等与公平正义

如果说天下为公是中国人的政治理想，均富是中国人的经济理想，那么，平等则是中国人的价值追求。

中国古代思想家有丰富的平等思想。《论语》中的"四海之内，皆兄弟也"①，是泛指人的平等。《礼记》中的"天下无生而贵者"②，是言天赋的平等。庄子的"以道观之，物无贵贱"，"万物一齐，孰短孰长"，③则是以道为准的平等。墨子的平等观与尚贤有关："官无常贵，民无终贱；有能则举之，无能则下之。"④荀子提倡以礼义为准的平等："虽王公士大夫之孙，不能属于礼义，则归之庶人；虽庶人之子孙，积文学，正身行，能属礼义，则归之卿相士大夫。"⑤商鞅、《管子》又有法律观念的平等，如商鞅："法之不行，自于贵戚，君必欲行，先于太子。"⑥如《管子》："君臣上下贵贱皆从法"⑦，"不可为一人枉其法"⑧。

明清时期，李贽、唐甄的平等思想最为突出。李贽理想的社会就是一个平等的社会，他对当时存在的君臣、父子、夫妻之间，以及"劳心"与"劳力"之间，"治人"与"治于人"之间的不平等极为反感。因此，在他的

---

① 《论语·颜渊》。
② 《礼记·郊特牲》。
③ 《庄子·秋水》。
④ 《墨子·尚贤上》。
⑤ 《荀子·王制》。
⑥ 《史记·秦本纪》。
⑦ 《管子·任法》。
⑧ 《管子·白心》。

理想社会中，君与臣，男与女，圣人与凡人一律平等。唐甄主张人生而平等。他认为尽管人生之初可能会继承不同的先赋条件，但是人的社会地位是可以改变的，下贱者也可以成为圣人。他还主张男与女，夫与妻，特权阶级与平民农夫平等。

近代以来，受西方天赋人权和平等观念的影响，中国思想家的平等思想更为丰富多彩。康有为在《大同书》中写道："人类之生，皆本于天，同为兄弟，实为平等，岂可妄分流品，而有所轻重，有所摈斥哉！且以事势言之，凡为阶级而人类不平等者，人必愚而苦，国必弱而亡，印度是矣；凡扫尽阶级而人类平等者，人必智而乐，国必盛而治，如美国是也。其他人民、国势之愚智、苦乐、强弱、盛衰，皆视其人民平等不平等之多少分数为之，平之为义大矣哉！"[①] 康有为主张人性平等、人格平等，将平等与否视为国家强弱、人民苦乐的标尺。他的平等观与古代平等观有明显不同，他将古代儒释道那种抽象的平等引向现实的平等要求，将农民朴素的平均主义的"均贫富"转变为具有社会主义色彩的经济平等。康有为的经济平等的实质是消灭私有制，同时又与现代大生产联系在一起，其建立在生产力高度发达基础上的平等理想是古代思想家所无法相比的。谭嗣同在《仁学》一书中，表达了自己激进的平等思想。他认为"仁以通为第一义"，通则包括中外通、上下通、男女通和人我通，而"通之象为平等"，所以四通包括中外平等、上下平等、男女平等和人我平等。因此，"仁学"不再是建立在"爱有差等"基础上，包含着"亲亲尊尊"和等级制度的伦理学说，而变成了普遍平等的理论。

平等是人类自古以来的理想，尽管在古代社会没有真正实现过，但人类追求平等的愿望历久弥坚。近代以来，随着天赋人权和民主思想的传播，实现平等与自由成为一切改革和革命的目标。中国古代和近代的平等理想不仅是中国优秀的文化资源，而且对今天全面建设小康社会、实现中国梦有重要的启示意义。

第一，平等是维持社会稳定的基石，是实现公平正义的前提。平等的

---

① 康有为：《大同书》，华夏出版社 2002 年版，第 136 页。

内涵极其丰富，包括"人性平等""人格平等""政治平等""经济平等"等方面。"人性平等"是指人的物种属性没有高低贵贱之分。既然人性是平等的，那么每个人生来就应当得到尊重。尽管现实社会中人的财富有多寡之分，地位有高低之别，还有人种、肤色、美丑、健康与残疾等不同，但每个人都应当受到平等对待，这就是"人格平等"。由"人格平等"进而要求权力平等和财富平等。正因为平等是每个人的天赋之权，追求平等具有天然的正义性和合理性，故人们对现实中的不平等就会异常敏感，难以忍受，并由此爆发反抗，甚至革命。从历史上看，中国历代农民起义无不由不平等而引发，他们打出的"王侯将相宁有种乎""等贵贱、均贫富"等旗号，最能引起正在遭受不平等压迫的人群的共鸣，进而掀起改朝换代的风暴。新政权的统治者鉴于前朝的教训，为了稳定统治，不得不采取轻徭薄赋、抑制豪强等措施，来减轻民众的负担，消除社会上某些极不平等的现象，从而缓和社会矛盾，维持社会稳定。私有制和等级制度是产生不平等的根源，只有社会主义才能从根本上消除产生不平等的根源，实现真正的平等。在当今世界和中国，实现公平正义已成为普遍的价值追求，而公平正义的前提就是平等，只有先实现政治、经济上的平等，才能最大限度地实现公平正义。在实现中华民族伟大复兴的中国梦的进程中，平等是社会主义的本质规定，是社会主义的核心价值，是社会主义的内在动力，也是我们一切工作的出发点和落脚点。

第二，重视机会平等，兼顾结果平等。既然人性平等、人格平等，那么人的权利也应当是平等的，而争取公平竞争的机会，即机会平等，又是实现权利平等的起点。一个公正的社会，机会应向所有人开放，每个人只要愿意，都可以通过自己的努力，提升自己的地位，改善自己的命运。历史和现实的经验表明，造成贫富不均、贵贱分别巨大差异的主要原因就是机会不平等。机会不平等堵死了下层社会群体上升的通道，必然会积聚矛盾，最后引发社会动荡，中国历代的农民起义和革命就是要冲开上升的通道，争取机会的平等。在当今市场经济条件下，机会平等表现为市场公平。所谓市场公平，就是各种投资主体和生产要素在市场中地位平等、机会均等。中国目前存在的巨大贫富差距，一个重要的原因就是权力寻租和行业垄断对市场公平的破坏。因此，我们当前追求权利平等所面临的主要任务，就是要尽力消除特权和垄断导致的机会不平等。与此同时，我们也应承认，由于人天生存在各种差异，在市场经济条件下，机会平等和市场公平必然会产生结果的不平等。这种结果不平等不仅不应当受到指责，反而应当受到保护和鼓励，正是机会均等导致的结果不平等，才能极大地调动人们的劳动积极性，保障社会财富的创造。但结果不平等如果差距过大，也会引发社会危机，这就需要通过改革分配制度、赋税制度及建立社会保障制度来进行财富再分配。一方面，通过赋税制度特别是各种累进税进行收入调节，避免收入过分两极分化；另一方面，通过建立社会保障制度确保那些缺乏市场竞争能力的人或市场竞争的失败者有基本的生活条件，以实现社会公平。从表面上，社会公平和市场公平是矛盾的，市场公平是"奖勤罚懒""奖优汰劣"，社会公平是"杀富济贫"，但深入分析就会发现，二者是内在统一的，它们共同构成了现代社会公平的大厦。由此可见，在中国特色的社会主义市场经济制度下，只有重视机会平等，才能激发全社会创造创新的活力，也只有同时兼顾结果平等，才能使社会的弱势群体有基本的生活保障，过着有尊严的生活。如此，才能最终实现共同富裕的大目标。

第三，通过制度创新安排，保证人民平等参与、平等发展的权利。从理想的平等到现实的平等是一个漫长的过程，这期间受所有制结构、生产力发展水平、制度政策等多种因素的制约，还涉及公平与效率、自由与平等之间的平衡关系，尤其要警惕不能把平等等同于平均主义。在现阶段，我们在发展经济的同时，应通过创新制度安排，保证人民平等参与、平等发展的权利。习近平总书记指出："改革开放以来，我国经济社会发展取得巨大成就，为促进社会公平正义提供了坚实物质基础和有利条件。同时，在我国现有发展水平上，社会上还存在大量有违公平正义的现象。特别是随着我国经济社会发展水平和人民生活水平不断提高，人民群众的公平意识、民主意识、权利意识不断增强，对社会不公问题反映越来越强烈。这个问题不抓紧解决，不仅会影响人民群众对改革开放的信心，而且会影响社会和谐稳定。把促进社会公平正义、增进人民福祉作为全面深化改革的出发点和落脚点，是坚持我们党全心全意为人民服务根本宗旨的必然要求。要通过创新制度安排，创造更加公平正义的社会环境，不断克服各种有违公平正义的现象，保证人民平等参与、平等发展权利，使改革发展成果更多更公平惠及全体人民。"①

　　中国的社会理想是中国人对未来美好世界的憧憬和向往，是一代代中国人不懈奋斗的动力。由于中国古代长期是以私有制为基础的专制社会，故美好的社会理想缺乏实现的经济和政治条件。新中国成立以来，我国逐步建立起社会主义制度，中国共产党带领中国人民在通往天下为公、共同富裕、平等公正的道路上艰难跋涉，取得了辉煌的成就，也留下深刻的教训。改革开放以来，中国共产党高举对外开放、对内改革的旗帜，以经济建设为中心，让一部分人先富起来，极大地解放了生产力，激发了中国人民干事创业的积极性，取得举世瞩目的巨大成就，基本上实现了小康的目标。新世纪以来，中国领导人又提出实现中华民族伟大复兴中国梦的构想，这是对千百年来中国人社会理想的总结和升华，表达了全中国各族人民共同的心声和愿望。我们今天比历史上任何时候都接近古人理想的"大同社会"，我们今天比历史上任何时候都有条件实现"大同理想"，为了这一天的到来，我们已经期待了很久，奋斗了很久，我们有信心、有能力让中国梦早日变成现实。

---

① 《习近平总书记系列重要讲话读本》，学习出版社 2014 年版，第 45 页。

参 考 文 献

一、经典著作

1.《论群众路线——重要论述摘编》，中央文献出版社 2013 年版。

2.《习近平谈治国理政》，外文出版社 2014 年版。

3.《习近平总书记系列重要讲话读本》，学习出版社 2014 年版。

4.《习近平关于全面深化改革论述摘编》，中央文献出版社 2014 年版。

5.《习近平关于社会主义文化建设论述摘编》，中央文献出版社 2017 年版。

6.《习近平关于社会主义社会建设论述摘编》，中央文献出版社 2017 年版。

7.《习近平谈治国理政》（第二卷），外文出版社 2017 年版。

二、史料

1.《老子》。

2.《论语》。

3.《孟子》。

4.《庄子》。

5.《管子》。

6.《国语》。

7.《韩非子》。

8.《墨子》。

9.《荀子》。

10.《礼记》。

11.《大学》。

12.《周礼》。

13.《礼记》。

14.《周易》。

15.《尚书》。

16.《商君书》。

17.《吕氏春秋》。

18.《春秋繁露》。

19.《史记》。

20.《汉书》。

21.《后汉书》。

22.《三国志》。

23.《盐铁论》。

24.《隋书》。

25.《旧唐书》。

26.《通典》。

27.《宋史》。

28.《明史》。

29.《明夷待访录》。

30. 董仲舒：《春秋繁露》。

31. 王弼注：《老子道德经》。

32. 黎靖德编《朱子语类》。

33. 颜之推：《颜氏家训》。

34. 吕坤：《呻吟语》。

35. 吕坤：《养正遗规补编》。

36. 顾炎武：《日知录》。

37. 曾国藩：《曾国藩家书》。

38.《十三经注疏》，上海古籍出版社 1997 年版。

39. 杨伯峻译：《白话四书》，岳麓书社 1989 年版。

40. 陈立撰，吴则虞点校：《白虎通疏证》，中华书局 1994 年版。

41.《张载集》，中华书局 1978 年版。

42. 孙红颖解译：《管子全鉴》，中国纺织出版社 2016 年版。

43. 陈志坚主编：《诸子集成》（第五册），北京燕山出版社 2008 年版。

44. 许慎著，李兆宏、刘东方解译：《说文解字全鉴》（珍藏版），中国纺织出版社 2017 年版。

45. 朱杰人、严佐之、刘永翔主编：《朱子全书》（第 22 册），上海古籍出版社 2002 年版。

46. 张文治编：《国学治要·集部·子部》，北京理工大学出版社 2014 年版。

47. 中华书局编辑部编：《清人注疏十三经附经义述闻》（第五册），中华书局 1998 年版。

48.《中华大典·法律典·民法分典》（第二册），西南师范大学出版社 2014 年版。

49. 郑太和：《郑氏规范》，中华书局 1985 年版。

50. 庞尚鹏：《庞氏家训》，中华书局 1985 年版。

51. 王翠菊、范英梅评注：《庭训格言全鉴》，中国纺织出版社 2017 年版。

52. 章学诚：《文史通义》，古籍出版社 1956 年版。

53. 陈俊民辑校：《蓝田吕氏遗著辑校》，中华书局 1993 年版。

54. 官箴书集成编纂委员会编：《官箴书集成》第 1 册，黄山书社 1997 年版。

55. 王守仁著，吴光等编校：《王阳明全集》，上海古籍出版社 1992 年版。

56. 汤显祖：《汤显祖诗文集》（下），上海古籍出版社 1982 年版。

57. 马蹄疾：《水浒资料汇编》，中华书局 1980 年版。

58. 北京燕山出版社编：《忠经·孝经：白话精解》，北京燕山出版社 1991 年版。

59.《朱熹集》第 4 册，四川教育出版社 1996 年版。

60. 朱一玄、刘毓忱编：《〈三国演义〉资料汇编》，南开大学出版社 2012 年版。

61. 陈弘谋撰，苏丽娟点校：《五种遗规》，凤凰出版社 2016 年版。

62. 曾国藩编：《经史百家杂钞》（上），岳麓书社 2015 年版。

63. 彭泽益：《中国工商行会史料集》，中华书局 1995 年版。

64.《上海碑刻资料选辑》，上海人民出版社 1984 年版。

65. 江苏省博物馆：《江苏省明清以来碑刻资料选集》，三联书店 1959 年版。

66.《钦定大清会典事例》（光绪朝），1899 年版。

67. 席裕福等辑：《皇朝政典类纂》，1903 年版。

68.《北京国际统一救灾总会报告书》，1922 年版。

69. 李文海、夏明方主编《中国荒政全书》第一辑，北京古籍出版社 2003 年版。

70. 李文海、夏明方主编《中国荒政全书》第二辑，北京古籍出版社 2004 年版。

71. 梁太济、包伟民：《宋史食货志补正》上册，中华书局 2008 年版。

72. 康有为：《大同书》，华夏出版社 2002 年版。

73.《孙中山全集》，中华书局 1986 年版。

74. 蔡鸿源主编：《民国法规集成》，黄山书社 1999 年版。

75.《山东革命历史档案资料选编》第十九辑，山东人民出版社 1985 年版。

76.《山东革命历史档案资料选编》第二十辑，山东人民出版社 1986 年版。

77. 李文海等：《近代中国灾荒纪年续编》，湖南教育出版社 1993 年版。

78. 殷梦霞、李强选编：《民国赈灾史料初编》，国家图书馆出版社 2008 年版。

79. 殷梦霞、李强选编：《民国赈灾史料续编》，国家图书馆出版社 2009 年版。

三、近人著作

1. 罗义俊编：《理性与生命——当代新儒学文萃》（一），上海书店出版社 1994 年版。

2. 瞿同祖：《中国法律与中国社会》，商务印书馆 2015 年版。

3. 瞿同祖：《清代地方政府》，范忠信、晏锋译，法律出版社 2003 年版。

4. 朱绍侯主编：《中国古代治安制度史》，河南大学出版社 1994 年版。

5. 龙梦荪：《曾文正公学案》，岳麓书社 2010 年版。

6. 于奎战编著：《中国历代名人家风家训家规》，浙江人民出版社 2017 年版。

7. 周积明、宋德金主编：《中国社会史论》，湖北教育出版社 2000 年版。

8. 赵秀玲：《中国乡里制度》，社会科学文献出版社 2002 年版。

9. 杜正胜主编：《中国式家庭与社会》，黄山书社 2012 年版。

10. 韦政通：《先秦七大哲学家》，江苏教育出版社 2006 年版。

11. 王处辉主编：《中国社会思想史》（第三版），中国人民大学出版社 2015 年版。

12. 傅乐成主编，邹纪万著：《中国通史·魏晋南北朝史》，九州出版社 2010 年版。

13. 傅乐成主编，王明荪著：《中国通史·宋辽金元史》，九州出版社 2010 年版。

14. 张仲礼：《中国绅士》，李荣昌译，上海社会科学院出版社 1991 年版。

15. 梁庚尧：《中国社会史》，东方出版中心 2016 年版。

16. 费孝通：《乡土中国》，人民出版社 2008 年版。

17. 费孝通：《乡土重建》，岳麓书社 2012 年版。

18. 杨开道：《中国乡约制度》，商务印书馆 2015 年版。

19. 范忠信、陈景良主编：《中国法制史》（第二版），北京大学出版社 2010 年版。

20. 杨庆堃：《中国社会中的宗教》，范丽珠译，四川人民出版社 2016 年版。

21. 萧公权：《中国乡村——论 19 世纪的帝国控制》，张皓、张升译，联经出版事业股份有限公司 2016 年版。

22. 常建华：《宗族志》，上海人民出版社 1998 年版。

23. 常建华：《明代宗族研究》，上海人民出版社 2005 年版。

24. 肖唐镖：《宗族政治：村治权力网络的分析》，商务印书馆 2010 年版。

25. 冯尔康：《中国宗族社会》，浙江人民出版社 1994 年版。

26. 冯尔康：《中国宗族史》，上海人民出版社 2008 年版。

27. 冯尔康：《中国古代的宗族与祠堂》，商务印书馆国际有限公司 1996 年版。

28. 钱杭：《中国宗族史研究入门》，复旦大学出版社 2009 年版。

29. 钱杭：《血缘与地缘之间——中国历史上的联宗与联宗组织》，上海社会科学院出版社 2001 年版。

30. 钱杭：《中国宗族制度新探》，中华书局 1994 年版。

31. 钱杭：《宗族的世系学研究》，复旦大学出版社 2011 年版。

32. 王先明：《近代绅士——一个封建阶层的历史命运》，天津人民出版社 1997 年版。

33. 林耀华：《义序的宗族研究》，生活·读书·新知三联书店 2000 年版。

34. 贺雪峰：《新乡土中国》，广西师范大学出版社 2003 年版。

35. 王善军：《宋代宗族和宗族制度研究》，河北教育出版社 1999 年版。

36. 范文澜：《中国通史简编》（修订本），第一编，人民出版社 1949 年版。

37. 魏英敏：《孝与家庭伦理》，大象出版社 1997 年版。

38. 肖群忠：《孝与中国文化》，人民出版社 2001 年版。

39. 四川省民俗学会、中共德阳市委市政府编：《孝道文化新探》，四川出版集团巴蜀书社 2010 年版。

40. 朱岚：《中国传统孝道思想发展史》，国家行政学院出版社 2011 年版。

41. 郭伟宏：《赵岐〈孟子章句〉研究》，广陵书社 2014 年版。

42. 李银安、李明等：《中华孝文化传承与创新研究》，人民出版社 2017 年版。

43. 周海生：《孝德诠解》，中国方正出版社 2017 年版。

44. 李存山主编：《家风十章》，广西人民出版社 2015 年版。

45. 朱勇：《清代宗族法研究》，湖南教育出版社 1987 年版。

46. 赵国才主编：《中华教子名篇》，中国妇女出版社 1992 年版。

47. 徐少锦、陈延斌等编：《中国历代家训大全》（上下），中国广播电视出版社 1993 年版。

48. 钱穆：《中国文化史导论》（修订版），商务印书馆 1994 年版。

49. 宫达非主编：《资政大典》（3），河北教育出版社 1995 年版。

50. 金元浦主编，程光炜、王丽丽选评：《新编绘图本华夏千家训》，山西人民出版社 1998 年版。

51. 张鸣、李东亮主编：《文白菜根谭大系》（上册），北京燕山出版社 1998 年版。

52. 张鸣、丁明编：《中华大家名门家训集成》（上册），内蒙古人民出版社 1999 年版。

53. 喻岳衡编著：《历代名人家训》，岳麓书社 2002 年版。

54. 徐少锦、陈延斌：《中国家训史》，陕西人民出版社 2003 年版。

55. 卢正言主编：《中国历代家训观止》，学林出版社 2004 年版。

56. 党明德、何成：《中国家族教育》，山东教育出版社 2005 年版。

57. 胡国华主编：《中华美德书》，广东人民出版社 2005 年版。

58. 张崇琛主编：《中华家教宝库》（中），吉林人民出版社 2005 年版。

59. 翟博主编：《中国人的教育智慧·经典家训版》，教育科学出版社 2007 年版。

60. 成晓军主编，胡本文、唐兆梅、谭松林副主编：《名臣名儒家训》，重庆出版社 2008 年版。

61. 王新龙编著：《中华家训》（1），中国戏剧出版社 2009 年版。

62. 郭齐家、李茂旭主编：《中华传世家训经典》（第 3 卷），人民日报出版社 2009 年版。

63. 徐寒：《中华传世家训》（上下），中国书店 2010 年版。

64. 陈浩编：《曾国藩智慧全集》，中国华侨出版社 2011 年版。

65. 费成康主编：《中国的家法族规》（修订版），上海社会科学院出版社 2016 年版。

66. 任永和编：《古代劝学佳句集锦》，齐鲁书社 2014 年版。

67. 朱利侠、李文静编：《清廉治要》，东方出版社 2014 年版。

68. 荣格格、吉吉编：《中国古今家风家训一百则》，武汉大学出版社 2014 年版。

69. 陈明主编，张舒、丛伟注释：《中华家训经典全书》，新星出版社 2015 年版。

70. 李楠编：《中国古代家训》，中国商业出版社 2015 年版。

71. 陈明：《家训》，新星出版社 2016 年版。

72. 唐长孺：《魏晋南北朝史论拾遗》，中华书局 1983 年版。

73. 毛礼锐、瞿菊农、邵鹤亭编：《中国古代教育史》，人民教育出版社 1983 年版。

74. 崔高维校点：《周礼·地官司徒》，辽宁教育出版社 1997 年版。

75. 杜维民：《道·学·政——论儒家知识分子》，钱文忠等译，上海人民出版社 2000 年版。

76. 周绍良主编：《全唐文新编》（第 3 部第 1 册），吉林文史出版社 2000 年版。

77. 黄书光主编：《中国社会教化的传统与变革》，山东教育出版社 2005 年版。

78. 曲铁华编著：《中国教育发展史纲》，东北师范大学出版社 2006 年版。

79. 董建辉：《明清乡约：理论演进与实践发展》，厦门大学出版社 2008 年版。

80. 李绪坤：《〈学记〉解读》，齐鲁书社 2008 年版。

81. 陈文新主编：《〈清实录〉科举史料汇编》，武汉大学出版社 2009 年版。

82. 张惠芬主编：《中国古代教化史》，山西教育出版社 2009 年版。

83. 朱大渭：《朱大渭学术经典文集》，山西人民出版社 2013 年版。

84. 邝士元：《中国学术思想史》，生活·读书·新知三联书店 2014 年版。

85. 刘静：《走向民间生活的明代儒学教化》，上海教育出版社 2014 年版。

86. 张烨：《明清时期山东地区基层士人研究》，上海人民出版社 2015 年版。

87. 陈宝良：《中国的社与会》（增订本），中国人民大学出版社 2011 年版。

88. 古俊贤主编，中国社团研究会编著：《中国社团发展史》，当代中国出版社 2001 年版。

89. 曲彦斌：《行会史》，上海人民出版社 1999 年版。

90. 全汉升：《中国行会制度史》，（台北）食货出版社 1986 年版。

91. 彭南生：《行会制度的近代命运》，人民出版社 2003 年版。

92. 王日根：《乡土之链：明清会馆与社会变迁》，天津人民出版社 1996 年版。

93. 虞和平：《商会与中国早期现代化》，上海人民出版社 1993 年版。

94. 马敏主编：《中国近代商会通史》（全四卷），社会科学文献出版社 2015 年版。

95. 魏文享：《中间组织——近代工商同业公会研究（1918—1949）》，华中师范大学出版社 2007 年版。

96. 梁其姿：《施善与教化：明清的慈善组织》，河北教育出版社 2001 年版。

97. 池子华：《红十字与近代中国》，安徽人民出版社 2004 年版。

98. 欧阳光：《宋元诗社研究丛稿》，广东高等教育出版社 1996 年版。

99. 何宗美：《明末清初文人结社研究》，南开大学出版社 2003 年版。

100. 何宗美：《明末清初文人结社研究续编》，中华书局 2006 年版。

101. 何宗美：《文人结社与明代文学的演进》，人民出版社 2011 年版。

102. 郭英德：《中国古代文人集团与文学风貌》（修订版），中国人民大学出版社 2012 年版。

103. 谢国桢：《明清之际党社运动考》，上海书店出版社 2006 年版。

104. 马庆钰：《治理时代的中国社会组织》，国家行政学院出版社 2014 年版。

105. 王世刚主编：《中国社团史》，安徽人民出版社 1994 年版。

106. 龚书铎主编：《中国社会通史》，山西教育出版社 1996 年版。

107. 王文涛：《秦汉社会保障研究——以灾害救助为中心的考察》，中华书局 2007 年版。

108. 陈业新：《灾害与两汉社会研究》，上海人民出版社 2004 年版。

109. 幺振华：《唐代自然灾害及其社会应对》，上海古籍出版社 2014 年版。

110. 张文：《宋朝社会救济研究》，西南师范大学出版社 2001 年版。

111. 王卫平、黄鸿山：《中国古代传统社会保障与慈善事业》，群言出版社 2005 年版。

112. 陈桦、刘宗志：《救灾与济贫——中国封建时代的社会救助活动》，中国人民大学出版社 2005 年版。

113. 蔡勤禹：《国家、社会与弱势群体——民国时期的社会救济（1927—1949)》，天津人民出版社 2003 年版。

114. 高中华：《中国共产党社会救助历程研究（1921—1949)》，人民出版社 2016 年版。

115. 张建俅：《中国红十字会初期发展之研究》，中华书局 2007 年版。

116. 朱浒：《地方性流动及其超越——晚清义赈与近代中国的新陈代谢》，中国人民大学出版社 2006 年版。

117. 朱浒：《民胞物与：中国近代义赈（1876—1912)》，人民出版社 2012 年版。

118. 周秋光、曾桂林：《中国慈善简史》，人民出版社 2006 年版。

119. 孙语圣：《1931 年·救灾社会化》，安徽大学出版社 2008 年版。

120. 李向军：《清代荒政研究》，中国农业出版社 1995 年版。

121. 赵晓华：《救灾法律与清代社会》，社会科学文献出版社 2011 年版。

122. 邹铭主编：《减灾救灾》，中国社会出版社 2009 年版。

123. 康沛竹：《中国共产党执政以来防灾救灾的思想与实践》，北京大学出版社 2005 年版。

124. 夏明方：《近代棘途——生态变迁中的中国现代化进程》，中国人民大学出版社 2012 年版。

125. 张文：《中国古代乡村社会保障问题研究》，西南师范大学出版社 2015 年版。

126. 王林：《山东近代救济史》，齐鲁书社 2012 年版。

127. 王林：《山东慈善史》，山东人民出版社 2018 年版。

128. 宋昌斌：《编户齐民：户籍管理与赋役》，长春出版社 2004 年版。

129. 宋昌斌：《中国户籍制度史》，三秦出版社 2016 年版。

130. 王威海：《中国户籍制度——历史与政治的分析》，上海文化出版社 2006 年版。

131. 刘志伟：《在国家与社会之间——明清广东里甲赋役制度研究》，中山大学出版社 1997 年版。

132. 闻钧天：《中国保甲制度》，直学轩 1933 年版。

133. 白钢主编：《中国政治制度通史》，人民出版社 1996 年版。

134. 陆德阳：《流民史》，上海文艺出版社 1997 年版。

135. 江立华、孙洪涛：《中国流民史》（古代卷），安徽人民出版社 2001 年版。

136. 池子华：《中国流民史》（近代卷），安徽人民出版社 2001 年版。

137. 王俊祥、王洪春：《中国流民史》（现代卷），安徽人民出版社 2001 年版。

138. 池子华：《流民问题与社会控制》，广西人民出版社 2001 年版。

139. 邓云特：《中国救荒史》，生活·读书·新知三联书店 1958 年版。

140. 李文海：《世纪之交的晚清社会》，中国人民大学出版社 1995 年版。

141. 王清雅、朱玟、李广仓：《中国邪教史》，群众出版社 2007 年版。

142. 秦宝琦、孟超：《秘密结社与清代社会》，天津古籍出版社 2008 年版。

143. 马西沙、韩秉方：《中国民间宗教史》，中国社会科学出版社 2004 年版。

144. 周蓓：《清代基层社会聚众案件研究》，大象出版社 2013 年版。

145. 巫仁恕：《激变良民：传统中国城市群众集体行动之分析》，北京大学出版社 2011 年版。

146. 陈智勇：《中国古代社会治安管理史》，郑州大学出版社 2003 年版。

147. 黄爱平：《四库全书纂修研究》，中国人民大学出版社 1989 年版。

148. 曹之：《中国古代图书史》，武汉大学出版社 2015 年版。

149. 陈鼓应：《老子注译及评价》，中华书局 2003 年版。

150. 韦政通：《中国思想史》，上海书店出版社 2003 年版。

151. 中国孔子基金会编：《中国梦与儒家文化》，齐鲁书社 2014 年版。

152. 中共浙江省委党校、浙江行政学院编著：《文化自信与浙江实践》，浙江人民出版社 2017 年版。

153. 全国干部培训教材编审指导委员会组织编写：《改善民生和创新社会治理》，人民出版社 2019 年版。

154. 全国干部培训教材编审指导委员会组织编写：《决胜全面建成小康社会》，人民出版社 2019 年版。

155. [法] 魏丕信：《18 世纪中国的官僚制度与荒政》，徐建青译，江苏人民出版社 2003 年版。

156. [日] 夫马进：《中国善堂善会史研究》，伍跃等译，商务印书馆 2005 年版。

157. [美] 孔飞力：《叫魂——1768 年中国妖术大恐慌》，上海三联书店 2014 年版。

后　记

　　本书由三位作者合作完成。王林撰写导论、第一章、第二章、第七章、第十章，并设计全书提纲，最后统稿；魏永生撰写第三章、第六章、第九章；徐保安撰写第四章、第五章、第八章。

　　本书在写作过程中，充分借鉴了学术界已有的成果，并在文中有详细注释，在最后列出参考文献。在此，对为本书提供学术营养的学界前贤表示由衷的感谢。

　　由于本书跨度时间长，涉及面广，内容丰富复杂，尽管我们在借鉴前人研究成果的基础上作出一些努力，但肯定存在诸多疏漏和不足，敬请各位专家学者批评指正。

2020 年 11 月